Rolf G. Heinze
Thomas Olk
Josef Hilbert

Der neue Sozialstaat
Analyse und Reformperspektiven

LAMBERTUS

Rolf G. Heinze
Thomas Olk
Josef Hilbert

Der neue Sozialstaat

Analyse und Reformperspektiven

Lambertus

Umschlaggestaltung: Christa Berger, Solingen
Umschlagphoto: Bernd Scholzen, Mönchengladbach
Herstellung: F. X. Stückle, Ettenheim
ISBN 3-7841-0346-4

Inhalt

Einleitung

Die Zukunft des Sozialstaats steht zur Diskussion. Wie kann die soziale Sicherung in der Bundesrepublik gesichert werden angesichts neuer *Herausforderungen* wie
(a) Dauerarbeitslosigkeit und „neue Armut“ (Tendenz zur Zweidrittelgesellschaft);
(b) dramatischer Anstieg der Sozialhilfeausgaben der Kommunen (vor allem in den Krisenregionen);
(c) demographische Veränderungen (Finanzierungsprobleme bei der Rentenversicherung);
(d) drastischer Anstieg der Zahl der „Pflegefälle“;
(e) sinkende Effektivität herkömmlicher Versorgungssysteme?
Hinzu kommen noch weitere Problemlagen, die bislang in der Öffentlichkeit wenig thematisiert worden sind: Dies betrifft zum einen die fortschreitende *Erosion* des „Normalarbeitsverhältnisses“. Je weniger Erwerbsarbeitsbiographien dem Normalmodell – 40 Stunden pro Woche über mindestens 40 Jahre des Lebens hinweg – entsprechen, desto mehr Einnahmeverluste erleidet das soziale Sicherungssystem, da immer mehr Menschen niedrige oder gar keine Steuern und insbesondere keine Beiträge zur Arbeitslosen- und Rentenversicherung leisten. Zugleich steigen aber mit Arbeitslosigkeit und Verarmung die sozialen Ausgaben.
Darüber hinaus sind wir Zeugen eines Prozesses zunehmender Auflösung traditioneller Sozialbindungen in Familie, Nachbarschaft und anderen primären Netzwerken, der zu einem wachsenden Behandlungs- und Betreuungsbedarf und damit zu neuen Herausforderungen an die sozialen Dienste führt. Dieser in letzter Zeit viel diskutierte Trend zur *Individualisierung* der Gesellschaft eröffnet auf der einen Seite neue Optionen, schafft aber andererseits gerade in bezug auf soziale Sicherung neue Disparitäten und Konflikte.
Alle diese Herausforderungen treffen die Sozialpolitik zu einem Zeitpunkt, wo gerade die Jubiläumsfeiern zum hundertjährigen Bestehen der wesentlichen Institutionen, die bis heute den Sozialstaat prägen, festlich zelebriert worden sind. 1881 wurden in der sogenannten „Kaiserlichen Botschaft“ von Bismarck die Sozialreformen angekündigt, 1883 wurde die gesetzliche Arbeiterkrankenversicherung eingerichtet, 1884 das Unfallversicherungsgesetz und 1889 die Alters- und Invalidenversicherung für Arbeiter.
Um noch einmal ein solches Jubiläum feiern zu können, ist es notwendig, auf die Problemlagen zu reagieren und eine angemessene

Reformstrategie zu entwickeln. Die tradierten Instrumente zur „Sicherung der sozialen Sicherung" werden dafür wohl nicht mehr ausreichen.
Im folgenden werden wir uns deshalb zunächst mit den zentralen Herausforderungen an das soziale Sicherungssystem in der Bundesrepublik auseinandersetzen – und dies sowohl bezogen auf eher materielle Grenzen als auch auf kontraproduktive Effekte der sozialstaatlichen, das heißt auch bürokratisierten Leistungserbringung. Dabei konzentrieren wir uns auf die *sozialen Risiken* Arbeitslosigkeit, Alter, Armut sowie Pflege und Betreuung. Für eine derartige Analyse kann man auf verschiedene Untersuchungen zurückgreifen, die in den letzten Jahren von den Sozialwissenschaften vorgelegt worden sind.
Diese *Wiederentdeckung sozialpolitischer Fragen* lag unter anderem darin begründet, daß gerade in der Spanne zwischen den 60er Jahren und der Mitte der 70er Jahre die Ausgaben für Sozialleistungen stark expandierten; so stieg zum Beispiel die „Sozialleistungsquote", die die Sozialleistungen und das Bruttosozialprodukt in ein Verhältnis bringt, von 1960 bis 1975 von rd. 20% auf 32%. Inzwischen ist dieser Anteil wieder leicht gesunken. Dennoch bleibt der Bereich „Sozialpolitik" quantitativ der größte Etatposten im Bundeshaushalt. Die Hinwendung zu sozialpolitischen Fragestellungen wurde zudem durch das veränderte Grundverständnis positiv beeinflußt, das sich Ende der 60er beziehungsweise Anfang der 70er Jahre in Richtung einer planenden und präventiv gestaltenden Gesellschaftspolitik entwickelte. In den 70er Jahren wurde eine Reihe von Forschungen durchgeführt, die das soziale Sicherungssystem in der Bundesrepublik unter verschiedenen Aspekten näher ausleuchten sollten. Nach dieser ersten Aufbruchphase einer sozialwissenschaftlichen Sozialpolitikforschung steht heute eine realistische Einschätzung von Gestaltungsalternativen in der Sozialpolitik auf der Tagesordnung. Allerdings sind die Spielräume für Reformen eng. So tun sich vor allem die großen Parteien und Verbände schwer, die „Heiligen Kühe" der deutschen Sozialpolitikphilosophie, etwa die Ankoppelung der sozialen Sicherung an die Erwerbsarbeit oder an den traditionellen Generationenvertrag, ernsthaft in Frage zu stellen.
In dieser Situation bemühen wir uns im vorliegenden Buch einerseits um eine sozialwissenschaftliche *Diagnose* der *Defizite* des derzeitigen Systems der sozialen Sicherung. Darüber hinaus wird das *Design für* einen *neuen Sozialstaat* zur Diskussion gestellt. Es soll sowohl Antworten auf die wachsenden materiellen Probleme verschiedener Bevölkerungsgruppen geben, als auch Perspektiven für eine Erneue-

rung des Systems der sozialen Dienste aufzeigen. Gerade an einer Reformperspektive, die beide Seiten der sozialen Sicherung einbezieht, hat es bislang in den sozialpolitischen Debatten gefehlt. Mit dem vorliegenden Buch wird also ein Stück weit Neuland betreten.
Zunächst widmen wir uns den zentralen Problemen und Konstruktionsmängeln des Systems der sozialen Sicherung (Kapitel 1). In Kapitel 2 stehen dann Finanzierungs- und Leistungsalternativen der materiellen Sicherung im Mittelpunkt; es wird für ein auch mittelfristig politisch umsetzbares „Sockelungskonzept" plädiert. Sodann geht es in Kapitel 3 um die oft vergessene Seite des Sozialstaates, das heißt um die Leistungsmöglichkeiten und Grenzen unbezahlter sozialer Hilfenetze und um die Ansatzpunkte für eine selbsthilfe-unterstützende Politik. In Kapitel 4 werden Bausteine für eine Sozial- und Arbeitsmarktpolitik entwickelt, die nicht nur die „Opfer" der Spaltungsprozesse auf dem Arbeitsmarkt absichern, sondern auch neue Perspektiven eröffnen. Abschließend werden Modelle und Strategien zur Aufwertung und Stärkung von Eigeninitiativen und gruppenbezogener Selbsthilfe diskutiert, die auch auf seiten der Sozialbürokratie und professionellen Helfer ein verändertes Aufgabenverständnis verlangen.
Wenn man eine Aufwertung der unbezahlten Eigenarbeit und Selbsthilfe in Haushalt, Familie oder anderen Gemeinschaften für eine sinnvolle sozialpolitische Strategie hält, dann ist als Voraussetzung eine offensive Arbeitszeitverkürzungs- und -flexibilisierungspolitik erforderlich, die durch eine Einführung eines erwerbsarbeitsunabhängigen Grundeinkommens, das deutlich über der minimalen Sozialhilfeschwelle liegen sollte, begleitet werden muß.
Wenngleich Innovationen für die „Sicherung der sozialen Sicherung" gemeinhin nicht von (Sozial-)Wissenschaftlern umgesetzt werden können, so bleibt dennoch zu hoffen, daß sich nicht zuletzt aufgrund sozialwissenschaftlicher Analysen und Informationen, wie sie unter anderem mit diesem Buch vorgelegt werden, die politisch und ökonomisch blockierten sozialpolitischen Debatten in Richtung einer bedarfsadäquaten und verantwortlichen Weiterentwicklung des Sozialstaates öffnen.

Kapitel 1

Herausforderungen für das System der sozialen Sicherung in der Bundesrepublik Deutschland

1. Strukturmerkmale der Sozialpolitik

Sozialpolitik wird in Wissenschaft und Öffentlichkeit mit einer Fülle unterschiedlich akzentuierender Definitionen bedacht.[1] Ein pragmatisch ausgerichteter Definitionsversuch von Gerhard Brück (1981: 21) streicht vor allem die politisch-gestalterische Dimension heraus: „Sozialpolitik ist eine aufgrund geglaubter Werte versuchte oder tatsächliche Einflußnahme auf die sozialen (und damit auch gesellschaftlichen) Bedingungen, unter denen die Menschen leben.“[2] Dieser auf die normative und gestaltungsoffene Dimension sozialpolitischen Handelns abzielende Definitionsversuch läßt bereits erahnen, daß die Ziele und Wege der sozialstaatlichen Intervention vielfältig und unterschiedlich sind und im historischen wie im internationalen Vergleich eine breite Varianz aufweisen. Dennoch (oder gerade deswegen) lassen sich in einer Art *Systematik sozialpolitischer Regulierung* bestimmte Interventionsstrategien und Handlungsprinzipien festmachen:

(1) Eine erste Gruppe sozialpolitisch relevanter Interventionen bilden all jene Maßnahmen, die das Zusammenleben von Menschen in Wirtschaft und Gesellschaft so zu gestalten versuchen, daß sich spätere, korrigierende Interventionen soweit wie möglich erübrigen. Elemente einer solchen Strategie der *Prävention*, die bereits im Vorfeld möglicher sozialer Probleme operiert, sind etwa staatliche Regulierungen, die die Arbeitsbedingungen, die Einkommensverteilung usw. beeinflussen oder den Schutz von Verbrauchern, Mietern, Umwelt und Gesundheit usw. anstreben, aber auch staatliche (Infrastruktur-)Leistungen in der Bildungs-, Wohnungs- oder Verkehrspolitik.
(2) Der zweite Typ sozialpolitischen Gestaltens setzt sich aus Maßnahmen zusammen, die dann ergriffen werden, wenn Wirtschaft und Gesellschaft aus sich heraus nicht mehr in der Lage sind, bestimmten Personen – sei es wegen Alter, Krankheit, Invalidität oder Erwerbslosigkeit – ein allgemein anerkanntes Lebensniveau zu gewährleisten. In diesem Falle werden bereits aufgetretene soziale Probleme nachträglich korrigiert beziehungsweise kompensiert. Es lassen sich

drei verschiedene Subtypen dieser auf *Kompensation* ausgerichteten sozialpolitischen Strategie ausmachen:

(a) Im ersten Fall, der *Sozialversicherung*, verpflichtet der Staat insbesondere die abhängig Beschäftigten beziehungsweise ihre Arbeitgeber dazu, einen Zwangsbeitrag abzuführen; dieses führt dann bei Eintritt eines Risikos (Krankheit, Alter, Arbeitslosigkeit, Invalidität) zu Ansprüchen auf Mittel aus diesem Versicherungsfond.

(b) Einen gänzlich anderen Weg der Absicherung gegen die gleichen Risiken stellt die *Versorgung* dar; unter diesem Stichwort werden solche Maßnahmen zusammengefaßt, bei denen der Staat selbst, in der Regel durch steuerfinanzierte Sozialtransfers, eine soziale Sicherung der betroffenen Person garantiert, und zwar unter Aufrechterhaltung ihres bisherigen Lebensstandards, so etwa die Beamtenversorgung.

(c) Bei der dritten Untergruppe der kompensierend vorgehenden sozialpolitischen Interventionen, der *Fürsorge*, steht die Verhinderung von Verarmung und Verelendung im Mittelpunkt. Für Menschen, die bei Eintritt einer Notlage weder auf Versorgung noch auf Versicherung zurückgreifen können, wird eine staatliche Subsistenzgarantie, die Sozialhilfe, auf einem relativ niedrigen Niveau garantiert.

(3) Etwas quer zu den beiden bisher unterschiedenen Typen staatlicher Sozialpolitik, *Prävention* und *Kompensation* liegt eine Strategie, die – vor allem im deutschen Sprachraum – mit dem Kennwort *Subsidiarität* charakterisiert wird. Staatliche Stützung der Subsidiarität heißt, (potentielle) nicht-staatliche Träger sozialpolitischer Leistungen, vor allem die Familie, so zu fördern, daß diese tatsächlich in der Lage sind, einen fühlbaren Beitrag zur sozialen Sicherung zu leisten. Die Bandbreite förderungswürdiger nichtstaatlicher Akteure reicht von den mächtigen Wohlfahrtsverbänden bis zu gewachsenen sozialen Einheiten wie der Familie und der Nachbarschaft. Dementsprechend gehören zu diesem Typ von Strategien der sozialen Sicherung so unterschiedliche Politikfelder wie die Familien-, aber auch die Wohnungspolitik.

Die genannten Wege der sozialen Sicherung sind als Idealtypen zu verstehen. In der Praxis real existierender politischer und wirtschaftlicher Systeme sind immer Mischformen der verschiedenen Typen und Subtypen anzutreffen – allerdings mit ganz unterschiedlichen Schwerpunktsetzungen.

> In Schweden etwa ist die Rentenpolitik durch eine relativ hohe steuerfinanzierte Grundpension charakterisiert, auf die bei den abhängig Beschäftigten eine im Durchschnitt relativ bescheidene beitragsfinanzierte Zusatzpension aufbaut. Hier dominiert also das Versorgungsprinzip gegenüber dem Versicherungsprinzip.

> Ganz anders dagegen stellt sich die Rentenpolitik in der Bundesrepublik Deutschland dar: Hier hat nur Anspruch auf Rentenzahlungen, wer vorher hinreichend Beiträge an die Trägereinrichtungen der Rentenversicherungen gezahlt hat. Unterblieb dies – aus welchen Gründen auch immer –, dann bleibt für die Betroffenen im Rentenalter nur die Unterstützung durch Verwandte oder, wenn auch diese entfällt, die staatliche Minimalfürsorge, die Sozialhilfe.

Die *Dominanz* des *Versicherungsprinzips* in der Rentenpolitik der Bundesrepublik ist ein typisches Beispiel für die gesamte Struktur der Sozialpolitik in diesem Lande. Natürlich gab und gibt es auch präventive Sozialpolitik und Anstrengungen, die Politik der Subsidiarität zu stärken. Herausragendes Beispiel ist hier etwa die in Deutschland vergleichsweise beachtliche staatliche Unterstützung für die Wohlfahrtsverbände. Und es gibt auch in der deutschen Sozialpolitik Elemente von Versorgung und Fürsorge; Stichworte sind hier etwa die Beamtenversorgung und die Sozialhilfezahlungen an die, die nicht durch andere Sicherungssysteme abgesichert werden. Gleichwohl wird unter Sozialpolitik in der Bundesrepublik Deutschland zu allererst *Sozialversicherungspolitik* verstanden. In der Tat existieren für alle klassischen sozialen Risiken in der Bundesrepublik eigene Sozialversicherungen: für das Altersrisiko die Rentenversicherungen, gegen das Krankheitsrisiko die Krankenversicherungen, gegen Arbeitsunfälle und erwerbsarbeitsverursachte Invalidität die Berufsgenossenschaften und gegen Arbeitslosigkeit die Arbeitslosenversicherung.

Genau genommen bedeutet das deutsche Verständnis von Sozialversicherung ein um solidarische Elemente angereichertes lohnbezogenes *Äquivalenzprinzip:*

> „Versicherung ist eine Veranstaltung, in der die Identität von Leistung und Gegenleistung zum Ausdruck kommt, . . . Sie beruht auf dem Grundgedanken einer Selbsthilfe im Rahmen einer Gefahrengemeinschaft. . . . Soweit es sich um eine Individualversicherung (Privatversicherung) handelt, beruht sie auf dem Äquivalenzprinzip, d.h. Art, Umfang und Höhe der beanspruchbaren Leistungen richten sich nach Anzahl und Höhe der Prämien (Beiträge), die eingezahlt wurden.
>
> Die Sozialversicherung hat die Grundlage der gegenseitigen Selbsthilfe übernommen, die dem Äquivalenzprinzip entsprechend risikogerechte Beitragserhebung und beitragsgerechte Leistungsgewährung jedoch durch das ‚Merkmal der Solidarität' sozial angereichert. Dies einmal dadurch, daß für unterschiedlich hohe Beiträge vielfach gleiche Leistungen (bei Sachleistungen gilt das stets) gewährt werden (Umverteilung von den Beziehern höherer zu den Beziehern niedrigerer Einkommen) und zum anderen dadurch, daß aufgrund der unterschiedlichen Höhe der Beiträge die

> Mitversicherung der Familienangehörigen sichergestellt ist (Umverteilung von den Unverheirateten und kinderlosen Ehepaaren zu den Verheirateten und Familien mit Kindern)." (Brück 1981: 54)

Das Äquivalenzprinzip existiert damit zwar fort, allerdings in angereicherter, modifizierter Form (vgl. auch Leibfried/Tennstedt 1985). Das Funktionieren eines dermaßen auf Äquivalenz basierenden Systems der sozialen Sicherung hängt von einer Reihe von *Voraussetzungen* ab: Wenn etwa nicht-erwerbstätige Menschen (Hausfrauen, Kinder) vor allem über die Regelung miterfaßt werden, daß auch Familienangehörige Anspruch auf Versicherungsleistungen haben, setzt dies voraus, daß die überwältigende Mehrheit der Bevölkerung in Familienhaushalten lebt. Oder: Wenn eine angemessene Alterssicherung für die meisten Menschen nur über eine lebenslange Vollzeitbeschäftigung zu erreichen ist, wird damit implizit angenommen, daß jeder auch rund 35 bis 40 Jahre lang eine Vollzeitarbeit (Normalarbeitsverhältnis) findet. Wenn aus den Beiträgen der aktuell Beschäftigten die Mittel für die Befriedigung der von den alten Menschen erworbenen Rentenansprüche zusammengebracht werden sollen (Umlageverfahren), kann dies nur funktionieren, wenn über mehrere Generationen das Verhältnis zwischen Aktiven und Rentnern mehr oder weniger ausgewogen ist und keine herausragenden Vor- oder Nachteile für bestimmte Generationen zu befürchten sind. Vor allem aber muß ausgeschlossen sein, daß die Bemessungsgrundlage und die Höhe der lohnbezogenen Beiträge für die Sozialversicherungen im Wirtschaftssystem leistungshemmend und damit auch für die soziale Sicherung kontraproduktiv wirken. Eine solche Situation ist etwa dann gegeben, wenn die lohnbezogenen Beiträge so hoch sind, daß es für den einzelnen lukrativer erscheint, „Schwarzarbeit" zu leisten, anstatt in Zwangsversicherungen einzuzahlen.

In der wissenschaftlichen wie in der politischen Debatte in der Bundesrepublik wird in der jüngeren Vergangenheit zunehmend intensiver darüber diskutiert, ob die angesprochenen Voraussetzungen für das Funktionieren eines überwiegend äquivalenzorientierten und lohnbezogenen Systems der sozialen Sicherung gegenwärtig noch gegeben sind und ob sie auch für die Zukunft sichergestellt werden können.[3] Zweifel artikulieren sich vor allem hinsichtlich der *beschäftigungspolitischen* (Abschnitt 3) und *demographischen* Variablen (Abschnitt 2), einschließlich der sich heute bereits abzeichnenden Sicherungslücken (Abschnitt 4), sowie in bezug auf die Dominanz von *Familienhaushalten* (Abschnitt 5). Gleichzeitig werden die Warnungen immer lauter, eine weitere Erhöhung der Sozialabgaben fördere die Flucht in die Schattenwirtschaft. In den nachstehenden

Ausführungen ist aber auch zu diskutieren, welche Effektivitätsprobleme sozialer Dienste (Dienstleistungslücken) neben den Erosionen bei den angesprochenen Voraussetzungen für funktionstüchtige Sozialversicherungen zu verzeichnen sind (Abschnitt 6). Neben den erwähnten Variablen wird darüber hinaus noch auf einen weiteren Faktor eingegangen, der die soziale Sicherung vor neue Herausforderungen stellt: die in den letzten Jahren verstärkt ins Bewußtsein geratene Umweltkrise. Weil der Forschungsstand auf diesem Gebiet jedoch noch nicht sehr eindeutig ist und präzise Aussagen entsprechend schwer fallen, thematisieren wir diesen Problemkontext nicht gesondert. Insgesamt werden die folgenden Ausführungen aber dennoch ein differenziertes Bild der Krisen und Grenzen der gegenwärtigen Sozialpolitik in der Bundesrepublik Deutschland zeichnen.

2. Demographische Herausforderungen

In der Öffentlichkeit ist die zukünftige Funktionstüchtigkeit der sozialen Sicherung hauptsächlich im Zusammenhang mit der *demographischen Entwicklung* problematisiert worden:

> „Die deutsche Bevölkerung (Ende 1979: 57,2 Millionen) nimmt bereits seit 1972 ab, was auf den Geburtenrückgang seit Mitte der sechziger Jahre zurückzuführen ist. Die Zahl der neugeborenen Kinder hat sich bis heute nahezu halbiert – von über einer Million auf 530000 (1984). Heute haben 100 Frauen im Laufe ihres Lebens nur noch rd. 140 bis 150 Kinder. Zum Vergleich: Die Einwohnerzahl der Bundesrepublik könnte (Einwanderungen unberücksichtigt) langfristig nur dann unverändert bleiben, wenn je 100 Frauen etwa 210 Kinder geboren werden. Heute liegt die Geburtenhäufigkeit auf einem Niveau, bei welchem die Kindergeneration ein Drittel weniger Personen umfaßt als die Generation der Eltern.“ (Eichner 1986: 29)

Unter der Voraussetzung, daß sich das generative Verhalten in der Bundesrepublik in den nächsten Jahren und Jahrzehnten nicht grundlegend ändert, wird in den einschlägigen Bevölkerungsprognosen etwa mit folgender Entwicklung gerechnet: Die deutsche Bevölkerung sinkt von ca. 60 Millionen in 1986 auf ungefähr 56 Millionen im Jahre 2010 ab; für das Jahr 2040 wird gar mit nur 40 Millionen Bürgern gerechnet. Gleichzeitig ändert sich die Altersstruktur der Bevölkerung ganz erheblich. So wird es wahrscheinlich im Jahre 2012 ein Drittel weniger Menschen geben, die jünger als 20 Jahre sind; demgegenüber steigt aber bereits zu Beginn der 90er Jahre die Zahl der über 60 Jahre alten Menschen drastisch an. Darüber hinaus werden schon im Jahre 1990 in der Bundesrepublik weniger unter 20jährige als über 60jährige

Mitbürger leben; in 2030 könnte der Anteil der unter 20jährigen sogar auf nur noch 16 v.H. gesunken und der der älteren Mitbürger auf 37 v.H. angestiegen sein. Zwar sinkt der Anteil der 20- bis 60jährigen, also der Altersgruppe aus der sich die Erwerbsbevölkerung größtenteils rekrutiert, in den nächsten Jahren noch nicht drastisch, aber nach der Jahrtausendwende ist auch hier mit einer deutlichen Abnahme zu rechnen[4] (siehe Schaubild 1). Insgesamt zeichnen sich damit gegen Ende dieses Jahrhunderts und zu Beginn des nächsten Jahrhunderts drastische demographische Verändeungen ab; ihr Hauptmerkmal ist die relative Zunahme alter Menschen im Verhältnis zu denjenigen, die sich im erwerbsfähigen Alter befinden.

Die beschriebene demographische Entwicklung bringt für das System der sozialen Sicherung vor allem zwei Herausforderungen:

(1) Bis zur Jahrtausendwende ist aus demographischen Gründen nicht mit einer Entlastung auf dem *Arbeitsmarkt* zu rechnen. Bis dann nämlich bleibt die Anzahl der Personen im erwerbsfähigen Alter im großen und ganzen in der heutigen Größenordnung; allerdings

Schaubild 1: Bevölkerungsentwicklung nach Altersgruppen – Ergebnisse des Rentenmodells mit Erhöhung der Lebenserwartung

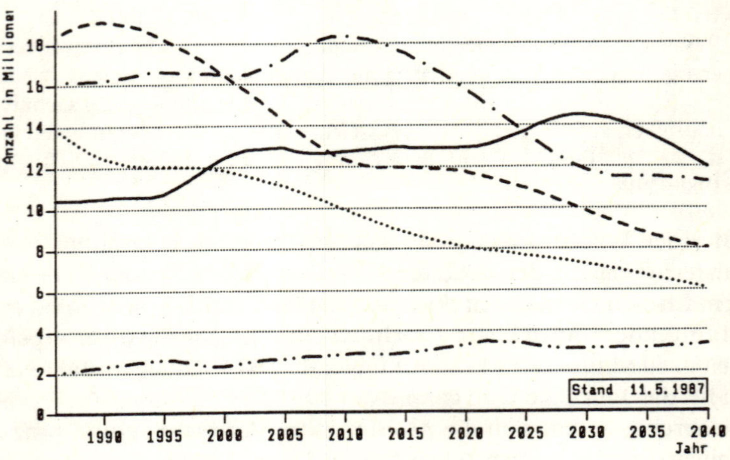

· · · · unter 20 Jahren; – – 20 bis unter 40 J.; · – 40 bis unter 60 J.; — 60 bis unter 80 J.; · · – 80 Jahre und älter

(aus: VDR 1987: 27)

könnte sich der Andrang auf dem Arbeitsmarkt durch eine Steigerung der Erwerbsquote – vor allem bei den Frauen – noch weiter erhöhen. Wenn es der Wirtschafts-, Arbeitsmarkt- und Beschäftigungspolitik nicht gelingt, die derzeitig hohe Arbeitslosigkeit abzubauen, könnte dies sowohl Finanzierungsprobleme für die Arbeitslosenversicherung wie auch Sicherungsprobleme für die von Arbeitslosigkeit Betroffenen mit sich bringen. (Wir werden darauf in den Abschnitten 3 und 4 noch zu sprechen kommen.)
(2) Die angesprochenen Trends der Bevölkerungsentwicklung und die damit zusammenhängenden Verschiebungen in der Altersstruktur werden ein erhöhtes Maß an *Einkommensumverteilung* zwischen den Generationen erforderlich machen. Immer mehr alte Menschen müssen durch eine immer kleiner werdende Bevölkerung im erwerbstätigen Alter mitunterhalten werden. Möglicherweise wird eine Erhöhung der durchschnittlichen Lebenserwartung in der Bundesrepublik Deutschland die Probleme sogar noch weiter verschärfen.

Diese Entwicklungen stellen die Renten- und Krankenversicherungen vor erhebliche politische und finanzielle Herausforderungen.[5] *Gefährdungen* für das bestehende *System* der *sozialen Sicherung* könnten sich sowohl dann ergeben, wenn aus demographischen Gründen die Beiträge erhöht werden müssen wie auch dann, wenn Funktionsdefizite das Vertrauen in die Rentenversicherung als Regelsicherung unterhöhlen. Niederschlagen könnten sich solche Gefahren vor allem in vier Entwicklungslinien:

(1) Die zahlenmäßige Mehrheit der Bevölkerung bricht aus der Solidarität mit den alten und kranken Menschen aus und beschließt drastische Leistungskürzungen.
(2) Zu hohe Sozialabgaben verschärfen den Anreiz zur Schattenwirtschaft und unterhöhlen damit ihre eigenen Grundlagen.
(3) Hohe Sozialabgaben und Steuern belasten die internationale Konkurrenzfähigkeit der deutschen Wirtschaft und erodieren die wirtschaftlichen Grundlagen einer sozialstaatlichen Politik.
(4) Funktionsdefizite der staatlichen Zwangsversicherungen verstärken das Interesse an privaten Vorsorge- und Versicherungsmodellen; dieses begrenzt die Umverteilungsspielräume in den obligatorischen Sicherungssystemen und wirkt sich zum Nachteil derjenigen aus, die keinen Zugang zu privaten Versicherungen haben – sei es, weil sie nicht über hinreichende Einkommen verfügen, oder sei es, weil sie zu besonderen Risikogruppen gehören (zum Beispiels AIDS-Infizierte).
Zusammengefaßt ist damit nicht nur zweifelhaft, ob das bisherige Sicherungsniveau gehalten werden kann, fraglich ist ferner, ob die

lohnbezogene Finanzierung sozialer Leistungen bei dem anstehenden disproportionalen Bevölkerungsaufbau noch tragfähig ist.

2.1 Bevölkerungsentwicklung und Rentenversicherung

Um Art und Ausmaß der demographischen Probleme zunächst in bezug auf die Rentenversicherung zu skizzieren, sollen an dieser Stelle einige Ergebnisse aus den Modellrechnungen des Verbandes Deutscher Rentenversicherungsträger (VDR 1987: 24ff.) referiert werden, die dieser unlängst der Öffentlichkeit präsentierte: Zur Beschreibung der Auswirkungen der demographischen Strukturveränderungen auf die Alterssicherung wird hier zunächst die erwartete Bevölkerungsentwicklung in *Alters-, Jugend- und Gesamtlastquotienten* übersetzt:

> Unter Altersquotienten wird die Relation der Menschen im Rentenalter, also über 60 beziehungsweise über 65 Jahren, zu denjenigen im erwerbsfähigen Alter, also zwischen 20 und 60 beziehungsweise 65 Jahren, verstanden. Will man darüber hinaus ein realistisches Bild der zukünftig zu erwartenden Belastungen ermitteln, muß zusätzlich noch der Jugendquotient (unter 20 Jahre) ermittelt werden. Alters- und Jugendquotient bilden dann den Gesamtlastquotienten.

Schaubild 2, S. 21, verdeutlicht, daß sich die beiden Altersquotienten innerhalb der nächsten 50 Jahre in etwa verdoppeln werden. Im Gesamtlastquotienten schlägt sich dieses nicht ganz so drastisch nieder, da ein leicht sinkender Jugendquotient für eine gewisse Entlastung sorgt. Allerdings darf hieraus nicht vorschnell auf eine Teilentwarnung hinsichtlich der Alterssicherungsproblematik geschlossen werden. Da die finanziellen Kosten und Aufwendungen für beide Gruppen sehr unterschiedlich und in sich wiederum sehr heterogen sind, gibt der Jugendquotient noch keinerlei Aufschluß darüber, welche Kosten sich hinter dieser Kurve verbergen; so könnte beispielsweise die technologische Entwicklung steigende Investitionen für die Ausbildung junger Menschen erforderlich machen. Insgesamt zeigt sich an den Verläufen der Alters- und Gesamtlastquotienten, daß stark ansteigende Belastungen für die gesetzliche Rentenversicherung unvermeidlich sind. Eine noch dramatischere Zuspitzung der Situation könnte für den Fall eintreten, daß sich die Geburtenhäufigkeit in den kommenden Jahren weiter reduziert. Die Modellrechnungen des VDR gehen von relativ optimistischen Prognosen aus, bei denen durchaus zweifelhaft ist, ob sie in den nächsten Jahren eingehalten werden.

Altersquotienten sagen zunächst einmal nur etwas über die Altersstruktur aus; bei Interesse an der zukünftigen Ein- und Ausgabenentwicklung haben sie allerdings nur eine sehr begrenzte Aussagefähigkeit. Zum einen arbeiten nämlich nicht alle Erwerbsfähigen in

Schaubild 2: Die Entwicklung der Alters- und Jugendquotienten sowie des Gesamtlastquotienten (Rentenmodell)

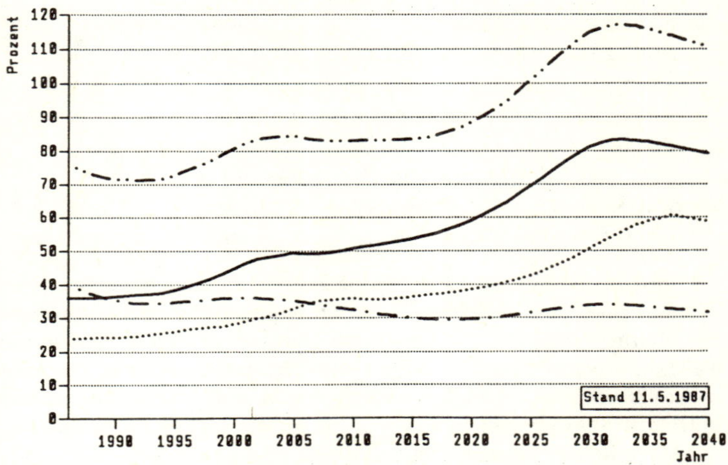

— Altersquotient 60; · · · · Altersquotient 65; · – Jugendquotient; · · – Gesamtlastquotient

(aus: VDR 1987: 27)

beitragspflichtigen Beschäftigungsverhältnissen, zum Beispiel Hausfrauen, Beamte, Beschäftigte unterhalb oder oberhalb der Beitragsbemessungsgrenzen, und längst nicht alle Älteren sind auch Rentenempfänger. Zum anderen gibt es immer auch eine Vielzahl von Menschen im erwerbsfähigen Alter, die bereits Rente beziehen, zum Beispiel wegen Erwerbs- oder Berufsunfähigkeit. Wegen dieser Ungenauigkeiten werden in Rentenmodellen zusätzlich zu den Alters- und Gesamtlastquotienten noch *Rentenfall-*, *Rentner-* und *Eckrentnerquotienten* berechnet:

Ein Rentenfallquotient gibt die Anzahl der pro Beitragszahler zu zahlenden Renten an. Der Rentnerquotient sagt demgegenüber etwas über die Anzahl der Rentner pro Beitragszahler aus, denn schließlich beziehen ja viele ältere Menschen Doppelrenten, vor allem wegen der abgeleiteten Ansprüche von Ehegatten. Der Eckrentnerquotient berücksichtigt demgegenüber auch noch die Rentenhöhe und umreißt damit, wieviel Rentner pro Beitragszahler auf Basis einer Standardrente zu erwarten sind. Diese wird auf Grundlage eines durchschnittlichen Entgeltbezuges nach 45 Versicherungsjahren berechnet. Im Unterschied zu den Altersquotienten fließen in die Eckrentnerquotienten also auch Annahme über die Anzahl der Beitragszahler und damit über die Erwerbsbeteiligung und Arbeitsmarktentwicklung ein.

In den im folgenden wiedergegebenen Prognosen des VDR wird von konstanten Erwerbsquoten (auf Basis der Daten aus 1984) und Beitragsquoten der einzelnen Gruppen der erwerbstätigen Bevölkerung ausgegangen; darüber hinaus hat man auch die Rentenzugangs- und Wegfallshäufigkeiten (Eintritt in den Rentenbezug und Zeitpunkt des Todes) auf Basis der Daten von 1985 konstant gehalten.
Schaubild 3, S. 23, stellt die unter den geschilderten Annahmen berechneten Rentenfall-, Rentner- und Eckrentnerquotienten dar.

> „Während 1986 auf 1000 Beitragszahler 557 zu zahlende Renten (Rentenfallquotient) oder 481 Rentner (Rentnerquotient) beziehungsweise 328 Standardrenten (Eckrentnerquotient) kommen, entfallen 2030 auf 1000 Beitragszahler 1325 zu zahlende Renten oder 1122 Rentner beziehungsweise 826 Standardrenten. . . . Alle drei Indikatoren weisen, wenn auch im einzelnen unterschiedlich, einen etwas anders verlaufenden und zudem stärkeren Belastungsanstieg auf als die Altersquotienten." (VDR 1987: 31)

Aber wie immer auch die demographischen Entwicklungen und ihre Auswirkungen auf die Rentenversicherungen prognostiziert werden, überall wird klar, daß die Veränderungen im Altersaufbau zu weitreichenden Reformen bei der Alterssicherung zwingen.
In der Öffentlichkeit kursiert in diesem Zusammenhang häufig die wenig verheißungsvolle Vision, langfristig sei entweder mit einer Verdoppelung der Beiträge oder mit einer Halbierung des Rentenniveaus zu rechnen (vgl. zum Beispiel Wirtschaftswoche 6/1986: 34ff.). Und in der Tat: Berechnungen des Wirtschaftsforschungsinstituts Prognos in Zusammenarbeit mit dem VDR (VDR 1987: 185; als Überblick vgl. auch Grohmann 1985) kommen zu dem Ergebnis, daß bei Beibehaltung des derzeitigen Rentenrechts und bei gleichzeitig ungünstiger wirtschaftlicher Entwicklung der Beitragssatz von heute ca. 18% auf deutlich über 40% im Jahre 2030 steigen müßte; selbst bei günstiger wirtschaftlicher Entwicklung wären noch Beitragssätze von ca. 37% zu erwarten.
Im Hinblick auf mögliche *Reformperspektiven* sind solche einfachen Lösungen wie Beitragssteigerungen oder Leistungskürzungen jedoch mit großer Skepsis zu betrachten (vgl. aus unterschiedlichen Perspektiven Krupp 1987; Niemeyer 1987): Leistungskürzungen könnten das Rentenniveau so niedrig drücken, daß zweifelhaft wird, ob die Rentenversicherung noch die Funktion eines Regelsicherungssystems er-

Schaubild 3: Die Entwicklung des Rentenfall-, Rentner- und Eckrentnerquotienten von 1986 bis 2040 – Ergebnisse des Rentenmodells

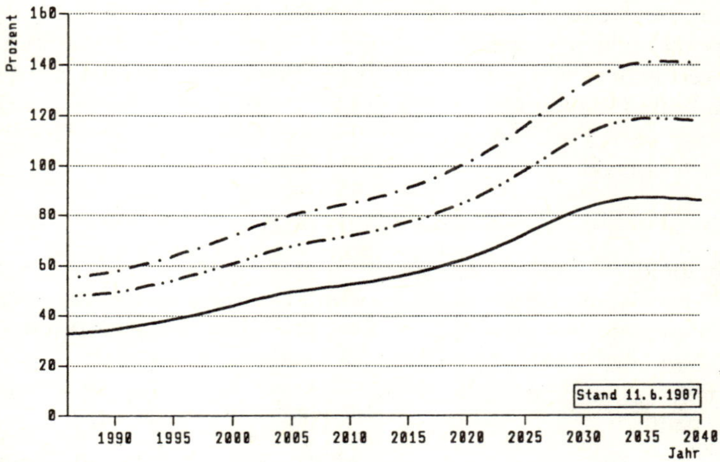

· – Rentenfallquotient[1]; · · – Rentnerquotient[2]; — Eck- oder Standardrentnerquotient[3, 4]

Anmerkungen / Definitionen:

1 Der Rentenfallquotient ist das Verhältnis der Rentenzahlfälle zur Zahl der Beitragszahler.

2 Der Rentnerquotient ist das Verhältnis der Zahl der Rentner zur Zahl der Beitragszahler.

3 Eine Eck- oder Standardrente wird hier mit 45 Versicherungsjahren bei durchschnittlichem Entgeltbezug berechnet.

4 Der Eck- oder Standardrentnerquotient ist das Verhältnis der Zahl der Standardrentner zur Zahl der Beitragszahler, wobei sich die Zahl der Standardrentner als Quotient aus dem Rentenvolumen und der Höhe der Standardrente ergibt. (aus: VDR 1987: 33)

füllen kann. Bereits heute liegt das Standardrentenniveau deutlich unter der Höhe, die politisch für wünschenswert gehalten wird (vgl. Sachverständigenkommission 1983). Darüber hinaus besteht die Gefahr, daß eine Reduzierung der Renten im politischen Entscheidungsprozeß so ausgehandelt werden könnte, daß die Nachteile hauptsächlich von den Kleinstrentnern getragen werden müssen, das heißt also von denen, die nur geringe und unregelmäßige Beiträge zahlen können. Dies würde die heute ohnehin schon bei Teilgruppen der Rentner gegebene Gefahr der Altersarmut (vgl. Abschnitt 4) weiter erhöhen.

Eine Erhöhung der lohnbezogenen Beiträge könnte demgegenüber die bereits angedeutete Flucht in die Schattenwirtschaft, eine Aufwertung der privaten Versicherungswirtschaft sowie kontraproduktive Effekte für die internationale Wettbewerbsfähigkeit zur Folge haben. Des weiteren gibt es bereits heute Stimmen, die drastische Beitragserhöhungen wegen der intergenerativen Umverteilungseffekte für verfassungswidrig halten (Ruland 1986). Sie könnten nämlich dazu führen, daß aus den Versicherten „Nettozahler" werden, deren Beiträge (als Vorleistungen) größer sind als die zu erwartenden Gegenleistungen.

2.2 Demographie und Krankenversicherung

Nicht minder schwer wie Belastungen und Herausforderungen, vor denen die soziale Sicherung in der Rentenpolitik steht, wiegen die in Folge der demographischen Entwicklung sich abzeichnenden Probleme im Gesundheitswesen. Grundsätzlich ist davon auszugehen, daß vor allem der mittel- und langfristig ansteigende *Anteil alter Menschen* zu einer deutlich verstärkten Inanspruchnahme gesundheitlicher Versorgungsleistungen führen wird. Mit *zunehmendem Alter* steigen nämlich die Ausgaben der Krankenkassen pro Versichertem; „ein Mensch im Alter von 75 Jahren verursacht im Durchschnitt etwa das 5-fache an Behandlungskosten im Vergleich zu einem jungen Menschen im Alter von 5 bis 15 Jahren" (Eichner 1986: 37; aus grundsätzlicher Perspektive vgl. Bundesminister für Jugend, Familie, Frau und Gesundheit 1986: 148ff.). Außerdem erfordert auch die Art der Behandlung alter und kranker Menschen eine Neuorientierung beziehungsweise eine Ergänzung der bestehenden Versorgungsstrukturen. Erforderlich ist vor allem der Ausbau ambulanter sozialer Dienste zur Pflege und Betreuung; nur so kann der alterspolitische Grundsatz der „Erhaltung der häuslichen Selbständigkeit" eingelöst werden.

> „Kennzeichnend für die gesundheitliche Lage im Alter scheint vor allem die Tatsache zu sein, daß spezifische gesundheitliche Beeinträchtigungen im Alter gehäuft auftreten (Alterskrankheiten) und sich zu Krankheitskomplexen verbinden (Multimorbidität), die vielfach chronisch werden. Unter Aspekten immaterieller sozialer Sicherheit ist hierbei belangvoll, daß diese Alterskrankheiten mit zunehmendem Alter vor allem Behinderungen der Bewegungsfähigkeit nach sich ziehen, so daß zum einen Fremdhilfen für spezifische Alltagsverrichtungen notwendig werden und zum anderen wesentliche räumliche Mobilitätseinschränkungen hingenommen werden müssen." (Plaschke 1983: 177)

Als Antwort auf die skizzierten Probleme wird in der Gerontologie sowohl ein Ausbau der *stationären Versorgung* wie auch eine Erweiterung der *ambulanten sozialen Dienste* gefordert. Bei den stationären Einrichtungen geht es hauptsächlich darum, vorhandene regionale Disparitäten (Stichwort: Versorgungslücken in ländlichen Regionen) abzubauen und die Qualität der Versorgung anzuheben. Es muß unter anderem gewährleistet werden, daß die Pflege alter Menschen deutlicher in den Mittelpunkt rückt; bislang liegt der Akzent noch in starkem Maße auf einer therapieorientierten Behandlung. Insbesondere wenn die erwähnte alterspolitische Maxime der „Erhaltung der häuslichen Selbständigkeit" realisiert werden soll, liegt die größte Herausforderung jedoch bei den ambulanten sozialen Diensten. „Essen auf Rädern", Fahrdienste, häusliche Krankenpflege durch Sozialstationen usw. sind hier die bekanntesten Stichworte. Großer Nachholbedarf wird auch im Hinblick auf die Bereitstellung und Organisation sinnvoller Betätigungs- und Freizeitmöglichkeiten für Senioren reklamiert.

Bislang blieben entsprechende *Innovationsstrategien* vor allem deshalb hinter den Erwartungen zurück, weil die *Finanzierungsfrage* nicht befriedigend gelöst werden konnte. Bei den ambulanten sozialen Diensten wirkt sich die Abhängigkeit von den ohnehin stark belasteten kommunalen Finanzhaushalten negativ aus. Verbesserungen im stationären Bereich leiden erheblich unter der unzureichenden Absicherung des Pflegefallrisikos in den Sozialversicherungen. Die Krankenversicherungen decken zur Zeit diesen Risikobereich nur dann ab, wenn mit den Pflegeleistungen eine medizinische Therapie verbunden ist, für die eine Erfolgsaussicht besteht. Da dieses bei altersbedingten Krankheiten in der Regel nicht der Fall ist, müssen die alten Menschen mit ihrem eigenen Einkommen (Rente) und Vermögen zur Kostendeckung herangezogen werden. Da die privaten Mittel angesichts der hohen Pflegekosten zumeist nicht ausreichen, muß die Sozialhilfe einspringen. Sie wird damit zum „Ausfallbürgen" für die „Sicherungslücke" Pflegefallrisiko im Sozialversicherungssystem.[6]

Die skizzierten Probleme bei der stationären und ambulanten Versorgung alter Menschen resultieren allerdings nicht nur aus demographischen Entwicklungstrends. Schon seit geraumer Zeit ist zu beobachten, wie die ursprünglich für die Versorgung und Betreuung alter Menschen zuständigen „primären sozialen Netzwerke" Ehe, Familie, Nachbarschaft und Freundeskreis immer weniger in der Lage sind, dieser Aufgabe gerecht zu werden. Die Gründe hierfür sind vielfältig und können an dieser Stelle nicht näher analysiert werden (vgl. Kapitel 3).

Bisweilen wird in gesundheitspolitischen Debatten die Ansicht vertreten, die *demographischen Faktoren* seien in ihren Auswirkungen

auf das Gesundheitswesen nicht so gravierend, wie es auf den ersten Blick scheine. Denn der Zunahme an Ausgaben für die Versorgung alter Menschen werde eine Entlastung bei den jüngeren gegenüberstehen. Außerdem werde mit Nachdruck daran gearbeitet, die Kostenexplosion im Gesundheitswesen in den Griff zu bekommen. Wenn man sich allerdings vor Augen hält, daß es vollkommen ungewiß ist, ob die zur Zeit angestrebten Kostendämpfungsbemühungen erfolgreich sein werden und ob sich eine Umschichtung von jung auf alt politisch bewerkstelligen läßt, und wenn man ferner bedenkt, daß auch bei der medizinischen Versorgung für junge und erwerbstätige Menschen eine Fülle ungelöster Aufgaben wartet (Verbesserung der Prävention, durch Umweltverschmutzung ausgelöste Krankheiten, AIDS usw.) liegt es nahe, die skizzierte optimistische Kompensationsannahme für einen Trugschluß zu halten.
Generell lassen sich – vor allem im Hinblick auf die Alterssicherung – in der wissenschaftlichen und politischen Diskussion drei verschiedene Muster von *Antworten* auf die skizzierten demographischen Herausforderungen ausmachen (vgl. als Überblick Kapitel 2 sowie Gretschmann u.a. 1987; Hampe 1984 und die Beiträge in: Aus Politik und Zeitgeschichte B35/87):

(1) Der erste Lösungsvorschlag bleibt im bestehenden System verhaftet und glaubt, durch mehr oder weniger ausgeprägte Beitragserhöhungen, Leistungskürzungen sowie durch eine stärkere staatliche (finanzielle) Unterstützung, sprich: Erhöhung des Bundeszuschusses für die Rentenversicherung, das äquivalenzorientierte Sozialversicherungssystem wenigstens mittelfristig über die demographischen „Hürden" hinwegzubringen.
(2) Die zweite Variante betont demgegenüber radikalen Reformbedarf und schlägt die Einführung steuerfinanzierter Grundrenten vor.
(3) Modelle des dritten Typs streben eine Koppelung der beiden vorgenannten Wege an. Im Prinzip bleibt die Rentenversicherung mit ihren bisherigen Strukturmerkmalen erhalten, sie wird allerdings ergänzt um Mindestsicherungs- beziehungsweise Sockelungselemente, wobei die Finanzierung entweder über zusätzliche zu erhebende Steuern oder über Niveauanpassungen und Harmonisierungen innerhalb des bestehenden Systems erfolgen soll.
In den Begründungen für die verschiedenen Konzeptionen spielen als Unterscheidungsmerkmale vor allem die voneinander abweichenden Erwartungen über die zukünftige *Entwicklung* von *Wirtschaft, Arbeitsmarkt* und *Erwerbsbeteiligung* eine Rolle. Bei denjenigen, die auf eine Beibehaltung der bestehenden Strukturen setzen, spielt die

Annahme, die Erwerbsquote werde sich deutlich erhöhen und zu erheblichen Beitragsmehreinnahmen führen, eine zentrale Rolle. Man rechnet etwa mit einer steigenden Erwerbsquote bei den Frauen und mit dem Wegfall der zur Zeit arbeitsmarktbedingten vorzeitigen Verrentungen. Für Sockelungs- und Mindestsicherungsvarianten wird unter anderem mit dem Argument votiert, es seien Veränderungen in der Art der Beschäftigung zu erwarten (zum Beispiel Teilzeit, unregelmäßige Beschäftigung), die es einem wachsenden Teil der Bevölkerung verunmöglichen könnten, im ausschließlich äquivalenzbezogenen (Alters-)Sicherungssystem ausreichend abgesichert zu sein. Ähnliche Erwartungen tragen auch die Grundrentenbefürworter vor; sie unterstreichen aber darüber hinaus, daß dann, wenn sich die Regelsicherung auf ein Existenzminimum beschränke, positive Auswirkungen auf Wirtschaft und Beschäftigung zu erwarten seien.
Diese kurze Skizze einiger Motive, die hinter verschiedenen Konzeptionen zur sozialen Sicherung stehen, verdeutlicht, wie zentral die zukünftige Entwicklung von Arbeitsmarkt und Beschäftigung für die Bewältigung der demographischen Herausforderungen ist. Eine Skizze der Prognosen und Perspektiven für die Zukunft der Arbeit und ihre Auswirkungen auf die Zukunft des Sozialstaates versuchen die folgenden Abschnitte.

3. Zur Zukunft des Arbeitsmarktes

Mit Beginn der 80er Jahre gerieten *Wachstum* und *Beschäftigung* in der Bundesrepublik Deutschland in die bisher schwerste Krise seit Ende des Zweiten Weltkrieges. Insbesondere das Ausmaß der *Arbeitslosigkeit* stellt wichtige Zweige unseres *sozialen Sicherungssystems* vor große Schwierigkeiten. Dies gilt zunächst einmal für die Arbeitslosenversicherung und die Rentenversicherung, indirekt aber auch für weitere Bereiche unseres Systems der sozialen Sicherung wie beispielsweise die Sozialhilfe.
In der Öffentlichkeit taucht immer wieder das Argument auf, die wichtigste Ursache für Probleme bei der sozialen Sicherung sei ein nicht hinreichendes wirtschaftliches Wachstum. Entgegen solch gängigen Behauptungen können jedoch Wachstumsschwankungen oder gar rückläufige Wachstumsraten und stagnierende Arbeitseinkommen von der sozialen Sicherung auch bei unveränderten Leistungsansprüchen verkraftet werden, weil sich Einnahmen und Ausgaben bei zentralen Zweigen der sozialen Sicherung an derselben Größe, dem Arbeitseinkommen, orientieren (vgl. Krupp 1985). Wenn einmal gewisse Zeitverzögerungen bei der Anpassung von Lei-

stungen an die Entwicklung der Arbeitseinkommen außer acht gelassen werden, verändern sich die Einnahmen und Ausgaben grundsätzlich parallel; mithin haben beispielsweise reduzierte Arbeitseinkommen automatisch verringerte Sozialleistungen zur Folge. Wachstumsschwächen scheiden also als Ursache für die Finanzengpässe der sozialen Sicherung aus – es sei denn, man erwartet Wachstumsraten in einer derartigen Größenordnung, daß auf diese Weise alle durch andere Faktoren ausgelösten Arbeitsmarktprobleme aufgefangen werden können.

Für die Solidität von Systemen der sozialen Sicherung, die nach dem Sozialversicherungsprinzip konstruiert sind, sind demgegenüber die gesellschaftliche *Erwerbsquote*, das Ausmaß der *Arbeitslosigkeit* und die Art der *Beschäftigungsverhältnisse* viel entscheidender:

> Eine sinkende Erwerbsquote verschiebt beispielsweise das Verhältnis zwischen Beitragszahlern und Leistungsempfängern und verlangt entweder Beitragserhöhungen oder Leistungseinschränkungen. Arbeitslosigkeit bedeutet für die Kranken- und Renten-, vor allem aber für die Arbeitslosenversicherung, Mindereinnahmen bei Mehrausgaben; steigenden Belastungen durch Unterstützungszahlungen an Arbeitslose oder etwa durch Krankheiten, die erst durch Arbeitslosigkeit ausgelöst werden, stehen Beitragsausfälle gegenüber. Darüber hinaus können auch Abweichungen vom bislang üblichen „Normalarbeitsverhältnis“ (40 Jahre lang 40 Stunden pro Woche arbeiten), so zum Beispiel die Zunahme der Teilzeitarbeit oder von Zeitarbeitsverträgen, Veränderungen des Beitragsaufkommens nach sich ziehen.

Im übrigen führen Dauerarbeitslosigkeit und solche neuen Arbeitsverhältnisse auf der Leistungsseite, das heißt bei den Versicherten, zu reduzierten Ansprüchen in der Arbeitslosen- und Rentenversicherung; diese reichen dann möglicherweise nicht mehr aus, die notwendige soziale Absicherung sicherzustellen (vgl. Abschnitt 4).

Die Frage, ob die soziale Sicherung in ihrer bisherigen Ausgestaltung Zukunft hat, wird also letztlich durch die Entwicklungen auf dem Arbeitsmarkt entschieden (vgl. Heinze u.a. 1986). Dabei ist zu bedenken, daß es für eine Stabilisierung der lohnbezogenen Konstruktion der sozialen Sicherung nicht ausreicht, die Arbeitslosigkeit bei konstanter oder reduzierter Erwerbsbeteiligung in Grenzen zu halten; aufgrund der demographischen Entwicklung müßte die Erwerbsbeteiligung erheblich gesteigert werden können, zum Beispiel durch die Steigerung der Frauenerwerbsquote und durch die Heraufsetzung der Altersgrenze. Beides wird aber nur dann gelingen, wenn das Angebot an Arbeitsplätzen quantitativ deutlich gesteigert werden kann und gleichzeitig sichergestellt ist, daß die überwiegende Mehrzahl der Ar-

beitsplätze in hinreichendem Maße Ansprüche an die Sozialversicherung aufbauen läßt.
Was die längerfristigen Arbeitsmarktprognosen angeht, ergibt sich folgendes Bild (Schaubild 4, S. 30): Das Institut für Arbeitsmarkt- und Berufsforchung (IAB) hat in Zusammenarbeit mit der Prognos AG zu dieser Frage mehrere Modellrechnungen unter alternativen Annahmen auf Basis des Jahres 1982 durchgeführt (vgl. Klauder u.a. 1985; Klauder 1986).

Dabei wird dem vorausgeschätzten Erwerbspersonenpotential der absehbare Bedarf an Arbeitskräften gegenübergestellt, wobei für beide Größen jeweils drei Varianten durchgespielt werden. Bei den Prognosen des Erwerbspotentials fließen unterschiedliche Annahmen über die Erwerbsbeteiligung der deutschen Bevölkerung und über den Wanderungssaldo der ausländischen Wohnbevölkerung ein, bei den Prognosen des Arbeitskräftebedarfs finden drei mögliche Entwicklungslinien des wirtschaftlichen Wachstums Berücksichtigung. Die Wachstumsszenarien wiederum basieren auf Annahmen über die demographische und weltwirtschaftliche Entwicklung, die Wirtschaftspolitik und die technologische Entwicklung. Die Autoren gehen davon aus, mit ihren drei Varianten den Horizont der gegenwärtig überhaupt vorstellbaren zukünftigen Entwicklungen am Arbeitsmarkt erfaßt zu haben.

Entgegen allen optimistischen Erwartungen wird sich auf Basis ihrer Ergebnisse die Diskrepanz zwischen Arbeitskräftepotential und Arbeitskräftebedarf im günstigsten Modellfall noch bis 1990 und im ungünstigsten Fall noch bis in das Jahr 2000 vergrößern. Vollbeschäftigung scheint damit auf absehbare Zeit ausgeschlossen. Die Beseitigung der Massenarbeitslosigkeit noch in diesem Jahrtausend mutet angesichts der IAB/Prognos-Modellrechnungen illusorisch an. Für die soziale Sicherung bedeutet dies, daß eine Reduzierung der Finanzierungsprobleme durch eine drastische Verringerung der Arbeitslosigkeit in den nächsten Jahren und Jahrzehnten nicht zu erwarten steht.
Besonders umstritten bei solchen und ähnlichen Zukunftsszenarien sind Annahmen über Beschäftigungseffekte des *technischen Wandels*. Vor dem Hintergrund der anhaltend hohen Arbeitslosigkeit bei gleichzeitigem Wachstum („jobless growth“) sind jedoch gerade die sogenannten „Neuen Technologien“ als mögliche „Job-Killer“ ins Gerede gekommen. Die konträren Antworten auf die Frage, wie sich die technologische Entwicklung auf die Beschäftigung auswirkt, kreisen um die Begriffe „Freisetzung“ und „Kompensation“ (vgl. zum Beispiel Mettelsiefen 1981; Hagemann/Kalmbach 1983; Hagemann 1985; Klauder 1986 (a), Francis 1986):

Schaubild 4: Gemeinschaftsprojektion von Prognos AG und Institut für Arbeitsmarkt- und Berufsforschung – Arbeitsmarktbilanz 1960 – 2000 (Ergebnisse der Modellrechnungen[1]) auf Basis 1982 ohne Vorruhestandseffekte (in Mio.)

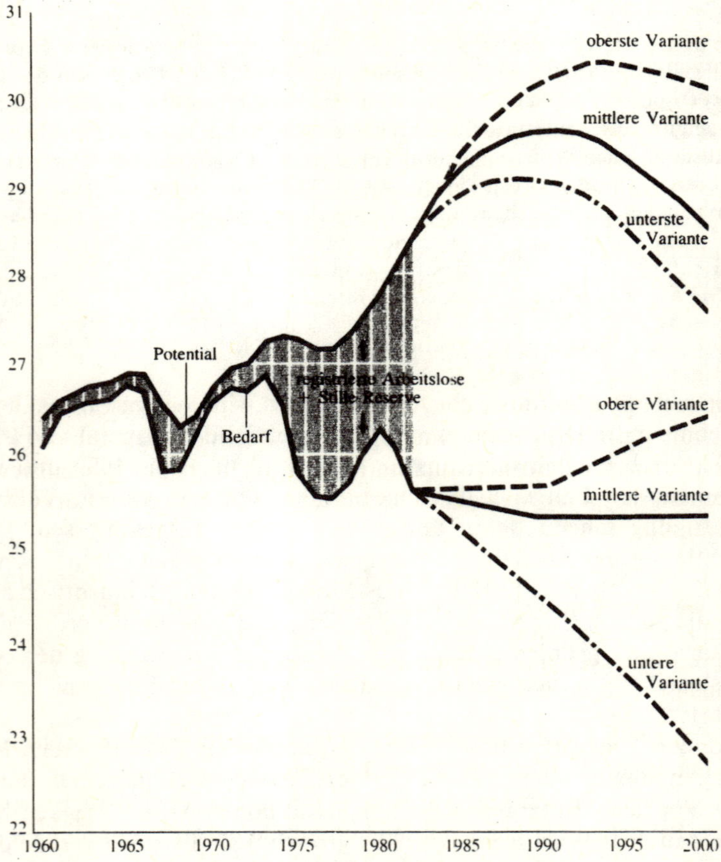

[1] Projektionswerte des Potentials = IAB-Projektion
Projektionswerte des Bedarfs = IAB/Prognos-Projektion

(aus: Klauder u.a. 1985: 59)

Für die Verfechter der „Freisetzungshypothese" (vgl. vor allem Hickel 1985; 1986) zeichnet sich für die Zukunft das Bild einer Ökonomie ab, in der zwar Waren in Hülle und Fülle angeboten werden, aber keine oder zu wenig Beschäftigungsmöglichkeiten. Bereits heute ist Arbeitslosigkeit zu einem Gutteil den modernen Automationstechniken zuzuschreiben; mit noch mehr Arbeitsplatzverlusten wird dann gerechnet, wenn die gegebenen Rationalisierungsmöglichkeiten voll ausgeschöpft werden. Dann ist nicht mehr nur die industrielle Fertigung betroffen, sondern gleichermaßen die vor- und nachgelagerten Bereiche sowie zunehmend auch die Verwaltung und die meisten Dienstleistungen. Für problemverschärfend wird des weiteren gehalten, daß die bislang erfolgreich praktizierte Möglichkeit, rationalisierungsbedingte Freisetzungen durch Expansion, das heißt gesteigerte Absätze, zu kompensieren, zunehmend schwindet. Grenzen des Wachstums werden zum einen durch Sättigungstendenzen in vielen Nachfragebereichen, zum anderen aber auch in der fehlenden ökologischen Wünschbarkeit einer gesteigerten Produktion gesehen. Vor diesem Hintergrund müsse die alte optimistische These, Freisetzungseffekte von Rationalisierungen würden langfristig durch die arbeitsplatzschaffende Wirkung des technischen Fortschritts ausgeglichen, endgültig zu den Akten gelegt werden.
Demgegenüber betonen die Anhänger der „Kompensationshypothese", nur bei intelligenter Nutzung neuer Technologien für die Produktion anspruchsvoller, qualitativ hochwertiger und spezialisierter Erzeugnisse sei die westdeutsche Industrie auf dem Weltmarkt konkurrenzfähig.

> „Dafür, daß eine mit Hilfe der neuen Technik vollzogene Umstrukturierung zu einer qualitativ hochwertigen und weniger preiskompetitiven Produktpalette, die in der Regel mit einer Erhöhung des Produktionswertes pro Einheit verbunden ist, bietet unter anderem die deutsche Automobilindustrie ein eindrucksvolles Beispiel." (Streeck 1986: 108)

In den letzten Jahren konnten hier trotz oder gerade wegen des Einsatzes neuer, hocheffizienter Produktionstechnologien die Beschäftigtenzahlen erhöht werden. Ähnliche Erfahrungen werden auch aus anderen Branchen berichtet, in denen man die neuen Technologien offensiv nutzt (vgl. Klauder 1986; Bundesminister für Forschung und Technologie 1987). Nach einer Auseinandersetzung mit empirischen Studien zur Frage, ob verstärkt technikbedingte Freisetzungen zu verzeichnen sind, kommt denn auch Berger (1987: 27f.) zu dem Ergebnis:

> „Die Massenarbeitslosigkeit der 80er Jahre ist (. . .) primär nicht technologisch bedingt; sie hat ihre Wurzeln zu einem beträchtlichen Teil in

des Arbeitsmarktes wirken. Auch in den letzten zweieinhalb Jahren, in denen die Beschäftigung wieder anzog, sind die Arbeitslosenzahlen weiter nach oben geklettert. Dies deutet darauf hin, daß ein steigendes Erwerbspotential für die sich öffnende Schere von Angebot und Nachfrage verantwortlich ist. Die wachsende Beschäftigung ist das stärkste Argument gegen Versuche, die Massenarbeitslosigkeit in den westlichen Ländern direkt der sinkenden Nachfrage der Wirtschaft zuzurechnen. Nicht in der sinkenden Nachfrage, sondern eher in dem steigenden Angebot an Arbeitskräften liegt die wesentliche Ursache für die Massenarbeitslosigkeit der letzten Jahre."

Das *gestiegene Erwerbspersonenpotential* geht zum einen auf demographische Faktoren zurück, denn gegenwärtig drängen vergleichsweise geburtenstarke Jahrgänge auf den Arbeitsmarkt. Zum anderen strebt ein immer größerer Teil der weiblichen Bevölkerung Arbeitsplätze in der formellen Ökonomie an.
Im Endeffekt müssen bei der Debatte um die Beschäftigungswirkungen der neuen Technologien viele Fragen offen bleiben. Trotz diverser theoretischer und empirischer Untersuchungen ist letztlich immer noch offen, ob der technologische Wandel mehr Arbeitsplätze vernichtet, als er neue schafft. Für die indirekten Wirkungen der neuen Technik auf die soziale Sicherung erlaubt die angesprochene Debatte aber dennoch einige vorsichtige Rückschlüsse. Selbst wenn die Arbeitsmarkteffekte auf lange Sicht eher positiv ausfielen, angesichts der bestehenden Arbeitsmarktprobleme kann nicht damit gerechnet werden, daß dieses ausreichen wird, um die Auswirkungen der auch ohne technologisch bedingte Freisetzungen bestehenden Arbeitsmarktprobleme kompensieren zu können. Druck in Richtung einer Reform der Finanzierungsgrundlagen besteht schon allein aufgrund der demographisch verursachten Arbeitsmarktprobleme; sollte sich die „Freisetzungshypothese" allerdings bewahrheiten, würden sich die Schwierigkeiten drastisch verschärfen.
Weitere Herausforderungen für die Soziale Sicherung bringt der *Wandel* in der *Art* der *Beschäftigungsverhältnisse* mit sich, den wir gegenwärtig in vielen Wirtschaftsbereichen beobachten können. Die Kriterien der Leistungsbemessung der sozialen Sicherung orientieren sich – wie bereits in Abschnitt 1 skizziert – überwiegend an Arbeitsverhältnissen, die „idealiter dauerhaft und kontinuierlich, im (möglichst groß-)betrieblichen Zusammenhang auf Vollzeitbasis erfolgen und Qualifikation voraussetzen" (Mückenberger 1985: 14). Unbestritten und zum Teil bereits empirisch belegt (vgl. Forsa 1986) ist, daß heute und in Zukunft Arbeitsverhältnisse an Bedeutung gewinnen, die dem Modell des Normalarbeitsverhältnisses immer weniger

entsprechen. Zunahme von Teilzeitarbeit, Ausweitung von Beschäftigungsverhältnissen unterhalb der Grenze zur Versicherungspflicht, Ausbreitung befristeter Arbeitsverhältnisse, Abwicklung von Tele- und Heimarbeit auf Basis ungeschützter Beschäftigungsverhältnisse sind hier nur eine Auswahl von Stichworten, die den Trend zur „Erosion des Normalarbeitsverhältnisses" verdeutlichen. Politisch wird ein solcher Strukturwandel mit Änderungen im Arbeitsrecht, die sich unter die Begriffe „Deregulierung" oder „Flexibilisierung" subsummieren lassen, zielgerichtet gefördert (vgl. Oppolzer u.a. 1986). Die Bundesregierung glaubt, auf diesem Wege bürokratische und institutionelle Hemmnisse für neue und zusätzliche Beschäftigung zu beseitigen. Kritiker befürchten, die Abkehr von den bisherigen Standards auf dem Arbeitsmarkt schaffe keinesfalls zusätzliche Arbeit, sondern verlagere bisher arbeits- und sozialrechtlich geschützte Tätigkeiten in den ungeschützten Bereich und trage damit zum Abbau von Arbeitnehmerrechten bei.[7]

Verstärkend für die wachsende Abkehr vom „Normalarbeitsverhältnis" dürften unter anderem *neue Arbeitsformen* wirken, die im Zuge des Einsatzes neuer Technologien betriebswirtschaftlich rentabel werden. Erst sie ermöglichen nämlich den zeitlich und räumlich flexiblen Einsatz von Arbeitskräften. Man denke hier beispielsweise an die moderne Textverarbeitung, die es auf Sachbearbeiterebene vielfach erübrigt, die Arbeitsvorgänge mit einem zentralen Schreibbüro oder einem Sekretariat abzustimmen. Lediglich einmalige und längere Ausarbeitungen oder druckfertige Vorlagen müssen noch separat erstellt werden; hierfür kann aber auch auf Werkvertragsarbeitsverhältnisse oder auf externe Dienstleistungsangebote zurückgegriffen werden. Somit fördert der Einsatz neuer Technologien, flankiert durch den Abbau arbeitsrechtlicher Standards, unkonventionelle Beschäftigungsformen und damit einhergehend die Gefahr, daß ein immer größerer Anteil der Arbeitnehmer (und deren Angehöriger) nicht oder nur unzureichend durch die soziale Sicherung abgesichert ist. Das sei im folgenden am Beispiel der Teilzeitarbeit illustriert, die in den letzten Jahren in der Bundesrepublik immer mehr an Bedeutung gewonnen hat (Auer 1987: 2):

> Gegenwärtig gibt es in der Bundesrepublik etwa 3,3 Millionen Teilzeitbeschäftigte, das sind mehr als 16% aller abhängig Beschäftigten (Forsa 1986: 1; Büchtemann/Schupp 1985: 1, 10ff.).[8] Teilweise geht der Anstieg der Teilzeitarbeit sicherlich darauf zurück, das am Arbeitsmarkt nicht in ausreichendem Maße Vollzeitarbeitsplätze angeboten werden. Mehrere empirische Untersuchungen lassen jedoch keinen Zweifel daran, daß in der Erwerbsbevölkerung auch ein gestiegenes Interesse an Teilzeit besteht

(vgl. zusammenfassend Brinkmann u.a. 1986). Vor allem Arbeitszeiten von ca. 30 Stunden werden verstärkt gewünscht, und zwar von Frauen und Männern gleichermaßen.

Die Zunahme der Teilzeitarbeit, die sich in Zukunft aller Voraussicht nach noch verstärken wird, wirkt sich bei den verschiedenen Trägern der Sozialversicherung zwar unterschiedlich, aber überwiegend negativ aus: Bei der Arbeitslosen- und Rentenversicherung ziehen die niedrigeren (bei geringfügigen Beschäftigungen sogar ganz ausbleibenden) Beitragszahlungen entsprechend verminderte Leistungsansprüche nach sich. Zur Zeit beträgt die Eckrente, d.h. die Rente eines Versicherten, der stets im Durchschnitt verdient hat und 40 Versicherungsjahre aufweisen kann, ca. 1400 DM brutto. „Deutlich unterhalb dieses Rentenniveaus liegen all die Rentner, (. . .), die die Voraussetzungen (1.) einer versicherungspflichtigen Beschäftigung von (2.) dauerhafter Natur mit (3.) einem durchschnittlichen Arbeitseinkommen nicht erfüllen“ (Bäcker 1987: 76). Dies sind heute in erster Linie ledige oder verwitwete Frauen. Sie beziehen in Folge eines zu niedrigen Einkommens (während ihrer eigenen Erwerbstätigkeit) oder wegen zu niedriger abgeleiteter Witwenrenten häufig Renten, die unter den Sozialhilfesätzen liegen. Bei einem verstärkten Abweichen vom „Normalarbeitsverhältnis“ droht bei ansonsten unveränderten Bedingungen eine Ausweitung dieses sozialpolitischen Skandals. Dann nämlich wird der Anteil jener Arbeitnehmer zunehmen, deren Leistungsansprüche im Versicherungsfall unterhalb des Sozialhilfeniveaus liegen (vgl. Abschnitt 4).[9]

4. Armut im Wohlfahrtsstaat

Die vorstehenden Abschnitte zu Arbeitsmarkt und Demographie haben zwei der wichtigsten, aktuellen und zukünftigen sozialpolitischen Herausforderungen umrissen. In groben Zügen wurde in den Ausführungen auch angedeutet, welche *Sicherungslücken* zu befürchten sind, wenn an den Konstruktionsprinzipien der Sozialversicherung starr festgehalten wird. Leider ist jedoch die Auseinandersetzung mit Problemen der sozialen Sicherungssysteme nicht nur relevant für zukünftiges Gestalten; bereits heute hinterlassen die veränderten Bedingungen auf dem Arbeitsmarkt und bei der Bevölkerungsentwicklung tiefe Spuren im Netz der sozialen Sicherung und führen bei den Betroffenen zu zum Teil gravierenden Verschlechterungen ihrer Lebensbedingungen. Diese Entwicklung grob nachzuzeichnen und exemplarisch zu illustrieren, wird im folgenden Abschnitt angestrebt.

Der Überblick über die derzeit vorfindbaren Sicherungsdefizite beginnt mit dem Verursachungskomplex *Arbeitslosigkeit*. Derzeit (1988) sind in der Bundesrepublik Deutschland über 2,2 Millionen Menschen bei den Arbeitsämtern als erwerbslos registriert; dies sind rd. 9% der abhängigen Erwerbspersonen. Hinzugerechnet werden müssen noch alle diejenigen Arbeitslosen, die sich wegen fehlender Aussichten auf Unterstützungsleistungen durch die Arbeitsverwaltung dort erst gar nicht arbeitslos und arbeitssuchend gemeldet haben; diese „stille Reserve" wird in der Bundesrepublik für 1987 auf ca. 1,1 bis 1,3 Millionen Personen geschätzt (Kühl 1987: 119; vgl. auch Brinkmann/Reyher 1985). Von Arbeitsmarktforschern wird weder kurz- noch mittelfristig mit einer durchgreifenden Verbesserung dieser schlechten Arbeitsmarktlage gerechnet (siehe u.a. Klauder u.a. 1986; Bach u.a. 1986).

Im Zusammenhang mit der sozialen Sicherung bei Arbeitslosigkeit ist von entscheidender Bedeutung, daß die *Arbeitslosenversicherung* immer mehr ihre ursprünglich intendierte Schutzfunktion verliert. Nach Berechnungen von Balsen u.a. (1986) auf der Basis von Daten aus den Amtlichen Nachrichten der Bundesanstalt für Arbeit erhielten bereits 1985 lediglich 40% der Erwerbslosen, die bei den Arbeitsämtern registriert waren, Arbeitslosengeld; 27% bezogen die in zahlreichen Einzelfällen sehr niedrige Arbeitslosenhilfe, die restlichen 33% blieben ohne jedwede Unterstützungsleistungen von der Bundesanstalt für Arbeit.[10] 10 Jahre zuvor waren noch 73% aller Erwerbslosen Arbeitslosengeldempfänger und „nur" 14% „gingen leer aus". Zwischenzeitlich reduzierte sich der Anteil der Arbeitslosengeldbezieher sukzessive auf das heutige Niveau. Die Ursachen für die in den letzten Jahren kontinuierlich gesunkene Quote der Arbeitslosengeld-Bezieher sind vielfältig; am wichtigsten sind vor allem drei Komplexe:

Abgesehen von wenigen Ausnahmen können die meisten Erwerbslosen nur maximal 12 Monate Arbeitslosengeld beziehen. Aufgrund eines kontinuierlichen Anstiegs des Anteils der Dauerarbeitslosen (= länger als ein Jahr ohne Arbeit) von ca. 5% in 1974 auf weit über 30% in 1985 verlieren immer mehr Arbeitslose wegen dieser leistungsbegrenzenden Bestimmung des Arbeitsförderungsgesetzes (AFG) ihren Anspruch auf Lohnersatzleistungen.

Ein wachsender Anteil von Arbeitslosen konnte vor der Arbeitslosigkeit keinen hinreichenden Anspruch auf Versicherungsleistungen nach dem Arbeitsförderungsgesetz aufbauen; die in Frage kommenden Arbeitslosen waren entweder noch nie abhängig (und damit beitragspflichtig) beschäftigt oder hatten vor ihrer Arbeitslosigkeit ihre Erwerbstätigkeit mehr als drei Jahre unterbrochen. Im September 1985 waren beispielsweise bei den Arbeitsämtern 251 000 erwerbslose Berufsanfänger registriert. Dies entspricht 11,7% der insgesamt registrierten Arbeitslosen; 1978 lag der Anteil dieses Arbeitslosensegments bei „nur" 7,8%.

Zur Konsolidierung des Haushalts der Bundesanstalt für Arbeit wurden von der Bundesregierung seit Beginn der 80er Jahre einige Veränderungen der Anspruchsvoraussetzungen für den Bezug von Lohnersatzleistungen vorgenommen, die erhebliche Leistungsminderungen zur Folge hatten (als Überblick siehe Bäcker 1985). Hervorgehoben werden muß zum einen die Verdoppelung der Mindestanwartschaften für den Bezug von Arbeitslosengeld auf 360 Kalendertage (aus dem Jahre 1982); hierdurch werden Personen mit weniger als einjähriger beitragspflichtiger Beschäftigung vor ihrer Arbeitslosigkeit vom Bezug von Arbeitslosengeld ausgeschlossen. Zum anderen wurde 1983 (bei gleichbleibender Anwartschaftsfrist) die Dauer des Arbeitslosengeldanspruchs drastisch reduziert.[11] Nunmehr begründet eine einjährige Beitragszeit beispielsweise nur noch einen viermonatigen Arbeitslosengeldanspruch.

Arbeitslosigkeit trifft zudem nicht alle gleich; neben starken branchenspezifischen („Problembranchen") und regionalen („Süd-Nord-Gefälle") Disparitäten zeichnet sich eine zunehmende Ungleichverteilung und Konzentration der Arbeitslosigkeit auf bestimmte Arbeitskräftegruppen ab (Überblicke u.a. bei Heinze 1984; Heinelt u.a. 1987). „Insgesamt kommen 70 v.H. aller Arbeitslosen aus sozialen Gruppen mit überdurchschnittlichen Arbeitslosenquoten, deren Anteil bei den beschäftigten Arbeitnehmern zusammengenommen nur 36 v.H. beträgt" (Büchtemann 1985: 36). Besonders von Arbeitslosigkeit betroffen sind un- und angelernte Arbeitskräfte, ältere und behinderte Arbeitnehmer, Frauen, Ausländer und Jugendliche vor und nach der beruflichen Ausbildung.
Genau solche „Problemgruppen des Arbeitsmarktes" sind es auch, die in stärkerem Maße als andere von den bereits angesprochenen Sicherungslücken in der Arbeitslosenversicherung betroffen sind (vgl. dazu etwa die Daten bei Balsen u.a. 1986: 14ff.). Die wichtigsten Ausgrenzungsgründe liegen bei der Nicht-Erfüllung von Anwartschaftszeiten sowie in der Dauerarbeitslosigkeit. Zur Illustration eignen sich die Zahlen zu den Jugendlichen: immerhin 58% der Erwerbslosen aus dieser Arbeitskräftegruppe erhielten im September 1985 keine Unterstützungsleistungen aus der Arbeitslosenversicherung.[12] Angesichts solcher Verhältnisse sprechen viele Arbeitsmarktforscher von einer „strukturierten Arbeitslosigkeit" beziehungsweise von einer Spaltung des Arbeitsmarktes" (vgl. zum Beispiel Projektgruppe Arbeitsmarktpolitik/Offe 1977; Heinze 1984; Brinkmann 1988).
Daß ein streng auf Beitragsäquivalenz aufbauendes System der Arbeitslosenversicherung gegenüber der „strukturierten Arbeitslosigkeit" an systematische Grenzen stößt, wurde bereits oben erwähnt. Hinzugefügt werden muß allerdings, daß die Aussichten für ein besseres „Greifen" der Arbeitslosenversicherung derzeit nicht gerade günstig stehen. Die bereits skizzierte Ausdehnung von Teilzeitbeschäfti-

gung, kurzfristigen und zeitlich befristeten Arbeitsverhältnissen sowie die Ausweitung unkonventioneller Beschäftigungsformen, zum Beispiel Werkverträge, Beschäftigung unterhalb der Sozialversicherungspflichtgrenze, unterhöhlen die Schutzfunktion der bestehenden Arbeitslosenversicherung zusätzlich und lassen eine Trendwende bei der Ausgrenzung von Arbeitslosen unwahrscheinlich erscheinen.

Darüber hinaus schlagen sozialpolitische Folgeprobleme der absehbar längerfristigen Arbeitslosigkeit aber auch auf die *Rentenversicherung* durch. Bereits im vorstehenden Abschnitt haben wir die Bedeutung eines funktionierenden Arbeitsmarktes für die Funktionstüchtigkeit eines äquivalenzorientierten Rentenversicherungssystems herausgearbeitet. Vor diesem Hintergrund ist einsichtig, daß eine hohe Arbeitslosigkeit enorme Beitragsausfälle für die Rentenversicherungsträger zur Folge hat. Besonders gravierend werden diese Probleme, weil die Zahl der Arbeitslosen ohne Leistungsansprüche und die „stille Reserve" relativ hoch sind. Problemverschärfend kommt noch hinzu, daß die Bundesanstalt für Arbeit seit 1983 die Rentenversicherungsbeiträge für Arbeitslose nur noch nach der Höhe des Arbeitslosengeldes berechnet und nicht mehr – wie bis dato – nach der Höhe des letzten Bruttoarbeitsentgeldes. Bei einem Niveau der Arbeitslosigkeit, wie es in den letzten Jahren zu verzeichnen gewesen ist und wie es auch mittelfristig absehbar scheint, dürften die skizzierten Beitragsausfälle mehr als 5 Milliarden DM ausmachen (vgl. zum Beispiel Stuve 1984).

Solche Beitragsausfälle bedeuten jedoch nicht nur Finanzierungsprobleme für die Rentenversicherungsträger. Bleibt es bei einem (hauptsächlich) beitragsäquivalenzorientierten Rentenversicherungssystem, ziehen arbeitslosigkeitsbedingte Beitragsausfälle für den einzelnen Arbeitslosen später auch Renteneinbußen nach sich. Bereits heute haben diejenigen Rentner, die im Laufe ihres Erwerbslebens nicht durchgängig Beiträge zur Rentenversicherung abführen konnten, erhebliche Probleme, auf Basis der ihnen zustehenden Rentenzahlungen ein auskömmliches Einkommen zu erzielen. Solche Probleme dürften sich weiter verschärfen, wenn die jetzt besonders von Arbeitslosigkeit betroffenen Bevölkerungsgruppen ins Rentenalter kommen. Arbeitslosigkeit bedeutet für die Betroffenen somit nicht nur aktuell enorme Einschränkungen und Verarmungsrisiken, sondern sie ist auch eine Armutsfalle für das Rentenalter. (Auf die bereits heute bestehenden Sicherungslücken im Rentenalter werden wir weiter unten noch zu sprechen kommen.)

Die aus den oben genannten Daten hervorgehende Ausgrenzung eines Großteils der Arbeitslosen aus der Arbeitslosenversicherung führt dazu, daß die *Sozialhilfe* für die Existenzsicherung von immer mehr

Arbeitslosen an Bedeutung gewinnt. Zwar fehlen in der Bundesrepublik zuverlässige bundesweit erhobene Daten über den Zusammenhang von Arbeitslosigkeit und Sozialhilfebezug, jedoch kann mittlerweile auf der Basis einer Fülle von Einzel- und Sonderuntersuchungen davon ausgegangen werden, daß Arbeitslosigkeit zur wichtigsten Ursache für die Angewiesenheit auf Sozialhilfe geworden ist (siehe Schaubild 5, S. 39. Überblicke über die verschiedenen Studien liefern Heinelt u.a. 1987; Blanke/Heinelt 1987: 5ff. und Lompe/Pollmann 1986). So haben beispielsweise

> „Untersuchungen des Senators für Soziales, Jugend und Sport der Freien Hansestadt Bremen ergeben, daß 1000 Arbeitslose in der Statistik der Bundesanstalt für Arbeit ca. 700 Sozialhilfeempfänger zur Folge haben. Darin enthalten sind Arbeitslose (und vor allem deren Familienangehörige), deren Arbeitslosengeld oder Arbeitslosenhilfe den notwendigen Lebensunterhalt nicht deckt, aber zunehmend auch Arbeitslose, die aufgrund des Verdrängungseffektes nie eine Chance auf dem Arbeitsmarkt und damit auf AFG-Ansprüche hatten. Städte und Gemeinden werden damit zum Ausfallbürgen der Arbeitslosigkeit.“ (Hoppensack/Wenzel 1983: 296f.)

Mittlerweile dürften – je nach regionaler Ausprägung der Arbeitslosigkeit – etwa 30 bis 45% der Sozialhilfeempfänger wegen Arbeitslosigkeit im Sozialhilfebezug stehen.

Ein-Personen-Haushalte und Haushalte mit vier und mehr Personen, die überwiegend aus Ehepaaren mit Kindern bestehen, sind bei Arbeitslosigkeit in besonderem Maße auf die Hilfen zum Lebensunterhalt der Sozialhilfe angewiesen. „Sind erstere meist wegen fehlender Ansprüche auf Lohnersatzleistungen sozialhilfebedürftig geworden, so handelt es sich bei letzteren (. . .) um Bedarfsgemeinschaften, bei denen Leistungen des Arbeitsamtes . . . aufgestockt werden müssen“ (Heinelt u.a. 1987: 14). Hervorzuheben ist des weiteren, daß fast die Hälfte aller Personen in Haushalten mit Sozialhilfebezug bereits über einen längeren Zeitraum arbeitslos ist; dies legt einen engen Zusammenhang zwischen Dauerarbeitslosigkeit und Sozialhilfebezug nahe. Mithin spiegeln sich bei der Sozialhilfebedürftigkeit von Arbeitslosen alle diejenigen Ausgliederungs- und Benachteiligungsmechanismen wider, die wir bereits im Zusammenhang mit der Ausgrenzung von Arbeitslosen aus der Arbeitslosenversicherung kennengelernt haben.

Wie oben skizziert, geht ein Teil der Sicherungslücken bei Arbeitslosigkeit auf Leistungskürzungen zurück, die von der Bundesregierung unter anderem mit dem Verweis auf die Notwendigkeit von Haushaltskonsolidierungen verabschiedet wurden. Dafür werden

Schaubild 5: Sozialhilfe-Empfänger in gruppierten Ursachen

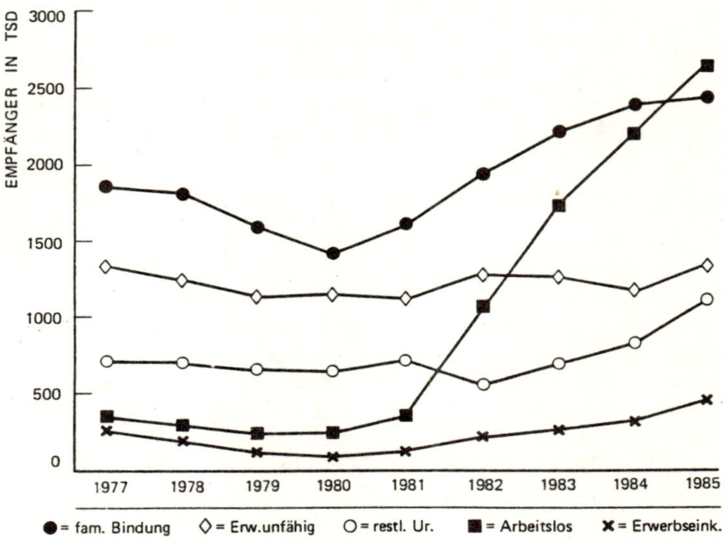

(aus: Kemper/Lohan 1987: 9; diese Daten resultieren aus einer detaillierten Analyse der Sozialhilfestatistik der Stadt Bielefeld)

erhebliche Sicherungsdefizite und Verarmungsgefahren („Neue Armut") bei den Betroffenen in Kauf genommen. Doch selbst das ursprüngliche Konsolidierungsziel bei den Staatshaushalten wurde nur unzureichend realisiert. Anstelle des Bundeshaushalts müssen nunmehr die *Kommunen* für die *Kosten* der Arbeitslosigkeit geradestehen; diese haben nämlich die Sozialhilfe zu zahlen. Da immer mehr Arbeitslose auf Sozialhilfe angewiesen sind, werden die Haushalte der dezentralen Gebietskörperschaften von Jahr zu Jahr stärker belastet (siehe Schaubild 6, S. 40):

> „Die Ausgaben für Sozialhilfe haben in den Jahren 1982 bis 1986 stark zugenommen (+ 9% p.a.) und liegen nunmehr dem Umfang nach weit an der Spitze aller Sozialleistungen der Gebietskörperschaften. Im Jahre 1986 wurden hierfür gut 24 Mrd. DM beziehungsweise fast 30% der gesamten Sozialhilfeausgaben aufgewendet gegen 16 Mrd. beziehungsweise 22% im Jahre 1981 (und 10 Mrd. DM beziehungsweise knapp 20% im Jahre 1975)." (Deutsche Bundesbank 1987: 25)

Besonders hart von den Steigerungen bei den Sozialhilfeaufwendungen betroffen sind in erster Linie die Städte und Gemeinden in den

Schaubild 6: Entwicklung der Ausgaben für einzelne Sozialleistungen

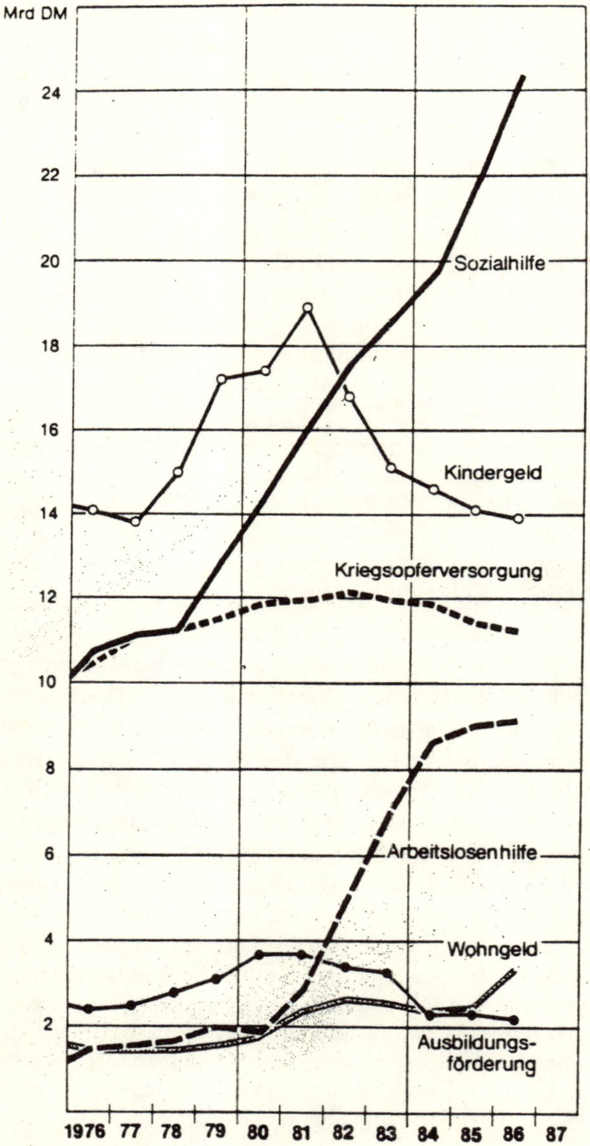

(aus: Deutsche Bundesbank 1987: 27)

wirtschaftlichen Problemregionen der Bundesrepublik. So wuchsen beispielsweise die Sozialhilfeausgaben der Stadt Oberhausen von 8,3 Millionen in 1970 auf 61,6 Millionen in 1987; parallel dazu stieg die Arbeitslosigkeit von 0,8% auf 15,2% – und dies obwohl gleichzeitig die Einwohnerzahl um 14% zurückging (Der Gewerkschafter 1987: 24f.). Angesichts eines solchen überproportionalen Anstiegs der Sozialhilfeaufwendungen ist es leicht verständlich, daß sich Städte und Gemeinden in der jüngeren Vergangenheit verstärkt dagegen wehren, selbst zu einem Hauptleidtragenden einer unzureichenden Arbeitsmarktpolitik und einer funktionsgeschädigten Arbeitslosenversicherung zu werden. Ihre Forderungen laufen zumeist darauf hinaus, daß die Sozialhilfekosten vom Bund übernommen werden sollen; zumindest aber müßten im vertikalen Finanzausgleich zwischen dem Bund, den Ländern und den Städten und Gemeinden die gestiegenen Sozialhilfeaufwendungen der kommunalen Ebene stärker berücksichtigt werden. Andernfalls droht vor allem in den Krisenregionen ein Verlust der kommunalen Handlungs- und Finanzspielräume und damit das „Aus“ für dezentrale Strategien einer Anti-Krisenpolitik.

Bereits oben wurde angedeutet, daß die Verarmungsrisiken im Zusammenhang mit Arbeitslosigkeit bestimmte Arbeitskräftegruppen härter treffen als andere. Das sicherlich wichtigste Beispiel für die „strukturierte Arbeitslosigkeit“ gibt der *Teilarbeitsmarkt* für *Frauen* ab; vielfach wird sogar schon von einer „Feminisierung der Armut“ gesprochen. So erhielten beispielsweise im Jahresdurchschnitt 1985 48% der erwerbslos gemeldeten Frauen keine Arbeitslosenunterstützung; bei den Männern dagegen betrug der Anteil der Arbeitslosen ohne Unterstützungsleistungen durch die Bundesanstalt für Arbeit „lediglich“ 29% (Adamy 1987: 23; siehe Schaubild 7, S. 42). Darüber hinaus sind die Arbeitslosengeld- beziehungsweise -hilfezahlungen für Frauen deutlich niedriger als für Männer. Frauen erhalten im Schnitt 718 DM Arbeitslosengeld, Männer dagegen 1136 DM monatlich (Balsen u.a. 1987: 35, 44). Bei der Arbeitslosenhilfe ergaben sich Auszahlungsbeträge von 839 DM für Männer und nur 629 DM für Frauen. Seitens der Bundesregierung wird argumentiert, solche Zahlen belegten nicht, daß die Risikogruppen des Arbeitsmarktes tatsächlich einem Verarmungsrisiko ausgesetzt seien, denn schließlich könne bei denen, die ohne Arbeitslosenhilfe blieben, mit einer Unterstützung durch versorgungspflichtige Ehepartner und Verwandte gerechnet werden (siehe zum Beispiel Sozialpolitische Umschau 345/1986). Allerdings läßt die Tatsache, daß auch von nichtverheirateten arbeitslosen Frauen immerhin noch 38% ohne Leistungen vom Arbeitsamt bleiben, erhebliche Zweifel an derartigen „Entwarnungsargumentationen“ aufkommen.

Schaubild 7: Bezug von Arbeitslosenhilfe/-geld für Frauen und Männer im Vergleich

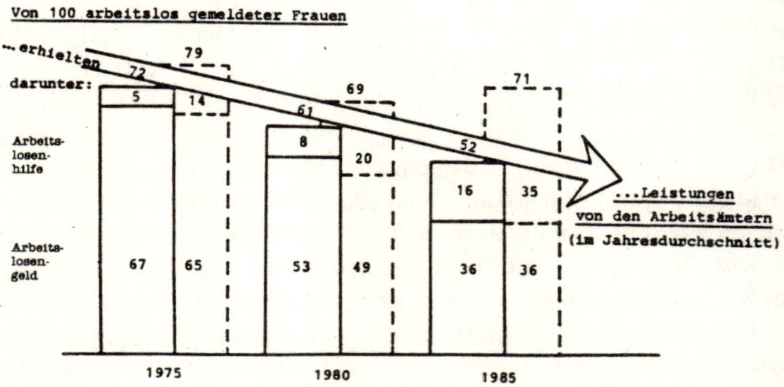

Die Angaben in den gestrichelten Feldern sind die Vergleichswerte der arbeitslosen Männer.

(aus: Adamy 1987: 23)

Der *Grund* für die schlechte finanzielle Situation und die immer häufiger auftretende Sozialhilfebedürftigkeit von Frauen liegt in den beruflichen Benachteiligungen vor der Arbeitslosigkeit. Die Zugehörigkeit vieler Frauen zum „sekundären" Arbeitsmarkt, also zu *Beschäftigungsformen,* die mehr oder weniger deutlich vom Bild des typischen Industriearbeiters, der 40 Jahre lang ca. 40 Stunden in einem unbefristeten Arbeitsverhältnis tätig ist, abweichen, hat nicht nur ein niedriges Einkommen, höhere Belastungen und ein erhöhtes Arbeitsplatzrisiko zur Folge, in längerfristiger Perspektive steigt auch die Gefahr, zum Armutspotential zu gehören. Zum Beleg für diesen Problemkontext einige Daten:

Zwar ist die absolute Zahl der erwerbstätigen Frauen in den letzten Jahren trotz der Arbeitsmarktprobleme kontinuierlich angestiegen und nähert sich mittlerweile mit 8473000 einer neuen Rekordmarke an, doch ein Großteil dieses Beschäftigungsanstieges geht lediglich auf die Ausdehnung von Teilzeitarbeit zurück. „Seit Mitte der 70er Jahre erhöhte sich die Zahl der teilzeitbeschäftigten Frauen um 372000 (16%). Die Zahl der vollzeitbeschäftigten Frauen stieg um 181000 (3,2%). Selbst im vierten Jahr des wirtschaftlichen Aufschwungs sind heute immer noch weniger Arbeitnehmerinnen vollzeitbeschäftigt als 1980. Jede dritte Arbeitnehmerin steht bereits in einem Teilzeitarbeitsverhältnis (bei den Männern nur 2%). Von den erwerbstätigen Müttern sind es sogar etwa zwei Drittel, die einer Teilzeitbeschäftigung nachgehen" (IGM 1987: 12). Darüber hinaus sind Frauen auch besonders häufig auf nicht-versicherungspflichtigen Teilzeitarbeitsplätzen tätig; hier arbeiten schätzungsweise weit über 1 Million Frauen. „Jede vierte teilzeitbeschäftigte Frau hatte 1984 eine Beschäftigung von normalerweise weniger als 20-Wochen-Stunden, und die Zahl der abhängig beschäftigten Frauen mit normalerweise weniger als 15 Stunden wöchentlicher Arbeitszeit ist zwischen 1970 und 1983 doppelt so stark (113 v.H.) gewachsen wie die Zahl der teilzeitbeschäftigten Frauen insgesamt" (WSI-Infoblatt Arbeit, Gesundheit, Humanisierung 7/87). Besonders verbreitet sind solche Beschäftigungsverhältnisse im Einzelhandel, im Gaststätten- und Hotelgewerbe, im Kleinhandwerk und im Gebäudereiniger-Handwerk. Bemerkenswert ist ferner, daß Frauen häufiger befristete Arbeitsverträge erhalten als Männer (Linne/Vosswinkel 1986).[13]

Vielfach wird argumentiert, solche Beschäftigungsverhältnisse ergäben sich nicht zuletzt deshalb, weil dies von den Frauen so gewünscht werde. Daß dieses Argument allenfalls in Teilen zutrifft, belegen Daten über die Entwicklung der Arbeitslosigkeit beim Teilarbeitsmarkt für Frauen. Frauen sind nämlich von der Arbeitslosigkeit in viel stärkerem Maße betroffen als Männer. Sie stellen knapp die Hälfte aller Arbeitslosen, obwohl ihr Anteil an den Erwerbstätigen nur 33,8% beträgt; außerdem ist das Phänomen Dauerarbeitslosigkeit bei Frauen deutlich stärker ausgeprägt als bei Männern. Teilzeitarbeit, befristete Beschäftigung, sozialversicherungsrechtlich unzureichend gesicherte Beschäftigungsverhältnisse sind mithin ein Stück weit auch eine Strategie der Not und keineswegs ausschließlich Ausdruck einer anderen Präferenzstruktur als bei Männern. Derzeit deutet nichts auf eine Trendwende bei der Benachteiligung von Frauen auf dem Arbeitsmarkt hin; nach wie vor entwickeln sich die Arbeitslosenzahlen für Frauen ungünstiger als bei den Männern. Dies ist einerseits die Folge eines verstärkten Drangs der Frauen auf den Arbeitsmarkt und andererseits die Konsequenz aus dem gestiegenen Druck beim Kampf um die zur Verfügung stehenden Arbeitsplätze. Mithin sind Ursachen der derzeitigen Arbeitsmarktprobleme für Frauen sowohl wirtschaftliche als auch demographische und strukturelle Faktoren. Gleichzeitig spielen natürlich auch die immer noch vorfindbaren gesellschaftlichen Vorurteile gegenüber der Berufstätigkeit für Frauen eine Rolle.

Teilzeitarbeit, Arbeitslosigkeit oder andere Unterbrechungen des Beschäftigungsverhältnisses, niedrigere Entlohnung und sozialversicherungsmäßig nicht vollständig abgesicherte Beschäftigung führen aber nicht nur zu Sicherungsproblemen von Frauen in der Arbeitslosenversicherung. Besonders gravierend können die Folgen vor allem in der Rentenversicherung sein. In der Frauenforschung wird nicht selten von *Altersarmut* gesprochen. Ihre Ursachen liegen gegenwärtig in einer unzureichenden Hinterbliebenenversorgung. Bleiben jedoch die Verhältnisse auf dem Teilarbeitsmarkt für Frauen über einen längeren Zeitraum so, wie wir sie derzeit vorfinden und ändert sich auch im Rentenversicherungssystem nichts, dürfte den Frauen, die heute von den Folgen der Arbeitslosigkeit besonders hart betroffen werden, ein ähnliches Schicksal bevorstehen, wie es viele alte Frauen derzeit erleiden müssen (vgl. Gerhard 1987; Koeppinghoff 1982; 1984):

> Zwei Drittel aller Rentnerinnen in der Arbeiterrentenversicherung (mit eigenem Rentenanspruch) erhielten eine Rente von weniger als 500 Mark monatlich. – Ein Drittel aller Renten für Frauen in der Angestellten-Versicherung (mit eigenem Rentenanspruch) liegen unter 500 DM, 55% unter 800 DM. – Selbst bei denjenigen Rentenrinnen, die gleichzeitig eine eigenständige Rente und Hinterbliebenenrente beziehen, erzielt knapp die Hälfte ein Gesamteinkommen von unter 1000 DM.

Diese schlechte Versorgungssituation erklärt sich daraus, daß in früheren Jahren Frauen wesentlich häufiger als heute ihre Beschäftigung zugunsten der Familien- und Erziehungsarbeit unterbrochen haben; außerdem war früher der Lohnunterschied zwischen Frauen und Männern noch krasser als heute. Beides führte zu Beitragsausfällen in der Rentenversicherung und hatte das beschriebene, erschreckend niedrige Rentenniveau bei vielen Frauen zur Konsequenz. Die schwierige Arbeitsmarktsituation, der Frauen gegenwärtig gegenüberstehen, hat ebenfalls beträchtliche Beitragseinbußen bei den Rentenversicherungsträgern zur Folge und schafft damit Armutspotentiale für die Zukunft.

5. Individualisierung und soziale Sicherung

Der veränderte Altersaufbau der Bevölkerung, Dauerarbeitslosigkeit, die „Erosion des Normalarbeitsverhältnisses" usw. spielen in der öffentlichen Diskussion um Gefahren und Perspektiven der sozialen Sicherung eine Hauptrolle – und, wie wir in den vorstehenden Absätzen dargelegt haben, auch zurecht. Vergessen werden darf aber dennoch nicht, daß die soziale Sicherung in wesentlichen Teilen nicht von staatlichen oder halbstaatlichen Institutionen, sondern noch immer von *informellen* und *gemeinschaftlichen Aktivitäten* getragen wird. Hier sind zu allererst Familie und Verwandtschaften zu nennen, eine wichtige Rolle spielen ferner Nachbarschaften, Freundeskreise und – neuerdings verstärkt – Selbsthilfegruppen. In allen diesen gemeinschaftlichen und informellen Zusammenhängen wird nicht-professionell, freiwillig und unentgeltlich geholfen, und dies oftmals zur größeren Zufriedenheit der Leistungsempfänger als bei den Angeboten des „formellen“ Wohlfahrtsstaates.

Für den „neuen Sozialstaat“, das heißt für zukünftige Sozialpolitik, ist die informelle, gemeinschaftliche Seite der sozialen Sicherung insofern relevant, als sich in den letzten Jahren die Zeichen dafür mehren, daß viele der genannten Netzwerke immer *weniger* in der Lage sind, ihr *Leistungsniveau* zu stabilisieren oder gar auszubauen. Mancherorts wird sogar schon von gefährlichen Überbelastungen mit problematischen Folgen für die Gesundheit der Gebenden und Helfenden gesprochen. Hier zeichnet sich mithin eine neue, äußere Grenze für die bisherige Sozialpolitik ab. Gerade zu dem Zeitpunkt, wo Beiträge von Familien, Nachbarschaften, Freundeskreisen usw. zur Bewältigung der durch Demographie und Arbeitsmarkt ausgelösten sozialen Probleme besonders wünschenswert wären, verlieren diese informellen Leistungsträger an Leistungsfähigkeit.

Die Gründe hierfür liegen zunächst einmal darin, daß Entwicklungen im Altersaufbau der Bevölkerung *steigende Anforderungen* an die nicht-professionellen Formen *des Helfens* stellen. So ist bereits jetzt klar, daß die Zahl der alten und pflegebedürftigen Menschen zunehmen wird. Wegen des absehbaren Mangels an akzeptablen Heimplätzen werden viele Familien in Zukunft vor dem Problem stehen, ihre Angehörigen auch dann noch zu pflegen, wenn sie an die Grenzen ihrer Leistungsfähigkeit stoßen.

Genauso bedeutsam für die wachsenden Schwierigkeiten der informellen und gemeinschaftlichen Hilfeleistungen ist aber die in den letzten Jahren unübersehbar gewordene *Individualisierung der Gesellschaft*. Ehe, Familie, Verwandtschaft, Nachbarschaft usw. verlieren als Orientierungshilfe für die Lebensplanung und Lebensgestaltung der Menschen an Gewicht, stattdessen rückt das Interesse an persönlichem Erfolg, an der eigenen Karriere, an Selbstverwirklichung in den Mittelpunkt.

> „Sehr schematisch gesprochen: an die Stelle von Ständen treten nicht mehr soziale Klassen, an die Stelle sozialer Klassen tritt nicht mehr der stabile Bezugsrahmen der Familie. Der oder die einzelne selbst wird zur lebensweltlichen Reproduktionseinheit des Sozialen. Oder anders formuliert: Die Individuen werden innerhalb und außerhalb der Familie zum Akteur ihrer marktvermittelten Existenzsicherung und der darauf bezogenen Biographieplanung und -organisation.“ (Beck 1986: 119; vgl. auch Zapf u.a. 1987)[14]

5.1 Soziale Sicherungsleistungen der Familie und ihre Gefährdung durch zunehmende Individualisierung

Der Wert der in den Familienhaushalten erbrachten *Leistungen* ist bislang in der Ökonomie oft vernachlässigt worden. Die Einengung der Perspektive der ökonomischen Theorie auf die Produktion materieller Güter hat dazu geführt, daß der Haushalt ausschließlich als Konsumeinheit analysiert wurde. Neuere ökonomische Debatten über qualitative Dimensionen der Wohlfahrtsmessung und Wohlfahrtsproduktion sowie Kritiken aus dem Bereich der Frauenbewegung haben zu einer Wiederentdeckung des zumeist von Frauen erbrachten Potentials der Haushaltsarbeit geführt. Verschiedene Versuche zur Messung des ökonomischen Wertes der unbezahlten Hausarbeit zeigen deutlich, welches Potential produktiver Kapazitäten im Haushalt existiert (vgl. die Beiträge in Glatzer/Berger-Schmitt 1986 und Keupp/Röhrle 1987).
In den letzten Jahren stark in das Licht der Öffentlichkeit gerückt sind vor allem die familialen Leistungen auf den Gebieten Gesundheit und Pflege:

> So werden etwa 85% bis 95% der Personen mit körperlichem Pflegebedarf durch ihre Angehörigen versorgt (Sachverständigenkommission 1986: 154f.). Wie groß die Leistungen von Haushalten und Familien sind, wird noch anschaulicher, wenn sie zu denen der professionellen Helfer in Beziehung gesetzt werden. Grunow (1987: 251f.) kommt nach einer Auswertung von Gesundheitstagebüchern, die von 87 Haushalten vier Wochen lang ausgefüllt wurden, zu dem Ergebnis, daß lediglich 13% der tatsächlich aufgetretenen Routineanlässe und 2% der entstandenen Akuterkrankungen und Befindlichkeitsstörungen unter Beteiligung von Professionellen bewältigt wurden.

An dieser Stelle ist die Bedeutung des familialen Systems *geschlechtsrollenspezifischer Arbeitsteilung* herauszustellen. Empirische Untersuchungen verweisen darauf, daß von der Hilfebedürftigkeit eines Familienmitgliedes insbesondere die Ehefrau beziehungsweise Mutter besonders betroffen wird: Sie fühlt sich für das Problem des Familienmitglieds am meisten zuständig und erbringt die anfallenden Hilfeleistungen. Dies schließt zwar einerseits eine hohe Definitionsmacht der Frau in bezug auf das Problem selbst und die Form seiner Bewältigung ein, verweist aber zugleich auf die einseitig verteilten Belastungen bei der Bewältigung problemhafter Episoden im Familiensystem.[15] Eine solche asymetrische Ausgestaltung der Reziprozitätsnorm bringt in Ehe und Familie für die Frauen sogar zwei Formen der Belastung, zum Teil der Überbelastung, mit sich:

„Zum einen setzt sich die Arbeitsteilung gegenüber der Reziprozitätsnorm durch, indem Frauen überwiegend für die gesundheitsbezogene Unterstützung tätig werden, . . . Weniger sichtbar scheint dagegen ein zweiter Sachverhalt zu sein: die Tatsache, daß Frauen in vielen Fällen ihre Gesundheitsbedürfnisse in der Familie nicht befriedigen können (. . .)." (Grunow u.a. 1984: 179f.)

Solche Leistungen und Leistungspotentiale der Familie überdecken jedoch auf den ersten Blick, daß die Institutionen Ehe und Familie für die Lebensgestaltung der Menschen bereits seit längerem *an Bedeutung verlieren*, was anhand der Statistik leicht nachzuvollziehen ist und auch in zunehmendem Maße von der Familiensoziologie thematisiert wird (vgl. hierzu Hoffmann-Nowotny 1988 sowie die Beiträge in Nave-Herz 1988). Zu diesem Themenkomplex einige neuere Daten und empirische Befunde:

Sinkende Haushaltsgrößen erschweren familiale Hilfen. Während um die Jahrhundertwende noch mehr als 44% aller Haushalte fünf und mehr Personen umfaßten, waren es 1985 nur noch 6% der Haushalte in der Bundesrepublik. Die durchschnittliche Haushaltsgröße belief sich 1900 auf 4,5 Personen, 1985 dagegen nur noch auf 2,3. Vergleicht man die Größe der Haushalte in den Jahren 1925 und 1985, dann zeigen sich vor allem zwei charakteristische Wandlungsprozesse: Die Zahl „großer" Haushalte (vier und mehr Personen) sank von 53,0% auf 19,5%; und: Am deutlichsten stieg die Quote der Einpersonenhaushalte, und zwar von 6,7 auf 33,3%. Damit lebten 1985 8,9 Millionen Menschen allein, dies sind rund 15% der Bevölkerung.
Haushalte und Familien werden nicht nur kleiner, sie werden auch instabiler. Indikatoren hierfür lassen sich aus dem Heiratsverhalten gewinnen. Die Heiratshäufigkeit – gemessen an der Zahl der Eheschließungen je 1000 Einwohner – ist im Zeitraum von 1960 bis 1986 von 9,4% auf 6,1% gesunken. Im Durchschnitt der Jahre 1980/83 heirateten nach Vollendung des 18. beziehungsweise 16. Lebensjahres nur noch 79% der Männer und 84% der Frauen; im Durchschnitt der Jahre 1972/74 lagen die entsprechenden Daten noch bei 89% der Männer beziehungsweise 94% der Frauen (vgl. Datenreport 1987: 45ff.). Demgegenüber ist eine Zunahme bei der Scheidungsquote zu verzeichnen. Trotz nicht völlig sicherer Datenlage kann heute davon ausgegangen werden, daß etwa 30% aller in den letzten Jahren geschlossenen Ehen durch Scheidung gelöst werden (vgl. ebd.: 48; Lutz 1985). Die in solchen Daten zum Ausdruck kommende wachsende Instabilität von Ehe und Familie wirkt sich als Hemmschuh für nicht-professionelle, unentgeltlich-freiwillige Formen des Helfens aus, wie sie bislang von Familien in kaum zu überschätzendem Ausmaß erbracht wurden.

Dieser kurze Einblick in die Leistungen der Haushalte und Familien auf dem Gebiet der sozialen Sicherung sowie die Skizze der Herausforderungen, denen sich Ehe und Familie gegenübergestellt sehen, steht hier nur als Beispiel für die Entwicklungstrends, wie sie auch in anderen Bereichen des gemeinschaftlichen, unentgeltlich-freiwilligen Helfens zu beobachten sind. Die Bedingungen und Voraussetzungen dafür, daß Familien, Verwandtschaften, Nachbarschaften usw. ihre Beiträge zur informellen sozialen Sicherung stabilisieren oder gar ausweiten können, sind einem langsamen, aber kaum aufzuhaltenden *Zerfallsprozeß* ausgesetzt. Gemeinschaftliche Bindungen und Traditionen verlieren für die Lebenspläne und Lebensstile der Menschen an Gewicht; statt dessen steigt das Interesse und der Zwang zu mehr Mobilität, zu mehr Eigenverantwortung, zur Differenzierung und zur „Pluralisierung von Lebensstilen" (Zapf u.a. 1987: 16).

Diese *Individualisierung* bringt für den einzelnen wie für die Gesellschaft Chancen und Risiken. Die Menschen haben mehr Wahlfreiheiten, gleichzeitig steigen aber auch die Orientierungsprobleme. Das Loslösen aus tradierten gemeinschaftlichen Bezügen garantiert einerseits mehr Mobilität und größere Potentiale zur Anpassung an gewandelte wirtschaftliche und soziale Anforderungen. Auf der anderen Seite drohen die vielfältigen Ausgleichs- und Kompensationsfunktionen, die von den tradierten Normen und Gemeinschaften bislang ausgefüllt wurden, wegzufallen. Gestreßt von den vielfältigen Wahlmöglichkeiten und gegenläufigen Erwartungen, fällt der einzelne nicht in das „vertraute Nest" einer solidarischen Gemeinschaft, sondern nur noch auf sich selbst zurück beziehungsweise wird „abhängig von sozialrechtlichen Regelungen und Versorgungen, von Verkehrsplanungen, Konsumangeboten, Möglichkeiten und Moden in der medizinischen, psychologischen und pädagogischen Beratung und Betreuung" (Beck 1986: 119).

Ähnlich vielfältig wie die Erscheinungsformen sind die *Ursachen* des Individualisierungsschubs der Gegenwart. Zapf u.a. (1987: 18ff.) verweisen auf die gestiegene Bildungsbeteiligung, die Verringerung der Haushaltsgrößen, die gestiegene Frauenerwerbstätigkeit sowie auf die wachsenden Einkommen. Ähnliche Faktoren nennt auch Beck (1986); darüber hinaus bemüht er sich jedoch, nicht nur die veränderte Datenlage zu erklären, sondern auch die dahinterstehende Entwicklungslogik zu explizieren. An dieser Stelle sollen seine Argumentationen für die Verursachungsfaktoren Frauenerwerbstätigkeit und Veränderungen in Struktur und Funktion privater Haushalte und Familien kurz vorgestellt werden: Nach Beck hat die Industriegesellschaft bislang noch immer ständische Elemente enthalten, nämlich die Ungleichheit von Frauen und Männern. Im Gegensatz zum Diktat von Leistung und Effizienz im Arbeitsprozeß werde von

Frauen in der Familie Liebe, Verständnis, Rücksichtnahme usw. verlangt. Solche Leistungen, die nicht in monetären Größen kalkulierbar und auch nicht tauschbar sind, wirkten als Gegengewicht und Ausgleich zu den Zwängen und Zumutungen der Erwerbsarbeit und stabilisierten diese dadurch indirekt. Weil die Industriegesellschaft derzeit aber verstärkt auf Frauen als Arbeitskräfte zurückgreift, untergrabe sie ihre eigenen ständischen, nicht-industriellen Kompensations- und Stabilisierungsmechanismen. Die unaufhaltsam wachsende Berufstätigkeit löse Frauen aus dem nicht-industriellen, familiären Lebens- und Identitätszusammenhang heraus; sie zwinge damit nicht nur die Frauen selbst, sondern auch andere Familienmitglieder in ein nur noch schwer auszuhaltendes Spannungsverhältnis zwischen beruflichen Anforderungen, familiären Erwartungen und eigenen Selbstverwirklichungs- und Bildungsinteressen.

> „Familie wird zu einem dauernden Jonglieren mit auseinanderstrebenden Mehrfachambitionen zwischen Berufserfordernissen, Bildungszwängen, Kinderverpflichtungen und dem hausarbeitlichen Einerlei. Es entsteht der Typus ‚Verhandlungsfamilie auf Zeit', in der sich verselbständigende Individuallagen ein widerspruchsvolles Zweckbündnis zum geregelten Emotionalitätsaustausch auf Widerruf eingehen." (Beck 1986: 118)

Solche Trends zur Destabilisierung bleiben keineswegs nur auf Haushalte mit berufstätigen Frauen beschränkt. Mittlerweile hat der sozio-kulturelle Wandel – für den die Berufstätigkeit von Frauen eine ausschlaggebende Rolle spielt – auch bei nicht-berufstätigen Frauen Erwartungen auf ein Stück „eigenes Leben" geweckt, deren Einlösung in Familien oft nur schwer zu realisieren ist.[16]

5.2 Konsequenzen für die Sozialpolitik

Schon die kurze Diskussion über Erscheinungsformen und Ursachen der Individualisierung zeigt, daß dieser gesellschaftliche Entwicklungstrend die Funktionsbedingungen der sozialen Sicherung untergräbt und neue Anforderungen an die zukünftige Sozialpolitik stellt. An dieser Stelle sollen zwei Aspekte besonders herausgestrichen werden:

(1) Die Auflösung der Funktionsvoraussetzungen für die bisher weitgehend unbeachtet gebliebenen nicht-professionellen, unentgeltlichen Formen des Helfens zwingt zur *Neuorientierung* der *Subsidiaritätspolitik*. Zum einen müssen diese gemeinschaftlichen Instanzen der sozialen Sicherung entlastet werden, um eine unnötige Beschleunigung des Zerfallsprozesses zu verhindern. Zum anderen muß nach funktionalen Äquivalenten gesucht werden, die als Unterstützung

und Ersatz für die von Erosion bedrohten tradierten Institutionen wirken könnten.
(2) Individualisierung schafft zwar neue Chancen und Wahlmöglichkeiten, konfrontiert die Sozialpolitik aber auch mit neuen Ungleichheiten und wachsenden Orientierungsproblemen bei den Individuen. Eine sozialstaatliche Antwort müßte sowohl *Auffangmechanismen* für die materiellen Risiken des Individualisierungsschubes schaffen als auch geeignete *Hilfsformen* für die immateriellen, identitätsbezogenen Orientierungsschwierigkeiten in der individualisierten Gesellschaft anbieten.

Zapf u.a (1987: 133ff.) betonen, die Chancen der Individualisierung lägen für Wirtschaft und Gesellschaft vor allem bei der gestiegenen Fähigkeit, sich schnell und flexibel an veränderte wirtschaftliche, technische und soziale Anforderungen anpassen zu können. Allerdings sei dies nur unter Aufrechterhaltung einer staatlich verbürgten Sicherheitsgarantie möglich:

> „. . . zunehmende Individualisierung ist in modernen Gesellschaften an ein ausgebautes System staatlich garantierter Sicherheiten gebunden. Politisch heißt dies, daß der ideologische Gegensatz von Verstaatlichung und Privatisierung überholt ist und daß die ‚Nullsummenkonzeption‘ Staat vs. Private, also die Vorstellung, mehr Privatinitiative und Selbstverantwortung könne nur in dem Maße erreicht werden, in dem sich der Staat zurückzieht, verabschiedet werden sollte.“ (ebd.: 138)

Unsere Ausführungen zu den Konsequenzen der Individualisierung für die soziale Sicherung zeigen, daß dies sozialpolitisch weder Abbau noch Status-quo-Sicherung, sondern nur Aus- und Umbau der Institutionen der sozialen Sicherung bedeuten kann.

6. Effektivitätsprobleme sozialer Dienste

In den letzten Jahren mehren sich die Anzeichen dafür, daß sich zwischen dem Angebot etablierter und institutionalisierter sozialstaatlicher Hilfen und der Nachfrage, wie sie sich aus den Hilfebedürftigkeiten und subjektiven Präferenzen (potentiell) Betroffener ergibt, eine wachsende Diskrepanz herauskritallisiert hat. Das System sozialer Sicherung, so wie es sich in seiner rund 100jährigen Geschichte entwickelt hat, hat sich im Hinblick auf die Regulierung und Bewältigung bestimmter Typen von Problemlagen und Hilfebedürftigkeiten als ausgesprochen leistungsfähig erwiesen. Dies gilt insbesondere für die Absicherung materieller Existenzrisiken und die Bewältigung von somatischen Leiden im akuten Krankheitsfalle. Im Zuge weitreichender ökonomischer, sozialer, kultureller und demographischer Veränderungen rücken nun allerdings veränderte Erscheinungsformen

sozialer Hilfebedürftigkeit in den Mittelpunkt der sozial- und gesundheitspolitischen Aufmerksamkeit, die mit den herkömmlichen Instrumenten und Prozeduren sozialer Risikoabsicherung nicht mehr angemessen bewältigt werden können. Das Problem der Einkommensarmut und materiellen Not, etwa im Falle des Eintretens von Arbeitslosigkeit oder im Alter, ist und bleibt eine Herausforderung für die künftige Sozialpolitik. Hinzu kommt nun aber ein weitreichendes Problem: nämlich die wachsende *Dienstleistungslücke*, die sich aus dem Verlust tradierter Bindungen und informeller Sozialbeziehungen ergibt. Die hiermit zusammenhängenden neuen Herausforderungen an das System sozialer Sicherung sollen an den Beispielen der Politik für alte Menschen und des Gesundheitswesens knapp verdeutlicht werden.
Das Problem der Absicherung von *Altersrisiken* ist lange Zeit ausschließlich im Hinblick auf die Sicherung der materiellen Existenz, etwa im Zusammenhang mit der Diskussion um die Finanzierbarkeit der Renten, behandelt worden. Angesichts des Sachverhalts, daß immer mehr Menschen immer früher aus dem Erwerbsleben ausgegliedert werden, Identität, soziale Anerkennung und Teilhabe aber immer noch weitgehend an die Position im System beruflicher Arbeit gebunden bleiben, wird eine immer größere Gruppe der Bevölkerung vor Probleme des Sinnverlustes und der psychischen und sozialen Beeinträchtigung ihrer Lebensqualität gestellt. Trotz oder gerade wegen enorm hoher und weiter wachsender Aufwendungen für medizinisch-kurative Interventionen im Gesundheitssystem wird das psychische und soziale Wohlbefinden alter Menschen nicht etwa gesteigert, sondern ganz im Gegenteil: es werden sekundäre Behandlungs- und Betreuungsbedarfe, etwa in der Form somatischer und psychischer Folgen von Alterseinsamkeit, der Konsultation von Ärzten als Kommunikationsersatz usw. erzeugt. Hier deutet sich bereits an, daß die gegenwärtigen Defizite und Versorgungslücken nicht lediglich eine Folge enger werdender finanzieller Verteilungsspielräume allein darstellen, sondern vielmehr auch mit Leistungsgrenzen überkommener Organisationsformen und Leistungskataloge des herkömmlichen Sicherungssystems zusammenhängen.
Dies wird insbesondere im Hinblick auf die Betreuung und Versorgung pflegebedürftiger, vor allem alter Menschen deutlich:

Die Gesamtzahl der Pflegebedürftigen in der Bundesrepublik wird auf 2 Millionen geschätzt. Rund 260000 von ihnen sind nicht nur vorübergehend in stationären Einrichtungen untergebracht. Der Löwenanteil der Versorgung und Betreuung dieser spezifischen Personengruppe wird also von den Familienhaushalten erbracht. Obwohl Alter nicht mit Pflegebedürftigkeit gleichgesetzt werden darf, erhöht sich das Risiko der Hilfebeziehungsweise Pflegebedürftigkeit mit wachsendem Alter erheblich. Im Zuge der demographischen Verschiebungen der Bevölkerung wird der Anteil der alten und hochbetagten Menschen an der gesamten Bevölkerung und damit auch der Anteil der Hilfe- und Pflegebedürftigen in den kommenden Jahren erheblich zunehmen. Dabei ist zu berücksichtigen, daß ein erheblicher Anteil der über 60jährigen, das ist gut ein Drittel, in Ein-Personen-Haushalten lebt und daß dieser Anteil mit steigendem Alter zunimmt.

Aus den wenigen Zahlenangaben geht bereits hervor, daß die bestehenden professionellen wie traditional-institutionalisierten Hilfeinstitutionen durch die demographische Welle „überrollt" werden. Das Problem liegt hier nicht lediglich darin, daß der Stellenwert stationärer und ambulanter Einrichtungen und Dienste bei der Versorgung und Betreuung pflegebedürftiger alter Menschen bislang und in absehbarer Zukunft äußerst gering ausfällt und die Familienhaushalte bereits jetzt mit dieser Aufgabe völlig überlastet sind. Hinzu kommt nämlich, daß diese aufgrund des Strukturwandels der Familienhaushalte selbst in Zukunft immer weniger in der Lage sein werden, auch nur das bislang geleistete Ausmaß an Hilfe sicherzustellen. Schrumpfende Möglichkeiten zur informellen Hilfe und Unterstützung ergeben sich aus der Verringerung der Haushaltsgrößen, der Pluralisierung familialer Lebensformen und ihrer zeitlichen Instabilität (sinkende Heiratshäufigkeit, Steigerung der Scheidungsraten, Zunahme kinderloser Ehen sowie dem Rückgang der Kinderzahl).
Ähnliche Diskrepanzen zwischen der Entwicklung von Hilfebedürftigkeiten und Bedürfniskonstellationen einerseits und vorfindlichen Versorgungsformen andererseits lassen sich auch im Bereich der *Gesundheitsversorgung* nachweisen. Die verlängerte Lebenserwartung, aber auch die tiefgreifenden Umstrukturierungen in den Arbeits- und Lebensbedingungen haben zu einer Bedeutungssteigerung sogenannter chronisch-degenerativer Krankheiten geführt. Da die Verursachung gerade solcher Krankheiten oft mit einer Kombination verschiedener Faktoren zusammenhängt und sie, sind sie einmal eingetreten, nicht mehr vollständig geheilt werden können, kommt es hier vor allem darauf an, eintretende Beeinträchtigungen und Behinderungen möglichst frühzeitig zu erkennen und vor allem die Risiken zu beeinflussen, die den Eintritt dieser Krankheiten begünstigen. Gesundheitsvorsorge, etwa in Form von Krankheitsfrüherkennung, von Gesundheitsberatung, -bildung und -erziehung, aber auch in Form von Arbeitsschutz und Schutz gegen umweltbedingte Gesundheitsgefahren sowie die Bewältigung von Krankheitsfolgen, die den Lebens-

alltag und die Lebensperspektive der Betroffenen verändern, stehen zunehmend im Mittelpunkt der Gesundheitsversorgung. In einer kritischen Analyse von Zielen, Organisationsformen und Leistungskatalogen des gegenwärtigen Systems der Gesundheitsversorgung wurde herausgearbeitet, daß das versicherungsförmig organisierte System sozialer und medizinischer Leistungen strukturell kaum in der Lage ist, gerade diese Risikokonstellationen und Bedürfnisse zu befriedigen.

> „Unsere Sozialversicherung ist in weiten Teilen auf kurzfristige Kompensation oder auf Bekämpfung akuter Schäden angelegt und damit unfähig zur Bewältigung chronischer Arbeitslosigkeit, chronischer Krankheit, chronischer psychosozialer Risiken und Belastungen. Ihre enormen Kräfte und Möglichkeiten werden vielfach unter den Bedingungen gegenwärtiger Verrechtlichung, Bürokratisierung und Zentralisierung gelähmt; ihr Einsatz ist daher oft wenig wirksam und wenig effizient." (Badura 1985: 41f.)

Zwei *bedenkliche Entwicklungen* sollen im Zusammenhang mit den hier angestellten Effektivitätsüberlegungen zur Gesundheitsversorgung hervorgehoben werden: Zum einen die mit dem Wachstum sozialstaatlicher Leistungen angestiegene Macht des Staates und bestimmter Versorgungseliten und die hiermit zusammenhängende Tendenz zur Zentralisierung und Verrechtlichung auf Kosten von Selbstverwaltung und Partizipation der Betroffenen, zum anderen die Konzentration der Behandlungsmethoden auf klinisch-kurative und technische Komponenten. Gerade im Bereich persönlicher Dienste, wo es auf die situations- und personenbezogene Abstimmung und Ausgestaltung der Leistungen ankommt, werden die Interessen der Leistungsadressaten an bedürfnisangemessenen Dienstleistungen zugunsten genereller Standards von Rechtmäßigkeit und Wirtschaftlichkeit geopfert. In das System staatlich garantierter Versorgungsleistungen ist außerdem ein Netz von Verteilungs- und Produzenteneliten eingebaut, das in Form von Verbänden, Trägern und Berufsgruppen eigene Interessen an Einkommens-, Ansehens- und Machtgewinn auf Kosten der Leistungsadressaten und Beitragszahler verfolgt. Hinzu kommt, daß im Bereich der Gesundheitsversorgung immer noch das naturwissenschaftliche Krankheitskonzept dominiert und die hieraus resultierende kurative Medizin gegenüber den psychosozialen Begleiterscheinungen somatischer Krankheitsverläufe unsensibel ist. Das hochroutinisierte, auf klinisch-kuratives Expertenwissen und technische Apparate fixierte Dienstleistungssystem blendet die psychischen und kommunikativen Bedürfnisse, Probleme und Ängste der Adressaten aus und vernachlässigt zudem die Prä-

vention im Bereich von Arbeit und Lebensbedingungen. Ebenso wie im Bereich der Altenpflege und -betreuung gilt also auch für das Gesundheitswesen eine wachsende Diskrepanz zwischen dem weiter expandierenden Bereich hochtechnisierter und routinisierter apparatemedizinischer Leistungen und den Bedürfnissen nach kommunikativen und psychosozialen Hilfe- und Unterstützungsleistungen.
Die gegenwärtige Situation läßt sich also dadurch kennzeichnen, daß die erwähnte Dienstleistungslücke durch Leistungsgrenzen und -einbrüche sowohl im Bereich entgeltlich-professioneller als auch im Bereich traditional instutionalisierter primär-sozialer Hilfen entsteht. So wird zwar das Angebot öffentlich beziehungsweise quasi-öffentlich organisierter sozialer und medizinischer Dienstleistungen immer größer und in sich differenzierter, scheint aber aufgrund der besonderen Produktionsbedingungen formal organisierter und beruflicher Dienstleistungen immer weniger die Bedürfnisse und Präferenzen der potentiellen Konsumenten zu erreichen. Auf der anderen Seite ist unübersehbar, daß die strukturellen Veränderungen in den Familienkonstellationen und die wachsende Partizipation der Frauen am Erwerbsarbeitsmarkt (beziehungsweise genereller: die Veränderungen in den Geschlechterbeziehungen verringerte) Leistungsmöglichkeiten im Bereich familial-institutionalisierter Hilfen nach sich ziehen.

7. Schlußfolgerungen

Unsere Analyse der derzeitigen Situation der sozialen Sicherung in der Bundesrepublik wies auf ein Spannungsverhältnis zwischen der Funktionslogik der bestehenden Systeme und den demographischen, arbeitsmarktlichen und sozialen Herausforderungen hin. Hieraus ist nun eine *Neuorientierung* der Sozialpolitik abzuleiten. Dies soll in den folgenden Kapiteln des vorliegenden Buches im einzelnen diskutiert werden. Zuvor werden die wesentlichen Herausforderungen für die soziale Sicherung sowie die Anforderungen an die Neugestaltung noch einmal zusammengefaßt.
Die bundesdeutschen Renten-, Arbeitslosen- und Krankenversicherungssysteme basieren im Prinzip auf der Vollbeschäftigung. Auf absehbare Zeit wird das Wirtschaftssystem aus sich heraus aber nicht in der Lage sein, Vollbeschäftigung (wieder-)herzustellen. Auch ist gegenwärtig nicht erkennbar, daß über eine offensive und intelligente Wirtschafts- und Arbeitsmarktpolitik die Beschäftigungskrise kurzfristig gelöst werden kann. Aus den Problemen am Arbeitsmarkt (hohe Arbeitslosigkeit und „Erosion des Normalarbeitsverhältnisses“) ergeben sich nun zentrale Konsequenzen für die Finanzierung

der sozialen Sicherung. Bislang war sie gekoppelt an die gesamtwirtschaftliche Lohnsumme, fallen jedoch beachtliche Teile der Bevölkerung als (vollwertige) Beitragszahler wegen Arbeitslosigkeit aus, gerät die Ergiebigkeit dieser Finanzierungsressource in Schwierigkeiten. Zur Gewährleistung stabiler Finanzressourcen muß daher auch die strenge Ankopplung der sozialen Sicherung an die Lohn- und Gehaltssumme problematisiert und modifiziert werden. Die Rentenversicherung funktioniert innerhalb des derzeit praktizierten Systems nur, wenn eine gewisse Balance zwischen der Anzahl der Erwerbstätigen und der Rentenbezieher besteht. Während bislang das Verhältnis von Erwerbstätigen zu Rentenbeziehern 2:1 beträgt, wird es sich in Zukunft unter durchaus nicht unwahrscheinlichen Umständen bei 1:1 einpendeln. Innerhalb des bestehenden Rentensystems kann eine solche Situation nur über drastische Rentenkürzungen oder erhebliche Beitragserhöhungen bewältigt werden. Da beides wenig wünschenswert und nur schwer durchsetzbar ist, muß als Antwort auf die demographischen Herausforderungen nach *alternativen* und *ergänzenden Finanzquellen* zu den lohn- und gehaltsbezogenen Beiträgen gesucht werden. Auf der Leistungsseite der sozialen Sicherung ist dafür zu sorgen, daß auch jene Arbeitskräfte ein *hinreichendes Sicherungsniveau* erreichen können, die in Folge der Veränderungen in der Arbeitslandschaft häufiger und länger arbeitslos waren oder in sozial nicht voll abgesicherten Beschäftigungsverhältnissen gearbeitet haben. Mithin ist auch auf der Leistungsseite der sozialen Sicherung angebracht, die enge Bindung an das „Normalarbeitsverhältnis" zu lockern.

Familien, Verwandtschaften, Nachbarschaften sind als informelle Instanzen der sozialen Sicherung in der Bundesrepublik von kaum zu überschätzender Bedeutung. Im Zuge des Trends zur Individualisierung verlieren solche gemeinschaftlichen Instanzen der Wohlfahrtsproduktion jedoch an Stabilität und Leistungsfähigkeit. Der Bedarf an immateriellen Hilfe- und Betreuungsleistungen wird aber in den nächsten Jahren erheblich zunehmen, da die Zahl der pflegebedürftigen alten Menschen aus demographischen Gründen wächst und chronisch-degenerative Erkrankungen an Bedeutung gewinnen werden. Der „Neue Sozialstaat" muß deshalb gezielt darum bemüht sein, die vorhandenen freiwilligen, nicht-professionellen Ressourcen des Helfens zu ermutigen und zu stärken. Wo nötig und möglich gilt es darüber hinaus, *neue Formen* des *gemeinschaftlichen Helfens* zu *schaffen* (Stichwort: Selbsthilfe). Dies kann nicht durch den Abbau, sondern nur durch den Umbau des Sozialstaates bewerkstelligt werden. Eine solche Strategie darf sich aber nicht mit der ideellen Auf-

wertung von Selbsthilfe und Ehrenamt begnügen, sondern muß die nicht-professionell Tätigen vor allem materiell absichern.
Die derzeitige Sozialpolitik weist neben den derzeit primär diskutierten finanziellen Grenzen aber auch eine Fülle interner Widersprüche und Paradoxien auf. Die Folge sind erhebliche Effizienz- und Effektivitätsdefizite. Als Antwort hierauf wird um *institutionelle Neuarrangements* des *Leistungsangebotes* gerungen. Nicht minder wichtig ist aber, daß die Leistungsbezieher in Zukunft bewußter und aufgeklärter mit den sozialstaatlichen Leistungsangeboten umgehen. Die Förderung einer solchen *Konsumentensouveränität* wird im „neuen Sozialstaat" ein wichtiger Schlüssel zur Öffnung neuer Perspektiven und Handlungsspielräume sein.
Über die genannten einzelnen Problemzonen und Ansatzpunkte hinaus zeichnen sich für die Neugestaltung der sozialen Sicherung einige allgemeine „Eckdaten", Voraussetzungen und Anforderungen ab. Genau so wenig, wie die Neuorientierung im Hinblick auf die Kostenseite zu einem Abbau des Sozialstaates, zu einem Zurückschrauben sozialer Leistungen führen darf, genau so wenig darf sie aber auch als breit angelegte Expansion konzipiert werden. Vielmehr geht es darum, die finanziellen Grundlagen der sozialen Sicherung zu sichern und gleichzeitig die vorhandenen *Mittel sinnvoller auszugeben*. Für die Finanzierungsseite bedeutet dies, die notwendigen Finanzvolumina so aufzubringen, daß dadurch möglichst wenig kontraproduktive Effekte für die wirtschaftliche und soziale Entwicklung selbst entstehen. Für die Leistungsseite gilt, daß die Ziele, Organisationsformen und Leistungskataloge den gewandelten Erscheinungsformen sozialer Hilfsbedürftigkeit und den subjektiven Präferenzen der Adressaten anzupassen sind.
Neben der *Lockerung* des engen Verhältnisses zwischen *materieller Sicherung* und (formeller) *Erwerbsarbeit* dürfte es dabei von zentraler Bedeutung sein, ob es gelingt, die Sozialpolitik in Richtung auf eine *Stärkung* der (alten und neuen) gemeinschaftlichen, nicht-professionellen *Formen* des *Helfens* jenseits von Markt und Staat zu öffnen. Der in diesem Buch vorgestellte Entwurf eines „neuen Sozialstaats" enthält also weder ein Plädoyer für den Abbau noch für einen undifferenzierten Ausbau, sondern er befürwortet einen *Umbau* der bisherigen Finanzierungs- und Leistungsstrukturen zu einem neuen „welfare mix".

Kapitel 2

Zur Reform der materiellen Sicherungssysteme

Die Ausführungen in Kapitel 1 haben deutlich gemacht, daß das bestehende System der sozialen Sicherung nur unzureichend gerüstet ist, um den zu erwartenden Herausforderungen des ökonomischen, demographischen und sozialen Wandels gerecht zu werden. Im Hinblick auf die materielle Seite der sozialen Sicherung steht insbesondere das bisher für die meisten Bereiche der Sozialpolitik zentrale Äquivalenzprinzip auf dem Prüfstand. Seine Korrektur oder Ergänzung müßte vor allem auf zwei Ziele hin ausgerichtet sein:

(1) Zum einen gilt es, die immer offensichtlicher werdenden Defizite dieses Prinzips („Neue Armut", „Armutsfallen" und Sicherungslükken) auszugleichen; im Grunde genommen kann dies nur bedeuten, daß Ansprüche an die soziale Sicherung in stärkerem Maße als bisher unabhängig von vorausgegangener Erwerbsarbeit gewährt werden. Von der Tendenz her steht also ein vom Solidaritätsgedanken getragenes *Umschalten* vom Versicherungsprinzip auf eine Art *Teilhabeprinzip* auf der Tagesordnung.
(2) Zum anderen müssen die notwendigen Reformschritte so angelegt werden, daß *gemeinschaftliche Selbsthilfe* weiterhin ein zentraler *Baustein* des sozialen Sicherungssystems bleibt und gestärkt aus einer Reform hervorgeht.

Beide Zielsetzungen können nur durch Veränderungen bewerkstelligt werden, die sowohl bei der *Finanzierungs-* (Abschnitt 8) als auch bei der *Leistungsseite* (Abschnitt 9) der sozialen Sicherung ansetzen. Dabei werden wichtige, derzeit diskutierte Reformkonzeptionen vorgestellt. Hinzu kommen Überlegungen, wie politisch-praktische Schritte zur Gestaltung des „neuen Sozialstaats" im Bereich der materiellen Sicherungsmechanismen aussehen könnten.

8. Ansätze für die Reform der Finanzierung der sozialen Sicherung

Zentrale Bausteine des Systems der sozialen Sicherung in der Bundesrepublik Deutschland, wie etwa die Kranken-, Arbeitslosen- und Rentenversicherung, finanzieren sich über einkommensbezogene Arbeitgeber- und Arbeitnehmerbeiträge. Vor allem die absehbare Bevölkerungsentwicklung gibt zu Befürchtungen Anlaß, ein solcher Finanzierungsmodus werde in der Zukunft an Grenzen stoßen. Ein Grund hierfür liegt darin, daß die Arbeitslosigkeit einer deutlichen Erhöhung der Erwerbsquote, wie sie zum Ausgleich der demographischen Ungleichgewichte nötig wäre, entgegensteht. Darüber hinaus spielt eine Rolle, daß Veränderungen in der Art der Beschäftigungsverhältnisse (Teilzeitarbeit, befristete Arbeitsverträge, Beschäftigung unterhalb der Beitragsbemessungsgrenze) zu reduzierten Beitragszahlungen führen (vgl. Kapitel 1). Vorausgesetzt, daß das Leistungsniveau der sozialen Sicherung erhalten oder gar verbessert werden soll, erfordern solchermaßen eng gewordene Gestaltungsspielräume bei der Finanzierung der sozialen Sicherung das *Erschließen neuer Finanzressourcen.*

Reformvorschläge plädieren deshalb etwa für eine Arbeitsmarktsonderabgabe für Beamte, die Einführung einer Pflichtversicherung von Selbständigen in der gesetzlichen Rentenversicherung, die Abschaffung der Beitragsbemessungsgrenze oder auch für einen verbesserten Finanzausgleich zwischen den verschiedenen Trägern der Sozialversicherungen. Hier wird also innerhalb der Grundstrukturen des äquivalenzorientierten Systems nach Lösungen gesucht. Des weiteren gibt es mittlerweile aber auch Reformkonzeptionen, die sich deutlich von der lohnbezogenen Beitragsfinanzierung wegbewegen. Die Varianz reicht hierbei von der Erhöhung der steuerfinanzierten Bundeszuschüsse an die Sozialversicherungsträger über eine Umbasierung der Beitragsbemessungsgrundlage von lohnabhängigen auf wertschöpfungsbezogene Größen (Wertschöpfungsbeitrag) bis zu Sondersteuern, wie zum Beispiel die Tabak-, Fett- oder Alkoholsteuer. Neuere, aber konzeptionell noch nicht vollständig zu Ende gedachte Reformmodelle regen sogar an, die Finanzierung der Sozialpolitik über Umweltabgaben oder über eine Ressourcensteuer, etwa bei Energie, Abfall, Emissionen, mit ökologischen Modernisierungsimpulsen zu verbinden.

In den folgenden Ausführungen wollen wir uns in erster Linie näher mit der Erhöhung des Bundeszuschusses und mit dem Wertschöpfungsbeitrag befassen. Bei beiden handelt es sich um *Reformkonzepte mittlerer Reichweite;* das heißt, sie gehen zwar ein Stück weit über das Äquivalenzprinzip hinaus, können aber gleichwohl parallel beziehungsweise in Ergänzung zum bestehenden, streng äquivalenzorientierten Finanzierungssystem „gefahren werden“. Aus diesem Grunde handelt es sich bei den angesprochenen Reformvorstellungen auch um diejenigen, die am häufigsten und ernsthaftesten in Wissenschaft und Politik diskutiert werden.

8.1 Erhöhung der Bundeszuschüsse

Der Bund zahlt den Trägern der verschiedenen Sozialversicherungssysteme regelmäßig Zuschüsse für ihre laufenden Ausgaben (als Überblick vgl. Frerich 1987: 315ff.; Mackscheidt 1984). Am bekanntesten sind die Bundeszuschüsse für die Arbeiter- und Angestelltenrentenversicherung; 1986 beliefen sich die Gelder aus der Bundeskasse auf 17,7% der gesamten Rentenausgaben. Bundeszuschüsse finden wir allerdings auch bei anderen Sozialversicherungssystemen wie beispielsweise bei der Arbeitslosenversicherung. Darüber hinaus kommt es zwischen den verschiedenen Zweigen der Sozialversicherung noch zu Finanzausgleichen.

Die *Legitimation* für Bundeszuschüsse basiert vor allem darauf, daß die sogenannten versicherungsfremden Leistungen, die von den Sozialversicherungen erbracht werden, durch allgemeine, steuerfinanzierte Zuschüsse an die Sozialversicherungsträger abgedeckt werden sollen. Bei den versicherungsfremden Leistungen handelt es sich vornehmlich um solche, für die von den Beziehern keine oder keine hinreichenden Ansprüche durch vorherige eigene Erwerbstätigkeit erworben wurden. Beispiele sind etwa Zuweisungen zur Abdeckung der Kosten für besondere arbeitsmarktpolitische Maßnahmen, die die Bundesanstalt für Arbeit im Auftrage des Bundes und der Länder durchführt, oder – bei den Krankenversicherungen – Zuweisungen, die an Stelle der Beiträge der Empfänger von Mutterschafts- beziehungsweise Erziehungsurlaub treten. Die so finanzierten Leistungen aus den Sozialversicherungshaushalten lassen sich nicht mit der durch das Äquivalenzprinzip angestrebten gruppenspezifischen Verteilung von Kosten und Nutzen rechtfertigen, sondern leiten sich entweder aus Interessen der Allgemeinheit ab beziehungsweise stellen einen Solidaritätsakt gegenüber Teilgruppen der Gesellschaft dar. Im Gegensatz zu anderen Sozialversicherungszweigen ist der Bundeszuschuß, der an die Arbeiter- und Angestelltenrentenversicherung gezahlt wird, nicht streng zweckgebunden. Hieraus wird in der rentenpolitischen Debatte von vielen Seiten gefolgert, er rechtfertige sich nicht nur daraus,

> „daß in die Versicherung Tatbestände einbezogen sind, die keine systemspezifischen Risiken darstellen oder für die keine leistungsgerechten Beiträge entrichtet würden (z. B. Anrechnung von Ersatz- und Ausfallzeiten). Er folgt auch aus dem staatlichen Interesse an der Erhaltung eines funktionsfähigen Alterssicherungssystems für den weitaus größten Teil der erwerbsfähigen Bevölkerung.“ (Verband Deutscher Rentenversicherungsträger 1987: 225f.)

Damit wird dem Bundeszuschuß neben seiner Entlastungs- und Ausgleichsfunktion auch eine allgemeine Sicherungsfunktion im Hinblick auf die Funktions- und Leistungsfähigkeit des Alterssicherungssystems abverlangt. Vom Verband Deutscher Rentenversicherungsträger (VDR) wird diese allgemeine Sicherungsfunktion für die Rentenversicherung recht eng mit Blick auf die Überlebensfähigkeit des heutigen, vornehmlich äquivalenzorientierten Rentensystems interpretiert.

Darüber hinausgehend finden sich jedoch in Politik und Wissenschaft auch Stimmen dafür, steuerfinanzierte anteilige Erhöhungen der Bundeszuschüsse als zusätzliche Finanzquelle zu nutzen, um damit weitere Risiken abzudecken. Dabei geht es vor allem darum, eben jene Sicherungslücken zu stopfen, die infolge von Dauerarbeitslosigkeit und infolge des Bedeutungsgewinns sozialversicherungsrechtlich unzureichend erfaßter Beschäftigungsverhältnisse im System der Sozialversicherung entstehen. So schlägt etwa die SPD in ihrem Beschluß zur Sozialpolitik beim Parteitag in Nürnberg vom 25. bis 29. August 1986 zur Finanzierung einer bedarfsgerechten und von Vorleistungen unabhängigen Grundsicherung in der Renten- und Arbeitslosenversicherung vor, die zusätzlich erforderlichen Mittel auf diese Weise zu erbringen. Ähnlich wird innerhalb des Deutschen Gewerkschaftsbundes (DGB) argumentiert:

> „Angesichts der Leistungsstruktur des Sozialversicherungssystems ist der Einsatz von Steuermitteln, die über den Bundeshaushalt an die Sozialversicherungsträger weitergeleitet werden, . . . unumgänglich. Durch eine stärkere Steuerfinanzierung kann der Fülle der gesellschaftspolitischen, vom Solidarprinzip geprägten Aufgaben der Sozialversicherung direkter und besser als durch alle anderen Modifikationen der Beitragsfinanzierung entsprochen werden, da die Steuerpolitik sowohl Ansatzpunkte und Instrumente einer gezielten Belastung nach der Leistungsfähigkeit bietet, als auch hinsichtlich ihres Aufkommens ergiebig und flexibel ist.“ (Bäcker 1985: 43)

Neben dem VDR, der SPD und dem DGB plädieren auch die Bundesregierung, die Bundesvereinigung der deutschen Arbeitgeberverbände (vgl. Handelsblatt vom 2.2.87) sowie renommierte Wirtschaftswissenschaftler (vgl. zum Beispiel Meinhold 1985; Krupp 1987; Schmähl 1985; Grohmann 1985: 49) für eine Erhöhung der Zuweisungen des Bundes an die Rentenversicherungsträger als einen wichtigen Beitrag zur Bewältigung der absehbaren Probleme in der Rentenversicherung.

Mithin kann wohl mit Fug und Recht von einer Allparteienkoalition gesprochen werden, deren Gemeinsamkeit darin besteht, die Bundeskasse als *Ausfallbürgen* für die Defizite des äquivalenzorientierten Sicherungssystems anzusehen. Allerdings hat bereits die kurze Skizze der Positionen des VDR einerseits und von SPD und DGB andererseits verdeutlicht, wie unterschiedlich dieser kleinste gemeinsame Nenner inhaltlich ausgefüllt wird. Für die einen geht es ausschließlich darum, das Versicherungsprinzip in der Alterssicherung über die demographischen Hürden zu bringen, bei den anderen soll auf neue Risiken mit neuen Leistungen geantwortet werden. Wie schwierig die Debatte darüber hinaus in bezug auf die Finanzierungsseite werden könnte, läßt sich bereits erahnen, wenn man an die gewaltigen Gegensätze in der Ende 1987/Anfang 1988 laufenden Diskussion über die Steuerreform denkt. Denn schließlich kann nichts darüber hinwegtäuschen, daß *zusätzliche Steuereinnahmen* unerläßlich sein werden, wenn die Hoffnungen, die mit den Forderungen nach erhöhten Zuweisungen des Bundes an die Sozialversicherungen verbunden sind, nicht enttäuscht werden sollen. Woher diese zusätzlichen Mittel jedoch kommen sollen, darüber fehlen bislang bei vielen Wissenschaftlern und Politikern konsensfähige und praktikable Konzepte. Insofern könnte die Erhöhung des Bundeszuschusses von der Konzeption her zwar tatsächlich ein Ausfallbürge für die Defizite der bestehenden Sozialversicherungssysteme sein, im politischen Alltagsgeschäft ist sie aber gegenwärtig eher ein Ausfallbürge für politische Konzeptionslosigkeiten im Hinblick auf die künftige Finanzierung der sozialen Sicherung.

8.2 Zusätzliche Finanzquellen für die soziale Sicherung

In der politischen Debatte zur Reform der sozialen Sicherung treffen wir – wie im vorstehenden Abschnitt ausgeführt – auf eine breite Zurückhaltung, wenn es um konkrete Vorschläge geht, wie der zu erhöhende Bundeszuschuß finanziert werden soll. Sofern überhaupt Vorschläge gemacht werden, handelt es sich zumeist darum, die Handlungsspielräume des Staates durch Ausgabenkürzungen oder Steuermehreinnahmen zu erhöhen – und zwar im Rahmen des vorgegebenen Abgaben- und Steuersystems. Darüber hinaus werden jedoch auch *alternative Finanzierungskonzepte* diskutiert.

Freilich sind brauchbare Konzepte solcher Finanzierungsstrategien, die sich deutlich von den bestehenden Strukturen (Arbeitgeber- und Arbeitnehmerbeiträge sowie Bundeszuschüsse) abheben, derzeit rar gesät. Die wichtigste Ausnahme ist wohl der insbesondere von breiten Teilen der Sozialdemokratie gestützte Vorschlag, einen sogenannten Wertschöpfungsbeitrag beziehungsweise eine „Maschinensteuer“

einzuführen. Des weiteren erlangte gerade in den letzten Jahren das nicht nur bei den Grünen, sondern auch bei ökologisch orientierten Politikern anderer Parteien diskutierte Modell einer Ressourcenbesteuerung eine gewisse Bedeutung. Der gemeinsame Reiz von Ressourcensteuern und „Maschinensteuer" liegt darin, die Finanzierung der sozialen Sicherung auf eine Art und Weise gewährleisten zu wollen, die zugleich wirtschafts- und sozialpolitische Ziele stärker zur Geltung bringt. Im folgenden werden wir relativ ausführlich auf den „Wertschöpfungsbeitrag" eingehen, dagegen nur knapp umreißen, worum es bei der Ressourcensteuer geht.

8.2.1 Wertschöpfungsbeitrag

Heute steht die Finanzierung der wichtigsten Sozialversicherungen auf drei Beinen: Arbeitnehmer- und Arbeitgeberbeiträge sowie Bundeszuschüsse. An den Sozialversicherungen vorbei fließen jedoch alle jene Wertschöpfungen, die die Unternehmer als Eigentümer von Produktionsmitteln erwirtschaften. Diese sollen zukünftig ebenfalls mittels eines Wertschöpfungsbeitrages zur Finanzierung der sozialen Sicherung herangezogen werden. Aus ökonomischer Sicht bedeutet dies zunächst einmal lediglich, daß die Bemessungsgrundlage für die Beitragserhebung erweitert beziehungsweise umbasiert wird.

> „Nicht mehr nur die (versicherungspflichtigen) Löhne und Gehälter, sondern die gesamte Wertschöpfung eines Betriebes unterliegen der Beitragspflicht; neben Löhnen und Gehältern werden, wenn man die Bruttowertschöpfung als Maßgröße wählt, auch Gewinne, Zinsen und Abschreibungen erfaßt." (Bäcker 1987: 211)

Mithin handelt es sich beim Wertschöpfungsbeitrag um einen Finanzierungsmodus, der sich im Vergleich zum status quo ein Stück weit von der Lohn- und Gehaltsentwicklung unabhängiger macht.
Einer größeren Öffentlichkeit ist der Wertschöpfungsbeitrag unter dem Schlagwort „Maschinensteuer" bekannt geworden. Er wird dort mit der Vorstellung verbunden, in Zukunft werde der „Kollege Computer" die soziale Sicherung finanzieren. Der Begriff „Maschinensteuer" ist allerdings nicht ganz zutreffend, „denn es geht nicht um eine einseitige Belastung des Faktors Kapital, sondern darum, Betriebe nach Maßgabe ihrer ökonomischen Potenz – und zwar unabhängig von anderen Quellen – an der Finanzierung . . . zu beteiligen" (Rürup 1987: 225).
Von der Konstruktion her könnten Wertschöpfungsbeiträge auch für die Finanzierung der Kranken- und Arbeitslosenversicherung genutzt werden, bislang sind konkrete Forderungen nach einer Umbasierung

jedoch ausschließlich in bezug auf die Rentenversicherung erhoben worden.[1] Konzeptionell lassen sich mit Blick auf die Aufgaben eines Wertschöpfungsbeitrages in diesem Versicherungszweig zwei unterschiedliche Modelle ausmachen (vgl. VDR 1987: 133):

(1) Die erste Überlegung geht dahin, den gesamten, bislang lohnbezogenen Arbeitgeberanteil an den Rentenversicherungsbeiträgen durch wertschöpfungsbezogene Zahlungen zu ersetzen.
(2) Die zweite Variante – sie wurde vor allem von der sozialdemokratischen Arbeitsgemeinschaft für Arbeitnehmerfragen (AFA) ins Gespräch gebracht – will lediglich einen Teil der in Zukunft zu erwartenden, demographisch bedingten zusätzlichen Kosten der Alterssicherung mittels eines Wertschöpfungsbeitrages aufbringen. Hier bildet die wertschöpfungsbezogene Finanzierung also nur ein „viertes Bein" des Rentenversicherungssystems, neben Arbeitnehmer- und Arbeitgeberbeiträgen sowie den steuerfinanzierten Bundeszuschüssen.

Für die Einführung eines Wertschöpfungsbeitrages wird mit einem ganzen Bündel von Zielsetzungen geworben (als Übersicht vgl. Gretschmann u. a. 1987: 34). In den fünfziger und sechziger Jahren standen in erster Linie wettbewerbs- und mittelstandspolitische Argumente im Vordergrund und zielten darauf, Wettbewerbsnachteile von (vermeintlich) lohnintensiveren Klein- und Mittelbetrieben gegenüber ihrer großbetrieblichen Konkurrenz auszugleichen. Heute wird hauptsächlich auf *beschäftigungspolitische* und *sicherungspolitische Erwartungen* abgehoben:

Unter beschäftigungspolitischen Gesichtspunkten wird darauf gehofft, die Umbasierung von lohnkostenbezogenen Beiträgen auf eine wertschöpfungsbezogene Maßgröße dämpfe den arbeitsplatzsparenden Rationalisierungsdruck, unter dem die deutsche Wirtschaft heute stehe, und sei somit ein probates Mittel gegen (technologische) Arbeitslosigkeit. Im derzeitigen Finanzierungssystem verteuerten die an das Arbeitseinkommen gekoppelten sozialpolitischen Abgaben den Faktor Arbeit im Vergleich zum Faktor Kapital über das vertretbare Maß hinaus. Dies wirke wie eine Prämie für weitere Rationalisierungen und trage zu Arbeitslosigkeit, Intensivierung der Arbeit und Frühverrentungen bei; von der Tendenz her steuere man also auf ein „jobless growth" zu. Angesichts einer solchen Entwicklung, die durch die Bevölkerungsentwicklung noch zusätzlich verschärft werde, könne die Finanzierung der Sozialpolitik nicht mehr hauptsächlich an Erwerbsarbeitseinkommen ausgerichtet bleiben, sondern müsse sich an der gesamten volkswirtschaftlichen Leistungskraft orientieren. In einem solchen Argumentationskontext stellt die Einführung eines Wertschöpfungsbeitrages dann eine entscheidende beschäftigungspolitische Weichenstellung dar.

> Mit Blick auf sicherungspolitische Ziele wird vom Wertschöpfungsbeitrag eine größere Stabilität und Ergiebigkeit bei der Finanzierung der Sozialversicherungen erwartet. Im Gegensatz zur lohnkostenbezogenen Aufbringung der sozialpolitischen Etats böten Wertschöpfungsbeiträge bei abnehmender Arbeits- und steigender Kapitalintensität eine größere Unabhängigkeit des Finanzierungsaufkommens vom relativen Gewicht der Faktorpreise für Kapital und Arbeit. Darüber hinaus könne durch Einbeziehung des Faktors Kapital in die Bemessungsgrundlage auch eine größere Unabhängigkeit gegenüber Konjunkturschwankungen und Beschäftigungseinbrüchen gewährleistet werden.

In den beiden skizzierten Argumentationsketten für die Umbasierung schimmert deutlich die Annahme einer „Erosion der Lohnarbeit" durch, nach der der Gesellschaft die Erwerbsarbeit auszugehen droht. Danach ist verteilungspolitisch mit einem Sinken der Lohnquote – also einem Rückgang des prozentualen Anteils der Einkommen aus unselbständiger Arbeit am Volkseinkommen – und mit einem damit zusammenhängenden Untergraben der lohnbezogenen Finanzierungsbasis der Sozialversicherungen zu rechnen.
Genau an diesem Punkt setzen denn auch viele *Kritiker* des Wertschöpfungsbeitrages an. So halten etwa Krelle u. a. (1985) oder auch der VDR (1987) die Befürchtung für unbegründet, durch den technischen Fortschritt und durch Rationalisierungen werde die Lohnquote langfristig sinken. Gestützt wird eine solche optimistische Sicht der zukünftigen Beschäftigungsentwicklung nicht zuletzt mit den vermeintlich positiven Arbeitsmarkteffekten, die gesamtwirtschaftlich bisher durch den Einsatz neuer Technologien zu verzeichnen waren (vgl. Kapitel 1). Des weiteren wird in der Öffentlichkeit gerade von konservativer Seite immer wieder herausgestrichen, eine „Maschinensteuer" dämpfe bei den Betrieben den Anreiz, neue Technologien offensiv einzusetzen und gefährde so die internationale Wettbewerbsfähigkeit; diese sei für die Wirtschaft der Bundesrepublik langfristig nur über technologisch fortgeschrittene und anspruchsvolle Produkte zu sichern. Gerhard Bäcker (1987) vom Wirtschafts- und Sozialwissenschaftlichen Institut (WSI) des DGB stellt die Gefahr einer sinkenden Lohnquote grundsätzlich nicht in Abrede, hält jedoch die Gewerkschaften für stark genug, um ihr mit Arbeitszeitverkürzungen und einer offensiven Lohntarifpolitik begegnen zu können. Zwar sei tatsächlich seit Beginn der 80er Jahre die Lohnquote abgesackt,

> „daraus eine andauernde unabwendbare Entwicklung abzuleiten, hieße aber eine defensive Position im Verteilungskampf einzunehmen. . . . die Rede vom Roboter oder Computer, die den Menschen verdrängen und arbeitslos machen und deshalb Beiträge zur Sozialversicherung zahlen müs-

sen, verengt das Blickfeld auf eine technisch-oberflächliche Erscheinungsebene, die mit Maschinenzahlen und Arbeitsstunden argumentiert, aber ökonomische (Wert-)Größen und politische Machtfragen ausklammert." (ders.: 215f.)

Über die angesprochenen Kritiken am Wertschöpfungsbeitrag hinaus gibt es noch eine Vielzahl weiterer Aspekte, die einer allzu euphorischen Beurteilung dieses Finanzierungskonzeptes für die soziale Sicherung entgegenstehen. So wird beispielsweise bezweifelt, daß tatsächlich die erhoffte Verlangsamung des Rationalisierungsprozesses durch Nutzung des technischen Fortschrittes eintritt; denn schließlich sei die Anwendung neuer Technologie nicht nur von der Relation der Faktorpreise, sondern auch von den Anforderungen der Absatzmärkte abhängig. Auf alle solche Argumente ausführlich einzugehen, würde den Rahmen der vorliegenden Ausführungen sprengen und in einer Spezialdebatte enden. Deshalb konzentrieren wir uns im folgenden darauf, wie der *Wertschöpfungsbeitrag* angesichts der in Kapitel 1 dargelegten Herausforderungen für die soziale Sicherung *zu beurteilen* ist; hierbei interessiert zum einen, ob die herausgearbeiteten Probleme mit dem Wertschöpfungsbeitrag tatsächlich beantwortet werden (1), und zum anderen, ob mit Hilfe des Wertschöpfungsbeitrages nicht sogar etwas gegen die Problementstehung selbst getan wird (2):

(1) Sicherlich ist es zum gegenwärtigen Zeitpunkt mehr als ungewiß, ob sich die düstere Vision vom „Ende der Arbeitsgesellschaft" bewahrheiten wird. Vieles spricht sogar dafür, daß wir in Zukunft eine steigende Erwerbsquote – vor allem bei Frauen – zu verzeichnen haben (vgl. Wagner/Thiede 1987 sowie DIW-Wochenbericht 1987: 393ff.). Allerdings sagt dies nur wenig darüber aus, ob die lohnbezogene Beitragsfinanzierung auf die Dauer leistungsfähig bleiben kann. Die Veränderungen bei der Art der Beschäftigungsverhältnisse lassen vielmehr befürchten, daß durch eine Zunahme von Teilzeitarbeit, befristeter Beschäftigung (und der damit zusammenhängenden zeitweisen Arbeitslosigkeit), durch das Ausbreiten von Werkvertragsarbeiten usw. nicht nur „Armutsfallen" für die Zukunft der sozialen Sicherung gelegt, sondern auch Löcher bei der lohnbezogenen Finanzierung der Sozialversicherung unvermeidlich sind. Immerhin wird ein Teil dieser neuen Arbeitsverhältnisse sozialpolitisch überhaupt nicht zur Kasse gebeten und ein weiterer Teil zahlt nicht die vollen Beiträge beziehungsweise nur mit Unterbrechungen. Trotz aller gegenteiligen „guten Absichten" scheint es in höchstem Maße fraglich, ob die Gewerkschaften den Trend zu solchen neuen Arbeitsformen

werden verhindern können; ja selbst bei einer – was die Verkürzung der Wochenarbeitszeit angeht – mehr oder weniger erfolgreichen Arbeitszeitpolitik darf nicht automatisch damit gerechnet werden, daß sie sich verteilungspolitisch zugunsten der Arbeitnehmer niederschlägt. Bislang jedenfalls deutet viel darauf hin, daß kaum mehr durchgesetzt werden kann, als auf der Basis technologischer Rationalisierungen ohnehin möglich gewesen wäre (vgl. Hinrichs 1987).
Mithin zeichnet sich ab, daß sich weder von selbst noch durch die Gewerkschaften ein Ausgleich für die durch Veränderungen bei der Art der Beschäftigungsverhältnisse ausgelösten Probleme bei der Finanzierung der Sozialversicherung ergeben wird – und erst recht nicht in dem Maße, daß auch noch die demographischen Herausforderungen quasi nebenbei und ohne schmerzhafte Verluste beim Sicherungsniveau miterledigt würden. Freilich kann die Einführung eines Wertschöpfungsbeitrages verteilungspolitische Fragen nicht stellvertretend für die Gewerkschaften zugunsten der Arbeitnehmer entscheiden (Bäcker 1987: 214). Jedoch gewänne die Finanzierung der Sozialpolitik tatsächlich an Ergiebigkeit und Stabilität, wenn die durch den Wandel in der Arbeitslandschaft ausgelösten systematischen Defizite der gegenwärtigen Finanzierungsstruktur dadurch kompensiert würden, daß sich die Bemessungsgrundlage für die Arbeitgeberbeiträge ein Stück weit von den Lohn- und Einkommensverhältnissen ablöst.
Schlußfolgernd läßt sich festhalten: In der Debatte um Wertschöpfungsbeiträge wird vorwiegend darüber gestritten, ob die These vom „Ende der Arbeitsgesellschaft“ zutrifft; diese Frage scheint empirisch-prognostisch derzeit nicht entscheidbar. Allerdings gibt es bereits jetzt unbestrittenerweise einen *Wandel* bei der *Art* der *Beschäftigungsverhältnisse,* der gleichfalls eine *Umbasierung nahelegt.*
(2) Was die wirtschaftsstrukturellen, das heißt die sektoralen und branchenspezifischen Auswirkungen einer Umbasierung angeht, konnte in der Forschung ein weitgehend einhelliges Ergebnis erzielt werden: Zu den Verlierern zählen die Energie- und Wasserversorgung, die Mineralölverarbeitung, Land- und Forstwirtschaft und die Tabakverarbeitung. Zu den begünstigten Branchen gehören unter anderem so exportorientierte oder zukunftsträchtige Wachstumsindustrien wie der Maschinenbau, die Elektroindustrie und die chemische Industrie. Insgesamt würde eine Umbasierung der gegenwärtigen lohnbezogenen Arbeitgeberanteile auf wertschöpfungsbezogene Anteile dazu führen, „daß . . . die entlasteten Branchen einen Anteil von rd. 60% der gesamtwirtschaftlichen Wertschöpfung und einen Anteil von 77% der gesamten Beschäftigung aufweisen“ (Rürup

1987: 230). Jedoch sind die Entlastungen bei einer aufkommensneutralen Umbasierung relativ niedrig. Die Arbeitskosten würden lediglich um 1,87% sinken und es wäre mit nur ca. 30 bis 40 000 zusätzlichen Arbeitsplätzen zu rechnen. Allerdings dürfen diese Vorteile von Wertschöpfungsbeiträgen auf mittlere und längere Sicht wegen des unabwendbaren, zusätzlichen Finanzbedarfes der Sozialversicherungen wesentlich höher ausfallen (vgl. ders: 228). Besonders optimistisch stimmt, daß auch die Export- und Wachstumsindustrien auf der Seite der Gewinner stehen könnten. Freilich macht da noch das Argument skeptisch, gerade die Entlastung bei den Lohnkosten könnte den Anreiz dämpfen, mit hohem Technikeinsatz anspruchsvolle Angebote für den Weltmarkt zu liefern. Hiergegen bringt jedoch wiederum der ursprünglich gegen die Umbasierung vorgetragene Einwand Ermutigung, die Anwendung neuer Technologien werde nicht so sehr durch die Kosten des Produktionsfaktors Arbeit, sondern vielmehr durch den Wettbewerb auf den Absatzmärkten bestimmt.
Resümierend spricht mithin einiges dafür, daß Wertschöpfungsbeiträge im Vergleich zum bestehenden Finanzierungssystem nicht nur *beschäftigungspolitische Vorteile* bringen, sie könnten ferner unter bestimmten Umständen sogar als indirekte *Subvention* für die *Export-* und *Wachstumsindustrien* wirken. Bei einer aufkommensneutralen Umbasierung fielen diese Effekte nur bescheiden aus und wären vermutlich nicht der Rede wert. Wegen der absehbar steigenden Kosten für die soziale Sicherung darf jedoch für die Zukunft mit ebenfalls steigenden Beschäftigungs- und Entlastungswirkungen (für die Zukunftsindustrien) gerechnet werden. Hierdurch steigt auch der politische Anreiz, Umbasierungen vorzunehmen.

Unter dem Strich kann zum Wertschöpfungsbeitrag geschlußfolgert werden, daß er – auch nach In-Rechnung-Stellen zentraler Kritikpunkte – ein durchaus *gangbarer Weg* ist, die bisherige lohnbezogene Finanzierung der sozialen Sicherung neu zu ordnen beziehungsweise zu ergänzen. Freilich bleiben gewichtige Einwände und Zweifel. Im Gegensatz zum status quo bietet er aber die Chance, besser mit den Problemen, die aus dem Wandel der Arbeitsgesellschaft resultieren, fertig zu werden. Bei Abwägung der skizzierten Vor- und Nachteile könnte es demnach opportun sein, den Wertschöpfungsbeitrag zunächst einmal nur „vorsichtig" einzuführen. In die zur Diskussion stehenden Modelle umgesetzt, spräche dies für den Vorschlag, den Wertschöpfungsbeitrag als „viertes Bein" der Rentenfinanzierung zu nutzen und ihn demgemäß auf die Abdeckung der demographisch und (vielleicht) technologisch bedingten zukünftigen Kosten der Rentenversicherung zu beschränken.

8.2.2 Ressourcensteuer

Aus der dem Wertschöpfungsbeitrag zugrundeliegenden Logik, der Produktionsfaktor Arbeit sei im Hinblick auf die Finanzierung der sozialen Sicherung zu stark belastet und als Maßgröße für die Beitragsbemessung gegenüber dem Wandel in der Arbeitsgesellschaft zu anfällig, kann nicht nur der Schluß gezogen werden, nunmehr gelte es, das Kapital stärker zu belasten. Die in den letzten 15 Jahren immer stärker entbrannte Ökologie-Diskussion hat den lange Zeit vernachlässigten Produktionsfaktor Umwelt wieder mehr in den Blickpunkt gerückt. Aus dieser ökologischen Perspektive wird in neueren Beiträgen häufig vorgetragen, auch bei der verstärkten Besteuerung des *Verbrauchs von Umweltressourcen* lägen sinnvolle Ansatzpunkte für eine Neuorientierung bei der Finanzierung der Sozialpolitik.[2] Nach diesen Vorstellungen sollen die Finanzen für die soziale Sicherung nicht mehr lohnbezogen, sondern umweltbezogen erhoben werden. Es könnte beispielsweise der Energieverbrauch, die Rohstoffnutzung oder der Ausstoß von Umweltbelastungen mit Steuern oder Abgaben belegt und die so geschaffenen finanziellen Mittel, etwa über den Bundeszuschuß oder anstelle der Arbeitgeberbeiträge, den Sozialversicherungen zugeführt werden. Ein solches Finanzierungssystem für die Sozialpolitik läßt zunächst einmal eine Entlastung bei den betrieblichen Arbeitskosten erhoffen und könnte eine deutliche Entspannung auf dem Arbeitsmarkt bringen. Darüber hinaus erhöhten sich möglicherweise die Anreize, in umweltschonende und umweltverträgliche Technologien zu investieren, was mittel- und langfristig nicht nur der Umwelt zugute käme, sondern gleichzeitig auch eine Förderung der Umweltschutzindustrie darstellte. Von der Zielsetzung her verknüpfen Ressourcensteuern mithin eine Reform der sozialen Sicherung mit einer gleichzeitig beschäftigungs- und umweltpolitisch ausgerichteten Modernisierung der Volkswirtschaft.
Bislang sind solche Reformvorschläge konzeptionell noch längst nicht ausgereift oder einer ökonometrisch operierenden Abschätzung ihrer möglichen Auswirkungen unterzogen worden. Von daher können sie derzeit auch noch nicht als ernstzunehmende Gestaltungsalternativen für die anstehende Reform der Sozialpolitik angesehen werden. Gleichwohl werden sie politisch-pragmatisch ernster genommen, als es auf den ersten Blick erscheinen mag. Die Diskussion, die gegenwärtig beispielsweise über die Erhöhung der Mineralöl- und Ta-

baksteuer geführt wird, legitimiert sich ein Stück weit mit dem Hinweis auf zukünftige Kosten der Sozialpolitik. Eine Umsetzung entsprechender Vorschläge in Zusammenhang mit der Steuerreform wäre von daher ein (vielleicht nicht intendierter) erster Schritt in die vom Konzept der Ressourcensteuer vorgezeichnete Richtung.

9. Die garantierte Mindestsicherung: eine Antwort auf Armutsfallen und Sicherungslücken

> „Ein Gespenst geht um in Europa: die ‚systemsprengende' Idee eines garantierten Grundeinkommens. Geistiger Vater dieses Gespenstes ist Milton Friedman, der Papst des Monetarismus. Seine wesentlichen Verfechter in Deutschland waren bisher Wolfram Engels (CDU, Mitglied des neoliberalen ‚Kronberger-Kreises', Herausgeber der Wirtschaftswoche) und Ralf Dahrendorf (Begründer des transzendentalen Liberalismus). Neuerdings hat die Idee ganz andere, möglicherweise aber auch jenen nicht ganz wesensfremde Befürworter: alternativ-orientierte Sozialwissenschaftler wie Claus Offe und Georg Vobruba, grüne Sozialpolitiker wie Michael Opielka und speziell die ‚ökolibertäre' Denkrichtung dieser Partei". (Glotz 1986: 135)

Was bei dem ehemaligen Bundesgeschäftsführer der SPD solch sarkastische Kritik auslöst, schlug auch in der wissenschaftlichen Diskussion über die Zukunft des Sozialstaats Wellen. Die „garantierte Mindestsicherung" gehörte hier zu den am häufigsten und am kontroversesten behandelten Themen der letzten Jahre. Die Ausführungen in Kapitel 1 haben verdeutlicht, daß die Prominenz dieser Debatte keineswegs zufällig ist. Leistungen aus dem gegenwärtigen Sozialversicherungssystem sind in weiten Bereichen von vorherigen Beiträgen abhängig, ein wachsender Teil der Bevölkerung kann aber genau diese Vorleistungen entweder nicht mehr oder nicht mehr in ausreichender Höhe erbringen. Die Ursachen hierfür sind die Arbeitslosigkeit, ein Wandel bei der Art der Beschäftigungsverhältnisse (Anstieg der Teilzeitarbeit, Bedeutungsgewinn prekärer Beschäftigungsverhältnisse usw.) sowie der soziale Wandel von Ehe und Familie; vor allem für Frauen wird es immer „gefährlicher", sich bei der sozialen Absicherung nur auf vom Ehemann abgeleitete Ansprüche zu stützen. „Die Frauen sind oft nur ‚einen Mann weit' von der Armut entfernt" (Beck 1986: 183).

Angesichts dieser Herausforderungen gewinnt der Gedanke an Gewicht, die sozialen Sicherungsleistungen von vorherigen Beitragszahlungen zu entkoppeln. Konzeptionell stellt sich dies als ein *Umschalten* von einer *kausalen* – das heißt vom Aufbau von Anwartschaften abhängigen – *Leistungsgewährung* auf eine am *Vermeiden* von *Armut* ausgerichteten *Auszahlung* von *Sozialtransfers* dar. Etwas „hochtrabend" wird gelegentlich von einer „Entkopplung von Arbeit und Essen" gesprochen; im Grunde genommen käme eine solche Umorientierung einer garantierten Mindestsicherung gleich, die auf einer erwerbsarbeitsunabhängigen Leistungsbemessung beruht. Sozialpolitik würde mithin ein stückweit monetär finalisiert. Auf diesem Wege

> „lassen sich zum einen klar objektivierbare Leistungsstandards formulieren, die ungerechtfertigte Leistungskumulation und krasse Unterversorgung vermeidbar machen. Zum anderen bedeutet Finalisierung – ihrer Idee nach – die Möglichkeit der Etablierung reiner sozialpolitischer Zwecksetzungen und damit eines Prinzips, daß den Denkansatz eines garantierten Grundeinkommens entspricht. Teilhabe statt Eigentum als juristisches Leitmotiv und Zwecksetzung (Finalisierung) statt Kausalität als sozialpolitische Orientierung . . ." (Vobruba 1986: 46)

Systematische Defizite im bestehenden Sozialversicherungssystem werden von einer Vielzahl von ansonsten sehr unterschiedlich ausgerichteten Sozialpolitikern und Sozialpolitikforschern gesehen; und auch die Notwendigkeit einer stärkeren Finalisierung findet noch eine breite Unterstützung. Erhebliche Meinungsverschiedenheiten lassen sich jedoch bei den *Vorschlägen* über die Art und Weise ausmachen, wie eine erwerbsarbeitsunabhängige Leistungsbemessung beziehungsweise eine garantierte Mindestsicherung aussehen soll:

(1) Unterschiede lassen sich etwa bei der Größe der Zielgruppe ausmachen. So haben einige Vorschläge beispielsweise nur eine Grundsicherung bei der Rentenpolitik im Auge, während andere für ein garantiertes Minimum als Perspektive für die soziale Sicherung der Gesamtbevölkerung votieren.
(2) Ein weiteres wichtiges Unterscheidungskriterium stellt das Verhältnis der jeweiligen Grundsicherungsmechanismen zur traditionellen, erwerbsarbeitszentrierten Leistungsbemessungsgrundlage dar:
(a) Hier treffen wir zum einen auf Konzepte, die ein Mindest- oder Grundeinkommen an Stelle aller anderen sozialpolitischen Versicherungsleistungen (mit Ausnahme von Kranken-, Unfall- und Pflegeversicherung) garantieren wollen.
(b) Zum anderen wird vorgeschlagen, in solchen Fällen eine Grundsicherung – in Form von Aufstockungsbeträgen zu den jeweils vorhandenen Versicherungsansprüchen – zu garantieren, in denen die äquivalenzorientierten Versicherungsleistungen nicht hineinreichen. Dies ist immer dann der Fall, wenn über die Sozialversicherungen ein Sicherungsniveau unterhalb oder in der Nähe des Sozialhilfeniveaus erreicht wird.

(3) Interessant ist des weiteren, daß einige Befürworter von Mindesteinkommen diese sozialpolitische Strategie nicht nur mit Blick auf die soziale Sicherung, sondern auch mit Hoffnungen auf zusätzliche, nicht-sozialpolitische Effekte begründen. Erwartet werden beispielsweise eine Anreicherung individueller Lebensgestaltungsmöglichkeiten oder Entlastungseffekte auf dem Arbeitsmarkt.

In den folgenden Abschnitten stellen wir zunächst die wichtigsten Modelle für die erwerbsarbeitsunabhängige Leistungsbemessung vor; anschließend sollen die Kritiken und Einwände gegen Grundeinkommen und Grundsicherung herausgearbeitet werden (Abschnitte 9.1.1 und 9.1.2). Zwei weitere Abschnitte illustrieren, wie die relevanten Konzeptionen für eine Grundsicherung in den Sicherungsbereichen Rente und Arbeitslosigkeit aussehen (Abschnitte 9.2 und 9.3). Darüber hinaus befassen wir uns mit Konzepten, die Familien-, Erziehungs- und Pflegeleistungen sowie die Selbst- und Nachbarschaftshilfe („neue Subsidiarität") durch eine Anrechnung informeller Tätigkeiten bei der Leistungsbemessung gezielt stärken wollen (Abschnitt 9.4). Vom Prinzip her stellt dies ja auch eine Abkehr von der erwerbsarbeitsbezogenen Leistungsbemessung dar; „spannend" ist dabei vor allem, durch welche Mindestsicherungsmodelle dieser immer stärker Beachtung findende Bereich der sozialen Sicherung am effektivsten gestützt wird.

9.1 Konzepte für eine garantierte Mindestsicherung

9.1.1 Modelle

Hinter dem Sammelbegriff „Garantierte Mindestsicherung" verbergen sich mehrere Konzepte und Strategien. Unter dem Stichwort *Grundeinkommen* werden für gewöhnlich die Modelle „negative Einkommenssteuer" und „garantiertes Staatsbürgergeld" (auch „Sozialdividende", „Bürgergehalt", „Demogrant" usw. genannt) zusammengefaßt. *Grundsicherung* steht demgegenüber für das Konzept einer „Sockelung" innerhalb der bestehenden Sozialversicherungssysteme. Obwohl sich die einzelnen Modelle in ihrer Ausgestaltung zum Teil erheblich unterscheiden, streben sie dennoch in weiten Bereichen ähnliche Ziele an.[3]
An der Debatte um die garantierte Mindestsicherung beteiligen sich „Sozialpolitiker" und „Ausstiegspropagandisten" gleichermaßen:

> Den „Sozialpolitikern" geht es hauptsächlich um das sozialpolitische Ziel des Schutzes vor Verarmung für ausgegrenzte Problemgruppen und Risi-

ken. Wichtigstes Ansinnen ist es, „die Bewältigung des Problems von Verarmung und Ausgrenzung in die bestehenden Versicherungsinstitutionen ‚zurückzuholen'" (Bäcker/Welzmüller 1987: 6).
Bei den „Ausstiegspropagandisten" steht der Schutz vor Verarmung zwar auch auf der Liste, mindestens genauso bedeutend ist jedoch die „Befreiung von falscher Arbeit" (Schmid 1984). Konkret heißt dies, für den Einzelnen die materiellen Voraussetzungen zu schaffen, inhumane Erwerbsarbeit abzulehnen; eine finanzielle Basis für die unkonventionelle oder alternative Erwerbsarbeit zu garantieren; Selbsthilfe und gemeinschaftliche Formen des Arbeitens und Helfens wirtschaftlich und sozial abzusichern. „Bei unserem Reformvorschlag", so Gerhardt/Weber (1986: 56) „. . . geht es darum, Wege auf der Suche nach Sinn ökonomisch abzusichern." Thomas Schmid (1984: 16) glaubt sogar, ein garantiertes Grundeinkommen könne die „Herausbildung eines neuen, alternativen Unternehmertums, das die nicht-technologiefeindliche Überwindung der fordistischen Produktionsweise praktiziert", beflügeln.

Generell läßt sich sagen, daß die „Sozialpolitiker" die „Sockelungsmodelle" favorisieren, während die „Ausstiegspropagandisten" mit der „negativen Einkommenssteuer" oder dem „Bürgergehalt" sympathisieren.[4]

(1) Im *Modell* der *negativen Einkommenssteuer* wird zwischen Arbeitseinkommen, negativer und positiver Steuer sowie dem verfügbaren Einkommen unterschieden: Unter Arbeitseinkommen ist das Entgelt für Lohnarbeit zu verstehen, negative Steuer meint Transferzahlungen vom Staat und positive Steuer die Abführungen an den Fiskus. Das verfügbare Einkommen resultiert bei niedrigen Bezügen, Löhnen oder Gehältern aus Arbeitseinkommen plus negativen Steuerzahlungen vom Saat; Bezieher höherer Einkommen dagegen zahlen nach wie vor positive Steuern. Bei einem Arbeitseinkommen von Null wird das Maximum an negativer Steuer, das heißt das garantierte Minimum ausbezahlt. Die Höhe der staatlichen Zahlungen nimmt mit zunehmendem Arbeitseinkommen kontinuierlich ab. Normalerweise wird bei der „negativen Einkommenssteuer" mit einem festliegenden proportionalen Steuertarif gearbeitet, über den die Transfer-Entzugsrate (beziehungsweise Steuerrate bei Einkommen oberhalb des garantierten Minimums) festgelegt wird. Denkbar sind aber auch Modelle mit dynamischen Entzugs- beziehungsweise Steuertarifen (vgl. Wegener 1985); hier sollen die unteren Einkommen geringer belastet werden als die oberen. Eine „negative Einkommenssteuer" stellt eine Integration von Steuer- und Transfersystem dar. Überwiegend wird sie mit der Absicht verfolgt, (nahezu) sämtliche anderen sozialen Sicherungseinrichtungen (vor allem: Renten- und Arbeits-

Schaubild 8: Negative Einkommenssteuer

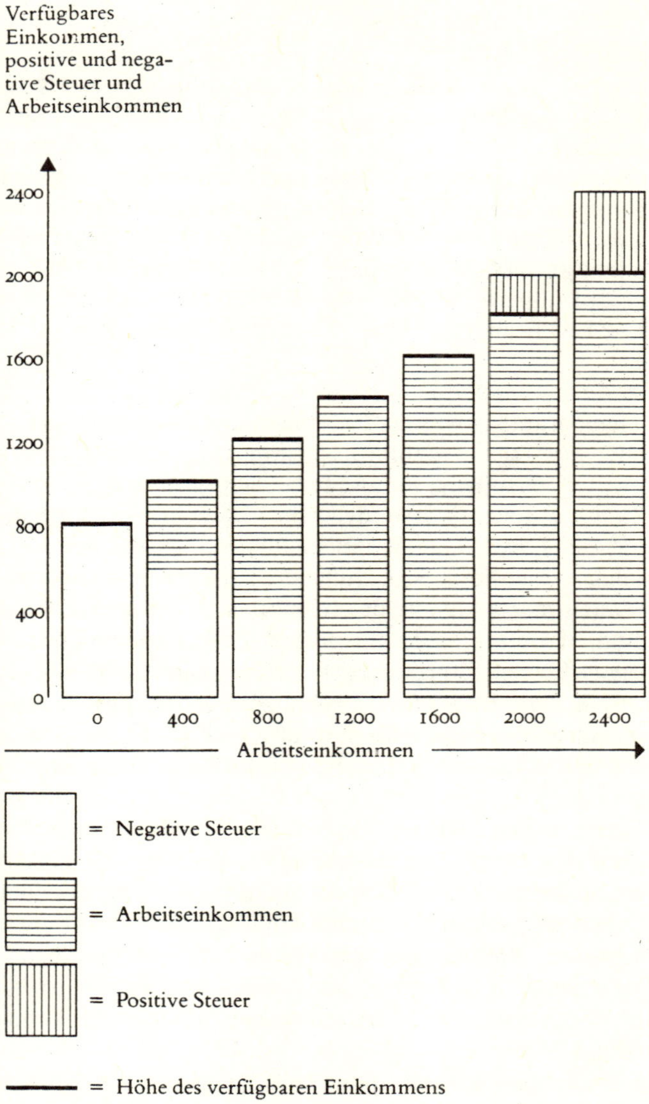

Arbeitseinkommen, negative Steuer, positive Steuer und verfügbares Einkommen im Falle eines Mindesteinkommens von DM 800, –, eines negativen Steuersatzes von 50% und eines positiven Steuersatzes von 50%.

(aus: Gerhardt/Weber 1984: 34)

losenversicherung) überflüssig zu machen beziehungsweise abzuschaffen (anders: Wegener 1987).

Gerhardt/Weber (1984: 34) illustrieren die Funktionsweise der „negativen Einkommenssteuer" – bei einem Mindesteinkommen von 800,– DM und einem negativen Steuersatz von 50% sowie einen positiven Steuersatz von ebenfalls 50% – mit Hilfe einer kleinen Grafik (siehe Schaubild 8, S. 73). Unter diesen Voraussetzungen erhält dann bespielsweise jemand ohne Erwerbseinkommen 800,– DM negative Steuern. Bezieht er aber ein eigenständiges Arbeitseinkommen von zum Beispiel 800,– DM reduzieren sich die Steuerzahlungen vom Staat auf 400,– DM, das verfügbare Einkommen steigert sich jedoch auf insgesamt 1200,– DM. Bei Arbeitseinkommen von über 1600,– DM beginnt die Zone, wo positive Steuern gezahlt werden müssen.

(2) Das *Grundeinkommen* in der Version „Bürgergeld", „Sozialdividende", „Demogrant" usw. sieht für jeden Staatsbürger eine einkommensunabhängige Transferzahlung vom Staat vor. Diese wird steuerfrei gewährt, jedoch müssen für alle zusätzlich verdienten Arbeitseinkommen Steuern abgeführt werden. Im Gegensatz zur „negativen Einkommenssteuer" wird bei der „Sozialdividende" von den meisten Autoren keineswegs die Abschaffung der anderen Sozialleistungen mitgedacht. „Es macht . . . keine technischen Probleme, auf einem Grundeinkommen weitere Sozialtransfers (z. B. Erziehungseinkommen, Mietzuschüsse, Krankengeld) aufzubauen" (Opielka/Stalb 1985: 10). Befürworter des „Bürgergehaltes" denken hinsichtlich der Höhe an Größenordnungen zwischen 800,– bis 1000,– DM. Für Kinder wird in der Regel die Hälfte des jeweiligen Satzes angenommen.

Auch bei der „Sozialdividende" kann zur Illustration ihrer Funktionsweise auf eine Grafik von Gerhardt/Weber (1984: 35) zurückgegriffen werden (siehe Schaubild 9, S. 75). Bei einer Sozialdividende von 800,– DM und einem Steuersatz von 50% (auf alle Arbeitseinkommen) muß ein Individuum mit einem Arbeitseinkommen von 1200,– DM genau 600,– DM Steuern zahlen und kommt so – inklusive der Sozialdividende – zu einem verfügbaren Einkommen von 1400,– DM.

(3) In den *Sockelungs-Konzeptionen* soll das garantierte Minimum dadurch erreicht werden, daß alle bestehenden Transferzahlungen im vorhandenen System der sozialen Sicherung auf ein bestimmtes Mindestniveau angehoben werden. Während bei der „negativen Einkommenssteuer" und bei der „Sozialdividende" lebenslagenunabhängige Zuteilungsmechanismen aufgebaut werden, operiert die „Sockelung"

Schaubild 9: Sozialdividende

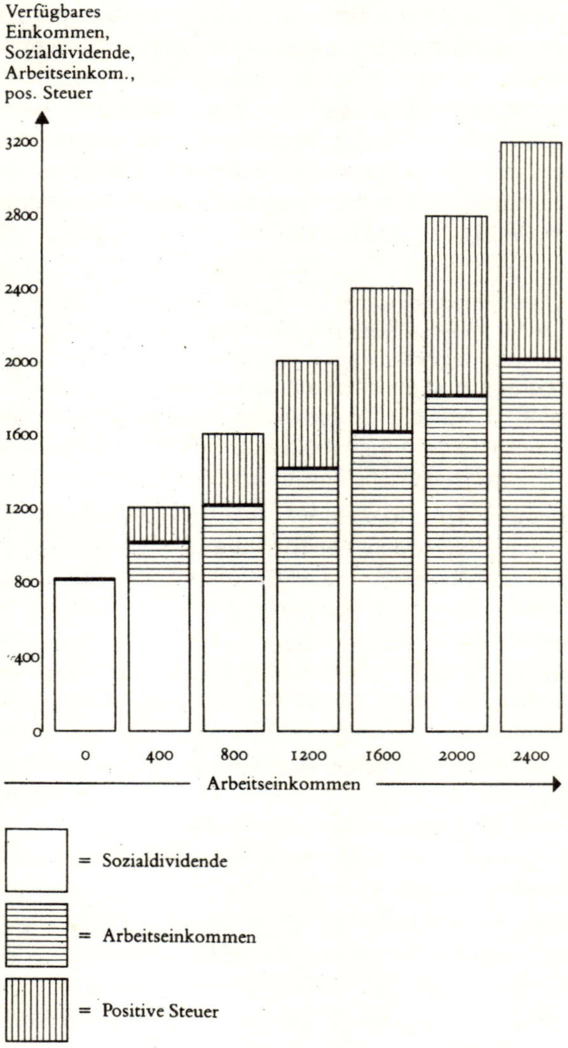

Arbeitseinkommen, Sozialdividende, positive Steuer und verfügbares Einkommen im Falle einer Sozialdividende von DM 800,– und eines positiven Steuersatzes von 50%.

(aus: Gerhardt/Weber 1984: 35)

bedarfsbezogen. Wichtige Teilbereiche der sozialen Sicherung – Rentenversicherung, Arbeitslosenversicherung, Sozialhilfe – sollen durch das „Einziehen“ von bedarfsbezogenen und bedarfsgeprüften Fundamenten ergänzt und zugleich harmonisiert werden. Ein erster, ausgereifter Vorschlag für eine „bedarfsbezogene integrierte Grundsicherung“ stammt von der „Arbeitsgruppe Armut und Unterversorgung“ (1985); ähnliche Vorstellungen kommen jedoch in den letzten Jahren auch von gewerkschaftsnahen und sozialdemokratischen Autoren.[5] So hat sich vor allem das Wirtschafts- und sozialwissenschaftliche Institut (WSI) des DGB

> „frühzeitig an der Diskussion über eine Grundversorgung bzw. ein allgemeines Mindesteinkommen, so wie es auf der einen Seite aus liberal-konservativer und auf der anderen Seite aus grün-alternativer Sicht gefordert wird, beteiligt und sich mit den dahinterstehenden Vorstellungen kritisch auseinandergesetzt – vor allem da, wo es darum geht, mit der Einführung einer Mindestsicherung die einkommens- und beitragsbezogenen Versicherungsleistungen ersetzen zu wollen. Dem WSI geht es um das „Ergänzen“, nicht um das „Ersetzen“. (Markmann 1987: 5)

Grundlegendes Element der „Sockelung“, wie sie von der angesprochenen „Arbeitsgruppe“ gefordert wird, ist die Idee einer „kausalen Zuordnung zum Kostenträger bei finaler Gestaltung der Leistungen“ (Auerbach, zitiert nach Arbeitsgruppe 1985: 100). Wird jemand beispielsweise arbeitslos, muß ihm die Bundesanstalt für Arbeit bei Nachweis eines auf Basis seiner erworbenen Ansprüche ungenügenden Einkommens einen Zuschlag zahlen, der die Arbeitslosenunterstützung auf die Höhe des (allerdings ebenfalls zu reformierenden) Sozialhilfeanspruchs aufstockt. Selbst Berufsanfänger oder wieder in den Beruf Zurückkehrende sollen einen derartigen Grundsicherungsanspruch erhalten. Vergleichbare Regelungen sind auch für die Invaliditäts- und Altersrenten der gesetzlichen Rentenversicherung vorgesehen. Bisher springt die Sozialhilfe mit ihrem „Fürsorgeprinzip“ in den Fällen ein, in denen auf Basis des Versicherungsprinzips in den Sozialversicherungen nur Transfers unterhalb des Sozialhilfeniveaus zustande kommen. Nunmehr sollen die Sozialversicherungen generell für „ihren“ Risikobereich zuständig sein und eine über der Sozialhilfe liegende Absicherung nach einheitlichen, aber bedarfsabhängigen Kriterien gewährleisten.

Bedarfsabhängig beziehungsweise bedarfsorientiert heißt hierbei zum einen, daß die Leistungen in ihrer Höhe ein sozialkulturelles Minimum gewährleisten[6]:

„Bedarfsorientiert heißt aber auch, daß die Leistungen nur dann gewährt werden, wenn der Bedarf nicht durch anderweitiges Einkommen und (verwertbares) Vermögen gedeckt werden kann. Allerdings muß im Unterschied zur bisherigen Praxis der Kreis unterhaltsverpflichteter Personen auf Ehepartner einerseits und Eltern und minderjährige, unverheiratete Kinder andererseits eingeschränkt werden." (Bäcker/Welzmüller 1987: 8)

Schaubild 10 faßt die wichtigsten Essentials der „Sockelung", das heißt der bedarfsbezogenen Grundsicherung, zusammen.

Schaubild 10: Bedarfsbezogene Grundsicherung-Vorschlag des WSI

Kurzbeschreibung

1. Charakteristikum
Es gibt ein vereinheitlichtes Grundsicherungsniveau (Sockel) in allen Sozialversicherungsbereichen und in den sozial- und steuerrechtlichen Regelungen.

2. Niveau
Gegenwärtiges Sozialhilfeniveau (Warenkorbprinzip) ist um 30 vH anzuheben.

3. Bezugseinheit
a) Prinzipiell besteht der individuelle Rechtsanspruch
b) Die Bedarfsdefinition erfolgt auf der Ebene des Haushalts.

4. Verhältnis zum Unterhaltsrecht
Unterhalt besteht nur zwischen Ehepartnern einerseits und Eltern und minderjährigen Kindern andererseits.

5. Bedarfsprinzip
a) Auf der Basis „Warenkorb" wird das am allgemeinen soziokulturellen Standard gemessene Niveau bestimmt.
b) Es erfolgt Prüfung und Anrechnung eigener Erwerbs-/Sozialeinkommen (Ausgenommen: Freibeträge).

6. Anreiz zur Aufnahme von Erwerbsarbeit
a) Im Arbeitsförderungsgesetzt wird ein höheres Grundsicherungsniveau gewährt. Damit wird ein Anreiz für die Zurverfügungstellung auf dem Arbeitsmarkt geschaffen.
b) Auf der Ebene des Bundessozialhilfegesetzes gibt es keine Arbeitsverpflichtung.

(aus: WSI 1987: 10)

Diese Form der Bedarfsorientierung und Harmonisierung hat gegenüber dem status quo einen erhöhten Leistungsaufwand zur Folge. Er ist allerdings „erheblich kleiner als der, der für ein ‚garantiertes Grundeinkommen' anfiele. Eine bedarfsorientierte Grundsicherung kann zielgenauer eingesetzt werden" (Arbeitsgruppe 1985: 107). Um wieviel die „Sockelung" kostengünstiger ist als andere Formen des garantierten Grundeinkommens hängt in entscheidendem Maße davon ab, welche Bevölkerungsgruppen Ansprüche geltend machen können. Würden beispielsweise auch bislang nicht berufstätige verheiratete Frauen einbezogen, wäre ein gegenüber dem status quo deutlich erhöhter Finanzbedarf unausweichlich.

9.1.2 Die Modelle in der Kritik

Keiner der vorgestellten Wege zur garantierten Mindestsicherung ist in der wissenschaftlichen und politischen Debatte unumstritten. Die Kritik bezieht sich auf eine Vielzahl von Gesichtspunkten, auf die hier im einzelnen nicht eingegangen werden kann. Im folgenden sollen aber dennoch einige technische, politische sowie allokations- und verteilungsbezogene Bedenken angesprochen werden.

(1) Die Kritik an der „Sockelung" bezieht sich in erster Linie darauf, daß in diesem Konzept die *Entkoppelung* von Erwerbsarbeit und Einkommen *nicht* so *stringent* durchgehalten wird wie bei dem „Bürgergehalt" oder der „negativen Einkommenssteuer". Bei der bedarfsbezogenen Grundsicherung kann es zwar nicht mehr zu „Armutsfallen" und Unterversorgung kommen, doch stehen nach wie vor die Erwerbsarbeitsverhältnisse im Vordergrund. Wenn sich auch der Zwang zur Akzeptanz schlecht bezahlter Jobs oder zur Aufnahme von Tätigkeiten bei eigentlich unakzeptablen Arbeitsbedingungen nicht so drastisch stellt wie im gegenwärtigen Sicherungssystem, so ist ein „gesockeltes" System der sozialen Sicherung dennoch um die Erwerbsarbeit herum konstruiert und erlaubt „freiwillige Erwerbsarbeitslosigkeit" nur als Ausnahmezustand.
Problematisch erscheint des weiteren, daß die von vielen für erniedrigend gehaltenen *Bedürftigkeitsprüfungen* erhalten bleiben und auch keine eigenständige, vom Einkommen des Ehemannes unabhängige Mindestsicherung für nicht-erwerbstätige Ehefrauen vorgesehen ist.
Eine komprimierte, wenngleich etwas überspitzte Kritik der „Sockelung" liefern Opielka/Stalb (1985: 11):

> „Das Modell der ‚Sockelung' ist so ‚rechts' wie der hergebrachte Sozialstaat, so erwerbsarbeitszentriert, diskriminierend und privilegierend. Und es ist ein wenig ‚linker', weil es Bedarfselemente und Rechtsansprüche

aufs Überleben besser verankert. Doch es genügt weder feministischen Ansprüchen – der Familien-/Ehebezug des Sozial- und Steuersystems bleibt – noch ökologischen Erfordernissen: Der Zwang zu Wachstum und Luxuskonsum wird nicht eingeschränkt."

Neben der Sicherung gegen Armut und Unterversorgung schlägt jedoch *positiv* zu Buche, daß eine bedarfsorientierte Grundsicherung die Sozialhilfe enorm entlasten würde. Diese ist derzeit eher ein „Ausfallbürge" für Defizite des Sozialversicherungssystems. Nach Einführung der „Sockelung" könnte sie sich wieder auf ihre ursprüngliche Aufgabe konzentrieren, nämlich: bei atypischen Lebenslagen und Sonderbedarfen Schutz und Unterstützung zu gewähren. Außerdem würde ein weitgehendes Überflüssigwerden der Sozialhilfe bei Arbeitslosigkeit und Alter vermutlich auch das bekannte Dunkelzifferproblem bei der Inanspruchnahme lösen; denn die „Schamschwelle" für die Beantragung einer bedarfsorientierten Mindestsicherung dürfte deutlich niedriger liegen als für den Gang zum Sozialamt. Gleichzeitig wäre die Entlastung der Sozialhilfe finanziell ein Vorteil für die Kommunen. Gegenwärtig tragen sie über die Sozialhilfe einen Großteil der Folgekosten von Sicherungslücken im Sozialversicherungssystem; diese würden entfallen, wenn die Arbeitslosen- und Rentenversicherung die Risikobereiche Arbeitslosigkeit und Alter vollständig abdecken würden.

(2) Auch die „Sozialdividende" als Strategie für ein Grundeinkommen ist umstritten. Kritisch hervorgehoben wird zuallererst die immense *Höhe* des insgesamt *umzuwälzenden Betrages*. Eine „Sozialdividende" mag zwar übersichtlicher und vielleicht auch auszahlungstechnisch einfacher zu handhaben sein, nicht übersehen werden darf jedoch, daß allmonatliche Transferzahlungen an die Bezieher höherer Einkommen den gesamten Umwälzungsbedarf unnötig erhöhen und darüber hinaus Zweifel hinsichtlich ihrer moralisch-ethischen Rechtfertigung aufkommen lassen. Letzteres dürfte sogar dann zutreffen, wenn bei Beziehern hoher Einkommen über das Steuersystem ein nahezu 100%iger Rückfluß des Geldes angestrebt würde; immerhin vermutet der „Volksmund" (und nicht ganz zu unrecht), daß in den gehobenen Einkommensklassen die Chancen für einen einträglichen Steuerausgleich besser genutzt werden können als in den unteren Einkommensklassen. Ein weiterer Nachteil des „Bürgergehalts" – wenigstens im Vergleich zum status quo oder zur „Sockelung" – liegt in seiner leichten politischen Manipulierbarkeit. Wenn die Transferhöhe zentral festgelegt wird, reizt dies dazu, sie in Abhängigkeit von wirtschafts-, finanz- und arbeitsmarktpolitischen Gegebenheiten zu variieren.

Schreyer (1986: 165 f.) errechnet bei einem „Bürgerlohn“ von 1000,– DM ein umzuwälzendes Finanzvolumen von 670 Milliarden DM – eine nachgerade astronomisch hohe Summe im Vergleich zum Volkseinkommen, das sich 1983 auf 1277 Milliarden DM belief.

(3) Bei der „negativen Einkommenssteuer“ löst zunächst einmal Bedenken aus, daß bei der Umsetzung im Prinzip am bisherigen Steuerrecht festgehalten wird und damit auch dessen *Haushaltsbezogenheit* aufrechterhalten bleibt. Unter diesen Umständen konstituieren sich die (Mindest-)Einkommensansprüche von Ehefrauen nach wie vor unvermittelt über das Einkommen des Ehemannes. Eine eigenständige Absicherung von Frauen würde so systematisch unterlaufen. Weitere Kritik bezieht sich auf die Finanzierung sowie auf mögliche Verteilungswirkungen. Eckhard Wegener (1986) berechnete (auf der Datenbasis von 1978), daß zur Finanzierung eines Mindesteinkommens von 800,– DM (1986 = 1000,– DM) in Form der „negativen Einkommenssteuer“ alle über diesen Satz liegenden Einkünfte zu 60% versteuert werden müßten.

> „Selbst wenn dies durch die Entlastung von Spezialabgaben . . . insbesondere bei wenig verdienenden Ehepaaren für eine große Zahl von Einkommensbeziehern unterm Strich zu einer Besserstellung gegenüber heute führen würde, ist deutlich abzusehen, was bei der Einführung eines solchen Modells geschehen würde. Bei 60%iger Versteuerung aller über 1000,– DM liegenden Einkommensteile würde ein gewaltiger psychologischer Anreiz zum Ausweichen in die Schattenwirtschaft entstehen“. (Auhagen 1987: 65)

Skepsis wird ferner im Hinblick auf die für gewöhnlich mit proportionalen Steuer- und Transferentzugstarifen verbundenen Verteilungseffekte geäußert. Eine mit 50 oder 60% relativ hohe Besteuerung beziehungsweise Anrechnung aller Verdienste oberhalb des Mindesteinkommens – und zwar unabhängig von der Einkommensgrößenklasse – behindere die wünschenswerte Umverteilung zugunsten der niedrigen Einkommen (vgl. Gretschmann u. a. 1987: 41 f.). Mit Blickwinkel auf diese Befürchtung konnte Wegener (o. J.) allerdings durch beispielhafte Rechenexempel nachweisen, „daß ein Grundeinkommen für jeden nicht die Spaltung der Gesellschaft begünstigt, sondern es zu einer Verringerung der Ungleichheit der verfügbaren Einkommen und – von der Entlohnungsseite her gesehen – der Ungleichheit der Arbeitseinkommen beiträgt“ (ders.: 6), allerdings immer vorausgesetzt, das neue System der Steuererfassung kann gegen Steuerwiderstände und den vermutlich stärkeren Drang in die Schattenwirtschaft auch durchgesetzt werden.

(4) Gegen „negative Einkommenssteuer“ und „Sozialdividende“ gemeinsam wird darüber hinaus angeführt, sie liefen Gefahr, zu einer *Subventionierung* von *prekären* oder *schlecht bezahlten Beschäftigungsverhältnissen* zu werden. Ein schlecht bezahlter Teilzeitjob als Friseurin wird dann finanziell akzeptabel, wenn man aus Mindesteinkommen und (geringem) Verdienst zusammen auf ein verfügbares Gesamteinkommen kommt, welches knapp oberhalb des Existenzminimums liegt. Außerdem würden mit vereinheitlichten Mindesteinkommen „1. privatwirtschaftlichen und betrieblichen Formen der sozialen Sicherung und damit der Differenzierung Tür und Tor geöffnet und 2. die sogenannten ‚schlechten Risiken‘ der Chance beraubt, über den Solidarausgleich besser gesichert zu werden“ (Bäcker/Welzmüller 1987: 9). Dem erstgenannten Einwand wird heute auch aus der ‚linken Ecke‘ gelegentlich entgegengehalten, die Subventionierung von Arbeit im unteren Einkommensbereich biete auch eine Fülle sozial-, arbeitsmarkt- und sogar wirtschaftspolitischer Chancen. Sie könne die Perspektive bieten, viele und vor allem abgesicherte (Teilzeit-)Arbeitsplätze im Bereich von politischen oder sozialen Organisationen zu schaffen, oder eine finanzielle Rückendeckung für die Gründung von Kleinstbetrieben abgeben (Auhagen 1987: 66f.; vgl. auch Gurgsdies 1987).

Generelle Kritik an der garantierten Mindestsicherung in den drei dargestellten Varianten bezieht sich hauptsächlich auf die aus *Finanzierungsgründen* letztlich doch nicht zu umgehende stärkere Belastung der arbeitenden Bevölkerung. Insbesondere wenn offensichtlich werde, daß Mindesteinkommensbezieher ohne vorherige Vorleistungen und ohne die Bereitschaft, zukünftig arbeiten zu wollen, staatlich unterstützt würden, sei mit einem Legitimationsverlust eines solchen Systems der sozialen Sicherung zu rechnen (vgl. u. a. Glotz 1986). Die „Entkoppelung von Arbeit und Einkommen“ könnte so auch eine ernsthafte Gefahr für die Organisations- und Konfliktfähigkeit der Gewerkschaften werden. Denn deren wichtigste Stützen sind stark arbeits- und leistungsorientierte Bevölkerungsgruppen, bei denen nur wenig Verständnis für nicht-erwerbsarbeitszentrierte Lebensentwürfe und Existenzweisen vorzufinden ist. „Die Gewerkschaften müssen deshalb aufpassen, daß sie sich nicht durch vorschnelles Sympathisieren mit solchen Vorschlägen ihre eigenen Fundamente untergraben“ (Klanberg 1987: 23). Im Endeffekt führen diese Bedenken gegen die Grundsicherung darauf hinaus, zur Sicherung von Legitimation, Finanzierbarkeit und Leistungsfähigkeit des Sozialstaates auf jeden Fall das Versicherungsprinzip weiterhin stark zu betonen.

Gert Wagner (1986) zieht aus den Zweifeln, ob ein Abweichen vom Versicherungsprinzip politisch hinreichend Unterstützung finden kann, die Konsequenz, das Versicherungsprinzip dadurch gegen Sicherungslücken zu immunisieren, daß in allen denjenigen Fällen, in denen einzelne Bevölkerungsgruppen nicht in der Lage sind, ausreichende eigene Versicherungsanwartschaften aufzubauen, (Mindest-)Beiträge von denen zu entrichten sind, die auch ansonsten für den Lebensunterhalt der fraglichen Personen aufkommen müssen, also beispielsweise der erwerbstätige Ehegatte, das BAföG-Amt, die Bundesanstalt für Arbeit oder das Sozialamt. So würde das Versicherungsprinzip – in Form einer voll eigenständigen Sicherung – verallgemeinert, aber gleichzeitig von der engen Bindung an die Erwerbsarbeit losgelöst. Ob eine solche „Quadratur des Kreises" mehr Unterstützungsbereitschaft erwarten darf als andere Mindestsicherungsmodelle, darf allerdings zumindestens bezweifelt werden.
Wenn man die einzelnen Vorschläge und ihre Kritik einmal Revue passieren läßt, drängt sich sofort der Eindruck auf, daß es den *Königsweg* zum garantierten Grundeinkommen *nicht gibt*. Wie die Grundeinkommenslösung mit den geringsten Nachteilen aussehen sollte, wird wohl erst nach intensiven Forschungsarbeiten über Ausgestaltungsfragen zu beurteilen sein; dabei gilt es unter anderem Fragen nach dem Finanzbedarf, nach den Folgen für die Transfer- und Sicherungssysteme insgesamt, nach den Verteilungseffekten, nach möglichen Änderungen in der Struktur der Güterversorgung (Stichwort: Substitution von Marktgütern durch in Nachbarschafts- oder Selbsthilfe geschaffene Produkte) sowie nach den arbeitsmarkt- und wettbewerbspolitischen Konsequenzen zu beantworten. Kurz- und mittelfristig kann wohl kaum mit der Einführung einer garantierten Mindestsicherung gerechnet werden. Hierzu sind zum einen die Kenntnisse über Wirkungen und Konsequenzen viel zu gering. Zum anderen bestehen zwischen den verschiedenen politischen Lagern und Interessen starke Divergenzen hinsichtlich der Wünschbarkeit, wobei die großen Parteien und Interessenorganisationen nahezu ausnahmslos ein Minimumeinkommen ablehnen. Anders könnte es jedoch hinsichtlich der *Sockelung* bei der *Renten-* oder der *Arbeitslosenversicherung* aussehen. Wegen der immer gravierender werdenden „Sicherungslücken" in diesen Sozialversicherungszweigen besteht ein relativ akuter Handlungsbedarf.
In den folgenden zwei Abschnitten werden deshalb die derzeit diskutierten Grundsicherungsmodelle für Alte und Arbeitslose vorgestellt. Dies soll auch verdeutlichen, daß es politisch durchaus sinnvoll sein kann, Mindestsicherungselemente nicht generell, sondern zunächst nur für bestimmte soziale Kategorien einzuführen.

9.2 Mindestsicherung und Rentenreform

In der Diskussion um die Zukunft der Alterssicherung findet gegenwärtig eine *Kontroverse* zwischen *Strukturkonservierern* und *Systemveränderern* statt. Auf der Seite der Strukturkonservierer haben sich in der letzten Zeit vor allem die Bundesregierung (vgl. Niemeyer 1987) und der Verband Deutscher Rentenversicherungsträger (VDR) stark gemacht. Bei den Systemveränderern trifft man auf eine breite Varianz von Vorschlägen mit (parteipolitisch) sehr unterschiedlicher Herkunft. Die Strukturkonservierer glauben, die demographischen und technologischen Herausforderungen für die Rentenversicherung seien innerhalb des bestehenden Systems zu bewältigen. Der gemeinsame Nenner bei den Systemveränderern liegt in der Annahme, die Einführung einer garantierten Mindestrente sei unausweichlich. Relativ detaillierte Konzeptionen liegen hier von einem der CDU nahestehenden Forschungsinstitut sowie von den Grünen vor. Darüber hinaus stellen sich zwei Modelle der Diskussion, die als alterssicherungsspezifische Umsetzung der „Sockelung“ betrachtet werden können. Sie stammen ursprünglich aus eher sozialdemokratisch und gewerkschaftlich orientierten Kreisen, finden mittlerweile aber auch Anerkennung bei einigen sozialpolitisch besonders ambitionierten und innovativen Kräften in der CDU.
In der öffentlichen Diskussion fiel es den *Strukturkonservierern* lange Zeit außerordentlich schwer, ihr Credo plausibel zu begründen, die Zukunft der Rente sei mittel- und langfristig auch ohne gravierende Strukturveränderungen zu bewerkstelligen. Ein umfassendes Gutachten einer vom VDR eingesetzten Kommission „Zur langfristigen Entwicklung der gesetzlichen Rentenversicherung“ (VDR 1987) präsentierte jedoch Mitte 1987 Berechnungen und Analysen, die die These erhärteten, selbst bei einer ungünstigen wirtschaftlichen Entwicklung sei das Überleben des derzeitigen Alterssicherungssystems bis zum Jahre 2040 – dem Ende des Prognosezeitraumes – sichergestellt.

> „Nach Auffassung der Kommission ist die gesetzliche Rentenversicherung in der Lage, auf die sich abzeichnende Veränderung der ökonomischen, demographischen und sozialen Rahmenbedingungen flexibel zu reagieren. Wenngleich viele Entwicklungen nur sehr begrenzt abgeschätzt werden können, ist doch das gegenwärtige System mit seinen Prinzipien so anpassungsfähig, daß es auf die Herausforderungen der Zukunft antworten kann. Darum bedarf es keiner Reformen der Strukturen der gesetzlichen Rentenversicherung, vielmehr einer Anpassung des Systems an die sich verändernden Verhältnisse“. (VDR 1987: 3)

Insgesamt schlägt der VDR ein ganzes Bündel von Maßnahmen vor, die zusammengenommen die notwendige Anpassung an die veränderten Rahmenbedingungen bewerkstelligen sollen. Keiner der Einzelvorschläge ist für sich genommen unrealistisch und auch das Gesamtpaket vermittelt ein konsistentes Bild über die zukünftige Alterssicherung. Im einzelnen werden – knapp zusammengefaßt – folgende Reformschritte vorgeschlagen:

(a) Die Rente ein wenig zu reduzieren (Stabilisierung des Netto-Standard-Rentenniveaus);
(b) den Bundeszuschuß ein wenig anzuheben und neu zu dynamisieren;
(c) den Finanzausgleich mit der Bundesanstalt für Arbeit zugunsten der gesetzlichen Rentenversicherung zu verbessern;
(d) die beitragslosen (Ersatz-, Ausfall- und Zurechnungs-) Zeiten geringer anzurechnen als bisher; und
(e) das Renteneingangsalter hinauszuschieben.

Mit diesen Maßnahmen soll ein Netto-Standard-Renten-Niveau von 70% zu erreichen sein; das heißt, jemand der 45 Jahre Vollzeit gearbeitet und durchschnittlich verdient hat, erhält ca. 70% des Erwerbseinkommens eines noch aktiven Durchschnittsverdieners. Auf der Finanzierungsseite haben die Beitragszahler dafür zum Beispiel im Jahre 2030 Beitragssätze von ca. 27% (bei günstiger) beziehungsweise 29% (bei ungünstiger Wirtschaftsentwicklung) aufzubringen. (Zum Vergleich: derzeit werden etwa 18,5% gezahlt).
Bislang hat es in der wissenschaftlichen Diskussion wie in der politischen Öffentlichkeit keine detaillierte kritische Würdigung der VDR-Vorschläge gegeben. Auf der Grundlage der in Kapitel 1 dargelegten wirtschaftlichen, demographischen und sozialen Herausforderungen für die soziale Sicherung läßt sich jedoch eine große Schwachstelle des VDR-Gutachtens identifizieren: Es ignoriert den Wandel bei der Art der Beschäftigungsverhältnisse. Der VDR geht von der Zielvorstellung aus, als Maßstab für das in der Rentenversicherung wünschenswerte Sicherungsniveau kämen nur die langjährig vollzeitbeschäftigten Versicherten in Betracht. Dies ist auch plausibel, wenn tatsächlich die bekannten Muster der Erwerbsbiographie auch weiterhin dominieren, nach denen 40 bis 45 Jahre lang auf Vollzeitarbeitsplätzen in stabilen Beschäftigungsverhältnissen gearbeitet wird. Allerdings waren es ja gerade Veränderungen bei der Art der Beschäftigungsverhältnisse, die auch bei einer günstigen wirtschaftlichen und arbeitsmarktpolitischen Entwicklung Gefährdungen für die Finanzierung der Sozialversicherungen wie für das Sicherungsniveau

größer werdender gesellschaftlicher Teilgruppen befürchten lassen. Der VDR befaßt sich in erster Linie mit der Frage, ob die Rentenversicherung die absehbaren demographischen und arbeitsmarktpolitischen Hürden nehmen kann; unzureichend berücksichtigt bleibt aber, daß sich auf dem Arbeitsmarkt nicht nur quantitative Engpässe, sondern auch qualitative Veränderungen abzeichnen. Teilzeitarbeit, befristete und zeitweilig unterbrochene Beschäftigung, Werkvertragsarbeit, Tätigkeiten unterhalb der Beitragsbemessungsgrenze usw. sind Abweichungen vom Normalarbeitsverhältnis, die nicht nur Beitragsausfälle nach sich ziehen, sondern auch erhebliche Defizite bei der Alterssicherung zur Folge haben können.
Soll eine solche Entwicklung ausgeschlossen werden und soll vermieden werden, daß mehr und mehr unzureichend abgesicherte alte Menschen auf Sozialhilfe angewiesen sind, muß entweder die Entwicklung zur Zersplitterung der Arbeitslandschaft gestoppt oder die Rentenversicherung um eine garantierte Mindestrente ergänzt werden. Da Entwicklungen auf dem Arbeitsmarkt nur sehr indirekt über die Rentenpolitik beeinflußt werden können und es des weiteren umstritten ist, ob ein Beenden der skizzierten Veränderungstrends machbar und wünschbar ist, drängt sich vor allem die zweite Option, das heißt die Suche nach einer garantierten Mindestsicherung für Rentner, auf.

Wie sehen nun die einzelnen Modelle der *Systemveränderer,* die bereits oben angesprochenen Mindestsicherungsmodelle in der Alterssicherung aus?

(1) Der Vorschlag von Meinhard Miegel und Stefanie Wahl (1985) aus dem CDU-nahen Institut für Wirtschafts- und Gesellschaftspolitik (IWG) beinhaltet[7], daß eine Grundsicherung bei Alter, Invalidität oder Tod des Ernährers an jedermann ohne vorangegangene Eigenvorsorge gewährt wird. Sie soll 40% des durchschnittlichen Nettoarbeitsentgelts aller abhängig Beschäftigten betragen: zur Zeit wären dies ca. 800 DM. Sie wird ohne Bedürftigkeitsprüfung ausgezahlt. Finanziert werden soll diese Grundrente aus dem allgemeinen Steueraufkommen. Um dies zu bewerkstelligen, ist vor allem an eine Erhöhung der Mehrwertsteuer, aber auch der Lohn- und Einkommensteuer gedacht. Über die Grundsicherung hinaus soll die Altersvorsorge den Bürgern gänzlich selbst überlassen bleiben.
Miegel/Wahl (1985) begründen ihren Vorschlag vor allem damit, die Bürger der Bundesrepublik seien im Durchschnitt vermögend genug, um ihre Altersvorsorge selbst in die Hand nehmen zu können. Lediglich für diejenigen, die dazu nicht in der Lage seien, bräuchte man staatliche Vorkehrungen zur Alterssicherung.

(2) Bei dem Rentenmodell der Grünen (Die Grünen/Seniorenschutzbund „Graue Panther“ 1985) sind die Akzente in der Begründung demgegenüber ganz anders gesetzt. Sie plädieren für eine Grundrente als Sicherung gegen Altersarmut, als Mittel zur eigenständigen Alterssicherung der Frau sowie zur Vereinheitlichung des Alterssicherungssystems. Diese Grundrente soll mit mindestens 1000, – DM im Monat deutlich höher liegen als die im Modell des IWG. Ein weiterer Unterschied ist, daß anstelle des dort vorgesehenen freiwilligen privaten Komplementärsystems die Grünen an eine staatlich abgesicherte Zwangszusatzversicherung denken. Im Gegensatz zum bestehenden Versicherungssystem soll diese in stärkerem Maße solidarische Elemente enthalten; gedacht ist an die Anrechnung von drei Babyjahren pro Kind sowie an einen progressiven Beitragssatz.
Resümierend kann festgehalten werden:

> „In bezug auf Anspruchsvoraussetzungen und Leistungsniveau ähnelt der IWG-Vorschlag dem Vorschlag der ‚GRÜNEN‘ von 1985. Ordnungspolitisch treten allerdings krasse Auffassungsunterschiede zutage: Der IWG-Vorschlag überläßt jegliche Zusatzsicherung dem Markt, nach dem Konzept der Grünen würde die Funktion einer Zusatzsicherung maßgeblich von einer für alle obligatorischen umlagefinanzierten Zusatzrente übernommen werden.“ (Klanberg/Prinz 1986: 230)

Im Gegensatz zu dem Modell der Grünen und zu Miegel/Wahl sind die beiden übrigen Alterssicherungskonzeptionen, die in der Bundesrepublik diskutiert werden, in institutioneller Hinsicht eher reformistisch angelegt, denn sie verlagern die Mindestsicherungsproblematik in die bestehenden Institutionen hinein. Es handelt sich um die „Rente mit Aufstockungsbetrag“[8] sowie um die „Rente mit obligatorischen Mindestbeiträgen“ (Wagner 1986a; 1986b).[9]
(3) Bei der „Rente mit Aufstockungsbetrag“ hängt die Auszahlung einer Mindestrente davon ab, daß erstens überhaupt ein Rentenanspruch aufgebaut wurde und zweitens Bedürftigkeit vorliegt. Wenn also beispielsweise eine Witwe nur einen sehr geringen Rentenanspruch hat, kann sie bei Nachweis ihrer Bedürftigkeit die Mindestrente erhalten. Vorgesehen sind 800, – DM pro Monat für Alleinstehende beziehungsweise 1200, – DM für Verheiratete. Aus dieser Konstruktion geht bereits hervor, daß das Hauptziel dieses Rentenvorschlags die Vermeidung von Altersarmut ist.
(4) Die „Rente mit obligatorischen Mindestbeiträgen“ strebt das gleiche Ziel an, wählt aber den Weg einer voll eigenständigen Mindestsicherung für Mann und Frau, unabhängig vom Familienstand und Erwerbseinkommen. Im Gegensatz zur „Rente mit Aufstok-

kungsbetrag", bei der die Mindestsicherung im nachhinein durch eine Aufstockung der vorher erworbenen Renten realisiert werden soll, ist nach diesem Vorschlag das Niveau der Beitragszahlungen mittels Subventionierung (gegebenenfalls auch mit Hilfe von Rabatten für Bedürftige) so anzuheben, daß später entsprechende Mindestrenten gewährleistet sind und Altersarmut ausgeschlossen ist.
Finanzierungsvorschläge für beide Typen der „Sockelung" in der Alterssicherung laufen vor allem auf eine Erhöhung des Bundeszuschusses für die Rentenversicherung hinaus.

Die *Gemeinsamkeit* fast aller *Kritiken* an den vorgetragenen Reformvorstellungen für die Alterssicherung besteht darin, die im Einzelfall mehr oder weniger stark ausgeprägten Abweichungen vom Äquivalenzprinzip herauszustreichen. Befürchtet wird, jede weitere Abkehr vom Versicherungsgedanken, das heißt von den äquivalenzähnlichen Beziehungen zwischen aktuellen Kosten und zukünftigen Nutzen, senke die Bereitschaft der gegenwärtig Beschäftigten, entsprechende Beiträge oder Steuern abzuführen, und erhöhe dadurch die Probleme der Altersicherung noch weiter (vgl. zusammenfassend Klanberg/Prinz 1986: 237ff.).
Speziell gegen die beiden Grundrentenmodelle wird eingewandt, die Transformationsphase sei vollkommen unzureichend konzipiert und werfe eine Vielzahl von möglicherweise nicht zu lösenden Problemen auf.

Ein Beispiel ist die Frage, ob der im Grundgesetz verankerte Eigentumsschutz der von Miegel/Wahl vorgeschlagenen degressiv gestaffelten Dynamisierung der Anwartschaften und Renten entgegenstehe. Miegel/Wahl wollen kleinere Renteneinkommen während der Übergangsphase besser dynamisieren als mittlere und hohe Renten.

Ein anderer schwerwiegender Kritikpunkt betrifft die Finanzierung der Grundrente. Wenn sie – wie im IWG-Vorschlag – in erster Linie über die Mehrwertsteuer erfolgte, träfe dies in Form höherer Endpreise die sozial Schwachen und die kinderreichen Familien besonders kraß (vgl. u. a. Leyendecker 1986: 151).
Angesichts der vielfältigen und fundamentalen Kritik an *Grundrentenmodellen* sind diese – zumindest kurz- und mittelfristig – politisch weitgehend *chancenlos*. Die Mindestsicherungselemente, die „Rente mit obligatorischen Mindestbeiträgen" sowie die „Rente mit Aufstockungsbetrag", dürften demgegenüber insofern bessere Durchsetzungschancen haben, als es sich bei diesen Vorschlägen nicht um eine Liquidierung, sondern um eine Weiterentwicklung des bestehenden Systems handelt. Hier könnte argumentiert werden: Der

Einbau von Mindestsicherungselementen in die Rentenversicherung sei zwar ein Bruch mit einem streng ausgelegten Äquivalenzprinzip, schließe aber an eine Tradition solidarischer Elemente an, wie sie im Zusammenhang mit anrechenbaren Zeiten für Krankheit, Unfall und Arbeitslosigkeit ohnehin im gegenwärtigen System bestehe.

9.3 Garantierte Mindestsicherung für Arbeitslose

Ähnlich wie bei der Rentenversicherung sind auch für die Arbeitslosenversicherung Konzeptionen einer garantierten Grundsicherung vorgetragen worden.[10] Hier geht es ebenfalls darum, Sicherungsleistungen für den Fall bereitzuhalten, daß vorher durch Erwerbsarbeit keine ausreichenden Ansprüche erworben werden konnten. Die bisherigen konzeptionellen Arbeiten wurden hauptsächlich im Umkreis der Gewerkschaften geleistet; für gewöhnlich werden sie nicht ohne den Hinweis vorgetragen, eine garantierte Mindestsicherung für Arbeitslose sei nur die letzte Auffangstation einer unzureichenden Wirtschafts- und Beschäftigungspolitik. Deshalb dürfe auch in der Debatte um die Zukunft der sozialen Sicherung nicht vergessen werden, Staat und Wirtschaft so zu gestalten, daß die Sicherung des individuellen Lebensunterhalts im Normalfall über Arbeitseinkommen gewährleistet ist (vgl. Welzmüller 1987). In diesem Sinne stellen Mindestsicherungsforderungen mithin keine Alternative, sondern lediglich eine Ergänzung des Sozialstaates dar (Adamy/Schmidt 1987).
Ein weit ausgearbeiteter Vorschlag für eine Grundsicherung für Arbeitslose stammt von Walter Hanesch und Thomas Klein (1986)[11]: Sie plädieren für eine stärkere Integration von Arbeitslosenversicherung und Sozialhilfe. In beiden soll ein gleich hohes Grundanspruchsniveau festgesetzt werden, allerdings erhalten alle diejenigen, die für den Arbeitsmarkt zur Verfügung stehen, 30% höhere Sozialtransfers als die, die – aus welchen Gründen auch immer – nicht verfügbar sind. Sofern Erwerbslose das Verfügbarkeitskriterium erfüllen, ist die Bundesanstalt für Arbeit für die Zahlungen zuständig; andernfalls erhalten sie ihr Grundeinkommen aus der Sozialhilfe. Dies bedeutet auch, daß der bisher im Bundessozialhilfegesetz verankerte Zwang entfallen muß, sich bei Sozialhilfebezug – sofern keine Hinderungsgründe vorliegen – für Erwerbsarbeit bereitzuhalten. Anspruch auf eine solche Mindestsicherung hat jeder Arbeitslose, unabhängig davon, ob er vorher schon in einem versicherungspflichtigen Beschäftigungsverhältnis gearbeitet hat. Allerdings kommt eine Zahlung nur für den Fall in Frage, daß tatsächlich eine Bedürftigkeit vorliegt. Wie im konventionellen Sozialhilferecht und auch bei der Ar-

beitslosenhilfe wird mithin nach wie vor eine Bedarfsprüfung notwendig sein. Jedoch sollen Subsidiarität und Unterhaltspflicht ausschließlich auf die Kernfamilie (im rechtlichen Sinne) beschränkt werden; frei zusammenlebende Haushaltsgemeinschaften oder Eltern und selbständige Kinder wären demnach nicht zur gegenseitigen Einkommensanrechnung verpflichtet.

Nach dem heutigen Sozialhilferecht werden geringfügige Zuverdienste von Sozialhilfebezugsberechtigten voll auf die staatlichen Transferzahlungen angerechnet. Im Modell von Hanesch/Klein ist dagegen lediglich eine 80%-ige Anrechnung vorgesehen. Sie erhoffen sich davon einen verstärkten Arbeitsanreiz für Erwerbslose, ohne dadurch das Sicherungsniveau selbst in Frage zu stellen. Auf ähnliche Weise wollen sie auch die Kompatibilität der Arbeitslosengrundsicherung mit den erworbenen Ansprüchen in der Arbeitslosenversicherung gewährleisten. Das Grundeinkommen (sofern es aus AFG-Mitteln bestritten wird) soll „als nachrangige Leistung erst nach Prüfung vorrangiger Versicherungsansprüche oder ergänzend zu den Versicherungsleistungen ausgezahlt werden. Dabei wird die Arbeitslosenunterstützung (...) zu 80 v. H. auf das Grundeinkommen angerechnet" (Hanesch 1987: 72).

Hanesch/Klein haben auch die Finanzierungsseite in ihrem Modell untersucht. Sie kommen zu dem Ergebnis, daß die zusätzlichen direkten Kosten einer solchen Grundsicherung für Arbeitslose insgesamt 8,1 Millionen DM betragen (auf Basis von Daten aus 1986). Diese zusätzlich notwendigen Mittel würden das Sozialbudget um knapp 1,5 v.H. erhöhen. Finanziert werden könnte ein solcher Mehraufwand aus allgemeinen Steuermitteln. Volkswirtschaftlich und fiskalisch halten Hanesch und Klein ihre Vorstellungen für durchaus realisierbar.

Eine Arbeitslosengrundsicherung der beschriebenen Art könnte sicherlich einen entscheidenden *Beitrag* dazu leisten, die „neue Armut" auszugleichen. Immerhin gilt Arbeitslosigkeit mittlerweile als der größte Verursachungsfaktor für die Lücken im gegenwärtigen System der sozialen Sicherung. Gleichzeitig scheint eine solche Arbeitslosengrundsicherung im großen und ganzen mit dem bestehenden System der sozialen Sicherung vereinbar; schließlich stellt sie keine grundsätzliche Infragestellung des Äquivalenzprinzips, sondern lediglich eine allerdings quantitativ und qualitativ beachtliche Ergänzung desselben dar.

Fraglich stimmt demgegenüber, ob im skizzierten Modell die möglichen Arbeitsmarktwirkungen zutreffend eingeschätzt werden. *Schwachpunkte* liegen in diesem Zusammenhang in erster Linie auf zwei Gebieten:

(1) Um zu verhindern, daß die Teilanrechnung von eigenen Einkommen – neben den Sozialtransfers – einen Trend zu geringfügigen Beschäftigungsverhältnissen verstärkt, wurde der Anrechnungssatz mit 80% relativ hoch gehalten. Dies fördert auf der anderen Seite jedoch die Anreize, eigene zusätzliche Einkommen nicht anzugeben, das heißt „schwarz zu arbeiten". Letzteres wird aber nicht zuletzt von den Gewerkschaften genauso vehement kritisiert wie die geringfügigen Beschäftigungsverhältnisse selbst.

(2) Bei einer Arbeitslosengrundsicherung, die – Verfügbarkeit vorausgesetzt – im Monat bei ca. 1200,– DM[12] liegt, ergeben sich Überschneidungen mit den Nettoeinkommen in den unteren Tariflohngruppen (zumindest in Niedriglohnbranchen). Hanesch (1987 a; vgl. auch Welzmüller 1987) hält deshalb die Tarif- und Arbeitspolitik für gefordert, das Lohnniveau in den unteren Lohn- und Gehaltsgruppen anzuheben und die weitere Ausbreitung von sozialrechtlich ungeschützten und schlecht entlohnten Beschäftigungsformen zu verhindern. Unter den gegebenen politischen und wirtschaftlichen Kräftekonstellationen besteht jedoch eher die Gefahr, daß eine Arbeitslosengrundsicherung, die derartige Konsequenzen nach sich ziehen könnte, das Arbeitgeberlager in den Niedriglohnbranchen dazu herausfordert, die Einführung eines solchen Modells nach Kräften zu behindern.

9.4 Anrechnung informeller Tätigkeiten in der Sozialversicherung

In den letzten Jahren wird in zunehmendem Maße über „neue Subsidiarität", „Ehrenamt" oder Nachbarschafts- und Selbsthilfe gesprochen. Debattiert wird vor allem, ob und gegebenenfalls wie eine staatliche Unterstützung derartiger familiärer und gemeinschaftlicher Aktivitäten und Akteure bei den sozialen Diensten Sinn macht.[13] Man erhofft sich zum einen, mit der Mobilisierung solcher Potentiale zur Kostendämpfung beizutragen. Zum anderen erwarten viele Befürworter, eine Verstärkung informeller Aktivitäten verbessere deutlich die Qualität der sozialen Dienste.

Die Erwartung, durch gezielte Förderung informellen Engagements die soziale Sicherung finanziell zu entlasten, zielt sowohl auf die Einnahmen wie auf die Ausgaben. Eine solche Politik erfordert kurzfristig zusätzliche Mittel, langfristig ist allerdings mit Einsparungen, das heißt mit einer Reduktion des Drucks, die Einnahmen zu erhöhen, zu rechnen.

Im Zusammenhang mit der Ausgestaltung einer stärker erwerbsarbeitsunabhängigen Leistungsbemessung werden solche informellen und ehrenamtlichen Leistungen dann relevant, wenn sie zu Leistungsansprüchen in der Sozialversicherung führen. Kurzfristig ist eine *Umsetzung* entsprechender Vorschläge durch die Sozialpolitik so gut wie *ausgeschlossen*. Geschuldet ist dies wohl unter anderem der Tatsache, daß Protagonisten solcher Konzeptionen nicht wie in anderen Bereichen mit „Pilotprojekten", „Modellversuchen" usw. operieren können. Schließlich läßt sich etwa eine Änderung des Rentenrechts nicht partiell und tentativ einführen, und auch die Frage, ob die in Anschlag gebrachten Ausfallzeiten für die Unterstützung pflegebedürftiger Menschen ausreichen, um den so Engagierten später eine materielle Absicherung zu garantieren, die der ihrer Altersgenossen nicht nachsteht, wird sich erst zuverlässig beantworten lassen, wenn die in Frage kommenden Jahrgänge das Rentenalter erreicht haben.[14]

Nachdem wir in den vorstehenden Abschnitten verschiedene Konzeptionen für eine Neuorientierung der Sozialversicherungen diskutiert haben, liegt im Zusammenhang mit informellen, gemeinschaftlichen Tätigkeiten die Frage nahe, welche *Reformüberlegungen* am besten geeignet sind, diese *Ressource* der sozialen Sicherung zu *stärken*. Sicherlich stellte ein garantiertes Grundeinkommen, vor allem in der Version „Sozialdividende" oder „negative Einkommenssteuer", eine soziale Absicherung dar, dank derer informelle Unterstützungsleistungen in Familie, Bekanntschaft und Nachbarschaft ermutigt würden; zumindest bestünde nicht mehr die Gefahr, beim Einkommen und bei der sozialen Sicherung unter ein existenzsicherndes Minimum zu geraten. Allerdings kann darin keine spezifische Förderung informeller Tätigkeiten gesehen werden; von einem allgemeinen Grundeinkommen profitieren ja schließlich auch alle anderen nicht-erwerbsarbeitsbezogenen Tätigkeiten. Für die gezielte Stützung informellen Engagements im sozialpolitischen Bereich ist es deshalb sinnvoller, nach Wegen zu suchen, wie die gewünschten Tätigkeiten zum Ausbau von Ansprüchen innerhalb der bestehenden Sozialversicherungssysteme beitragen können.

Entsprechende Konzeptionen stecken im wissenschaftlichen wie im politischen Raum noch in den Kinderschuhen. Grob lassen sich etwa folgende Konturen erkennen: Für sozial als nützlich definierte Tätigkeiten, die, soweit sie nicht Erwerbsarbeit darstellen, durch die herkömmlichen sozialen Sicherungswerke nicht abgedeckt sind, könnten *Sozialversicherungsscheine* eingeführt werden, die den zeitlichen Einsatz für diejenigen relevanten Tätigkeiten – etwa auf Wochen- oder Monatsbasis – ebenso berücksichtigen wie den Nützlichkeitswert. Auf diesem Wege könnte in einem ersten Schritt die latente und akute soziale Sicherungslücke für die informell Aktiven geschlossen werden.

Einen mit den bestehenden Sozialversicherungssystemen weitgehend kompatiblen Weg zur konzeptionellen Umsetzung solcher Vorstellungen bietet das von Wagner (1986) favorisierte Modell einer „voll eigenständigen Sicherung", das wir bereits im Zusammenhang mit der Reform der Rentenversicherung unter dem Stichwort „obligatorische Mindestbeiträge" diskutiert haben. Für jene unentgeltlichen Tätigkeiten im Sozial- und Gesundheitssektor, die politisch für unterstützenswert gehalten werden, sind *aus Steuermitteln Mindestbeiträge* in die Sozialversicherungen einzuzahlen. Für eine solche institutionelle Umsetzung einer Förderung informeller Aktivitäten spricht ferner, daß sie sich stückweise realisieren läßt. Abhängig von den jeweiligen gesellschaftlichen Bedarfslagen und von den jeweiligen politischen Konstellationen könnte sukzessive ein Tätigkeitsbereich nach dem anderen in die Sozialversicherung integriert werden. Die Politik täte sich mit einer derartigen „Flickenteppichstrategie" bestimmt wesentlich leichter als mit einer umfassenden Reform für ein garantiertes Grundeinkommen.
Allerdings: Eine Anlehnung an das Modell der „voll eigenständigen Sicherung" beseitigt nur die Probleme bei der Absicherung informeller Tätigkeiten in den Sozialversicherungen; die Einkommensseite bliebe aber unabgedeckt. Um dennoch eine Art Grundfinanzierung für Nichterwerbsarbeiten im informellen Sektor zu schaffen, wäre eine *Ergänzung um Steuer- und Transfergutscheine* naheliegend: Soweit es sich um Personen handelt, die etwa nach einem Halbtagsjob in der formellen Ökonomie „nebenher" informell tätig sind, greifen Gutscheine, die die Steuerschuld auf formelle Lohneinkommen anteilig mindern; bei vollständigen „Aussteigern" aus dem Erwerbssektor, die – da ohne Lohneinkommen – keine Lohn- oder Einkommenssteuer zahlen, könnten Transfergutscheine geboten werden. Auch eine solche Konzeption ließe sich im Rahmen einer „Flickenteppichstrategie" realisieren.

10. Bausteine einer Umbaustrategie

(1) Die zentralen sozialpolitischen Ziele einer Reformstrategie für die materielle Seite der sozialen Sicherung sind eine stärkere Unabhängigkeit der Sicherungsnetze vom sogenannten „Normalarbeitsverhältnis" sowie die Stärkung informeller Aktivitäten (insbesondere im Sozial- und Gesundheitssektor). Ersteres begründet sich vor allem als notwendige sozialpolitische Antwort auf Auflösungstendenzen des Normalarbeitsverhältnisses selbst. Letzteres drängt sich auf, weil informelle Aktivitäten in immer stärkerem Maße als eine zentrale Res-

source für eine effizientere, effektivere und vor allem menschlichere Sozialpolitik angesehen werden.

(2) Ein erster Schritt für eine Reform liegt sicherlich dort auf der Hand, wo die beiden genannten Ziele gleichzeitig und – wenigstens mehr oder weniger – in Kompatibilität mit dem bisherigen System der sozialen Sicherung verfolgt werden können. Dieses dürfte in erster Linie im Zusammenhang mit der Anerkennung von informellem Engagement, das heißt bei (bislang) unentgeltlichen Tätigkeiten im Sozial- und Gesundheitssektor der Fall sein. Als gesellschaftliche Anerkennung für entsprechende Aktivitäten würden Ansprüche auf Leistungen aus den Sozialversicherungen aufgebaut werden können; die Finanzierung hätte mittels steuerfinanzierter staatlicher Übernahme oder Subventionierung der Beiträge zu erfolgen. Möglicherweise böte sich der Ausbau eines solchen Förderungskonzepts auch für den Bereich der Arbeitsmarktpolitik an, zum Beispiel im Hinblick auf die Absicherung von Mitarbeitern in alternativen Betrieben. Träger für solche Reformimpulse könnten zum einen Akteure sein, die über eine Stärkung von Selbst- und Nachbarschaftshilfe langfristig einen Beitrag zur Kostenreduktion im Sozial- und Gesundheitssystem erwarten. Zum anderen wären solche Positionen von Bedeutung, die eine Förderung der informellen Komponente für eine unerläßliche Voraussetzung für qualitative Verbesserungen bei den sozialstaatlichen Leistungen halten.

(3) Ein weitergehender Reformschritt wäre das Einziehen von „Sokkelungselementen" in die Renten- und/oder Arbeitslosenversicherung. Ein Grund hierfür sind bei der Rentenversicherung die vorhandenen „Sicherungslücken"; sie werden kurzfristig durch die oben genannte Anerkennung von informellen Aktivitäten nicht ausgeglichen und auch langfristig ist nicht damit zu rechnen, daß alle, die über ihre Erwerbsarbeit gar nicht oder nur lückenhaft abgesichert sind, ein hinreichendes Maß an informellem Engagement gezeigt haben, um Anspruch auf eine existenzsichernde Mindestrente zu haben. Unterstützung für eine Politik der Grundsicherung bei der Rente könnte unter anderem aus dem Parteiensystem selbst kommen; aus demographischen Gründen werden Rentner eine unter wahltaktischen Gesichtspunkten immer bedeutendere Gruppe, und schon heute versuchen praktisch alle im Bundestag vertretenen Parteien, dieses Wählersegment gezielt mit rentenpolitischen Aussagen anzusprechen.

Bei der Arbeitslosenversicherung könnten die dramatisch steigenden Sozialhilfekosten der Städte und Gemeinde der Ausgangspunkt für Reformbestrebungen sein. Bereits jetzt ist aus dem Städtetag sowie aus dem Städte- und Gemeindebund die Forderung nach einer Überwälzung der durch Arbeitslosigkeit verursachten Sozialhilfekosten auf den Bund oder die Bundesanstalt für Arbeit zu hören. Ein Weg, dieses zu bewerkstelligen, wäre die Einführung einer integrierten Arbeitslosengrundsicherung, wie wir sie im Abschnitt 9.3 beschrieben haben.

(4) Der dritte Reformschritt könnte in der Verwirklichung eines allgemeinen Grundeinkommens bestehen. Qualitativ würde sich diese Innovation vor allem durch den Abschied von jeglicher Form der Bedarfsprüfung auszeichnen. Ihre Rationalität ließe sich unter anderem dadurch begründen, daß die Ziele, die für eine Reform der sozialen Sicherung sprechen (hauptsächlich: Sicherung gegen „Armutsfallen", Absicherung informeller Tätigkeiten), quasi gleichzeitig und mit einem gegenüber dem status quo wesentlich geringeren administrativen Aufwand zu erreichen wären. Ob, wie, wann und von wem ein solcher Schritt durchgesetzt werden kann, ist allerdings noch gänzlich offen. Skeptisch stimmt, daß die Kenntnisse über mögliche verteilungspolitische Wirkungen sowie über die zu erwartenden Arbeitsmarkteffekte noch sehr lückenhaft sind. Außerdem spielt das auf die Erwerbsarbeit zentrierte Denken in der Bundesrepublik nach wie vor eine derartig dominierende Rolle, daß die „Entkopplung von Arbeit und Essen" wohl kaum ein Programm sein wird, das sich politisch selbst legitimiert. Allenfalls wenn es sich schlüssig aufdrängte, daß ein allgemeines, garantiertes Grundeinkommen nicht nur sozialpolitisch Sinn machte, sondern auch zur besseren und sinnvolleren Ausnutzung der gesellschaftlichen Produktivkräfte (Stichwort: Ökosoziale Modernisierung) beitrüge, wäre eine derartige grundlegende Neuorientierung in der Sozialpolitik machbar – und wünschbar.

(5) Bei den Finanzierungsalternativen für die soziale Sicherung drängt sich eine vergleichbare Schlußfolgerung auf. Aus ausschließlich sozialpolitischen Erwägungen heraus scheinen die Bewegungsspielräume auf absehbare Zeit relativ eng. Bereits im Zusammenhang mit leichten Erhöhungen des Bundeszuschusses zwecks Sicherung der zukünftigen Renten gibt es erhebliche Widerstände. Vermutlich läßt sich in der Debatte um neue Finanzierungswege für die soziale Sicherung nur unter der Voraussetzung neue Dynamik entfachen, daß man die sozialpolitischen Zielsetzungen mit wirtschafts-, mittelstands- und/oder umweltpolitischen Zielsetzungen verknüpft. Mit dem Wertschöpfungsbeitrag („Maschinensteuer") und der Ressourcensteuer liegen Konzepte vor, die genau eine solche Vernetzung verschiedener Politikfelder anvisieren und sowohl im Hinblick auf die soziale Sicherung wie auch unter umwelt- und wirtschaftspolitischen Gesichtspunkten Sinn machen. Wenn sich die weitere Forschung dar-

auf konzentriert, Varianten der genannten Finanzierungsmodelle zu entwickeln, mit denen sich die Politik langsam in dieses Neuland vortasten könnte, scheint ein Einstieg in solche Finanzierungswege durchaus nicht ausgeschlossen. Ansatzpunkte lägen etwa bei einem Wertschöpfungsbeitrag, der zunächst nur ganz begrenzte Teile der Kosten für die soziale Sicherung auf diesem Weg erhebt, oder bei einer Ressourcensteuer, die erst einmal nur mit einer verstärkten Besteuerung einiger weniger Umweltressourcen startet, etwa mit einer Erhöhung der Mineralölsteuer.

Kapitel 3

Die „vergessene" Seite des Sozialstaats

Das System sozialpolitischer Institutionen, wie wir es heute in entwickelten westlichen Industrienationen vorfinden, ist in seinen programmatischen Grundzügen ein Ergebnis der Verhältnisse und Auseinandersetzungen des ausgehenden 19. Jahrhunderts. Inzwischen haben sich die ökonomischen, sozialkulturellen und politischen Rahmenbedingungen derart verändert, daß das System sozialpolitischer Sicherung unter Anpassungsdruck gerät. Wir haben die Auswirkungen der gesellschaftlichen Veränderungen auf die Mechanismen und Prozeduren der Definition und Bearbeitung sozialer Problemlagen im herkömmlichen Institutionensystem der Sozialpolitik untersucht und den hieraus resultierenden Reformbedarf in ersten Umrissen herausgearbeitet (vgl. Kapitel 1). Sodann haben wir die in der Diskussion befindlichen Veränderungsvorschläge und -konzeptionen für den Bereich der *materiellen* Sicherung diskutiert und uns darum bemüht, die jeweiligen Vor- und Nachteile und Umsetzungschancen der verschiedenen Modelle zu verdeutlichen (vgl. Kapitel 2).
Im folgenden geht es um die Analyse und Diskussion entsprechender Entwicklungstendenzen, Reformbedarfe, -vorschläge und -modelle im Bereich der Bearbeitung *immaterieller* beziehungsweise psychosozialer Hilfsbedürftigkeiten und Problemlagen. Im Hinblick auf diesen Teilbereich der sozialen Sicherung sind bereits auftretende Steuerungsprobleme und Leistungsdefizite des Systems öffentlicher beziehungsweise quasi-öffentlicher Dienstleistungsproduktion angesprochen worden (vgl. Kapitel 1).
Kostensteigerungen im Sozial- und Gesundheitssystem sowie Leistungsgrenzen herkömmlicher Organisation- und Produktionsformen sozialstaatlicher Sicherung angesichts veränderter Erscheinungsformen sozialer Hilfsbedürftigkeit haben zu einer *Wiederentdeckung freiwilliger* und *unbezahlter Hilfe-* und *Unterstützungsleistungen* in „primären sozialen Netzen" und kollektiven Organisationsformen geführt. In der sozialpolitischen Debatte verbreitet sich zunehmend die Einsicht, daß eine Anpassung des öffentlich organisierten und finanzierten Systems sozialer Dienstleistungen an die neuen Herausforderungen nicht ausschließlich „von innen", also im Rückgriff auf vorhandene Interventionsformen und Instrumente staatlicher Sozialpolitik bewältigt werden könnte. Die Strategie des „Mehr vom sel-

ben", also eine Expansion staatlicher sozialer Sicherung, ist offensichtlich nicht der Königsweg. Aber auch eine Strategie des „Weniger vom selben" im Sinne einer Deregulierung und Entstaatlichung sozialer Problembearbeitung stellt angesichts des erreichten Standes gesellschaftlicher Modernisierung keine gangbare beziehungsweise wünschenswerte Alternative dar. Denn dies würde bedeuten, entweder die vielfältigen psychosozialen Hilfsbedürftigkeiten dem freien Spiel der Marktkräfte und/oder den primären sozialen Netzwerken beziehungsweise organisierten Formen kollektiver Selbsthilfe und Eigenvorsorge ohne Rücksicht auf die vorfindlichen Leistungsmöglichkeiten und -grenzen und mögliche unerwünschte Nebeneffekte einfach zu überlassen.
Politische Kräfte und Strategien, die an einer *qualitativen Weiterentwicklung* des Systems sozialstaatlicher Sicherung orientiert sind, suchen daher einen neuen „welfare mix", neue Formen der Verknüpfung und Kooperation zwischen den einzelnen Sektoren beziehungsweise Bereichen der Wohlfahrtsproduktion. Nicht „mehr Staat", „mehr Markt" oder „mehr Selbsthilfe und Eigenvorsorge" ist die Devise, sondern es geht um die Suche nach *neuen Verbundsystemen*, nach Möglichkeiten der wechselseitigen Ergänzung und Unterstützung zwischen Staat, Markt und Selbsthilfe beziehungsweise Selbstorganisation. In diesem Zusammenhang einer politischen Aufwertung neuer Kombinationen wohlfahrtproduzierender Institutionen („welfare pluralism") ist auch das gesteigerte Interesse an den Varianten und Formen von Hilfe und Unterstützung jenseits von Markt und Staat zu sehen. Die zentralen Fragestellungen lauten hier:
Welches Ausmaß und welche Formen der Produktion von Hilfeleistungen und sozialer Unterstützung finden wir eigentlich in den „primären sozialen Netzwerken" sowie in den mehr oder weniger weitgehend formalisierten Formen wechselseitiger Unterstützung, Selbsthilfe und selbstorganisierter Fremdhilfe vor? Wie lassen sich diese Reserven beziehungsweise Potentiale für sozialpolitische Zwecke nutzbar machen? Welche Hilfsbedürftigkeiten beziehungsweise welche Komponenten von Hilfsbedürftigkeiten sollen von staatlicher und kommunaler Sozialpolitik und welche durch freiwillige und unbezahlte Tätigkeiten bearbeitet werden? Es geht hier vor allem auch darum, die seit jeher zentrale sozialpolitische Frage nach der (Um-)Verteilung von Leistungen und Lasten nun auch auf den Bereich nicht-professioneller Hilfeleistungen zu übertragen. Auch die freiwilligen und unbezahlten Tätigkeiten werden zu einem Gegenstand sozialer Gestaltungsabsichten und verteilungspolitischer Ansprüche erhoben. Welche Bevölkerungsgruppen Zugang zu zentralen Vertei-

lungsinstanzen sozialer Lebenschancen (Arbeitsmarkt, sozialstaatliche Leistungssysteme) erhalten und welche Bevölkerungsgruppen in welchem Maße mit sozialen Pflichten – hier: zur unentgeltlichen Hilfe – konfrontiert werden sollen, sind Fragen, die auf der sozialpolitischen Tagesordnung stehen. Diese neue sozialpolitische Problemstellung wird in den folgenden Ausführungen in drei Schritten behandelt: Zunächst einmal soll danach gefragt werden, in welcher Form und mit welchen Schwerpunktsetzungen der Bereich der unentgeltlichen sozialen Hilfeleistungen in den parteipolitischen Diskursen thematisiert und in sozialpolitische Programmatiken und Strategien transformiert wird (Abschnitt 11). In einem zweiten Schritt sollen diese politischen Erwartungen und Leistungszuschreibungen mit den tatsächlich vorfindlichen Leistungsmöglichkeiten und Entwicklungen im Bereich unbezahlter sozialer Hilfen und Unterstützungen konfrontiert werden (Abschnitt 12). Auf der Grundlage genauerer Kenntnisse darüber, welche Bevölkerungsgruppen unter welchen Bedingungen, mit welchen Folgen, welche Hilfeleistungen in primären sozialen Netzen und organisierten Formen der Selbsthilfe und Selbstorganisation erbringen, lassen sich sowohl die politischen Programmatiken angemessen einordnen und bewerten als auch die Umrisse einer sozialpolitischen Strategie zur Förderung und Unterstützung unbezahlter sozialer Hilfe- und Unterstützungspotentiale herausarbeiten (Abschnitt 13).

11. Politische Diskurse zur Selbsthilfe

11.1 Die Subsidiaritätsoffensive der konservativ-liberalen Regierungskoalition

„Selbsthilfe“ und „Subsidiarität“ sind politische Leitideen und Konzepte, die stellvertretend für viele andere Themen den Wechsel politischer Konfliktfronten und Argumentationsmuster im sozialpolitischen Feld deutlich machen. Denn es ist in den letzten Jahren vor allem die CDU/CSU gewesen, die mit ihren Begriffen und Konzepten das Feld politischer Auseinandersetzungen zu beherrschen versuchte. Programmformeln wie „Subsidiaritätsprinzip“ beziehungsweise „neue Subsidiaritätspolitik“ sowie die Rede von den „neuen Wegen in der Sozial- und Gesellschaftspolitik“ und nicht zuletzt die Formeln „sanfte Macht der Familie“ und „neue Mütterlichkeit“ sollten die Diskussion um die Zukunft des Sozialstaats steuern.

Diese offensive Position der CDU/CSU auf dem Felde der Sozialpolitik ist alles andere als selbstverständlich. Noch Mitte der 70er Jahre rangierte die CDU/CSU in sozialpolitischen Fragen allenfalls unter ferner liefen. Aber genau diese Ausgangssituation motivierte die Gruppe der „sozialpolitischen Reformer" um Personen wie Geißler, Fink und Dettling dazu, die bisherigen sozialpolitischen Konzeptionen der CDU zu überdenken und den neuen gesellschaftlichen Bedingungen und wahltaktischen Erfordernissen anzupassen. Das Resultat dieser Bemühungen war die „Neue Soziale Frage", die – von Heiner Geißler in die Diskussion eingebracht – im Jahre 1975 in der „Mannheimer Erklärung" zur offiziellen sozialpolitischen Konzeption der Partei avancierte. Neben der seit dem Regierungswechsel im Jahre 1982 in der CDU allerdings nicht weiterverfolgten Behauptung, es gäbe in der Bundesrepublik mehr als sechs Millionen Arme enthält das Konzept der „Neuen Sozialen Frage" einige theoretische Grundannahmen und ordnungspolitische Empfehlungen, die gegenwärtig im Rahmen der „neuen Subsidiaritätsoffensive" der Bundesregierung in weiterentwickelter Form wiederkehren. Die für unseren Zusammenhang *wichtigsten Thesen* lassen sich folgendermaßen zusammenfassen:

(1) Der für heutige hochentwickelte Industriegesellschaften entscheidende Grundkonflikt verläuft nicht mehr – wie in der Frühphase des Kapitalismus – zwischen Kapital und Arbeit, sondern zwischen organisierten und nicht-organisierten Interessen. Da die Arbeitnehmer sich mittlerweile in starken Gewerkschaften organisiert haben und ihre Interessen in Tarifverhandlungen wirksam vertreten können, stehen sie nicht mehr im Mittelpunkt der „Neuen Sozialen Frage". Es sind stattdessen die nicht-organisierten Interessen, wie die der Konsumenten, der kinderreichen Familien, der Alten, Frauen und Behinderten, die heutzutage vernachlässigt werden.
(2) Der Grenznutzen zusätzlicher sozialer Sicherheit nimmt ab. Obwohl immer mehr Geld für die wachsenden Apparate und Leistungen sozialer Sicherung aufgewendet wird, wird die Unzufriedenheit der Bürger mit diesen Leistungen immer größer und nehmen mißbräuchliche Inanspruchnahmen zu. Was aus individueller Perspektive rational ist, nämlich die größtmögliche Ausnutzung des sozialen Leistungsangebots, für das man schließlich durch Steuern und Sozialabgaben bezahlt hat, führt auf kollektiver Ebene zu für alle Beteiligten negativen Effekten: da die Kosten hochgetrieben werden, müssen auch die Beitragssätze steigen.
(3) Das Wachstum des Dienstleistungssektors – vor allem im Bereich öffentlicher sozialer Leistungsangebote – führt zu Kostenexplosionen und Steuerungsdefiziten. Da im tertiären Sektor trotz ver-

gleichsweise geringer Produktivität die Löhne im Rhythmus entsprechender Zuwächse im gewerblichen Sektor ansteigen, erfordert bereits die Aufrechterhaltung eines erreichten Niveaus sozialer Dienstleistungsangebote immer höhere finanzielle Aufwendungen, die die Finanzkrise öffentlicher Haushalte verstärken und den Handlungsspielraum staatlicher Politik einengen.[1]

Insbesondere an den Überlegungen zur Effizienzerhöhung des Systems der Sozialpolitik, wie sie etwa in der Konzentration auf die „wirklich Bedürftigen“ und in der Stärkung der Zuständigkeiten freier Träger, nachbarschaftlicher Dienste und Familien zum Ausdruck kommen, konnte bei der Formulierung der „neuen Subsidiaritätspolitik“ seit 1982 angeknüpft werden.
Auf diese Weise wurden natürlich auch die *Blindflecken* und *Einseitigkeiten* dieser sozialpolitischen Konzeption weiter tradiert und stabilisiert: Insbesondere die unkritische Haltung gegenüber den Leistungsmöglichkeiten der freien Marktkräfte gerade auf sozialpolitischem Gebiet, die Dramatisierung von Bürokratisierungs- und Vermachtungsprozessen im Feld öffentlicher Sozialpolitik bei gleichzeitiger Ausblendung gleichlaufender Prozesse im Bereich der Wirtschaft, die Überbetonung mißbräuchlicher Inanspruchnahmen sozialpolitischer Leistungen, um einen Abbau und eine Konzentration des Leistungsangebotes durchsetzen zu können, sowie die unrealistische Hoffnung auf Leistungsmöglichkeiten von freien Trägern und Familien im Hinblick auf die Bewältigung sozialpolitischer Problemlagen, finden sich in neueren Konzepten der CDU wieder.
Bereits in der Regierungserklärung von Bundeskanzler Helmut Kohl vom Oktober 1982 wird die neue *subsidiaritätspolitische Marschrichtung* im Feld der Sozialpolitik angegeben:

> „Wir wollen mehr Selbst- und Nächstenhilfe der Bürger füreinander. Das politische Strukturprinzip dafür ist die Subsidiarität. Es verlangt die Vorfahrt für die jeweils kleinere Gemeinschaft. Was diese zu leisten vermag, soll ihr die größere nicht abnehmen. Familie, Nachbarschaft, freie Träger, Initiativ- und Selbsthilfegruppen und soziale Dienste können mehr Bürgersinn und Bürgerverantwortung erzeugen, als es großen und anonymen Institutionen je möglich sein wird“ (Kohl 1982: 40f.). Zugleich wird in dieser Regierungserklärung ein „Wettbewerb sozialer Initiativen“ angekündigt, der besondere Beispiele praktizierter Mitmenschlichkeit auszeichnen und dokumentieren soll. Die hiermit angesprochene Aktion „Reden ist Silber – Helfen ist Gold“ konnte in der Tat einigen publizistischen Erfolg für sich verbuchen.

Selbstverständlich stand diese „neue Subsidiaritätsoffensive“ zu Beginn der konservativ-liberalen Regierungskoalition in engem Zusammenhang mit Bemühungen um eine Reduzierung der Soziallasten und der Fortführung der von der sozialliberalen Koalition begonnenen Konsolidierungspolitik öffentlicher Haushalte. Insofern ist die Subsidiaritätsformel selbstverständlich auch als *Legitimationsgrundlage* für den Abbau sozialer Leistungen herangezogen worden, wie dies von vielen Kritikern vor allem aus dem linken und Gewerkschaftslager wiederholt festgestellt worden ist (vgl. Naegele 1983; Schmidt/Standfest 1984; Huster 1985 sowie Deppe 1987: 76ff.).Insbesondere im Zusammenhang mit der nach der Wende erfolgten angebotsorientierten Wirtschaftspolitik, die primär darauf abzielt, durch Senkung der Lohn- und Lohnnebenkosten die Gewinnerwartungen der Unternehmen zu verbessern, drängt sich der Eindruck auf, daß die subsidiaritätspolitische Offensive dazu dienen soll, soziale Risiken zu privatisieren und eine Politik des Sozialabbaus durch die insbesondere im sozialen Katholizismus verankerte Subsidiaritätsformel zu legitimieren.

Allerdings erschöpft sich die „neue Subsidiaritätspolitik" der Bundesregierung keineswegs im Sozialabbau. Sie stellt darüber hinaus gewissermaßen die konservative Version für einen *Umbau des Sozialstaates* angesichts aktueller Herausforderungen dar. Dieser Sachverhalt kommt recht gut in der vom Berliner Sozialsenator Ulf Fink geprägten Formel vom „Sparen, um zu gestalten" zum Ausdruck. Unter dem legitimatorischen Flankenschutz des Subsidiaritätsprinzips sollen die bereits in der „Neuen Sozialen Frage" entwickelten ordnungs- und verteilungspolitischen Überlegungen unter heutigen Bedingungen durchgesetzt werden. Dies gilt insbesondere im Hinblick auf die Konzentration auf die „wirklich Bedürftigen", die stärkere Gewichtung von Eigenvorsorge und individueller Selbsthilfe und die Aufwertung außerstaatlicher Träger in der Sozialpolitik. Angesichts der demographisch bedingten dramatischen Vermehrung pflegebedürftiger alter Menschen, chronisch und psychisch Kranker usw. wird offensichtlich, daß eine Expansion stationärer Einrichtungen und Bettenkapazitäten und die entsprechende Ausweitung des professionellen Personals im Sozial- und Gesundheitsbereich kaum finanzierbar sein dürften, ohne die Soziallasten auch in Zukunft weiter anzuheben.

Die politischen Konsequenzen und Maßnahmen, die hieraus folgen, lassen sich nicht lediglich anhand der Orientierungs- und Motivierungsprogramme auf Bundesebene zur Stärkung mitmenschlichen Engagements ablesen, sondern drücken sich auch in den „Neuen Wegen in der Sozial- und Gesellschaftspolitik" (vgl. Senator für Gesundheit, Soziales und Familie 1985) in Berlin aus:

Neben dem Abbau stationärer Bettenkapazitäten in den Krankenhäusern und der partiellen Kompensation dieses Abbaus durch ambulante Sozial- und Gesundheitsdienste in Sozialstationen ist hier vor allem die Förderung von Selbsthilfegruppen durch den mittlerweile legendären 7,5-Millionen-Fördertopf, die „Selbsthilfe Kontakt- und Informationsstelle" (SEKIS) und die Mobilisierung ehrenamtlicher und nachbarschaftlicher Hilfen – etwa durch die Aktion „Die Hilfsbereitschaft" von 1984 – zu nennen.

Eine besondere Pointe liegt zusätzlich darin, daß die Propagierung und Durchsetzung der „neuen Wege" in der Berliner Sozialpolitik unter Verweis auf die Anliegen und Aktivitäten der Alternativbewegung erfolgte. Die für viele Außenstehende zum damaligen Zeitpunkt überraschend anmutende Feststellung einer „Seelenverwandtschaft" zwischen CDU und neuen sozialen Bewegungen wurde in der vielbeachteten „Großen Anfrage der CDU über alternatives Leben" und die Antwort des Senats im Jahre 1981 hergestellt. Die einzelnen Formulierungen dieser Großen Anfrage machen allerdings deutlich, daß die alternativen sozial- und gesellschaftspolitischen Utopien der neuen sozialen Bewegungen, ihre basisdemokratischen Organisationsformen und experimentellen Lebensstile dem ordnungspolitischen Rahmen einer an sozialer Marktwirtschaft und individueller Selbsthilfe orientierten konservativ-liberalen Politik angepaßt werden sollen: Wo von mehr Eigeninitiative und Selbsttätigkeit der Bürger gesprochen wird, ist in erster Linie die Tüchtigkeit auf dem Markt gemeint, wo solidarisches Engagement und Hilfen in kleinen Netzwerken thematisiert werden, wird an die traditionelle Familie mit ihren überkommenen Rollenvorstellungen und Autoritätsverhältnissen gedacht, und wo es um die Unterstützung von Nachbarschaftshilfe und freien Trägern geht, werden weniger kollektive Formen alternativen Lebens und Arbeitens oder selbstorganisierte Projekte angesprochen als vielmehr traditionale Nachbarschaftshilfen und konfessionelle Träger der Wohlfahrtspflege.
Auf diese Weise wird die neue *Qualität solidarischer Kooperationsformen* und das *gesellschaftssreformerische Anliegen* neuer sozialer Bewegungen verfehlt und letztlich – wenn auch nicht in jedem Falle beabsichtigt – die Alternativ- und Selbsthilfebewegung für die ordnungs- und verteilungspolitischen Zielsetzungen der konservativ-liberalen Regierungen auf Bundes- und Landesebene instrumentalisiert. Für diese Annahme spricht nicht nur das äußere Indiz, daß in der konkreten Praxis der Selbsthilfeförderung in Berlin notorisch solche Gruppen nicht zum Zuge kommen, die neben mitmenschlicher Hilfe auch noch gesellschaftspolitisches Engagement anzubieten haben.

Viel entscheidender ist, daß die „neue Subsidiaritätspolitik“ ebenso wie die „Neue Soziale Frage“ *strukturelle Erzeugungsbedingungen sozialer Probleme* – etwa im Arbeitsbereich bei der Arbeitsplatzgestaltung und Nutzung von Arbeitskraft – systematisch *ausblendet*. Sozialpolitik wird zudem nur noch als defensive Reaktion auf Resultate des als unveränderbar angesehenen Wirtschaftssystems verstanden, und für die sozialstrukturell und demographisch erzeugten steigenden Anforderungen im Sozial- und Gesundheitsbereich (Pflegebedürftigkeit, chronische Erkrankungen, Abnahme informeller Hilfepotentiale durch Verkleinerung von Haushaltsgrößen, wachsender Frauenerwerbstätigkeit und erhöhter Mobilität der Bevölkerung) weiß sie *nichts anderes anzubieten* als die „heilende Kraft“ der angeblich unbegrenzt leistungsfähigen *intakten Familie und Nachbarschaft*.

Abgesehen davon ist einigermaßen unklar, ob sich die von der CDU/CSU propagierte „neue Subsidiaritätspolitik“ überhaupt auf das traditionelle *Subsidiaritätsprinzip* berufen kann. Diese Frage ist schon deshalb schwer zu beantworten, weil es sich dabei erklärtermaßen um ein sozialphilosophisches Prinzip, um eine regulative Idee handelt, die für konträre Deutungen und Interpretationen offen ist (vgl. die Beiträge in Heinze 1986 sowie Heinze/Olk 1984).

> Das Subsidiaritätsprinzip stellt eine sozialethische Maxime dar, die als Maßstab zur Beurteilung sozialer Hilfeleistungen herangezogen werden kann. In diesem Sinne ist nur derjenige Beistand förderlich und hilfreich, der die Selbstentfaltung der Person ermöglicht und unterstützt. Ebenso gilt für das Verhältnis verschiedener Sozialgebilde untereinander, daß die größere der kleineren Einheit nichts abnehmen darf, was diese selbst zu leisten imstande ist. In der Diskussion um die Auslegung des Subsidiaritätsprinzips hat es immer zwei gegensätzliche Versionen gegeben:
> (1) Die eine läuft darauf hinaus, das Subsidiaritätsprinzip als „Ressourcenausschöpfungsprinzip“ zu mißdeuten. Die Regelung wird dann als striktes Vorrang-Nachrang-Verhältnis verstanden. Erst wenn die kleinere beziehungsweise untergeordnete Einheit ihre Ressourcen der Selbsthilfe erschöpft hat und mit ihren Kräften am Ende ist, darf die übergeordnete beziehungsweise größere Einheit – gewissermaßen „hilfsweise“ oder „ersatzweise“ – Hilfe gewähren.
> (2) Die andere Version wird von dem Nestor der katholischen Soziallehre, Oswald von Nell-Breuning, der an der Formulierung der ursprünglichen Subsidiaritätsmaxime in der Sozialenzyklika „Quadragesimo anno“ aus dem Jahre 1931 beteiligt war, wiederholt und mit wachsendem Nachdruck vertreten: Seiner Meinung nach wäre es unzulässig, das Entzugsverbot für die größere Einheit im Sinne einer solchen Funktionssperre zu interpretieren. Stattdessen verweise das Subsidiaritätsprinzip darauf, daß die unter-

geordneten kleineren Gemeinschaften ihre volle Leistungskraft nur dann erreichen können, wenn die übergeordneten, größeren Gemeinschaften ihrerseits bestimmte Vorleistungen erbringen, also ihre „Pflicht hilfreichen Beistands“ auch wirklich erfüllen (vgl. von Nell-Breuning 1968: 94ff. sowie 1976).

Eine Politik des Sozialabbaus oder der konsequenten Zurückschneidung staatlicher Sozialpolitik kann sich also keineswegs umstandslos auf das Subsidiaritätsprinzip berufen. Andererseits geben auch die Befürworter einer weniger restriktiven Interpretation des Subsidiaritätsprinzips zu, daß sich daraus keine konstruktiven, zukunftsgestaltenden Empfehlungen für die Sozialpolitik ableiten lassen. Der Rückgriff auf diese sozialphilosophische Maxime prädestiniert also in keiner Weise die Inhalte einer derart etikettierten Politik.

11.2 Die sozialdemokratische Antwort

Es dürften also weniger die Inhalte als vielmehr der hohe Plausibilitätsgehalt und die Legitimationskraft des aus altliberalen Traditionen und der katholischen Soziallehre entstammenden Subsidiaritätsprinzips gewesen sein, die die politischen Verfechter einer neuen Sozialpolitik innerhalb der CDU dazu bewogen haben, auf diese Begründungsformel zurückzugreifen. Denn es ging ja zunächst einmal darum, ein semantisches Feld zu besetzen, Themen zu bestimmen und damit Definitionskompetenz für ein Feld zu reklamieren, auf dem die Sozialdemokraten traditionell dominiert hatten. Diese spezifische Verknüpfung von themenpolitischer Offensive und konzeptioneller Neubestimmung politischer Inhalte bestimmt auch sehr stark die Reaktionen der Sozialdemokratie auf die Subsidiaritätsoffensive der CDU und damit zugleich überhaupt ihre Haltung zum Thema „Selbstorganisation und Selbsthilfe“. Die Auseinandersetzung mit politischen Themen und Streitfragen, wie etwa die Krisen und Grenzen des Sozialstaates beziehungsweise die Kritik an bestimmten kontraproduktiven Effekten sozialstaatlicher Interventionen und Organisationsformen durch die erstarkende Selbsthilfebewegung, wurde über lange Zeit durch die Einschätzung blockiert, es handele sich hierbei um die mehr oder weniger geschickte Verschleierung von liberal-konservativen Strategien des Sozialabbaus oder zumindest um Argumentationen, die in diesem Sinne mißbraucht und ausgebeutet werden können.
Dementsprechend stellt Arno Klönne in seiner ideologiekritischen Analyse der neuen Subsidiaritätspolitik zwar differenzierend fest, daß man die neukonservative und „alternative“ Kritik an der Sozial-

staatlichkeit nicht in einen Topf werfen darf, um dann allerdings besorgt anzumahnen:

> „Dennoch ist zu untersuchen, ob und inwieweit diese beiden ideologischen Strömungen in ihrer Wirkung auf das öffentliche Bewußtsein möglicherweise partiell zusammenwirken, in bestimmten Momenten gleichlaufende Stimmungen erzeugen oder Erwartungen hervorbringen, die dann für neokonservative Politik umsetzbar werden". (Klönne 1984: 225)

Die (berechtigte) Befürchtung, Argumentationen, Programmatiken und Sichtweisen aus der Alternativ- und Selbsthilfebewegung sowie „linke" und „grüne" Kritiken am Sozialstaat ließen sich auch neukonservativ verwerten, hat die SPD lange Zeit daran gehindert, von ihrer Defensivposition, ihrer Verteidigung des bestehenden sozialen Sicherungssystems, abzurücken und mit eigenen inhaltlichen Gegenvorschlägen in die programmatische Offensive zu gehen. Gerade weil die vor allem gewerkschaftliche Kritik an der Politik der Konsolidierung der Sozialhaushalte in den letzten Jahren der sozialliberalen Koalition schmerzlich nachwirkte, wollte man nun alles vermeiden, was eine Neuauflage dieser Kritik begünstigen konnte.

In letzter Zeit zeigt sich allerdings eine Öffnung der SPD gegenüber dem Problembereich „Umbau des Sozialstaates" beziehungsweise „Selbsthilfe und Selbstorganisation". Diese allmähliche Umorientierung drückt sich in dem Bemühen aus, im Rückgriff auf eigene politische und kulturelle Traditionen der Arbeiterbewegung das Thema kollektiver Selbsthilfe wieder aufzugreifen und in die eigene Programmatik einzubauen.

Es wird versucht, eine *eigenständige politische Programmatik* im Bereich der *Unterstützung* der *Selbstorganisation und Selbsthilfe* durch die Wiederbelebung der genossenschaftlichen Tradition innerhalb der Arbeiterbewegung zu begründen und als eine Teilstrategie zur Bekämpfung der Arbeitslosigkeit zu verstehen. Dementsprechend stellt etwa Hans-Jochen Vogel fest:

> „Der Selbsthilfe- und der Genossenschaftsgedanke stehen in der sozialdemokratischen Programmatik bisher nicht eben vornean, allenfalls zeichnet sich eine Renaissance ab. Dieser Befund ist bemerkenswert. Denn der offensichtlich in den Hintergrund tretende Gedanke, sich zusammenzuschließen und durch solidarisches Zusammenwirken mit anderen seine Lage aus eigener Kraft zu verbessern, war ein Grundgedanke der Arbeiterassoziation und damit der Arbeiterbewegung überhaupt" (Vogel 1984: 352; vgl. auch 1986).[2]

Aussagen dieser Art zeigen, daß das Thema Selbsthilfe und Selbstorganisation in der praktischen Politik der SPD überwiegend noch mit

der Bewältigung materieller Notlagen, hier: insbesondere mit dem Problem der Arbeitslosigkeit, in Verbindung gebracht wird. In den entsprechenden parteipolitischen Auseinandersetzungen steht daher oft weniger die sozialpolitische Frage im Vordergrund, wie sich die Qualität selbstorganisierter Leistungen auf die Lebenslage der Betroffenen auswirkt, sondern vielmehr die arbeitsmarktpolitische Frage, wieviele Arbeitsplätze in diesem Bereich geschaffen werden (können). Dieser spezifisch *„arbeitszentrierte" Blick auf Selbsthilfe* wird im übrigen gerade auch von den Gewerkschaften stark unterstützt. Dennoch mehren sich die Stimmen auch in der SPD, die auf eine Neudefinition der Arbeit drängen und verstärkt „für die gesellschaftliche Anerkennung der informellen Arbeit, also nicht-bezahlter, gesellschaftlich nützlicher Arbeit" (Lafontaine 1988: 83) werben.
Im Hinblick auf konkrete Programme und Maßnahmen zur Förderung von Selbsthilfe ist bislang allerdings noch festzustellen, daß der Schwerpunkt der entsprechenden Initiativen und Aktivitäten nicht so sehr im Bereich der Förderung von Selbsthilfe und Ehrenamtlichkeit im Jugend-, Sozial- und Gesundheitsbereich liegt, sondern vielmehr auf die finanzielle und beraterische *Unterstützung alternativer Betriebe und Projekte* abzielt. Entsprechende Modellprogramme, wie etwa die „Gemeinnützige Gesellschaft zur Information und Beratung örtlicher Beschäftigungsinitiativen und Selbsthilfegruppen mbH" (GIB) in Bottrop (Nordrhein-Westfalen), sind bislang auch in Bremen, Hessen – solange es noch sozialdemokratisch regiert wurde –, Hamburg und im Saarland gestartet worden.
Obwohl also die Förderung von Selbsthilfe in der sozialpolitischen Programmatik und Politik der Sozialdemokratie bislang keine so große Rolle gespielt hat, deutet sich nun mit dem Entwurf der Kommission Sozialpolitik beim SPD-Parteivorstand, der am 11. April 1988 unter dem Titel „Die Zukunft sozial gestalten" der Öffentlichkeit vorgelegt wurde, auch in dieser Hinsicht ein *Wandel* an. Dieses programmatische Papier ist bei aller noch vorhandenen Unentschiedenheit ein erstes Anzeichen für die sich in der Sozialdemokratie verbreitende Einsicht, daß im Falle einer möglichen zukünftigen Regierungsbeteiligung die Sozialpolitik aus der Zeit der sozialliberalen Koalition nicht einfach fortgesetzt werden kann, sondern unter veränderten Rahmenbedingungen auch inhaltlich neu konzipiert werden muß. Neben Elementen wie der integrierten sozialen Grundsicherung, die eine bedarfsorientierte Mindestrente einschließt, der Wertschöpfungsabgabe, Vorschlägen zur Vereinheitlichung in der Krankenversicherung und zur Absicherung des Pflegerisikos enthält dieser Entwurf auch Ausführungen zur besseren Integration und Koordina-

tion sozialer Dienste auf kommunaler Ebene durch das Modell der bereits im „Sozialplan für Deutschland“ vom Jahre 1957 entwickelten „Sozialgemeinde“ sowie Vorschläge zur Förderung von Selbsthilfe und Selbstorganisation. In den einschlägigen Passagen wird für eine staatliche *Unterstützung der Selbsthilfe* plädiert, die die Eigenständigkeit der Projekte nicht antastet. Insbesondere regionale und lokale „Kontakt- und Informationsstellen“ seien das geeignete Mittel für die hiermit gemeinte Form der Selbsthilfeförderung. Selbsthilfe sei allerdings immer nur eine Ergänzung zu den Einrichtungen öffentlicher Daseinsvorsorge und könne daher öffentliche soziale Dienste und professionelle Fachkräfte nicht ersetzen.

Dieser Entwurf für ein sozialpolitisches Programm der SPD ist sicherlich erst der Anfang für eine Diskussion, die entsprechende inhaltliche *Kontroversen* und *Weiterentwicklungen* auslösen wird (vgl. etwa Scherf 1987). Auf diese Weise werden erstarrte Positionen und verfestigte Frontenbildungen aufgelockert, die sich aus der historischen Entwicklung des Verhältnisses der Sozialdemokratie zum Sozialstaat und zu den Gewerkschaften entwickelt haben. Vor allem die Verengung der Sozialpolitik auf technische und administrative Dimensionen, wie sie in der Zeit der sozialliberalen Koalition Ende der 60er und in den 70er Jahren zu beobachten war, begünstigte eine etatistische Sicht von Sozialpolitik, die die Unfähigkeit zur offensiven Propagierung qualitativer Umbaupläne angesichts veränderter gesellschaftlicher Verhältnisse mitverursachte (vgl. die programmatische Schrift von Ehrenberg/Fuchs 1980). Angesichts solcher Tendenzen wird auch klar, warum sich die Sozialdemokratie so lange Zeit mit den „linken“ und „grünen“ Kritiken am Sozialstaat und den Vorschlägen zur Stärkung von Selbsthilfe und Selbstorganisation so schwer getan hat. Allzu offensichtlich steht der Anti-Institutionalismus der Selbsthilfe-Szene dem traditionellen Etatismus der Sozialdemokratie entgegen, und allzusehr ist den Betroffenen bewußt, daß die Selbsthilfebewegung als Bestandteil „neuer sozialer Bewegungen“ u.a. auch eine praktisch gewordene Kritik an den Zielen, Organisationsformen und Aktivitäten der Arbeiterbewegung als der „alten“ sozialen Bewegung darstellt.

11.3 Die Grünen: Selbsthilfe als Prinzip gesellschaftlicher Erneuerung

Gilt schon für christdemokratische und sozialdemokratische Programmatik und Politik, daß sie im Hinblick auf den Themenbereich Selbsthilfe und Selbstorganisation keineswegs einheitlich und konsistent sind und daher erhebliche interne Differenzierungen und kontroverse Positionsbestimmungen zulassen, so trifft dies naturgemäß erst recht für die politische Standortbestimmung einer so jungen Partei wie die der Grünen zu. Dies nicht nur deshalb, weil eine Partei, die sich als parlamentarischer Arm sozialer Bewegungen versteht, zwangsläufig in das *Dilemma* gerät, zwischen *fundamentalistischen,* anti-institutionellen *Positionsbestimmungen* und *realpolitischen Selbstdefinitionen* hin und her zu schwanken, sondern darüber hinaus auch deshalb, weil in der kurzen Geschichte der Partei noch keine hinreichend stabile, Konsens schaffende ideologisch-programmatische Tradition herausgebildet werden konnte, aus der sich im Bedarfsfalle relativ klare und zumindest für die Mehrheit akzeptable Deutungen aktuell auftauchender Herausforderungen und Problembereiche ableiten lassen.

Will man also den Unterschied der grünen Positionsbestimmung gegenüber Selbsthilfe und Selbstorganisation zu den anderen diskutierten Positionen herausarbeiten, so muß man gerade jenen bereits erwähnten Tatbestand der engen Verknüpfung von sozialer Bewegung und Parteiorganisation berücksichtigen. Grün-alternative Politik hat es sich zum Ziel gesetzt, die Utopien, Programmatiken und Handlungsvorschläge, wie sie im Umkreis sozialer Bewegungen (Friedens-, Ökologie-, Frauen- und Selbsthilfebewegung) formuliert und vertreten werden, in die Parlamente zu bringen. Aus dieser Perspektive wird einsichtig, daß das Auftreten von selbstorganisierten Initiativen und Betrieben und die wachsende Anzahl von Selbsthilfegruppen im Gesundheits- und Sozialbereich nicht als isolierte – und gegebenenfalls unterstützungswürdige – Phänomene am Rande der kapitalistischen Industriegesellschaft verstanden werden, sondern eher als *praktischer Ausdruck einer Bewegung,* die einen grundlegenden Umbau der hochentwickelten Industriegesellschaft zum Ziele hat. Dementsprechend behandeln die wichtigsten Positionspapiere grüner Politik, nämlich das Sindelfinger Programm „Sinnvoll arbeiten – solidarisch leben“ von 1983 und das gegenwärtig gültige Umbauprogramm, wie es von der Bundesdelegiertenkonferenz der Grünen im Juni 1985 in Hagen beschlossen und seitdem einmal überarbeitet worden ist (vgl. Die Grünen 1986), das Thema sozialer Selbsthilfegruppen nur am Rande.

Im Mittelpunkt stehen stattdessen Ansatzpunkte und konkrete Maßnahmevorschläge für den langfristig angezielten Ausstieg aus der Industriegesellschaft und den Einstieg in eine *ökologisch orientierte Selbstverwaltungswirtschaft* mit basisdemokratischer Ausrichtung. Da die Grünen die gesellschaftliche Relevanz solcher Initiativen und

Projekte nicht auf ihren Beitrag zur Bewältigung der Folgen der Massenarbeitslosigkeit beschränkt wissen wollen, sondern in ihnen Vorformen und Laboratorien eines qualitativen Wandels in der Arbeits- und Lebenskultur insgesamt sehen, wollen sie insbesondere solche selbstverwalteten Betriebe und Projekte fördern, die aufgrund ihrer Programmatik, Organisationsstruktur und inhaltlichen Konkretisierung als Modelle und Experimente neuer Formen des Zusammenarbeitens und -lebens verstanden werden können.

Im Anschluß und in Weiterführung älterer Programme nennt das Umbauprogramm insbesondere *Veränderungen* in der (Unternehmens-) Gesetzgebung, die sozialversicherungsrechtliche Absicherung von Risiken und die großzügige finanzielle Förderung – etwa in regionalen Entwicklungsfonds – und den Aufbau selbstverwalteter Haftungsassoziationen als mögliche Formen dieser Art von Selbsthilfe und Selbstorganisation. Dagegen werden die Selbsthilfegruppen im Gesundheits- und Sozialbereich nur nebenher im Kontext von Vorschlägen zur Dezentralisierung des Gesundheitswesens erwähnt. Diese Zurückhaltung ist nicht zuletzt durch die Befürchtung motiviert, mit solchen Vorschlägen in das Fahrwasser neukonservativ-liberaler Privatisierungs- und Abbaupläne sozialer Leistungen zu geraten und damit den Beifall von der falschen Seite zu bekommen. Die (marginale) Förderung von Selbsthilfegruppen durch einen isolierten Fördertopf, wie dies etwa in Berlin vorgeführt wird, wird als Politik des „Trostpflaster-Verabreichens" kritisiert, die ohne massive Veränderungen in der Produktionssphäre nur zur Stabilisierung einer Armutsökonomie und zur Festschreibung von Ungleichheit und Gesellschaftsspaltung führen könne.

Förderung von Selbsthilfe solle daher mehr bedeuten als notdürftige staatliche Subventionierung von Selbstausbeutung in Alternativprojekten und Selbsthilfegruppen: Es gehe um die Förderung gesellschaftlicher *Selbstversorgung* im Sinne einer (möglichst weitgehenden) Entflechtung überlokaler Distributionszusammenhänge und Stärkung lokaler Produktions- und Konsumtionskreise und um *Selbstverwaltung* im Sinne der Dezentralisierung von Macht- und Entscheidungsbefugnissen. Dementsprechend formuliert Michael Opielka als einer der sozialpolitischen Programmgestalter der Grünen:

> „Im Unterschied zu den staats- und industrialismustragenen Ansätzen aus dem christ- und sozialdemokratischen Raum geht es der sozialökonomischen Wiedervereinigung nicht um eine innovative modernisierende Potenz alternativer Projekte und Sozialinitiativen am Rande der Gesellschaft. Vielmehr geht es um die Verbreitung ihrer Ideen – Selbstverwal-

tung, nicht-profitorientiertes (gemeinwirtschaftliches) Wirtschaften, sinnvolle und nicht-entfremdete Arbeit, bedarfs- und umweltgerechte Produktion, – Selbstversorgungsförderung – in die Normalität der Gesellschaft hinein.“ (Opielka 1985: 81)

Im Zusammenhang seiner Erläuterungen der Aufgaben einer „ökologischen Sozialpolitik“ im Hinblick auf die Unterstützung und Stärkung des sozialen Lebens fällt ihm allerdings auch nichts anderes ein als von den „Altparteien“ ebenfalls Propagiertes: er fordert eine Strategie der „solidarischen Subsidiarität“. Da bereits Nell-Breuning (1968) einige Mühe darauf verwendet hat, die Bezüge zwischen den Prinzipien der Solidarität und der Subsidiarität genauer herauszuarbeiten, fällt ihre bloß additive Verbindung in der zudem auch noch umständlich und unschön anmutenden Formel der „solidarischen Subsidiarität“ sogar hinter den bereits erreichten Stand der Diskussion zurück.

12. Umfang, Verteilung und Entwicklung unbezahlter sozialer Hilfeleistungen

Im vorangegangen Abschnitt sollte deutlich gemacht werden, wie Selbsthilfe und Eigenvorsorge, wie unbezahlte soziale Tätigkeiten im politischen Raum Beachtung finden und welche programmatisch-strategischen Schlüsse von den einzelnen Parteien beziehungsweise parteipolitischen Flügeln bislang gezogen werden. In den folgenden Ausführungen geht es darum zu klären, in welchem Ausmaß und in welcher Form solche Varianten unbezahlten sozialen Helfens überhaupt noch vorzufinden sind. Es soll geprüft werden, auf welche Weise und in welchen sozialen Zusammenhängen unbezahlte soziale Hilfe- und Unterstützungsleistungen unter den Bedingungen entwikkelter Sozialstaatlichkeit produziert und ausgetauscht werden, in Hinblick auf welche Hilfsbedürftigkeiten sie realisiert werden und wer die Personen(-gruppen) sind, die die Leistungen erbringen. Diese Informationen werden benötigt, um die Ziele, Ansatzpunkte, Merkmale und Instrumente einer sozialpolitischen Strategie der Förderung und Unterstützung von Selbsthilfe und Eigenvorsorge im Sozial- und Gesundheitssektor auf einer einigermaßen gesicherten Wissensbasis entwickeln zu können.

12.1 Selektive Wirkungen sozialer Netzwerke

Fragen nach den nicht-professionellen Unterstützungen und Hilfeleistungen, die in modernen Industriegesellschaften zwischen den Menschen ausgetauscht werden, werden in höchst fruchtbarer Weise im

Rahmen einer sich seit einigen Jahren hoher Beliebtheit erfreuenden und in viele Forschungszweige eindringenden Forschungsrichtung verfolgt: Gemeint ist die soziale Netzwerkforschung, die ursprünglich in der Sozialanthropologie entwickelt wurde, später aber auch in Bereichen wie der Kommunikationsforschung, der Stadtsoziologie, der Organisations- und Eliteforschung sowie der Sozialpsychiatrie, Gemeindepsychologie und sozialepidemiologischen Gesundheitsforschung weiterentwickelt und angewendet worden ist (zur wissenschaftshistorischen Herkunft des Netzwerkkonzeptes: vgl. Whitten/Wolfe 1973; zum gegenwärtigen Diskussionsstand: vgl. Schenk 1984 sowie insbesondere Keupp 1987). Die Grundidee des *Netzwerkkonzeptes* ist denkbar einfach:

> Das Eingebundensein der Menschen in soziale Beziehungen und Bindungen wird bildhaft repräsentiert durch Netze, bei denen einzelne Personen die Knotenpunkte und ihre Beziehungen untereinander die Verbindungslinien zwischen den Knotenpunkten darstellen. Entscheidend ist nun, daß diese Verbindungslinien als „Gleisanlagen" beziehungsweise „Förderbänder" gedacht werden können, auf denen die vielfältigsten alltäglichen Austauschprozesse zwischen den Individuen ablaufen (vgl. zusammenfassend Olk 1985 sowie Olk/Heinze 1985). Durch ihre Einbindung in soziale Netzwerke werden die Individuen also in die Gesellschaft integriert, werden ihnen soziale Erwartungen, Bestätigung, immaterielle und materielle Unterstützungen usw. in alltäglichen Interaktionen übermittelt.
> Die neuartige Beachtung, die man diesen „Webmustern sozialer Beziehungen" (Keupp 1987) in der sozialwissenschaftlichen Forschung schenkt, hängt nicht zuletzt mit den Veränderungen und Umbrüchen in den Integrationsmustern von Individuen in die Gesellschaft zusammen. Im Zuge der Individualisierung (vgl. Beck 1986 sowie Abschnitt 5) werden die tradierten und ehedem stabilen „Vernetzungen" der Individuen immer schwächer. Solche Erfahrungen des Verlustes althergebrachter Bindungen, von Isolation, Vereinzelung und Einsamkeit des modernen Individuums, haben die Netzwerkforschung zweifellos beeinflußt und angetrieben. Allerdings zeigen einschlägige Forschungen, daß sich weder zivilisationskritische Klagen über den angeblichen vollständigen Verlust sozialer Bindungen und Beziehungen noch allzu optimistische Bewertungen solcher modernisierungsbedingten Freisetzungs- und Individualisierungsprozesse bestätigen lassen. Entscheidend ist wohl, daß die Individuen sich mit der Aufgabe konfrontiert sehen, für ihre soziale Vernetzung weitgehend selbständig sorgen zu müssen. Eingebundensein in soziale Netze ist nun kein Tatbestand mehr, der passiv hingenommen, sondern der aktiv hergestellt, durch „Beziehungsarbeit" stets erneut entwickelt und erhalten werden muß.

Das sozialpolitische Interesse an den sozialen Netzwerken hängt nun damit zusammen, daß ihnen – insbesondere in der sozialepidemiolo-

gischen Gesundheitsforschung – wichtige Funktionen bei der Verhinderung beziehungsweise Bewältigung von Problemen und Leiden, wie chronische Erkrankungen, von psychosozialen Schwierigkeiten, wie etwa Depressionen, und von Lebenskrisen, wie Scheidungen, Verlust von nahen Angehörigen usw., zugesprochen werden. Es gibt vielfältige Belege für positive Zusammenhänge zwischen dem psychischen und sozialen Wohlbefinden der Individuen und ihrer Eingebundenheit in soziale Netze (vgl. generell Gottlieb 1981; Sarason/Sarason 1985; Yoder 1985 sowie Keupp/Röhrle 1987). Allerdings zeigen diese Forschungen auch, daß nicht jede Netzwerkkonstellation für die Bewältigung jeder Krise beziehungsweise jeden Problems gleich gut geeignet ist; daß die Individuen je nach Alter, Geschlecht, Schichtzugehörigkeit usw. in unterschiedlichem Maße in soziale Netzwerke eingebunden und von ihren Leistungen abhängig sind und daß sich aus der Zugehörigkeit zu sozialen Netzwerken nicht lediglich Vorteile, sondern auch Nachteile und Belastungen ergeben können.
Zur näheren Klärung möglicher unterstützender beziehungsweise belastender *Wirkungen* werden daher in der Regel die *Eigenschaften und Funktionen der „persönlichen Netzwerke*“ der jeweiligen Untersuchungsgruppen analysiert und auf bestimmte strukturelle Merkmale, wie etwa Größe, Dichte, Stabilität usw., sowie inhaltliche Merkmale, wie Art der Beziehung, Multiplexität usw., hin differenziert (vgl. für einen Überblick Schenk 1984: 250). Bei der Erforschung der unterstützenden Wirkungen solcher sozialen Netzwerke hat sich gezeigt, daß neben den genannten Merkmalen von Netzwerkkonstellationen vor allem auch die Inhalte beziehungsweise die Qualität der sozialen Beziehungen im Hinblick auf unterstützende Wirkungen von entscheidender Bedeutung sind. Um zu wissen, ob und welche Beziehungen hilfreich sind, ist es daher vor allem wichtig, die subjektive Bedeutung der Beziehungsnetze für die betroffenen Individuen zu kennen. Auch ist nicht jede Netzwerkkonstellation für die Erfüllung unterschiedlicher Unterstützungsfunktionen gleich gut geeignet. So haben etwa „lose“ Netzwerke mit „schwachen Bindungen“ spezifische Leistungsvorteile bei bestimmten Problemen, wie etwa die Vermittlung von Informationen über freie Stellen auf dem Arbeitsmarkt, während „dichte“ und homogene Netzwerke, in denen die Mitglieder sich untereinander gut kennen und ähnliche alters-, geschlechts- und klassenspezifische Merkmale aufweisen, eher für die Vermittlung emotionaler Unterstützung geeignet sind.
Im Hinblick auf die *Wirkungsweise sozialer Unterstützungsnetzwerke* gibt es beim gegenwärtigen Stand der Forschung wenig Klarheit und Konsens. Entsprechende Erklärungsversuche arbeiten zumeist

mit kausalen Modellen, in denen das Zusammenwirken von unabhängigen Variablen, wie etwa belastende Lebensereignisse oder andere mögliche Stressoren, intervenierenden Variablen, wie etwa soziale Unterstützungsnetzwerke, und abhängigen Variablen, wie psychisches Wohlbefinden oder Krankheitssymptome im Vodergrund steht (vgl. etwa Liebermann 1982 sowie Hall/Wellman 1985). Den sozialen Unterstützungsnetzwerken werden nun sowohl direkte als auch moderierende Wirkungen zugeschrieben. Während sich die direkten Wirkungen unmittelbar aus dem Eingebundensein in soziale Netzwerke ergeben, die die Bewältigung alltäglicher Probleme und Anforderungen erleichtern, entstehen moderierende Wirkungen dadurch, daß die Unterstützungsnetzwerke die Auswirkungen kritischer Lebensereignisse auf das Wohlbefinden beziehungsweise die Gesundheit der Betroffenen entweder positiv oder negativ beeinflussen können. So kann etwa ein eingetretenes negatives Ereignis wie Arbeitslosigkeit durch die Vermittlung einer neuen Arbeitsstelle durch Netzwerkkontakte unschädlich gemacht oder aber die psychische Verarbeitung der Arbeitslosigkeit durch positive Zuwendung im Netzwerk unterstützt werden. In diesem Falle wirken soziale Netzwerke als „Puffer“, die zwischen den Stressoren und dem psychischen und sozialen Wohlbefinden des betroffenen Individuums vermitteln.
Neben positiven müssen vor allem auch negative Effekte sozialer Unterstützungsnetzwerke berücksichtigt werden (vgl. für eine Zusammenfassung Schilling 1987; Belle 1983 sowie Brody 1985), die sich folgendermaßen zusammenfassen lassen:

(1) Soziale Unterstützungsnetzwerke versorgen die Individuen zwar mit Ressourcen, ihre Aufrechterhaltung erzeugt allerdings auch Kosten. Soziale Kontakte zu initiieren und zu pflegen, erfordert individuelle Anstrengungen und Mühen. Mit steigender Anzahl sozialer Kontakte nähert man sich daher rasch dem Punkt, von dem an die Kosten der Aufrechterhaltung sozialer Beziehungen ihren (möglichen) Nutzen überschreiten.
(2) Aus jeder neuen Beziehung ergeben sich auch zusätzliche mögliche Hilfeverpflichtungen und -erwartungen. Es ist daher ungewiß, ob sich aus eingegangenen sozialen Beziehungen auf lange Sicht ein Ausgleich der aus ihnen resultierenden Unterstützungsleistungen und Hilfeverpflichtungen ergeben wird. Dies gilt insbesondere für weibliche Netzwerkangehörige: Von ihnen werden überdurchschnittlich Unterstützungsleistungen erwartet, und sie sind auch in besonderem Maße dazu bereit, solche Leistungen zu erbringen.

(3) Enggeknüpfte Netzwerke sind mit intensivierter sozialer Kontrolle verbunden. Insofern können gerade enge Bindungen Streß erzeugen, statt mindern (vgl. Tolsdorf 1976). Angehörige von Unterschicht-Netzwerken können so zum Beispiel einerseits auf die solidarische Unterstützung anderer Netzwerkmitglieder fest zählen, andererseits werden auf diese Weise sowohl Verhaltensweisen als auch normative Orientierungen verstärkt, die in der dominanten Kultur als abweichend beziehungsweise negativ etikettiert werden (vgl. Collins/Pancoast 1981). Auf diese Weise tragen soziale Unterstützungsnetzwerke zur Verfestigung benachteiligter Lebenslagen bei.
(4) Eine zusätzliche Leistungsschwäche sozialer Netzwerkkontakte besteht darin, daß diese sozioökonomische Ungleichheit in der Gesellschaft keineswegs abbauen, sondern allenfalls bestätigen und individuell lebbar machen können. Dies liegt vor allem daran, daß bevorzugt Personen(-gruppen) mit ähnlicher sozioökonomischer Herkunft miteinander soziale Beziehungen eingehen (vgl. Griffith 1985). Dies bedeutet, daß in solchen Netzwerken keineswegs Hilfeleistungen zwischen unterprivilegierten und privilegierten Bevölkerungsteilen, sondern stattdessen innerhalb der Gruppe der unterprivilegierten oder aber der privilegierten Bevölkerungsgruppen ausgetauscht werden.
(5) Schließlich ergeben sich zusätzliche Belastungen in denjenigen Fällen, in denen die Unterstützungsleistungen die hilfebedürftige Person in dauerhafte persönliche Abhängigkeitsverhältnisse führen, etwa weil diese auf Dauer nicht in der Lage sein wird, die geleistete Hilfe „zurückzuzahlen". Eine wesentliche Voraussetzung für positive unterstützende Wirkungen sozialer Netzwerkbeziehungen ist also die langfristig erwartbare Symmetrie der Hilfeleistungen.

Für unseren Argumentationszusammenhang ist von besonderer Bedeutung, daß nicht jedes Individuum die gleiche *Chance* besitzt, subjektiv befriedigende und hilfreiche *soziale Netzwerke aufzubauen* und zu erhalten. Gesellschaftsstrukturelle Bedingungen spielen hier ebenso eine Rolle wie zugeschriebene und erworbene Merkmale der Personen selbst. Insbesondere die Schichtzugehörigkeit hat einen entscheidenden Einfluß auf die Art der Beziehungsnetzwerke. So kann etwa Fischer (1982) zeigen, daß jüngere und gebildete Bevölkerungsgruppen in überdurchschnittlichem Maße über große Netzwerke verfügen, die zudem einen überproportionalen Anteil selbstgewählter (Freundschafts-)Beziehungen im Gegensatz zu zugeschriebenen Verwandtschaftsbeziehungen aufweisen. Angehörige der Unterschichten verfügen dagegen überwiegend über kleinere Netzwerke, die zudem in überwiegendem Maße durch Familienmitglieder be-

stimmt sind. Im Hinblick auf geschlechtsspezifische Differenzen zeigen Antonucci/Depner (1982), daß Frauen sowohl mehr Unterstützung geben als auch erhalten als Männer (vgl. auch Belle 1982). Mit steigendem Alter nimmt die Wahrscheinlichkeit zu, in asymmetrische Beziehungen eingebunden zu sein: Es wird immer weniger Hilfe gegeben und immer mehr Hilfe empfangen. Für Männer gilt ganz generell, daß sie mehr Hilfe empfangen als geben.
Fassen wir zusammen: Soziale Unterstützungsnetzwerke können unter bestimmten Bedingungen in erheblichem Maße soziale Hilfe und Unterstützung vermitteln. Von diesen sozialen Beziehungsnetzen profitieren die verschiedenen sozialen Gruppierungen allerdings in unterschiedlichem Maße. Es gibt also bestimmte, nach sozioökonomischer Herkunft, Alter und Geschlecht eingrenzbare Gruppen, die von den Hilfe- und Unterstützungsleistungen sozialer Netzwerke besonders profitieren, als auch solche Gruppen, die in überdurchschnittlichem Maße von diesen Hilfeleistungen abgeschnitten sind. Da sich insbesondere Personen mit ähnlichen sozioökonomischen Merkmalen in sozialen Netzwerken verknüpfen, wäre es insbesondere verfehlt anzunehmen, eine unterprivilegierte objektive Lebenslage könne durch besonders positive und befriedigende soziale Beziehungsnetze kompensiert werden.

12.2 Unbezahlte soziale Hilfeleistungen in primär-sozialen Netzwerken

Wir haben bislang die Zugänglichkeit informeller Hilfeleistungen aus der Perspektive der Individuen untersucht und nach den Zusammenhängen zwischen subjektivem Wohlbefinden beziehungsweise Gesundheit und vorhandenen Netzwerkkonstellationen gefragt. Um Umfang, Verteilung und Entwicklung unentgeltlicher sozialer Hilfeleistungen im Hinblick auf Anknüpfungspunkte für sozialpolitische Unterstützungsstrategien näher bestimmen zu können, soll nun die Perspektive gewechselt werden: Wir gehen nun den *strukturellen Merkmalen, Entwicklungstendenzen,* den *eigentümlichen Leistungsstärken* und *-schwächen* einzelner zentraler sozialer Netzwerktypen und den in ihnen geleisteten unbezahlten sozialen Hilfeleistungen nach. Neben der Familie, der im Hinblick auf die Vermittlung sozialer Hilfe und Unterstützung eine hervorragende Bedeutung zukommt, geht es um Verwandtschafts- und Nachbarschaftsbeziehungen sowie um soziale Selbsthilfegruppen und ehrenamtliches Engagement.

12.2.1 Familie

Die Analyse der Familie, des Umfangs und vor allem auch der künftigen Entwicklung der in ihr erbrachten Unterstützungsleistungen ist schon allein deshalb aus sozialpolitischer Perspektive von hervorragender Bedeutung, da die Familie gemeinhin als das zentrale Hilfesystem außerhalb und jenseits des professionell-sozialstaatlichen Systems sozialer Sicherung verstanden wird.[3] Das historisch verfestigte, immer noch stark ausgeprägte Trennungsdenken in intime Privatsphäre einerseits und öffentliche Sphäre andererseits hat zumindest begünstigt, daß familiale Gegebenheiten und Prozesse beziehungsweise die hier vorhandenen Problembearbeitungsmöglichkeiten entweder mit Erwartungen und Hoffnungen überfrachtet oder aber weitgehend aus dem Aufmerksamkeitshorizont öffentlicher Diskurse verdrängt worden sind.

Dieser Polarisierung entspricht in der Familiensoziologie die These von der funktional reduzierten und sozial isolierten Kernfamilie (Parsons): Der gesellschaftliche Modernisierungsprozeß sei demnach in erster Linie dadurch gekennzeichnet, daß sich die Familie immer stärker gegenüber ihrem sozialen Umfeld abgrenzt, immer weitere Funktionen an entsprechend spezialisierte Teilsysteme der Gesellschaft delegiert und sich durch Intensivierung und Intimisierung der Binnenbeziehungen immer stärker auf die Vermittlung emotionaler Zuwendung konzentriert (vgl. Tyrell 1979; Herlth/Kaufmann 1982 sowie Pankoke 1984). In der modernen Familie, definiert als soziale Einheit, in der Eltern mit ihren Kindern zusammenleben – das lange Zeit vorherrschende Leitbild war die Parsons'sche „Normalfamilie", die die Eltern und zwei Kinder umfaßte –, werden vor allem die Funktionen der emotionalen und sexuellen Befriedigung ihrer (erwachsenen) Mitglieder und der Versorgung und Sozialisation des Nachwuchses erfüllt. In Familien, die prinzipiell auf Dauer angelegt sind, begründen durch wechselseitige Rollenverpflichtungen und alltägliche soziale Kontakte stabilisierte sympathiegeleitete Beziehungen ein *System wechselseitiger Hilfeerwartungen und -verpflichtungen,* in dem Leistungen wie emotionale Unterstützung in Lebenskrisen, Ratschläge bei persönlichen Entscheidungen, Pflege bei akuter und chronischer Krankheit, Alter und Behinderung gemeinhin als selbstverständlich erwartbar vorausgesetzt werden (vgl. etwa Caplan 1976).

In der Familie sind anfallende Hilfeleistungen in alltägliche Lebensvollzüge eingebunden und werden daher den Beteiligten als besondere Hilfen gar nicht immer bewußt. Hiermit sind einige besondere

Merkmale und Funktionsmechanismen verbunden, die die Stärken und Schwächen, die Leistungsvorteile und -defizite familialen Helfens prägen. Eingebettet in auf Dauer angelegte, intime Beziehungen, sind die hier entstehenden Hilfeerwartungen und -verpflichtungen unspezifisch und von hoher Verbindlichkeit: Angesichts der kulturell gut verankerten normativen Erwartung, daß sich Familienmitglieder wechselseitig rückhaltlos vertrauen können (sollen) und sich in den Wechselfällen des Lebens solidarisch unterstützen, besteht eine starke (Selbst-)Verpflichtung zum Helfen. Im Falle des Auftretens von Hilfsbedürftigkeit gibt es in der Regel praktisch keine Alternative zum Hilfe-Geben; das familiale Unterstützungsnetzwerk ist daher einerseits ein Sicherheit vermittelnder Rückhalt im alltäglichen Leben, wird aber gerade wegen der hiermit zusammenhängenden scheinbar selbstverständlichen Voraussetzbarkeit andererseits in seinen Grenzen, Defiziten und sozialpolitischen Unterstützungsbedürftigkeiten oft nicht hinreichend wahrgenommen.

Die *„Logik", Umfang, Intensität und Qualität „familialen Helfens"* läßt sich an Beispielen chronischer Erkrankungen, Pflegebedürftigkeit und Siechtum veranschaulichen (vgl. Gerhardt/Friedrich 1982; Friedrich 1983 sowie von Ferber/Wedekind 1984). Hier zeigt sich nämlich, daß das Familiensystem *anlaßbezogen* Problembewältigungsformen (Coping-Strategien) aktualisiert und Ressourcen mobilisiert, die in normalen Phasen zwar latent vorhanden, aber nicht akut genutzt werden. Man hat daher in diesem Zusammenhang von der „energisierten Familie" (vgl. Pratt 1976) gesprochen, um die hier vorhandenen flexiblen Anpassungsfähigkeiten an auftretende Krisensituationen zu kennzeichnen. An den genannten beispielhaften Hilfsbedürftigkeiten wird deutlich, daß die Familie zwar eine ganze Reihe von (Versorgungs-, Sozialisations- und Sicherungs-)Funktionen an außerfamiliale Institutionen delegiert, aber dennoch eine latente Letztverantwortlichkeit für die Bewältigung dieser Probleme beibehalten hat. Probleme und Krisen, für die sich kein spezialisiertes und professionalisiertes Sicherungssystem (mehr) zuständig fühlt, landen letztlich doch (wieder) bei der Familie und treten hier als unabweisbare Hilfeerwartung beziehungsweise -verpflichtung auf.

Die enorme Fähigkeit der Familie, sich *flexibel* an die wechselnden Erwartungen und Anforderungen formaler sozialer Sicherungssysteme anzupassen, ist in der Metapher von der Familie als „Schwamm" (familia spongia; vgl. Vincent 1966) recht anschaulich gekennzeichnet worden. Mit diesem Bild soll die eigentümliche Bereitschaft und Fähigkeit der Familie zum Ausdruck gebracht werden, sowohl diejenigen Problemlagen und Hilfsbedürftigkeiten, die aus dem professionell-sozialstaatlichen System sozialer Sicherung ausgegliedert beziehungsweise ausgefiltert werden, in den eigenen Zuständigkeitsbereich zu übernehmen, als auch dieses System sozialer Sicherung vor unangepaßten Merkmalen und Verhaltensweisen der Individuen, wie etwa psychische Krankheit, Delinquenz usw., ein Stück weit zu schützen. Zwar nehmen die außerfamilialen sozialen Sicherungssysteme ebenfalls in vielfältiger Weise auf die Anforderungen der Familie Rücksicht, aber insgesamt ist das professionell-sozialstaatliche System sozialer Sicherung doch in der Lage, die „Schwammfunktion" der Familie derart zu instrumentalisieren, daß die wechselseitigen Anpassungsprozesse eher zu Lasten der Familien ausfallen. So läßt sich etwa am Beispiel der Beziehungen zwischen Gesundheitssystem und Familie zeigen, daß die interne Rationalisierung und Modernisierung des Systems der medizinischen Versorgung nur um den Preis einer komplementären Belastung der Familien mit bestimmten flankierenden Aufgaben (pflegerische und psychosoziale Unterstützung und Nachsorge von Kranken) gelingt.

Solche Anforderungen und Erwartungen treffen die Familien allerdings ganz unabhängig von ihrem tatsächlich vorhandenen Leistungsvermögen. Sowohl die Möglichkeiten und Handlungsspielräume zur Aktivierung von Coping-Strategien, wie etwa die Umschichtung von Rollenverpflichtungen, die Reorganisation ehelicher Interaktionsmuster und die Mobilisierung außerfamilialer Hilferessourcen, als auch Art und Umfang der anfallenden Probleme variieren mit den *strukturellen Merkmalen* der betroffenen Familien und ihrer Stellung im Lebens- und Familienzyklus. So stellen sich etwa die Belastungen und Lösungsmöglichkeiten im Falle des Auftretens einer chronischen Erkrankung eines Kindes in einer jungen Familie gänzlich anders dar als im Falle des Eintretens der Pflegebedürftigkeit bei einem älteren alleinlebenden Ehepaar. Hier wird deutlich, daß die jeweils vorhandenen Bewältigungsmöglichkeiten nicht lediglich von der Familienkonstellation (Familie mit Kindern, ohne Kinder, ein Elternteil-Familie usw.) abhängen, sondern daß sie sich zudem bei ein und derselben Familie in der zeitlichen Dimension im Verlaufe der verschiedenen Stadien des Familienzyklus verändern.

Es gibt also keinerlei Gewähr dafür, daß auftretende Hilfsbedürftigkeiten und verfügbare familiale Hilferessourcen zur Deckung kommen. Das Hauptproblem familialen Helfens liegt nun darin, daß die Familie sich ganz unabhängig von den vorhandenen Hilferessourcen prinzipiell jederzeit zur Hilfe verpflichtet sieht. Es ist gerade die erwähnte „Schwammfunktion", also die Bereitschaft, von formalen Hilfeinstitutionen nicht abgedeckte Hilfsbedürftigkeiten und Risiken zu übernehmen, die die Familie so verletzlich und gefährdet erscheinen läßt. Denn in der Familie wird auch dann geholfen, die chronisch kranke oder psychisch gestörte Person versorgt und betreut beziehungsweise das pflegebedürftige Familienmitglied gepflegt, wenn die psychischen, sozialen und physischen Kräfte überhaupt nicht (mehr) vorhanden sind. Hieraus ergeben sich immer wieder *Überlastungen und Überdehnungen familialer Hilfemöglichkeiten,* die die psychische und physische Gesundheit der Familienmitglieder und den Bestand des gesamten Familiensystems bedrohen. Die Bewältigungsprozesse schlagen in diesen Fällen in selbstzerstörerische, pathogene Mechanismen um und erhöhen die Gefahr, daß die helfenden Familienmitglieder selbst hilfebedürftig werden.

Eine besondere Ironie liegt hier darin, daß die Familie mit der Überstrapazierung und Überdehnung ihrer „adaptiven Residualfunktion" zu einer Verfestigung bestehender Lücken und Versorgungsdefizite mit unterstützenden und flankierenden formal-verfaßten professionellen Hilfen beiträgt. Indem sie spezialisierte formale Sicherungsinstitutionen gegenüber den Folgewirkungen und Belastungen auftretender Hilfsbedürftigkeiten weitgehend abschirmt, der eigentlich anfallende Bedarf in der Privatsphäre intimen Zusammenlebens „versteckt" wird, scheint die Konzentration öffentlicher Sozialpolitik auf eingegrenzte, hochgradig technisierte und professionalisierte Spezialfunktionen scheinbar angemessen und unproblematisch. Die auf lange Sicht kontraproduktive Ausbeutung und Instrumentalisierung dieser eigentümlichen Verletzlichkeit der Familie ließe sich allerdings nur unter der Bedingung vermeiden, daß die immer noch vorherrschende unproduktive Alternative zwischen einer sozial ausgrenzenden und isolierenden stationären beziehungsweise voll-professionalisierten Versorgung einerseits und einer gänzlichen Privatisierung der Problembewältigung durch Überwälzung auf die Familie andererseits zu Gunsten gestufter ambulanter, teilstationärer und stationärer Versorgungsangebote und vor allem auch der Stärkung und Entfaltung intermediärer Organisationsformen wie kollektiver außerfamilialer Selbsthilfe und selbstorganisierter Fremdhilfe aufgebrochen werden würde.

Solche generellen Merkmale und Funktionsweisen familialer Hilfenetze lassen sich an den Beispielen der Versorgung Pflegebedürftiger und der Krankheitsbewältigung beziehungsweise Gesunderhaltung konkretisieren. In der gegenwärtigen sozialpolitischen Debatte – etwa im Zusammenhang mit der Strukturreform des Gesundheitswesens – steht die *Situation der Pflegebedürftigen* gegenwärtig im Mittelpunkt der Aufmerksamkeit.

Im Jahre 1984 lag die Anzahl der Pflegebedürftigen nach Schätzungen der Bundesregierung bei etwa 2 Millionen, von denen ca. 260000 dauerhaft in stationären Einrichtungen untergebracht waren (vgl. Bericht der Bundesregierung 1984). Trotz gelegentlicher Behauptungen, es gäbe eine Tendenz zur Abschiebung alter pflegebedürftiger Menschen in Heime, wird also der Hauptanteil der Versorgung und Betreuung Pflegebedürftiger von den Familienhaushalten erbracht. Aus der Socialdata-Studie (1980) ergibt sich ein Anteil von immer noch 80 bis 90% aller betreuungs- und pflegebedürftigen Personen, die in der Familie versorgt werden. Aus dem Wohlfahrtssurvey 1984 geht hervor, daß in rd. 9% aller Haushalte Behinderte oder Pflegebedürftige versorgt werden. Demgegenüber liegt der Anteil der Haushalte, die nahe Verwandte in einem Heim oder in einer Pflegeeinrichtung untergebracht haben, mit 7% etwas niedriger (vgl. Glatzer 1988). Obwohl Alter nicht mit Pflegebedürftigkeit ineins gesetzt werden darf, gibt es natürlich enge Zusammenhänge zwischen beiden Variablen. Sind im Durchschnitt der Bevölkerung nur knapp 3% pflegebedürftig, so sind es von den über 80jährigen bereits 30% (Socialdata 1980). Der demographisch bedingte Anstieg des Anteils alter und insbesondere hochbetagter Menschen an der gesamten Bevölkerung und die Zunahme chronischer Erkrankungen werden also zu steigenden Zahlen pflegebedürftiger Menschen führen.

Alle einschlägigen empirischen Studien zeigen übereinstimmend, daß die häusliche Versorgung und Betreuung Pflegebedürftiger weit überwiegend von Töchtern, Ehefrauen und Schwiegertöchtern (in dieser Reihenfolge) geleistet wird; soweit Männer die Hauptpflegepersonen sind, betreuen sie in der Regel ihre Ehefrauen (vgl. Socialdata 1980; Braun/Articus 1983 und 1984 sowie Hartmann 1983). Mit zunehmendem Grad der Hilfebedürftigkeit und dem Alter der Hilfeempfänger nimmt die Bedeutung von Hilfeleistungen durch Bekannte, Verwandte, Freunde und Nachbarn ab. Die häusliche Pflege, die sowohl von den Pflegebedürftigen selbst als auch von ihren Familienangehörigen zumeist gewünscht wird, ist nicht selten mit einer hohen physischen und psychischen Belastung der Hauptpflegepersonen verbunden. „Die psychischen und gesundheitlichen Belastungen der Pflegepersonen sind ein nicht zu übersehendes Merkmal der häuslichen Versorgung gesteigert hilfebedürftiger alter Menschen. Von den von uns befragten Pflegepersonen schätzte nur ein Fünftel die Belastung als gering ein. Als ‚mal stärker, mal schwächer' wurde die Belastung von der Hälfte und als durchweg stark von drei Zehntel der Befragten eingeschätzt. Wie diese Belastungen bewältigt werden und wie das Pflegeverhältnis insgesamt bewertet wird, hängt in einem nicht geringen Maße von den Hilferessourcen ab, über welche die Pflegepersonen in ihrem sozialen Umfeld verfügen" (Braun 1987: 19; vgl. auch Naegele 1985: 398ff.).
Die Hilfeleistungen der Angehörigen werden zwar gelegentlich durch Nachbarn unterstützt. Allerdings besteht diese nachbarschaftliche Hilfe weniger darin, unmittelbare Pflege zu leisten, als vielmehr darin, durch die Übernahme von Einkäufen und durch gelegentliche Präsenz in der

Nähe des pflegebedürftigen Menschen die Dauerbelastung und -beanspruchung der Hauptpflegepersonen zu mindern. Allerdings ist zu berücksichtigen, daß die Belastung durch die Pflege oft soziale Kontakte zu Nachbarn, Bekannten und Verwandten auf Dauer einschränkt und nicht zuletzt auch die Beziehungen innerhalb der Familie erheblich beeinträchtigen kann. Dies betrifft nicht lediglich die Beziehungen zwischen den Ehepartnern, sondern auch die Beziehungen zu den Kindern, die nicht selten unter der starken Beanspruchung der Hauptpflegeperson (zumeist der Mutter) leiden. Für die Pflege ungeeignete Wohnverhältnisse, die Verminderung von Chancen zur Aufrechterhaltung oder Initiierung sozialer Kontakte, die Störung ehelicher beziehungsweise familialer Beziehungsmuster sowie somatische und psychische Gesundheitsbelastungen sind also ernstzunehmende negative Folgen häuslicher Pflege.
Hinzu kommt, daß die Motivation und Fähigkeit zur Hauspflege auch von der Qualität der Beziehung zwischen hilfsbedürftiger und hilfegebender Person abhängt. War die Beziehung etwa zwischen Mutter und Tochter oder zwischen Schwiegermutter und -tochter bereits vor dem Eintritt der Pflegebedürftigkeit spannungsgeladen, so dürften sich solche Probleme unter dem Druck der Belastungen durch die häusliche Pflege eher noch verstärken. Auch in solchen Fällen scheint der erwähnte Mechanismus der „Energisierung" der Familie zu wirken: Obwohl die Mitglieder der Familie beziehungsweise die Hauptpflegepersonen eigentlich physisch und/oder psychisch nicht in der Lage sind, die Pflege zu übernehmen, führt dennoch der Druck der moralischen Selbstverpflichtung zur Durchführung der Hilfeleistungen. Diese Lösung kann allerdings – selbst aus Kostenerwägungen heraus – keineswegs als die günstigste betrachtet werden. Denn mögliche Folgen sind ein Auseinanderbrechen der Familienbeziehungen, die Entstehung neuer Hilfebedürftigkeiten (der Pflegepersonen) sowie in einigen Fällen auch eine schlechte Qualität der Pflegeleistungen selbst, die bis hin zur Mißhandlung der pflegebedürftigen Personen selbst reichen kann (vgl. Bundesministerium für Jugend, Familie, Frauen und Gesundheit 1986: 91).

Neben der häuslichen Pflegetätigkeit sind auch Tätigkeiten der *Krankheitsbewältigung* beziehungsweise *Gesunderhaltung* in der Familie von erheblicher sozialpolitischer Bedeutung.

So zeigt etwa die Studie von Grunow (vgl. Grunow u.a. 1983; Grunow u.a. 1984 sowie Grunow/Engfer 1987), die auf einer repräsentativen Haushaltsbefragung der Bevölkerung in der Bundesrepublik und einer nachfassenden qualitativen Intensivbefragung beruht, daß der überwiegende Anteil anfallender gesundheitsbezogener Aktivitäten ohne professionelle Unterstützung im Alltag realisiert wird. Eine entsprechende Auswertung von Gesundheitstagebüchern, die von 87 Haushalten vier Wochen lang ausgefüllt wurden, erbringt etwa, daß lediglich 13% der tatsächlich aufgetretenen Routineanlässe und 2% der entstandenen Akut-

erkrankungen und Befindlichkeitsstörungen unter Beteiligung von Professionellen bewältigt wurden (vgl. Grunow 1987: 251f.).
Trotz des hier zum Ausdruck kommenden enormen Umfangs und der Vielfältigkeit gesundheitsbezogener familialer Hilfeaktivitäten gibt es erhebliche Differenzen in der Verfügbarkeit und der Inanspruchnahme primärer sozialer Netzwerke bei der Bewältigung von Krankheitsepisoden. Ganz generell bestätigt die Untersuchung die auch in anderen Bereichen wiederzufindende Tendenz, daß die Häufigkeit und Intensität angebotener und in Anspruch genommener Hilfeleistungen mit der sozialen Nähe zur jeweiligen Bezugsperson zunimmt. Es sind in erster Linie Haushaltsmitglieder, dann erst nicht im Haushalt wohnende Verwandte und viel seltener nicht verwandte Personen wie Freunde, Bekannte, Nachbarn und Arbeitskollegen (in dieser Reihenfolge), denen gesundheitsrelevante Hilfen gegeben beziehungsweise abverlangt werden. Insgesamt zeigt sich, daß Haushaltsmitglieder und Verwandte „funktional unspezifische" Hilfepersonen darstellen, während haushaltsexterne und nichtverwandte Bezugspersonen eher anlaß- und aufgabenbezogene Hilfen vermitteln.
Innerhalb der Familie sind es wiederum die Frauen, die als Ehepartner und Mütter die mit großem Abstand wichtigsten Bezugspersonen für gesundheitsrelevante Hilfeaktivitäten darstellen. Wie bereits erwähnt, spielt auch die Stellung im Lebens- beziehungsweise Familienzyklus eine bedeutsame Rolle: Sowohl die Wahrscheinlichkeit des Anfalls bestimmter Krankheitsanlässe als auch die zur Verfügung stehenden Hilferessourcen variieren über den Ablauf des Lebens hinweg. Erfahrungen mit praktizierter Gesundheitsselbsthilfe variieren daher auch weniger mit makro-sozialen Erklärungsfaktoren wie soziale Schichtzugehörigkeit, Alter und Geschlecht, sondern lassen sich eher mit mikro-sozialen Variablen wie Stellung im Lebenslauf, Familienzyklus, Haushaltsstruktur und soziale Netzwerkkonstellation erklären. Entsprechende gesundheitsbezogene Hilfeleistungen nehmen von Ein-Personen-Haushalten über Haushalte mit alleinstehenden Ehepaaren bis hin zu „vollständigen" Familien zu.
Aus sozialpolitischer Perspektive ist hier besonders hervorzuheben, daß trotz des enormen Umfangs praktizierter gesundheitsbezogener informeller Hilfeleistungen ein bestimmter Prozentsatz der Bevölkerung – in der hier angesprochenen Studie wird dieser Anteil mit ca. 10% angegeben – ganz ohne gesundheitsbezogene Netzwerkhilfen auskommen muß. Zudem existiert ein erhebliches ungenutztes Potential gesundheitsbezogener Selbsthilferessourcen; dies bezieht sich insbesondere auf Freunde, Bekannte, Nachbarn und Arbeitskollegen, in bezug auf die die Befragten angaben, daß sie zwar bislang noch keine Hilfe erhalten haben, diese aber unter bestimmten Umständen durchaus nachfragen würden. Schließlich zeigt die Studie – und hier befindet sie sich in Übereinstimmung mit den Resultaten der übrigen Netzwerkforschung –, daß die weiblichen Familienmitglieder überproportional mit entsprechenden Hilfeerwartungen konfrontiert und belastet werden.

Sowohl das Beispiel der häuslichen Pflegetätigkeit als auch das der gesundheitsbezogenen familialen Selbsthilfeaktivitäten verweist auf das System *geschlechtsspezifischer Arbeitsteilung*. Das Hilfepotential der Familie wird also im wesentlichen durch die Frauenerwerbstätigkeit und die Haushalts- und Familiengröße bestimmt. Was die Frauenerwerbsbeteiligung angeht, so ist diese in den letzten Jahren trotz erheblicher Engpässe auf dem Arbeitsmarkt weiter angestiegen. Während 1950 nur 25% der verheirateten Frauen erwerbstätig waren, waren es 1984 bereits 42,5% (vgl. Statistisches Bundesamt 1985: 80 sowie Höpflinger 1987). Von 1972 bis 1982 ist die Anzahl der erwerbstätigen Frauen um 3,8% gestiegen, die Zahl der erwerbstätigen Männer reduzierte sich demgegenüber um 3,7%. Dennoch liegt die Frauenerwerbsquote in der Bundesrepublik mit rd. 52% (Frauen zwischen 15 und 65 Jahren) im Vergleich zu anderen westeuropäischen Ländern noch immer relativ niedrig; eine höhere Frauenerwerbsquote weisen vor allem die skandinavischen Länder auf.

Generell ist das *Leistungspotential* der privaten Familienhaushalte *begrenzt:* Die Befunde aus dem Wohlfahrtssurvey 1980 und 1984 weisen darauf hin, daß in denjenigen Haushalten, in denen in hohem Maße personenbezogene Dienstleistungen, wie etwa Pflege-, Betreuungs- und Sozialisationsleistungen, erbracht werden, in geringerem Maße güterbezogene Dienstleistungen, wie etwa Reparaturen, Do-it-yourself usw., erbracht werden (vgl. Glatzer 1986). Es kommt selten vor, daß beide Leistungsarten zugleich in hoher Intensität in einem Haushalt erbracht werden. Dies würde offensichtlich die Zeitressourcen der Familienmitglieder übersteigen.

Das Ausmaß der Eigenleistungen (personen- wie güterbezogene Dienstleistungen) scheint deutlich von der *Familien-* beziehungsweise der *Haushaltsstruktur* beeinflußt zu werden. So geht aus den Wohlfahrtssurveys hervor, daß in vollständigen und erweiterten Familien mehr Eigenarbeit geleistet wird als in unvollständigen Familien und Ein-Personen-Haushalten. Wie bereits in Abschnitt 5 ausgeführt, hat sich die Haushaltsstruktur allerdings in dieser Hinsicht zu Ungunsten informeller Hilfekapazitäten entwickelt. So ist nicht nur in der Bundesrepublik der Anteil der kleinen beziehungsweise Ein-Personen-Haushalte an der Gesamtzahl aller Haushalte stark angestiegen. Die begrenzte Hilfe- und Pflegekapazität der Familien wird allerdings nicht nur an der Verkleinerung der Haushaltsgrößen deutlich, sondern zeigt sich auch an der wachsenden Konfliktanfälligkeit der Familie, für die unter anderem die Scheidungsziffern ein Indikator darstellen. Die Zahl der Ehescheidungen nimmt seit 1960 kontinuierlich zu; inzwischen kann man davon ausgehen, daß von den

heute geschlossenen Ehen fast jede dritte geschieden wird, in Großstädten sogar fast jede zweite. Die Scheidungsrate hat sich gegenüber den 60er Jahren verdoppelt (vgl. Sieder 1987: 267ff.). Bedingt durch die wachsenden Scheidungsziffern steigt auch die Zahl „unvollständiger" Familien (Kinder mit nur einem leiblichen Elternteil). Mitte der 80er Jahre gab es bereits rd. eine Million alleinstehender Mütter oder Väter mit einem oder mehreren Kindern unter 18 Jahren.
Parallel zur wachsenden Konfliktanfälligkeit und Verkleinerung der Familienhaushalte haben sich in den letzten Jahrzehnten auch Alternativen zur Ehe in Form von „nicht-ehelichen Lebensgemeinschaften" auch in der Bundesrepublik verbreitet – eine Entwicklung, die in Dänemark oder Schweden schon seit längerem zu beobachten ist. Obgleich viele dieser „Ehen ohne Trauschein" später, oft nach dem ersten Kind, in eine „normale" Ehe überführt werden, sind sie doch ein Anzeichen für die Herausbildung experimenteller Lebens- und Familienformen. In diesem Zusammenhang kann man insgesamt von einer Tendenz zur *Pluralisierung* von Lebensmodellen und Beziehungsformen sprechen.

> „Noch in den 60er Jahren besaßen Familien, Ehe und Beruf als Bündelung von Lebensplänen, Lebenslagen und Biographien weitgehend Verbindlichkeit. Inzwischen sind in allen Bezugspunkten Wahlmöglichkeiten und -zwänge aufgebrochen. Es ist nicht mehr klar, ob man heiratet, wann man heiratet, ob man zusammenlebt und nicht heiratet, heiratet und nicht zusammenlebt, ob man das Kind innerhalb oder außerhalb der Familie empfängt oder aufzieht, mit dem, mit dem man zusammenlebt, oder mit dem, den man liebt, der aber mit einer anderen zusammenlebt, vor oder nach der Karriere oder mittendrin. (...) Alle derartigen Planungen und Absprachen sind prinzipiell aufkündbar und damit in den mehr oder weniger ungleichen Belastungen, die in ihnen enthalten sind, legitimationsabhängig. Dies läßt sich als Entkopplung und Ausdifferenzierung der (ehemals) in Familie und Ehe zusammengefaßten Lebens- und Verhaltenselemente verstehen." (Beck 1986, 163f.; vgl. auch Bertram/Borrmann-Müller 1988)

Bedeutsam sind diese Entwicklungen vor allem deshalb, weil tradierte Bindungen und Hilfeverpflichtungen offensichtlich an Legitimationskraft verlieren und neue, selbstgewählte, aber insgesamt weniger verläßliche Beziehungsformen entstehen. Im Hinblick auf familiale Hilfeleistungen läuft diese Entwicklung darauf hinaus, daß immer unklarer wird, welche (ehemaligen) Mitglieder des formell sanktionierten oder informellen Familienhaushaltes in welcher Lebenslage oder Notlage zur Hilfe bereit ist beziehungsweise verpflichtet werden kann. In welchem Ausmaße also die Pluralisierung von familialen

Lebensformen auch bislang bestehende Hilfeverpflichtungen und -erwartungen verschiebt und verändert, läßt sich zum gegenwärtigen Zeitpunkt und beim gegenwärtigen Stand der Forschung nur in ersten Umrissen erkennen.

Es wäre allerdings verfehlt, von der Verkleinerung und Instabilisierung der Familienhaushalte auf deren Isolation zu schließen. Familien unterhalten vielfältige *soziale Beziehungen* zu ihrer Umwelt und sind in verschiedenartige *soziale Netzwerkkontakte* eingebunden. In einer größeren Umfrage zum Ausmaß von Eigen- und Erwerbsarbeit wurde unter anderem nach Unterstützungsleistungen in sozialen Netzwerken gefragt: danach halfen 18 Prozent der Befragten bei Verwandten, 16 Prozent bei Freunden und fast 10 Prozent bei Nachbarn (Merz/Wolff 1986). Der personelle Umfang dieser gegenseitigen Unterstützungsleistungen ist nach dieser Studie in den letzten Jahren (von 1980 zu 1984) in etwa gleichgeblieben.

Obgleich aufgrund der Pluralisierung von Lebensstilen *verwandtschaftliche Beziehungen* insgesamt eher an Bedeutung verloren haben dürften, spielen sie dennoch weiterhin – auch für informelle Hilfeleistungen – eine wichtige Rolle (vgl. Diewald 1986: 55ff.). Diese Beziehungen werden nun aber auf freiwilliger Basis nach Maßgabe persönlicher Zuneigung ausgewählt. Dabei scheinen die Verwandtschaftsbeziehungen männlicher Familienmitglieder schwächer ausgeprägt zu sein als die der Frauen. Zudem zeigt sich, daß mit abnehmendem Mobilitäts- und Bildungsgrad die Einbindung in Verwandtschaftsbeziehungen zunimmt, während bei ansteigendem Mobilitäts- und Bildungsgrad mehr Kontakte mit Bekannten und Freunden zu verzeichnen sind.

Was die Unterstützungsleistungen solcher Verwandtschaftsbeziehungen angeht, so konzentrieren sich diese auf die Pflege von Kranken und Behinderten sowie die Kinderbetreuung. Insbesondere wenn die Elternfamilie in der Nähe wohnt, interpretieren Mütter/Schwiegermütter die Unterstützung bei der Kinderbetreuung und -pflege als selbstverständliche Verpflichtung. Die „ambulanten Großmütter" übertreffen mit ihren Leistungen bei der Kinderbetreuung nicht nur alle anderen hilfeleistenden Personen, sondern sogar noch die institutionellen Betreuungsinstanzen. Nach den Ergebnissen des Wohlfahrtssurveys von 1984 haben 16,7 Prozent der Befragten im Verwandtenkreis kleine Kinder beaufsichtigt und 11,4 Prozent Kranke oder Behinderte betreut. Gerade bei diesen personenbezogenen und den Intimbereich der haushaltlichen Lebensführung berührenden Leistungen spielen Nachbarn und Freunde eine geringere Rolle. Schon angesichts der Mobilitätserfordernisse ist es nur wenigen

Haushalten möglich, kontinuierliche Beziehungen aufzubauen. Nicht umsonst nehmen gute nachbarschaftliche Kontakte oft erst mit steigendem Alter zu. Insgesamt zeigt sich, daß sich die Einbindung in die Nachbarschaft mit zunehmender Kinderzahl intensiviert. In diesen Fällen ist die Wahrscheinlichkeit nachbarlicher Hilfe am höchsten. Es sind daher auch primär Frauen und Kinder, die die nachbarlichen Bindungen tragen .
Natürlich ist die moderne („hochmobile") Nachbarschaft nicht mehr zu vergleichen mit der traditionellen Dorfgemeinde und kann daher auch nicht mehr dieselben Probleme bewältigen. Mit der Entstehung überörtlicher Sozialleistungssyteme wurde die ehemals vorherrschende Motivation „wenn ich jetzt helfe, wird mir im Bedarfsfall später auch geholfen werden" obsolet und machte einer Motivation Platz, die eher auf das Interesse an guten sozialen Beziehungen beziehungsweise positiver Selbsteinschätzung aufbaut. Die soziale Verbreitung von Nachbarschaftshilfe dürfte somit auf sozial relativ homogene und weniger mobile, vor allem proletarische und mittelständische Schichten und Wohnquartiere beschränkt sein.

12.2.2 Selbsthilfegruppen

Selbsthilfegruppen, die seit den 70er Jahren auch in der Bundesrepublik wachsende Verbreitung und sozialpolitische Aufmerksamkeit gefunden haben, sind gewissermaßen zwischen dem Bereich primärer Sozialsysteme, also Familien, Verwandtschaft, Freundschaft usw., und dem professionell-sozialstaatlichen System sozialer Sicherung angesiedelt. Die wechselseitige *Hilfe und Unterstützung* erfolgt hier nicht – wie in den primären Sozialsystemen – quasi beiläufig und eingebettet in alltägliche Lebensvollzüge, sondern sie stellt ein ausdrückliches *Ziel der Gruppengründung* dar. Von einem bestimmten Problem oder Leiden Betroffene gründen eine Gruppe beziehungsweise treten einer Gruppe bei, um gemeinsam mit Gleichbetroffenen freiwillig und gleichberechtigt das Problem oder Leiden zu bewältigen.
Obwohl Selbsthilfegruppen in bestimmten Problembereichen besonders stark verbreitet und erfolgreich sind, etwa im Bereich der Alkoholabhängigkeit und bestimmter psychischer und somatischer Störungen, sind sie mittlerweile in nahezu allen Lebensbereichen anzutreffen: Es gibt

(a) krankheitsbezogene Selbsthilfegruppen, etwa von Herzinfarktpatienten, Diabeteskranken, Frauen nach Krebs usw.;
(b) psycho-soziale Selbsthilfegruppen von Suizidgefährdeten, De-

pressiven, Personen mit Kontaktschwierigkeiten, Personen, die Partner-/Eheprobleme haben usw.;
(c) Frauengruppen, etwa in Form von Müttergruppen, Selbsthilfegruppen vergewaltigter Frauen usw.;
(d) suchtbezogene Gruppen wie die Anonymen Alkoholiker, Fixer-Selbsthilfegruppen, Raucher- und Spielergruppen usw.;
(e) sowie nicht zuletzt auch Selbsthilfegruppen im Bereich von sozialen Problemen, also etwa von Arbeitslosen, Sozialhilfeempfängern, Strafentlassenen, Ausländern, Senioren, Alleinerziehenden, Obdachlosen, Verschuldeten, Eltern-Kind-Gruppen usw.

Die in diesen Beispielen zum Ausdruck kommende Spannbreite von Problemanlässen sowie Bedürfnissen und Interessen der Teilnehmer machen eine *Definition der Selbsthilfegruppen* schwierig. Je nach disziplinärer Zugehörigkeit und praktisch-sozialpolitischem Interessenschwerpunkt versuchen daher auch an einer begrifflichen Klärung interessierte Sozialwissenschaftler das zugrundliegende Phänomen enger oder weiter zu fassen.

So insistiert etwa Moeller (1978 und 1986) seit Jahren darauf, das Konzept der Selbsthilfegruppe im eigentlichen Sinne auf psycho-soziale Gesprächsgruppen zu beschränken und schreibt diesen Gruppen einen Regelkanon vor, an den diese sich orientieren müßten, um die im Selbsthilfeprinzip liegenden Möglichkeiten voll ausschöpfen zu können. Demgegenüber schlagen Vilmar und Runge (1986: 16f.) aus ganz anderer Perspektive eine sehr weite Definition vor, die auch so hoch formal organisierte Varianten sozialer Selbsthilfe wie Kinderläden und alternative Betriebe umfaßt sowie ausgesprochene Fremdhilfezusammenschlüsse, wie etwa Laienhelferinitiativen, ausdrücklich einbezieht. Zwischen diesen beiden extremen Varianten liegt die Definition der Hamburger Forschergruppe zur Gesundheitsselbsthilfe, die die folgenden Definitionsmerkmale vorschlägt:

„– Betroffenheit durch ein gemeinsames Problem,
– keine oder geringe Mitwirkung professioneller Helfer,
– keine Gewinnorientierung,
– gemeinsames Ziel: Selbst- und/oder soziale Veränderung,
– Arbeitsweise: Betonung gleichberechtigter Zusammenarbeit und gegenseitiger Hilfe“ (Winkelvoss u.a. 1981: 134).

Bei der Einschätzung ihrer Brauchbarkeit ist zu beachten, daß die vorgeschlagenen Definitionskriterien bei real vorfindlichen Selbsthilfegruppen in unterschiedlicher Ausprägung nachweisbar sind und zudem die spontan inszenierten selbstorganisierten Gruppen über den Zeitablauf hinweg zum Teil gravierenden Veränderungen unterliegen. In ihrer zusammenfassenden Präsentation von Untersuchungsergebnissen stellt die Hamburger Forschergruppe selbst fest, daß insbesondere das Merkmal „keine oder nur geringe Mitwirkung professioneller Helfer“ stark relativiert werden muß, da nahezu die Hälfte der befragten Selbsthilfegruppen mit Professionellen zusammenarbeitet (vgl. Trojan u.a. 1986: 33). Im Hinblick auf das letztgenannte Definitionskriterium „gleichberechtigte Zusammenarbeit und gegenseitige Hilfe“ wird festgestellt, daß eine Mehrheit der Befragten von formellen beziehungsweise informellen Führungsstrukturen in ihren Gruppen berichtet und sich in den Gruppen ausgesprochene Helferpersönlichkeiten“ finden, die mehr Hilfe geben als empfangen (vgl. ebd.: 33f.).

Quantitative Angaben zur *Anzahl bestehender Selbsthilfegruppen* sowie zur Beteiligung der Bevölkerung an Selbsthilfegruppen-Aktivitäten in der Bundesrepublik sind rar und beim gegenwärtigen Stand der Forschung im Hinblick auf ihren Realitätsgehalt schwer einzuschätzen.

So gehen etwa Winkelvoss u.a. (vgl. 1981) aufgrund von Schätzungen davon aus, daß bereits Anfang der 80er Jahre etwa 5000 bis 10000 krankheits- und lebensproblembezogene Selbsthilfegruppen in der Bundesrepublik existierten. In der Bielefelder Repräsentativbefragung zur Gesundheitsselbsthilfe wurde folgende Beteiligungsrate festgestellt: „Nur knapp 1% der Befragten gab an, sich sehr häufig im Rahmen von Selbsthilfegruppen engagiert zu haben... wir können feststellen, daß in etwa 2% der bundesdeutschen Haushalte Menschen leben, die sich z.Zt. an Selbsthilfegruppen beteiligen. Dies entspricht etwa 1% der Bevölkerung zwischen 15 und 80 Jahren. Darüber hinaus haben weitere gut 2% der Bevölkerung sich früher schon einmal in Gesundheitsselbsthilfegruppen engagiert. Der gegenwärtig noch geringen tatsächlichen Beteiligung an Gesundheitsselbsthilfegruppen steht eine quantitativ bedeutsame Gruppe gegenüber, die sich unter bestimmten Umständen für eine Teilnahme entschließen würde. In mehr als einem Viertel aller Haushalte kann man sich vorstellen, daß Selbsthilfegruppen Haushaltsmitglieder unterstützen könnten. Von den befragten Einzelpersonen meinen dies mehr als 35%.“ (Breitkopf 1983: 53; vgl. ausführlicher Grunow u.a. 1983).
Eine quantitative Erhebung von Selbsthilfegruppen in den Bereichen Gesundheit, Behinderung, psycho-soziale Probleme und soziale Schwierigkeiten in Nordrhein-Westfalen, in der die Karteien sämtlicher zum Erhebungszeitpunkt bestehender Kontakt- und Informationsstellen für Selbsthilfegruppen ausgewertet und die Ergebnisse hochgerechnet wurden (vgl. Jakubowski: 1987), ermittelt für Nordrhein-Westfalen insgesamt eine Anzahl von 6418 Selbsthilfegruppen (= eine Selbsthilfegruppe auf 2598 Einwohner), in denen ca. 96270 Personen aktiv sind; dies wären 0,8% der 15- bis 65jährigen Einwohner von NRW. Obwohl sich die einzelnen Untersuchungen also auf unterschiedliche Ausschnitte der Selbsthilfegruppen-Szene beziehen, stimmen sie doch darin überein, daß ca. 0,5 bis 1% der Bevölkerung in der Bundesrepublik an Selbsthilfegruppen-Aktivitäten teilnehmen.

Die quantitativen Angaben zum Umfang und zur Entwicklung von Selbsthilfegruppen-Aktivitäten sind – wie erwähnt – angesichts der enormen Zugangsprobleme zum Untersuchungsfeld und der raschen Vergänglichkeit einzelner Gruppen allenfalls als Annäherungwerte zu verstehen. Trotzdem sollte deutlich geworden sein, daß Selbsthilfegruppen keine Ausnahmeerscheinungen mehr darstellen. Deren enorme publizistische Beachtung steht allerdings in Kontrast zu den relativ geringen realen Selbsthilfe-Erfahrungen in der Bevölkerung.

Auch hinsichtlich der *sozialen Zusammensetzung* von Selbsthilfegruppen gibt es einige vorläufige Resultate aus empirischen Untersuchungen:

> Ohne auf alle Einzelstudien detailliert eingehen zu können, kann festgehalten werden, daß die weitverbreitete These einer überproportionalen Beteiligung von Mittelschicht-Angehörigen an Selbsthilfegruppen-Aktivitäten nur bedingt bestätigt werden kann. So lassen sich zwar in bestimmten Gruppen, nämlich in Gruppen von Angehörigen von Kranken, von körperlich Kranken und psychisch Beeinträchtigten, hohe Mittelschichtsanteile nachweisen; allerdings finden diese Gruppen eine geringe Verbreitung im Bundesgebiet. Demgegenüber ist der Mittelschicht-Anteil von Selbsthilfegruppen Behinderter und von Angehörigen Behinderter, für die eine hohe Verbreitung festgestellt werden kann, eher gering (vgl Trojan u.a. 1986: 35ff.). Dieser Befund wird von den Autoren folgendermaßen präzisiert: „Zwar befinden sich tatsächlich wenig Arbeiter in Selbsthilfegruppen; es sind jedoch auch keine reinen ‚Mittelschichtvereine'. Der Frauenanteil in den Gruppen ist insgesamt recht hoch. Bei den ehemals Kranken liegt der Frauenanteil etwas über 50%, bei den körperlich Kranken und den Angehörigen von Kranken knapp über 70% und bei den Angehörigen von Behinderten beinahe bei 90%. Hier entspricht der Begriff ‚Müttergruppen' weit besser der Realität. Die Aufteilung nach dem Familienstand ergibt, daß Ledige stark unterrepräsentiert sind. In der Altersverteilung sind die mittleren Jahrgänge (30 – 50) überrepräsentiert. Zwei Drittel der über 60jährigen sind Rentner, dies gilt auch für knapp 8% der unter 60jährigen." (Trojan u.a. 1986: 36)

Die *Gründe* für die Entstehung und wachsende Verbreitung von Gesundheitsselbsthilfegruppen sind vielschichtig und in ihrer relativen Bedeutung schwer einzuschätzen. In der einschlägigen Diskussion (vgl. etwa Katz 1986; die Beiträge in Badura/von Ferber 1981; Asam/Heck 1983 sowie Trojan 1986) wird einerseits auf die wachsenden Überforderungen und Unzulänglichkeiten primärer sozialer Netzwerke bei der Bewältigung sozialer Problembelastungen hingewiesen. Dieser Aspekt ist im vorhergehenden Abschnitt bereits ausführlich diskutiert worden. Zum anderen werden Versorgungslücken im Angebot professionell-sozialstaatlicher Leistungssysteme genannt. Entwicklungstendenzen wie die Spezialisierung und Technisierung im Gesundheitssystem sowie ganz generell die zunehmende Bürokratisierung und Professionalisierung sozialstaatlicher Leistungssysteme haben dazu beigetragen, daß bestimmte Probleme beziehungsweise Problemaspekte aus der Zuständigkeit professionell-bürokratischer Problembearbeitung ausgefiltert worden sind. Dies hat zur Folge, daß die Zufriedenheit mit diesen Leistungen trotz steigenden Aufwands sinkt. Zudem sind in den letzten Jahren neue Erscheinungsformen sozialer Hilfsbedürftigkeiten, etwa chronisch-degenerative Erkrankungen, psychische Störungen und Pflegebedürftigkeit, hinzugekommen, die durch den Einsatz der Organisationsmittel des Sozialstaates nicht allein bewältigt werden können. Ein Teil der Betroffenen, die sich mit den psychosozialen und sozialen Begleiterscheinungen ihrer gesundheitlichen Beeinträchtigungen und sozialen Lebensbelastungen alleingelassen fühlen, greift daher auf Selbsthilfegruppen als alternative Möglichkeiten der Problembewältigung zurück.

Die hilfreichen *Aktivitäten* in Selbsthilfegruppen variieren je nach zugrundeliegender Problembelastung sowie den Interessen und Bedürfnissen der Teilnehmer. Neben ganz generell weitverbreiteten Aktivitäten wie das wechselseitige Sich-Aussprechen scheinen bei krankheitsbezogenen Selbsthilfegruppen insbesondere Informationen und Erfahrungsaustausch über die Krankheit und ihre Bewältigung beziehungsweise über das instiutionalisierte Versorgungssystem im Vordergrund zu stehen, während im Bereich psychosozialer Gruppen die Erkundung des Selbst und die Entwicklung neuer Formen des Erlebens und Handelns dominieren. Im Bereich sozialer Schwierigkeiten dürften dagegen praktische Hilfestellungen eine hervorragende Rolle spielen. Ein nicht unerheblicher Teil der Gruppen ist nicht lediglich an einer Arbeit nach innen, sondern ebenfalls an der Beeinflussung der Umwelt interessiert. In diesem Zusammenhang geht es vor allem darum, Versorgungslücken im sozialstaatlichen Sicherungssystem öffentlich zu machen und möglichst zu beheben, problemverursachende Umweltbedingungen, etwa gesundheitsgefährdende Verhältnisse am Arbeitsplatz oder im Wohnbereich, zu verändern beziehungsweise ganz generell auf die eigene Problematik aufmerksam zu machen und in der Öffentlichkeit um Verständnis zu werben.

Die Diskussion der Auslösebedingungen, Organisationsformen und Aktivitätsbereiche sozialer Selbsthilfegruppen sollte zeigen, daß die Selbsthilfegruppen in vielfältigen Problembereichen aktiv geworden sind und ein erhebliches Leistungspotential aufweisen. Dies schließt allerdings bestimmte *strukturelle Grenzen* der Selbsthilfe nicht aus:

Selbsthilfegruppen und -initiativen haben im Gegensatz zu primären Sozialsystemen, also Familie, Verwandtschaft, Freundschaft usw., die Eigenschaft, daß sie für genau abgegrenzte Personengruppen spezifizierte Hilfeleistungen auf der Basis selbstorganisierter Gruppenprozesse erbringen können (vgl. Olk/Heinze 1985). Alle einschlägigen empirischen Studien weisen darauf hin, daß diese besonderen Leistungsmöglichkeiten von Selbsthilfegruppen nur von solchen Bevölkerungsteilen genutzt werden können, die über bestimmte soziale Kompetenzen verfügen: Die Beteiligten müssen in der Lage sein, intensive Gruppenprozesse initiieren beziehungsweise aushalten zu können.

Zudem weisen alle bisherigen Erfahrungen darauf hin, daß der *Leistungsschwerpunkt* von Selbsthilfe – auch im Bereich materieller Problemlagen – bei der psycho-sozialen Unterstützung, Beratung und Aktivierung der Betroffenen zu liegen scheint. Dementsprechend geben die Befragten der Hamburger Selbsthilfeuntersuchung an, daß diejenigen Ziele, die sich auf die eigene Person beziehungsweise auf die Gruppenmitglieder beziehen, in Selbsthilfegruppen zum überwiegenden Anteil erreicht werden konnten, während Ziele wie die Beeinflussung des Systems professionell-sozialstaatlicher Versorgung beziehungsweise die Veränderung der Einstellung von Professionellen zu einem wesentlich geringeren Prozentsatz als tatsächlich erreicht eingeschätzt wurden (vgl. Trojan u.a. 1986: 174f.). Die Beeinflussung der Verursachungsbedingungen materieller Problemlagen wie Arbeitslosigkeit, Unterprivilegierung und Armut liegt gänzlich außerhalb des Handlungsbereichs von Selbsthilfegruppen. Ganz in diesem Sinne stellen Kardorff und Koenen (1985) im Hinblick auf Selbsthilfegruppen im Bereich von Armut fest, daß diese nicht etwa den Zustand der Armut selbst abschaffen oder die Armut als gesellschaftliches Phänomen bekämpfen, sondern daß sie vornehmlich dazu beitragen, in der Armut leben zu können. Selbsthilfegruppen von Sozialhilfeempfängern etwa bekämpfen also nicht die Armut, sondern verbessern die Armutslage. Diese Leistung ist allerdings nicht gering zu schätzen, da die Stärkung der individuellen Handlungskompetenz und des Selbstvertrauens eine notwendige Voraussetzung für kollektive Artikulations- und Interessensvertretungsstrategien darstellt. Das in Selbsthilfegruppen gewonnene verbesserte Informationsniveau über das eigene Problem und gestiegene Selbstvertrauen kommt insbesondere im Umgang mit den professionellen Diensten zum Ausdruck. In dieser Hinsicht zeigt die Hamburger Untersuchung, daß in Selbsthilfegruppen aktive Bürger sich durch Selbsthilfe in die Lage versetzt sehen, mit Behörden und professionell-sozialstaatlichen Dienstleistungseinrichtungen selbstbewußter umzugehen und die Versorgungsangebote zielgerichteter und planvoller zu nutzen (vgl. Trojan u.a. 1986: 194ff.). In diesen Befunden zeigt sich, daß Selbsthilfegruppen dazu beitragen können, die Interessen und Bedürfnisse der Bürger als Konsumenten und Mitproduzenten sozialer Leistungen zu artikulieren und auf diese Weise die „Konsumentensouveränität" zu stärken.

Die Untersuchung der spezifischen Leistungsmöglichkeiten und Grenzen von Selbsthilfegruppen macht darauf aufmerksam, daß Selbsthilfegruppen das professionell-sozialstaatliche Leistungssystem allenfalls ergänzen, nicht aber ersetzen können. Hierfür spricht nicht lediglich die Instabilität der einzelnen Gruppen, die relativ rasch entstehen und zerfallen, sondern auch das auf psycho-soziale Problemaspekte konzentrierte Leistungsspektrum sowie die in der Gesamtbevölkerung ungleich verteilten Kompetenzen zur erfolgreichen Gruppenteilnahme. Sind schon bestehende Selbsthilfegruppen für potentiell Interessierte aufgrund ihrer Innenorientierung schwer erreichbar, so kommt hinzu, daß selbst bei erfolgter Konktaktaufnahme eine erfolgreiche Gruppenteilnahme davon abhängig ist, ob die neu hinzukommende Person in die Gruppe paßt beziehungsweise ob die Gruppe überhaupt noch neue Mitglieder aufnimmt. Wird eine Neugründung notwendig, so erhöht sich die Teilnahmeschwelle noch, da sie erheblich intensivere Vorbereitungsaktivitäten erfordert. Die Delegation eines „Versorgungsauftrages" an Selbsthilfegruppen verbietet sich aufgrund dieser besonderen Merkmale ohnehin. Will man aber die durchaus vorhandenen und weiterentwicklungsfähigen Möglichkeiten von Selbsthilfegruppen verbessern und stabilisieren, so bedarf es erheblicher flankierender Unterstützungsaktivitäten durch das professionell-sozialstaatliche Versorgungssystem (vgl. dazu ausführlicher Abschnitt 15).

12.2.3 Ehrenamtliches Engagement

Im Gegensatz zu den bisher besprochenen Varianten freiwilliger und unbezahlter sozialer Hilfstätigkeiten geht es beim ehrenamtlichen sozialen Engagement nicht primär um einen (intertemporalen) Austausch von Hilfeleistungen und Ressourcen, sondern um *Hilfe- und Unterstützungsleistungen für andere*. Dementsprechend definiert Theresa Bock (1986: 223) ehrenamtliche soziale Arbeit folgendermaßen: „Ehrenamtlich Tätige sind Bürger, die sich, ohne durch verwandtschaftliche Beziehungen oder ein Amt dazu verpflichtet zu sein, ohne Entgelt sporadisch oder regelmäßig für Aufgaben in der sozialen Arbeit zur Verfügung stellen". Ehrenamtlich Tätige „verschenken" also ihre Arbeitskraft, indem sie – in der Regel jenseits ihrer beruflichen beziehungsweise familialen Tätigkeiten und Verpflichtungen – ihre Arbeitskraft zu Konditionen bereitstellen, die unterhalb des auf dem Arbeitsmarkt zu erzielenden Arbeitseinkommens liegen.

Jenseits dieser sehr allgemeinen *Definition* ehrenamtlicher Arbeit sind präzisere Bestimmungen schwierig, da ehrenamtliches Engagement in der Realität in unterschiedlichen Varianten und Spielarten auftritt. Hinzu kommt, daß im Verlaufe der *historischen Entwicklung* Motivation, gesellschaftliche Legitimation und konkrete Organisationsformen ehrenamtlicher Tätigkeiten weitgreifenden Veränderungen unterlegen sind, die auch die Bezeichnung „Ehrenamt" als mittlerweile nicht unproblematisch erscheinen lassen. Denn ursprünglich wurde mit dem Ehrenamt die Übertragung hoheitlicher Befugnisse ohne Entgelt auf hervorgehobene Persönlichkeiten des Gemeinwesens verstanden (vgl. Roos 1980 sowie Korte 1961). Insofern verweist der Terminus auf den ständischen „Ehrbegriff" sowie die ursprüngliche Bindung dieser Tätigkeiten an ein „öffentlichrechtliches Amt". Obwohl ehrenamtliche soziale Tätigkeiten in der kommunalen Armenpflege des 19. Jahrhunderts auch tatsächlich diesen öffentlich-rechtlichen Status innehatten, verstehen wir darunter heute in der Regel Aktivitäten, die jenseits öffentlich-rechtlicher Anbindung verfaßt und organisiert sind. Trotz solcher Bedeutungsverschiebungen soll an dem Begriff des sozialen Ehrenamtes festgehalten werden, um den hier vorhandenen höheren Grad der Organisierung im Vergleich zu anderen Formen des freiwilligen und unbezahlten sozialen Engagements wie etwa der Nachbarschaftshilfe, der Arbeit in Selbsthilfegruppen und der spontanen, unorganisierten Einzelbetreuung zum Ausdruck bringen zu können. Ehrenamtliche Tätigkeit wird in aller Regel innerhalb einer formal organisierten Institution, sei es ein freier Träger der Wohlfahrtspflege, sei es ein öffentlicher Sozialdienst, erbracht. Sie wird daher nicht selten auf der Grundlage mündlicher oder schriftlicher Vereinbarungen und Abmachungen abgeleistet, ist mit Fahrtkostenerstattungen, Aufwandsentschädigungen usw. verknüpft und ist, da bestehende Qualifikationen genutzt beziehungsweise gezielt Vorbereitungs- und Einarbeitungsmaßnahmen erfolgen, nicht immer mit Laienarbeit gleichzusetzen.

Eine präzise Erfassung des quantitativen Umfangs abgeleisteter ehrenamtlicher Arbeit beziehungsweise der Anzahl entsprechend aktiver Personen erweist sich aufgrund der besonderen Merkmale sozialen ehrenamtlichen Engagements als kompliziertes Unterfangen. Will man dennoch einen Eindruck von *Umfang und Entwicklung* ehrenamtlicher Arbeit in der Bundesrepublik gewinnen, so stehen zwei Typen von Daten zur Verfügung:

Zum einen diejenigen Angaben, die sich auf die ehrenamtliche Mitarbeit bei den in der Bundesarbeitsgemeinschaft der freien Wohlfahrtspflege (BAG) zusammengeschlossenen freien Träger beziehen, und zum anderen diejenigen Angaben, die sich aus Repräsentativbefragungen der Bevölkerung im Hinblick auf Umfang, Potential und Entwicklung sozialen Engagements ermitteln lassen.

Die Träger der verbandlichen Wohlfahrtspflege beziehen sich bei den verbandsoffiziellen Verlautbarungen über das bei ihnen abgeleistete ehrenamtliche Engagement wiederum auf die turnusmäßig durchgeführten Repräsentativbefragungen des Allensbacher Instituts für Demoskopie. Auf dieser Basis schätzt die BAG die Zahl ihrer ehrenamtlichen Mitarbeiter zwischen 2 Millionen (vgl. Niedrig 1977) und 1,5 Millionen (vgl. BAG 1981). Die Bereitschaft zur ehrenamtlichen Hilfe ist danach in Klein- beziehungsweise Mittelstädten am stärksten ausgeprägt, im ländlichen Bereich und in Großstädten dagegen schwächer. Zwei Drittel der Ehrenamtlichen sind Frauen. Caritasverband und Diakonisches Werk schätzen die Zahl ihrer ehrenamtlichen Mitarbeiter auf etwa 0,5 Millionen, das DRK auf 300000, die Arbeiterwohlfahrt auf 80000 bis 100000 und der DPWV ebenfalls auf 100000 (vgl. Niedrig 1977). Im Hinblick auf die künftige Entwicklung des bei ihnen getätigten ehrenamtlichen Engagements kommen alle Verbände und Organisationen der verbandlichen Wohlfahrtspflege übereinstimmend zu der Einschätzung, daß die Bereitschaft zur Ableistung ehrenamtlicher Tätigkeiten wie schon in den letzten Jahrzehnten auch in Zukunft weiter abnehmen wird (vgl. zuletzt Niedrig 1986). Diese Tendenz kommt auch in den Allensbacher Repräsentativbefragungen zum Ausdruck: Sieht man einmal von der jüngsten Umfrage von 1985 ab, aus der ein gegenüber früheren Umfragen höherer Anteil von ehrenamtlichen und hauptberuflichen Mitarbeitern der freien Wohlfahrtspflege hervorgeht, so zeigen alle früheren Umfragen, daß der Anteil derjenigen, die sich eine ehrenamtliche Mitarbeit bei der Verbändewohlfahrt vorstellen können, seit den frühen 60er Jahren kontinuierlich sinkt, während die Anzahl derjenigen Befragten, die sich grundsätzlich eine ehrenamtliche Arbeit nicht vorstellen können, im gleichen Zeitraum angestiegen ist (vgl. BAG 1985). Mit der wachsenden Partizipation der Frauen am Arbeitsmarkt und der Abnahme konfessioneller Bindungen – so lassen sich diese Schätzungen und Befunde zusammenfassen – scheint das „klassische“ Potential ehrenamtlicher Arbeit in der verbandlichen Wohlfahrtspflege abzunehmen. Allerdings ist zu berücksichtigen, daß diese Angaben eingestandenermaßen unvollständig und lückenhaft sind (vgl. auch BAG-Ausschuß „Statistik“ 1982).

Als alternative beziehungsweise ergänzende Form der Erfassung von Umfang und Potential ehrenamtlicher sozialer Tätigkeit bietet sich daher der Rückgriff auf repräsentative Bevölkerungsumfragen an (vgl. neben den im folgenden ausführlicher diskutierten Studien auch Kleemann 1977; Kirch/Lewkowicz 1980; Gernert 1984 sowie Badelt 1985). Erste Anhaltspunkte liefert eine Repräsentativbefragung erwachsener Deutscher, die im Sommer 1984 vom INFAS-Institut im Auftrag des Sozialministeriums des Landes Niedersachsen durchgeführt worden ist: Nach dieser Umfrage sind gegenwärtig 16% der Befragten ehrenamtlich tätig oder aber in den letzten drei Jahren ehrenamtlich tätig gewesen (Frauen 18%, Männer 14%). Legt man eine Gesamtzahl von rd. 48 Millionen Einwohnern in der Bundesrepublik Deutschland ab 18 Jahren zugrunde, so würde dies bedeuten, daß 7 bis 8 Millionen Ehrenamtliche im sozialen Bereich aktiv geworden sind. Dieser Wert entspricht ziemlich genau dem Ergebnis des „Wohlfahrts-Surveys 1980", wonach 13,1% der Antwortenden beziehungsweise rd. 7 Millionen Personen in der Bundesrepublik Deutschland eine ehrenamtliche Tätigkeit ausüben (vgl. Glatzer 1984: 378f.). Der Anteil der an einer ehrenamtlichen Arbeit im sozialen Bereich grundsätzlich Interessierten wird in der INFAS-Studie mit 33% angegeben.

Die Befunde dieser Studie werden durch die Untersuchung von Braun und Röhrig 1986 und 1987) bestätigt. In dieser Studie wird das soziale Engagement weitergefaßt: Es enthält sowohl die Mitarbeit in Selbsthilfegruppen als auch das ehrenamtliche Engagement im Sozial- und Gesundheitsbereich. Die Datengrundlage besteht aus repräsentativen Bevölkerungsbefragungen in vier Städten zwischen 80000 und 300000 Einwohnern. Dieser Untersuchung zufolge engagieren sich 18% der Befragten im Sozial- und Gesundheitssektor, und für 16% stellt dieses soziale Engagement insofern eine zentrale Aktivität dar, als sie sich sechs und mehr Stunden in der Woche betätigen (14% betätigen sich drei bis fünf Stunden, 12% eher geringfügig mit ein bis zwei Stunden pro Woche). Ähnlich wie die INFAS-Studie zeigt auch diese Untersuchung, daß sich nur wenige der Befragten intensiv und kontinuierlich, die meisten aber eher sporadisch engagieren. 45% der Aktiven – bezogen auf die gesamte Bevölkerung sind dies 8% – wenden für ihr soziales Engagement drei und mehr Stunden pro Woche auf. Im Hinblick auf die geschlechtsspezifischen Proportionen zeigt sich auch hier das Übergewicht der Frauen: Auf drei sozial engagierte Frauen kommen dieser Studie zufolge zwei engagierte Männer im Sozial- und Gesundheitsbereich. Im Hinblick auf die Aktivitätsfelder zeigt sich, daß im Altenbereich die meisten engagiert sind (nämlich 26%), jeweils 21% sind im Bereich der Elterninitiativen, der organisierten Nachbarschaftshilfe und im Bereich der Frauenprobleme engagiert; 15% im Bereich der besonderen sozialen Situationen (Ausländer, Asylanten, Straffällige, Nichtseßhafte, Drogenabhängige). Die geschlechtsspezifische Beteiligung verändert sich allerdings je nach Aktivitätsbereich insofern, als im Bereich der Hilfen für Menschen in besonderen sozialen Situationen und im Behindertenbereich Männer dominieren, während in den übrigen Bereichen das Gegenteil der Fall ist. Auch diese Untersuchung weist mit 28% ein erhebliches Potential von an sozialem Engagement interessierten Befragten aus. Unter ihnen sind Männer und Frauen zwischen 16 und 45 Jahren, Personen mit niedrigem Haushaltseinkommen sowie alleinstehende Personen und Personen ohne Kirchenbindung besonders vertreten, während bei den tatsächlich Engagierten Frauen, insbesondere mit höherer Bildung, Personen, die über ein hohes Haushaltseinkommen verfügen und die in Mehrpersonenhaushalten leben, sowie Personen mit starker Kirchenbindung überwiegen. In beiden Gruppen sind die Präferenzen für Selbstentfaltungswerte gleich stark ausgeprägt. Die Gruppe der jungen Menschen (bis 45 Jahre) mit höherer Bildung zeigt ein stärkeres Interesse an sozialem Engagement als die Gruppe der älteren Befragten mit geringerer Bildung. Zwar ist die verfügbare freie Zeit eine wichtige Voraussetzung für das soziale Engagement, allerdings zeigt bereits der Sachverhalt, daß Berufstätige und Nicht-Berufstätige etwa gleich stark engagiert und Personen aus Mehrpersonenhaushalten besonders aktiv sind, daß es insbesondere der Einbezug in soziale Kontexte ist, der eine Aktivierung für soziale Tätigkeiten begünstigt. Im Hinblick auf die Motive für (potentielles) ehrenamtliches soziales Engagement weist die Studie aus, daß Kontakt- und Selbstentfaltungsmotive, Interesse an Beziehungen zu anderen Menschen sowie die Möglichkeit, etwas über sich selbst zu erfahren, hohe Priorität haben, während sich persönliche oder solidarische Betroffenheit sowie religiöse und sozialkritische Motive eher im mittleren Bereich befinden und Motive, wie die Kompensaton für unbefriedigende und unausgelastete Lebenssituationen, eher wenig genannt worden sind.

Versucht man die Befunde dieser Untersuchungen im Hinblick auf ihre *generellen Tendenzen* zusammenzufassen, so ergibt sich folgendes Bild:

(1) Die quantitativen Angaben im Hinblick auf den Umfang der ehrenamtlichen sozialen Tätigkeiten wie des Potentials schwanken stark in Abhängigkeit von den Verwendung findenden Definitionen ehrenamtlichen Engagements und der Fragestellung;
(2) ehrenamtliche soziale Tätigkeit im engeren Sinne, also im Bereich der organisierten verbandlichen Wohlfahrtspflege, stellt nur ein quantitativ kleiner Ausschnitt aus dem Gesamtvolumen sozialen Engagements dar. Der Umfang der informellen, wenig organisierten freiwilligen Arbeit jenseits verbandlicher Träger ist also erheblich größer als der der organisierten Tätigkeit (dies zeigt auch Badelt (1985) für Österreich);
(3) es gibt durchaus ein erhebliches Potential von an ehrenamtlicher beziehungsweise unentgeltlich-freiwilliger sozialer Tätigkeit interessierten Bürgern. Insbesondere in dieser Hinsicht zeigt sich aber, daß eher jüngere Bevölkerungsgruppen beziehungsweise die anwachsende

Gruppe der „jungen Alten“ interessiert sind. Sie wollen weniger bei den Verbänden der etablierten Wohlfahrtspflege als vielmehr im Bereich der neuen beziehungsweise alternativen Institutionen und Selbsthilfeinitiativen tätig werden;
(4) die Mobilisierung dieses Potentials von an ehrenamtlicher beziehungsweise freiwillig-unentgeltlicher Arbeit Interessierten erfordert daher bestimmte (geänderte) Rahmenbedingungen wie hohe zeitliche Dispositionsmöglichkeiten, materielle und symbolische Gratifikationen, organisatorische Hilfestellungen usw.

Es gibt also offensichtlich veränderte Selbst- und Fremdhilfemotivationen, die die Grenzen zwischen dem traditionellen sozialen Ehrenamt und neueren Formen der Selbsthilfe tendenziell undeutlich werden lassen und eine *Art „neue Ehrenamtlichkeit“* hervorbringen. Traditionelle Werte wie Pflichtethik und Opferbereitschaft scheinen an Bedeutung zu verlieren. An die Stelle der bedingungslosen Hingabe an die soziale Aufgabe unter Verzicht auf die Befriedigung eigener Bedürfnisse und Interessen tritt heute der Wunsch nach einem freiwillig gewählten Engagement, das sich zeitlich den eigenen sonstigen Bedürfnissen und Interessen anpassen läßt und die eigenen Kräfte und Möglichkeiten qualitativ nicht übersteigt. Äußeres Anzeichen hierfür ist unter anderem die Erfahrung der Wohlfahrtsverbände, daß Ehrenamtliche heute eine Abneigung gegen besonders belastende Tätigkeiten entwickeln und sich nur auf solche Verpflichtungen einlassen wollen, die für sie überschaubar bleiben.
Neue *Motivationen* kommen auch darin zum Ausdruck, daß Belohnungen immaterieller oder materieller Art erwartet werden sowie eine hohe Autonomie bei der Gestaltung der freiwilligen Hilfeleistungen gewünscht wird. Angesichts der mehrfach angesprochenen quantitativen und qualitativen Veränderungen in den Erscheinungsformen von Hilfsbedürftigkeiten und abnehmender Leistungsreserven im professionell-sozialstaatlichen System sozialer Sicherung gerät das freiwillige soziale Engagement gegenwärtig in den Mittelpunkt des gesundheits- und sozialpolitischen Interesses. Politische Bestrebungen, die auf eine Ausweitung des ehrenamtlichen Engagements hinauslaufen, müssen sich allerdings auf ihre verteilungspolitischen Konsequenzen hin befragen lassen. Denn ehrenamtliche Tätigkeit ist seit jeher ein Bestandteil des Systems *geschlechtsspezifischer Arbeitsteilung* beziehungsweise Ungleichheit. Angesichts der deutlichen Überrepräsentation von Frauen im sozialen Ehrenamt und der strukturellen Ähnlichkeiten zwischen Hausarbeit und den hier geforderten qualitativen Kompetenzen und Befähigungen und den Merkmalen

und Anforderungen an freiwilliges soziales Engagement verweisenengagierte Frauenforscherinnen beziehungsweise Sozialwissenschaftlerinnen mit einigem Recht darauf, daß das soziale Ehrenamt im Grunde eine spezifische Form der Frauenarbeit sei (vgl. Backes u.a. 1983 sowie Notz 1987), die durch Phänomene wie Aufrechterhaltung geschlechtsspezifischer Arbeitsteilung und Benachteiligung der Frauengekennzeichnet ist.
Und in der Tat zeigen alle einschlägigen Untersuchungen, daß die subjektive Bedeutung ehrenamtlicher Arbeit im Sozialbereich für Frauen durchaus ambivalent einzuschätzen ist. Auf der einen Seite geraten die Frauen, da sie auf diese Weise kein reproduktionssicherndes Einkommen erhalten und auch keinerlei Sozial- und Rentenversicherungsrechte erwerben, in Abhängigkeit vom Einkommen und der Alterssicherung des Ehemannes und müssen zudem auf die volle gesellschaftliche Anerkennung ihrer Arbeit verzichten, da es sich nicht um Erwerbsarbeit im üblichen Sinne handelt. Auf der anderen Seite bietet sich hier eine Chance für die Frauen, aus dem beschränkten Aktivitäts- und Erfahrungsbereich der Familie herauszukommen und über den ersten Kontakt zur öffentlichen Sphäre unter Umständen sogar den Übergang in reguläre Erwerbstätigkeit zu schaffen. In vielen Fällen ist die soziale ehrenamtliche Tätigkeit durchaus eine Art Katalysator für den Übergang in den Arbeitsmarkt (vgl. Ballhausen u.a. 1986; Geiger 1982 sowie Braun/Marx 1987).

13. Anforderungen an eine sozialpolitische Strategie der Förderung von Selbsthilfe und sozialer Unterstützung

Umfang, Verteilung und Entwicklungsperspektiven familialer Eigenhilfe sowie freiwilliger und unbezahlter sozialer Hilfe- und Unterstützungsleistungen wurden im vorhergehenden Kapitel ausführlich und differenziert untersucht, um die Ansatzpunkte und Merkmale einer sozialpolitischen Strategie der Förderung und Stabilisierung von Selbsthilfe und sozialer Unterstützung auf einer möglichst weitgehend gesicherten Wissensbasis zu entwickeln. Dabei fußt die grundsätzliche Entscheidung für eine Politik der Förderung und Stabilisierung von Selbsthilfe und sozialen Unterstützungsnetzwerken auf der durch sozialwissenschaftliche Forschungen abgesicherten Einsicht, daß es weder wünschenswert noch möglich wäre, die Bewältigung sämtlicher sozialer Hilfsbedürftigkeiten, Probleme und Leiden in die Zuständigkeit des professionell-sozialstaatlichen Systems sozialer Sicherung zu überführen. Der nicht-professionelle Hilfesektor, der sämtliche unbezahlten sozialen Hilfe- und Unterstützungsleistungen

umfaßt, trägt also auch unter den Bedingungen moderner und hoch entwickelter Sozialstaatlichkeit zu einem erheblichen Ausmaß zum sozialen und psychischen Wohlbefinden der Individuen und damit zur sozialen Wohlfahrt in der Gesellschaft bei.
Darüber hinaus gilt, daß auch das professionell-sozialstaatliche System sozialer Sicherung in seinem Bestand und seiner Funktionsweise auf die vorgängigen Leistungen des nicht-professionellen Hilfesektors angewiesen ist. Allerdings gelten für den nicht-professionellen Hilfesektor ganz andere Leistungsvoraussetzungen, Funktionsmechanismen und Wirkungsbedingungen als für den Bereich sozialstaatlicher Sicherung. Es ist also davon auszugehen, daß bestimmte Wohlfahrtsziele in den partikularistischen Gemeinschaften nicht-professioneller Hilfesysteme, andere dagegen besser durch die universalistischen, flächendeckenden und standardisierten Leistungsangebote des Sozialstaates verwirklicht werden können.
Unter der Voraussetzung je spezifischer, *komplementärer Leistungsvorteile und -grenzen* nicht-professioneller und professionell-sozialstaatlicher Hilfesysteme lassen sich zwei zentrale *Ziele* einer Politik der Förderung und Stabilisierung von Selbsthilfe und sozialer Unterstützung benennen: Eine Politik der „Netzwerkförderung" wirkt wohlfahrtssteigernd, wenn sie (a) daran orientiert ist, die Rahmenbedingungen und Voraussetzungen dafür zu verbessern, daß die nicht-professionellen Sozialsysteme ihr eigentümliches Leistungspotential möglichst optimal entfalten können, und wenn sie (b) darum bemüht ist, die hier vorhandenen relativen Leistungsschwächen beziehungsweise -grenzen durch ein komplementäres Angebot professionell-sozialstaatlicher Leistungsangebote zu kompensieren.
Die eigentümlichen Schwächen und Grenzen nicht-professioneller Hilfesysteme werden deutlich, wenn man die Leistungsvoraussetzungen, Funktionsmechanismen und Verteilungswirkungen freiwilliger und unentgeltlicher sozialer Hilfeleistungen auf sozialstaatliche Versorgungsziele bezieht. Die normative Grundidee, die die Herausbildung und Entwicklung des Sozialstaates maßgeblich begleitet hat, war die Idee der „Gleichheit" beziehungsweise das Prinzip der Kompensation relativer Benachteiligungen. Sozialpolitische Daseinsvorsorge zielt zentral darauf ab, durch universalistische, flächendeckende und standardisierte Leistungsangebote zu einer Angleichung der Lebensverhältnisse beizutragen beziehungsweise, anders formuliert, tendenziell der gesamten Bevölkerung die soziale Teilhabe an sämtlichen Bereichen und Prozessen der Gesellschaft zu ermöglichen (Inklusionsprinzip). Da nicht-professionelle Sozialsysteme wenig zu einer Umverteilung materieller Lebenschancen beitragen können, ist

es sozialstaatlich geboten, ihre sozialen Unterstützungsleistungen zu ergänzen und durch Förderungsstrategien abzusichern.
Ausgehend von diesen allgemeinen Voraussetzungen lassen sich nun die *Ansatzpunkte* und *Merkmale einer sozialpolitischen Strategie* der Förderung und Stabilisierung von Selbsthilfe und sozialer Unterstützung näher bestimmen:

(1) Die Ausführungen zur Wirkungsweise und den Effekten sozialer Netzwerke (vgl. Abschnitt 12.1) haben gezeigt, daß Personen(-gruppen), die in soziale Netzwerke eingebunden sind, Zugang zu sozialen Unterstützungsressourcen haben, die die Entstehung bestimmter Probleme und Belastungen präventiv verhindern beziehungsweise deren Bewältigung erleichtern. Die *Bedingungen* und *Voraussetzungen zum wechselseitigen Austausch* von Hilfe und Unterstützung in sozialen Netzwerken sollten also durch sozialpolitische Einrichtungen, Maßnahmen und Strategien nicht behindert und eingeengt, sondern vielmehr befördert und erleichtert werden. Allerdings hat sich auch gezeigt, daß die Zugänglichkeit zu sozialen Unterstützungsnetzwerken keineswegs gleich verteilt ist. Es lassen sich also bestimmte Personen(-gruppen) nachweisen, die aus bestehenden sozialen Netzwerkbeziehungen herausfallen und daher nicht in den Genuß entsprechender Unterstützungsleistungen gelangen können. Für diese „netzwerkbezogenen Risikogruppen" müssen entweder „künstliche Vernetzungen", etwa in Form von unter Mitwirkung Professioneller gestifteter Nachbarschaftshilfen, Selbsthilfegruppen usw., hergestellt oder aber professionell-sozialstaatliche Leistungsangebote bereitgehalten werden.
Darüber hinaus ist zu berücksichtigen, daß soziale Netzwerke unter bestimmten Bedingungen weniger Unterstützung vermitteln, als vielmehr zusätzliche Schwierigkeiten und Probleme erzeugen und die Lebenschancen der Betroffenen beeinträchtigen. Dies gilt etwa für Mitglieder sehr dichter Netzwerke delinquenter Subkulturen, die ihre Lebenschancen nur dadurch nachhaltig verbessern können, daß sie das bestehende Netzwerk verlassen. Dies gilt aber auch für solche Netzwerkmitglieder, die aufgrund einer andauernden Unterversorgung mit bestimmten Handlungsfähigkeiten beziehungsweise Ressourcen, etwa im Falle von chronischer Behinderung, Altersgebrechlichkeit, aber auch materieller Armut, in die persönliche Abhängigkeit eines oder mehrerer hilfegebenden Netzwerkmitglieder geraten und auf diese Weise im Hinblick auf die Autonomie ihrer Lebensführung und ihrer Selbstachtung geschädigt werden. Diese Beispiele verweisen darauf, daß soziale Unterstützung und Hilfeleistungen in

Netzwerkbeziehungen nicht in jedem Falle der sozialstaatlichen Daseinsvorsorge vorzuziehen sind: Denn in den Fällen, in denen die soziale Kontrolle in sozialen Netzwerken die Chancen zur Verwirklichung selbstgewählter Lebensstile reduzieren beziehungsweise dauerhaft asymmetrische Beziehungsmuster unerwünschte Abhängigkeitsverhältnisse schaffen, kann nur die *Bereitstellung professionell-sozialstaatlicher Leistungsangebote* neue Handlungsspielräume eröffnen.

(2) Die vielleicht bedeutsamste Einschränkung und Begrenzung des Leistungspotentials sozialer Unterstützungsnetzwerke liegt aber wohl darin, daß diese nicht in der Lage sind, *sozioökonomische Benachteiligung und Unterprivilegierung* zu kompensieren. Diese Leistungsschwäche hängt unmittelbar mit den zentralen Merkmalen sozialer Unterstützungsnetzwerke zusammen: Aufgrund ihrer Partikularität und ihrer im Vergleich zu sozialstaatlichen Bedarfsausgleichssystemen geringen Größe sind soziale Netzwerke grundsätzlich nicht in der Lage, zu einer Umverteilung materieller Lebenschancen und Ressourcen beizutragen. Dementsprechend verweisen die referierten empirischen Studien auf die sozialstrukturelle Homogenität sozialer Unterstützungsnetzwerke: „Reiche" und „arme" Mitglieder der Gesellschaft haben ihre je eigenen sozialen Netzwerke. Dies bedeutet aber nichts anderes, als daß Personen mit tendenziell ähnlicher Ressourcenausstattung in Austauschbeziehungen eintreten. Verbessert sich die Ressourcenlage eines Netzwerkmitgliedes gravierend, so scheidet es zumeist aus dem vorhandenen Netzwerk aus und assoziiert sich mit tendenziell ebenbürtigen anderen Gesellschaftsmitgliedern, verschlechtert sich die Ressourcenlage, so ist ebenfalls ein Ausscheiden aus dem Unterstützungsnetzwerk zu erwarten (vgl. Brody 1985).

Weder die ausdrückliche Berücksichtigung noch die Förderung und Stabilisierung sozialer Unterstützungsnetzwerke machen also eine Politik der *Umverteilung ökonomischer Ressourcen* überflüssig. Auch die in den aktuellen (sozial-)politischen Auseinandersetzungen gelegentlich geäußerte Behauptung, eine materiell unterprivilegierte Lebenslage könne durch die Unterstützungsleistungen sozialer Netzwerke ausgeglichen werden, stellt sich bei näherer Betrachtung als unzutreffend und zynisch dar. Verarmte und materiell deprivierte Bevölkerungsgruppen sind nämlich in überdurchschnittlichem Maße in „negative soziale Netzwerke" eingebunden, die anstelle von Unterstützung und Hilfe zusätzliche Belastungen und Einschränkungen von Chancen mit sich bringen. Die Dauerbelastung durch den Mangel an materiellen Ressourcen geht hier in der Regel mit einer Ver-

schlechterung der Qualität der familialen Netzwerkbeziehungen, etwa zwischen Ehepartnern, zwischen Eltern und Kindern usw., sowie mit einer quantitativen und qualitativen Einschränkung der außerfamilialen Netzwerkkontakte, etwa Abbruch von Beziehungen zu Freunden oder Bekannten, einher.
Überhaupt ist zu beachten, daß Existenz und Funktionsweise sozialer Netzwerke durch die sozioökonomische Struktur der Gesellschaft und die sozialräumlichen Rahmenbedingungen beeinflußt werden (vgl. hierzu Belle 1983; Pilisuk/Minkler 1985; Schenk 1984). Dies gilt zunächst einmal ganz generell in dem bereits angesprochenen Sinne, daß im Verlaufe des Übergangs von vormodernen zu modernen Lebensverhältnissen und mit voranschreitender funktionaler Differenzierung die Dichte sozialer Netzwerke abnimmt, während ihre funktionale Spezifität und individuelle Wählbarkeit zuzunehmen scheinen. Dies gilt allerdings auch in dem spezielleren Sinne, daß sich gesellschaftliche Strukturkrisen und Umbrüche, die sich in anhaltender Massenarbeitslosigkeit und arbeitsmarktbedingten Mobilitätserfordernissen niederschlagen, unmittelbar negativ auf soziale Netzwerkkontakte auswirken können. Auch Kürzungen in den sozialstaatlichen Leistungsprogrammen beziehungsweise die von konservativliberalen Kräften bevorzugte Strategie der Privatisierung sozialstaatlicher Verantwortlichkeiten ist geeignet, bestehende soziale Netzwerke zu beeinträchtigen und damit die hier geleisteten Hilfe- und Unterstützungsleistungen zu gefährden. Ebenso lassen die sozialräumlichen Auswirkungen gesellschaftlicher Modernisierung soziale Beziehungsmuster und die in ihnen nachweisbaren Unterstützungspotentiale nicht unberührt. Zwar wäre es unzutreffend, ganz generell negative Auswirkungen sozialräumlicher Modernisierung auf soziale Netzwerkkontakte zu behaupten, allerdings sind solche schädigenden Einflüsse im Falle bestimmter Ausprägungen von Modernisierungsstrategien, etwa bei großflächiger „Kahlschlagsanierung", zu erwarten.
Eine an den sozialstaatlichen Zielen der Gleichheit, Gerechtigkeit und sozialer Teilhabe orientierte politische Strategie der Förderung und Stabilisierung von Selbsthilfe und sozialer Unterstützung – so können wir zusammenfassen – betreibt Netzwerkförderung also weder als Ersatz noch auf Kosten der sozialpolitischen Einkommensstrategie im Sinne der Verbesserung der materiellen Lebenschancen der Adressaten durch Umverteilung von Geldeinkommen. Neben und in relativer Unabhängigkeit von einer makro-ökonomischen Umverteilungspolitik geht es darum, soziale Netzwerke, dort wo sie hilfreich wirken, durch geeignete Mittel zu unterstützen und zu stär-

ken, beziehungsweise in den Fällen, in denen sie fehlen, „künstlich" zu inszenieren beziehungsweise alternativ sozialstaatliche Leistungsangebote bereitzuhalten.

(3) Ein weiterer, zunehmend wichtiger werdender Anknüpfungspunkt für sozialpolitische Strategien ist die *geschlechtsspezifisch* ungleiche *Verteilung der Belastungen* mit sozialen Unterstützungs- und informellen Hilfeleistungen. Der Durchgang durch die verschiedenen Bereiche des informellen Hilfesektors hat deutlich gezeigt, daß die Frauen in nahezu allen Bereichen informeller Hilfe und sozialer Unterstützung in überdurchschnittlichem Maße Hilfe leisten und lediglich in geringem Maße Hilfeleistungen zurückerhalten. Dieser durchgängige Befund ist natürlich Ausdruck des zugrundeliegenden Systems geschlechtsspezifischer Arbeitsteilung, das auch die Grundprinzipien des bestehenden Systems sozialer Sicherheit prägt. Sowohl das System der monetären Umverteilung als auch das der sozialen Dienstleistungen beruht darauf, daß Männer im Normalfall durch kontinuierliche Erwerbstätigkeit ein ausreichendes Einkommen für sich und ihre Familien erzielen und daß Frauen im Gegenzug bestimmte Sozialisations-, Betreuungs- und Pflegeleistungen für die Familienmitglieder erbringen (Familiensubsidiarität). Dieses System geschlechtsspezifischer Arbeitsteilung wurde und wird nicht lediglich durch entsprechende Machtverhältnisse, sondern auch durch die Weitergabe entsprechender geschlechtsspezifischer Rollenstereotype befestigt und reproduziert.

Viele Anzeichen sprechen dafür, daß diese auf dem Merkmal Geschlecht beruhende Zuschreibung von Rechten und Pflichten von den Frauen immer weniger akzeptiert und faktisch durch gegenläufige Lebensmuster durchbrochen wird. Diese Aufweichung traditioneller Geschlechterrollen und das Interesse vor allem jüngerer Frauen an einer gleichberechtigten Partizipation am Erwerbsarbeitsmarkt haben sowohl das sozialwissenschaftliche Interesse an den besonderen Merkmalen der „Sorgearbeit" (im englischen: care work) als auch die Sensibilität für die hiermit zusammenhängenden Belastungen und Benachteiligungen der Frauen gefördert. Das Eigentümliche an der weiblichen „Sorgearbeit" besteht vor allem darin, daß sie sowohl Ausdruck einer besonderen, durch Liebe und Zuneigung geprägten Beziehung zu den Adressaten als auch gesellschaftlich nützliche Arbeit ist, bei deren Vollzug durch den Einsatz von Arbeitskraft ökonomische Werte geschaffen werden (vgl. Graham 1983 sowie Waerness 1984). Dies bedeutet aber, daß Art, Umfang und Intensität der Arbeit nicht, wie im Falle der Erwerbsarbeit, durch einen Arbeitsvertrag offiziell geregelt werden kann, sondern sich aus der Art der anfallenden Probleme und Hilfsbedürftigkeiten und den Bedürfnissen und Wünschen der Hilfeempfänger ergeben. „Sorgearbeit“ ist also von ihrer Struktur her prinzipiell nicht begrenzbar und ist in ihrem Aufforderungscharakter für die betroffenen Frauen – da mit positiven sozialen Beziehungen verknüpft – unabweisbar. Die hieraus entstehenden Belastungen und Probleme sowie die Gefahr, daß die Frauen für diese Art von „Beziehungsarbeit“ ihre eigene Identität, ihre Wünsche und Interessen tendenziell völlig aufgeben, ist lange Zeit in der sozialpolitischen Diskussion und der sozialwissenschaftlichen Forschung übersehen und erst in letzter Zeit in den Mittelpunkt der Aufmerksamkeit gerückt worden (zu den streßerzeugenden Wirkungen von Sorgearbeit: vgl. Belle 1982). Diese besondere Form von Arbeit ist aber nicht nur belastend und streßerzeugend, sondern spielt sich auch noch jenseits gesellschaftlicher Aufmerksamkeit im Verborgenen ab. Der Hauptanteil weiblicher Sorgearbeit wird im privaten Rückzugsbereich der Familien oder aber zumindest in der näheren Nachbarschaft abgeleistet. Sie ist daher eine Arbeit, die sowohl relativ isoliert und ohne Unterstützung durch andere Gleichbetroffene geleistet wird, als auch eine Arbeit, der die gesellschaftliche Anerkennung, zumindest bislang, weitgehend verwehrt blieb. Dieses System geschlechtlicher Arbeitsteilung, das den Männern die monetär entlohnte, gesellschaftlich anerkannte und öffentlich sichtbare Erwerbstätigkeit und den Frauen die unbezahlte, gesellschaftliche weniger hochbewertete und im Verborgenen angesiedelte Hausarbeit zuweist, wird mit gutem Recht seit einiger Zeit als illegitim und ungerecht kritisiert und bekämpft.

Vollends ungerecht und unhaltbar wird dieses System aber vor allem dann, wenn die Frauen zunehmend selbst erwerbstätig werden und dennoch die volle Verantwortlichkeit für die unbezahlten „Sorgearbeiten“ zugewiesen bekommen. Trotz steigender Erwerbstätigkeit von Frauen werden auch heute noch – wie in Abschnitt 12 ausgeführt – der überwältigende Teil familialer Pflegeleistungen, aber auch der überwiegende Teil der Nachbarschaftshilfe und unbezahlten ehrenamtlichen Tätigkeiten von Frauen erbracht. Es liegt auf der Hand, daß die hiermit verbundene Überlastung und Überforderung der weiblichen Gesellschaftsmitglieder und die sinkende Bereitschaft der Frauen, diese negativen Wirkungen geschlechtlicher Arbeitsteilung hinzunehmen, zu einem sozialpolitischen Umdenken zwingen.

Gerade eine sozialpolitische Strategie der Förderung von Selbsthilfe und sozialer Unterstützung muß daher darauf achten und hinwirken, daß Frauen nicht noch weiter mit unbezahlter „Sorgearbeit“ belastet und die Zuweisung entsprechender Verpflichtungen und Zuständigkeiten gerechter erfolgt. Generelle Leitlinie der entsprechenden politischen Strategie muß auch hier darin bestehen, *neue Optionen* zu schaffen: Männer wie Frauen müssen die Möglichkeit erhalten, nach Maßgabe eigener Wünsche und Interessen Art und Umfang der Beteiligung an Erwerbstätigkeit und unbezahlter Sorgearbeit wählen zu können. Auf diese Weise ist es möglich, sich vom jetzigen Zustand des „erzwungenen Altruismus" der Frauen (vgl. Land/Rose 1985) zum „freiwilligen Altruismus" aller hin zu entwickeln.

(4) Die Ansatzpunkte und Merkmale einer Selbsthilfe und soziale Unterstützung fördernden politischen Strategie lassen sich noch genauer eingrenzen und bestimmen, wenn wir Umfang und Entwicklung der Unterstützungsressourcen in den einzelnen sozialen Netzwerken, wie wir sie im Abschnitt 12.2 dargestellt haben, im Hinblick auf ihre sozialpolitischen Implikationen näher betrachten. Dabei können wir an die angeklungenen Ausführungen zum Zusammenhang von sozialökonomischem Wandel und sozialen Unterstützungsnetzwerken anknüpfen. Es zeigt sich nämlich, daß der sozialstrukturelle Wandel zu einer Einschränkung beziehungsweise Begrenzung des *Leistungsvermögens sozialer Unterstützungsnetzwerke* und zu einer Veränderung der *Präferenzen und Bedürfnisse potentieller Hilfeempfänger* beigetragen hat, die ein verändertes Design von sozialpolitischen Strategien der Netzwerk- und Selbsthilfeförderung nahelegen.

Dieser Zusammenhang läßt sich besonders an den primären Sozialsystemen (Familie, Verwandtschaft usw.) veranschaulichen. Insbesondere die Ausführungen zur „Logik familialen Helfens" und zu den hier erbrachten Unterstützungsleistungen zeigen eindringlich, daß familiale Netzwerke bis an den Rand ihrer Leistungsfähigkeit und nicht selten auch darüber hinaus soziale Hilfe und Unterstützung für ihre Angehörigen bereitstellen. Es gibt hier überhaupt keine Spielräume mehr für eine sozialpolitische Strategie der Rückverlagerung von Hilfezuständigkeiten von professionell-sozialstaatlichen zu informellen Hilfesystemen. Im Gegensatz zu solchen Vorstellungen lassen es die bereits bestehende Überlastung familialer Hilfenetze, etwa im Bereich der Pflege alter und behinderter Familienmitglieder, sowie die gegenwärtig zu beobachtenden Veränderungen der Familienstrukturen (Verkleinerung und Instabilisierung der Familienhaushalte) sozialpolitisch dringend geboten erscheinen, durch den *Aufbau eines flankierenden Netzes ambulanter und stationärer Leistungsangebote* die Familien von Überbeanspruchungen zu entlasten und auf diese Weise zu einer Stabilisierung des familialen Unterstützungspotentials beizutragen. Das Beispiel familialer Pflege und Unterstützung zeigt

zugleich eindringlich, daß nicht-professionelle und professionell-sozialstaatliche Hilfesysteme nicht zwangsläufig in einer Substitutionskonkurrenz zueinander stehen müssen, sondern sich wechselseitig ergänzen können und müssen. Ein weiteres Schrumpfen informeller Hilfepotentiale ist also gerade im Hinblick auf die familialen Unterstützungsnetzwerke nur unter der Bedingung zu vermeiden, daß das Angebot flankierender sozialstaatlicher Hilfen ausgebaut wird.
Aber es sind nicht lediglich die äußeren beziehungsweise quantitativen Veränderungen, die sich auf den Umfang familialer Hilfeleistungen auswirken werden. Mindestens ebenso bedeutsam, aber viel schwieriger abzuschätzen, ist der Einfluß *qualitativer Veränderungen* in den familialen Beziehungsnetzwerken. Welche Konsequenzen sich etwa aus der Pluralisierung von Familien- beziehungsweise Haushaltsformen, etwa in Gestalt der Zunahme von nicht-ehelichen Lebensgemeinschaften, gewollt kinderlosen Ehepaaren, Scheidungsehen und Wiederverheiratungsehen usw., sowie der inneren Pluralisierung von Familienbeziehungen, etwa in Form der Einebnung ehelicher Machtverhältnisse und der zunehmenden Autonomie von Kindern und Jugendlichen gegenüber ihren Eltern, auf Umfang und Entwicklung familialer Unterstützungspotentiale zeitigen werden, ist einigermaßen unklar. Zwei Aspekte sind in diesem Zusammenhang hervorzuheben: Zum einen stellt sich der „Aufforderungscharakter" individueller Notlagen wie Altersgebrechlichkeit, (chronische) Krankheit beziehungsweise Behinderung als vergleichsweise weniger eindeutig dar. Welches Mitglied des weiteren Familien- und Verwandtenkreises sich bei auftretenden Fällen der Hilfebedürftigkeit als zur Hilfe verpflichtet oder motiviert definiert, wird sich bei der zunehmenden Komplexität familialer Lebensverhältnisse eventuell weniger allein nach Maßgabe überindividueller Muster als vielmehr entsprechend fallspezifischer Beziehungskonstellationen entscheiden. Diese Überlegung führt zum zweiten Aspekt: Es ist davon auszugehen, daß mit der wachsenden Bedeutung freigewählter, nach Maßgabe von Zuneigung und Übereinstimmung in den Bedürfnissen und Interessen gewählter Bindungen und den verstärkten Präferenzen für eine „Intimität auf Abstand" in erster Linie die Qualität bestehender Bindungen und sozialer Beziehungsmuster sowohl darüber entscheiden wird, ob Hilfeleistungen gewährt, aber auch darüber, ob sie überhaupt gewünscht werden. So scheint es etwa auch heute noch in der Bevölkerung eine stark ausgeprägte Präferenz für familiale Unterstützung in denjenigen Problembereichen zu geben, die den Intimbereich beziehungsweise die Privatsphäre berühren, etwa im Falle der Pflegebedürftigkeit. Allerdings scheinen die potentiell Hilfe-

bedürftigen immer weniger bereit zu sein, diese Präferenz aufrechtzuerhalten, wenn die familialen Beziehungen vor Eintritt der Hilfsbedürftigkeit bereits problematisch (geworden) waren beziehungsweise wenn mit der familialen Pflege personale Abhängigkeitsverhältnisse einhergehen, die zu einer einschneidenden Beschränkung der Autonomie der Lebensführung führen. In diesen Fällen kann es durchaus sein, daß die hilfsbedürftigen Personen eine stationäre Versorgung der familialen Pflege vorziehen.
Während also die Mehrheit potentiell Hilfebedürftiger im Hinblick auf bestimmte Probleme und Hilfebedürftigkeiten die Hilfe und Unterstützung durch unmittelbare Familienmitglieder weiterhin vorzieht, läßt sich dennoch eine zunehmende Bereitschaft erkennen, bei der Bewältigung bestimmter Nöte und Leiden neue kollektive und selbstorganisierte Formen der Hilfe und Unterstützung in Anspruch zu nehmen (Selbsthilfegruppen und -initiativen, selbstorganisierte Fremdhilfezusammenschlüsse, Nachbarschaftshilfen usw.). Angesichts der sich öffnenden Schere zwischen steigendem Hilfebedarf und begrenzten familialen Hilferessourcen liegt es nahe, solche Präferenzverschiebungen durch entsprechende sozialpolitische Förder- und Stabilisierungsstrategien zu unterstützen und auszuweiten. Dies würde bedeuten, zwischen den Individuen und ihren primären Sozialsystemen und den professionalisierten und formal-organisierten Versorgungsstrukturen des Sozialstaates mehr oder weniger *künstliche Netzwerke zu initiieren* beziehungsweise *abzusichern,* in denen Hilfeleistungen und soziale Unterstützungen nach Maßgabe von unmittelbarer oder ideeller Betroffenheit zwischen potentiell Gleichbetroffenen ausgetauscht werden. Initiativen, Strategien und Maßnahmen, die auf eine Mobilisierung solcher „intermediären Strukturen" (vgl. Berger/Neuhaus 1977) abzielen, werden unter dem Begriff der „Netzwerkförderung" in verschiedenen konkreten Handlungsfeldern diskutiert, erprobt und evaluiert. Da es sich allerdings um eine Neuinszenierung beziehungsweise Wiederbelebung mehr oder weniger künstlicher Unterstützungsnetzwerke handelt, ist eine solche Politik der Netzwerkförderung nicht umsonst zu haben; ihr Erfolg hängt – abgesehen von der ziel- und gegenstandsadäquaten Ausgestaltung einzelner Strategien und Vorgehensweisen – vor allem von der Bereitstellung entsprechender materieller, informationeller und infrastruktureller Ressourcen ab.

Alle bisherigen Potentialabschätzungen und Entwicklungsprognosen lassen es geraten erscheinen, die hier liegenden zusätzlich mobilisierbaren Hilferessourcen nicht zu überschätzen. Mögliche Erfolge einer solchen Politik der Förderung von kollektiver Selbsthilfe und selbstorganisierter Fremdhilfe werden davon abhängen, ob politische Prioritäten entsprechend geändert und finanzielle Mittel in ausreichendem Umfang bereitgestellt werden. Und selbst wenn dies der Fall sein wird, werden die derart entstehenden Hilferessourcen professionell-sozialstaatliche Versorgungsangebote nicht ersetzen können. Allerdings spricht vieles dafür, daß sie wichtige *Ergänzungsfunktionen* bei der Versorgung mit Hilfen und sozialen Unterstützungen erfüllen können und auf diese Weise künftige Mehrbelastungen des formalorganisierten Systems sozialer Sicherung vermeiden helfen können. Ob also die zwischen dem Bereich der familialen Hilfe und Unterstützung und dem Bereich professionell-sozialstaatlicher Dienstleistungsangebote liegenden intermediären, kollektiven Formen der Selbst- und Fremdhilfe in der Lage sein werden, die abnehmenden Zuwachsraten beziehungsweise immer offensichtlicher werdenden Funktionsgrenzen sowohl familialer als auch sozialstaatlicher Hilfenetze zu kompensieren und damit einen den veränderten Hilfebedarfen und Präferenzen der potentiell Hilfebedürftigen angemessenen „welfare mix" herzustellen, ist eine Frage, die für die zukünftige Gestalt und Leistungsfähigkeit des Sozialstaates von zentraler Bedeutung sein wird.

Kapitel 4

„Reformpolitisches Vortasten“ im Dickicht widerstreitender Interessen und knapper Kassen

Politik tut sich mit Konzepten, die derart weit reichen wie die von uns bislang angesprochenen Vorschläge für den Umbau der sozialen Sicherung, oft schwer. Demgegenüber dominieren im Spannungsfeld heterogener Interessen und bei knappen Kassen kleine und pragmatische Schritte. Die nun folgenden Ausführungen geben einen Einblick in bereits realisierte und kurz vor der Umsetzung stehende Bausteine des „neuen Sozialstaats“. Mithin versucht dieses Kapitel die Fragen zu beantworten, ob und was konkret in Richtung Umbau geschieht und ob und wie sich neue Ansätze fruchtbringend „weiterstricken“ lassen.

Die kleinen, praktischen Ansätze, auf die wir hier eingehen werden, sind sachlich und sozial, zum Teil sogar zeitlich begrenzt; das heißt, sie sind auf bestimmte Teilbereiche der Sozialpolitik zugeschnitten, keineswegs immer auf längere Dauer abgesichert und häufig nicht in allen Regionen Deutschlands anzutreffen. Diese Begrenztheit resultiert zum einen aus dem Experimentiercharakter der jeweiligen Vorhaben, zum anderen spiegelt sie wider, daß Reformpolitik mit praktischen Absichten auf gewachsene Strukturen und etablierte Interessen Rücksicht nehmen muß. Auf Bundesebene sind grundlegende und weitreichende Umbauprogramme aus strukturellen und politischen Gründen nur schwer in Angriff zu nehmen. Zwar wird im Zusammenhang mit der derzeit heftig umstrittenen Reform des Gesundheitssystems sowie mit den Vorschlägen zur Rentenreform häufig von Strukturreform gesprochen, im Grunde genommen handelt es sich bei den ins Auge gefaßten Maßnahmen allerdings eher um längst überfällige Anpassungsschritte an veränderte Rahmenbedingungen und nicht so sehr um grundlegend neue Weichenstellungen. Enge Finanzspielräume, etablierte und durchsetzungsfähige organisierte Interessen sowie die Angst vor unkontrollierbaren Folgeproblemen verhindern ambitionierte Formen der Umgestaltung. Umbau ist unter solchen Bedingungen nur als schrittweises Ausnutzen der sehr eng gewordenen Handlungsspielräume machbar.

Für eine solche Politik des „reformpolitischen Vortastens“ spielt die *dezentrale Ebene* in den letzten Jahren eine zunehmend wichtige Rolle. Hier ist der Problemdruck oft so groß, daß man sich nicht – wie

häufig auf der Bundesebene – hinter Forderungen nach neuen Kommissionen oder zusätzlichen Gutachten der Verantwortung entziehen kann. Darüber hinaus kommt der dezentralen Ebene gerade in der Sozialpolitik eine immer zentralere Gestaltungsfunktion zu. Nur dort, wo Länder, Kreise, Städte und Gemeinden bundesstaatliche Programme so umsetzen, daß sie den jeweiligen regionalen und lokalen Voraussetzungen entsprechen, kann damit gerechnet werden, daß die angestrebten Reformziele auch tatsächlich realisiert werden.
Allerding darf dieses Herausstreichen der dezentralen Ebene nicht dazu führen, die Bundespolitik aus ihrer Verantwortung zu entlassen. Die bisherige Analyse der Ursachen und Perspektiven für den Ruf nach einer materiellen Grundsicherung zeigt, daß die Aktionsspielräume und Ressourcen von Städten und Gemeinden für eine effektivere Sozialpolitik dann voll zum Tragen kommen, wenn bundespolitisch hinreichend Unterstützung bereitgestellt wird. Zur Zeit ist es eher so, daß die vom Bund auf die Kommunen abgewälzten Folgekosten der Arbeitslosigkeit und die fehlende Absicherung des Risikos der Pflegebedürftigkeit den Bewegungsspielraum der dezentralen Ebene immer mehr einengen.
Die in den folgenden Abschnitten dargelegten Beispiele und Ansatzpunkte für den schrittweisen Umbau der Sozialpolitik betonen aber nicht nur, daß die dezentrale Ebene an Bedeutung gewinnt. Sie verdeutlichen gleichzeitig, auf welche Weise *innovative Sozialpolitik* mehr und mehr *mit anderen Politikbereichen zu verflechten* ist, sich ihnen gegenüber öffnen muß und kann. So bietet sich zum Beispiel die lokale Arbeitsmarktpolitik als Ressource für neue Impulse bei der Produktentwicklung, der ökologischen Stadterneuerung usw. an. Oder: Über eine Pflegeversicherung und durch Anrechnung von Erziehungs- und Pflegezeiten in der Rentenversicherung wird für die derart sozial engagierten Menschen die Abhängigkeit von der Erwerbsarbeit reduziert und so ein Beitrag zur Veränderung des gesellschaftlichen Verständnisses von bezahlter wie unbezahlter Arbeit geleistet. So gesehen kann Sozialpolitik ihrerseits zu einer *gesamtgesellschaftlich wirkenden Reformkraft* werden.
Unsere Auseinandersetzung mit praktischen Umbauschritten beschränkt sich auf Beispiele. Angesprochen werden die lokale Arbeitsmarktpolitik (Abschnitt 15), die Neuorganisation ambulanter Pflegedienste (Sozialstationen), die Förderung von ehrenamtlichem Engagement und Selbsthilfe neben oder anstelle der Erwerbsarbeit (Abschnitte 14 und 16); in diesem Zusammenhang wird auch auf die Absicherung des Pflegerisikos eingegangen. Mit diesen politischen Gestaltungsansätzen thematisieren wir zwar wichtige Felder der

gegenwärtigen sozialpolitischen Debatte, jedoch soll hier nicht unerwähnt bleiben, daß zusätzlich noch etliche weitere Aufgaben angepackt werden müssen, die wir nicht ansprechen; man denke hier beispielsweise an den Ausbau der Prävention bei der medizinischen Versorgung. Auf die umfassende Skizze aller konkreten Umbauschritte sowie auf eine breite Debatte der Voraussetzungen für die Verbesserung einer innovativen Arbeitsmarkt- und Sozialpolitik muß jedoch im Interesse einer übersichtlichen Formulierung der einzelnen Umbauschritte verzichtet werden.

14. Ansätze einer Politik zur Förderung von Selbsthilfe und sozialer Unterstützung

Seit einigen Jahren beschäftigen sich die Entscheidungsträger auf den unterschiedlichen Ebenen des politisch-administrativen Instanzenzuges in Bund, Ländern und Gemeinden zunehmend mit den Notwendigkeiten, Möglichkeiten und Ansatzpunkten einer sozialpolitischen Strategie der Förderung und Stabilisierung von unbezahlten sozialen Tätigkeiten. Dieses wachsende Interesse von Politik und Verwaltung an Selbsthilfe, ehrenamtlichem Engagement und familialer Eigenhilfe steht mit gesellschaftlichen Entwicklungen und Problemlagen in Zusammenhang, die in den vorangegangenen Kapiteln, insbesondere im Abschnitt 12, bereits ausführlich diskutiert worden sind. Es bleibt festzuhalten: einem quantitativ und qualitativ wachsenden Hilfebedarf stehen sowohl im traditionellen nicht-professionellen als auch im professionellen Hilfebereich eher stagnierende beziehungsweise zum Teil sogar schrumpfende Hilfemöglichkeiten gegenüber. Auch im hoch entwickelten Sozialstaat der Gegenwart wird immer noch der überwiegende Teil der unbezahlten Hilfe- und Unterstützungsleistungen in Familienhaushalten erbracht. Die bereits gegenwärtig zu verzeichnende übermäßige Ausschöpfung familialer Hilfemöglichkeiten und die im Zuge gesellschaftlicher Modernisierungsprozesse zu erwartenden strukturellen Wandlungen der Familienhaushalte lassen eine Ausweitung entsprechender traditional eingelebter Hilfepotentiale als unrealistisch erscheinen.
Angesichts der sich öffnenden Schere zwischen steigendem Hilfebedarf und sinkenden herkömmlichen Hilferessourcen bietet es sich an, die vorfindlichen eingespielten *Routinen und Muster der Arbeitsteilung* zwischen professionell-sozialstaatlichen, kollektiv-selbstorganisierten und traditional institutionalisierten Organisationsformen sozialer Hilfe und Unterstützung *aufzubrechen und neu zu arrangieren.* Auf dem Wege veränderter Verknüpfungen professioneller und

nicht-professioneller Hilfeleistungen beziehungsweise der bewußt hergestellten Kombination und Verschränkung von formaler und informeller „Sorgearbeit“ (vgl. Walker 1985; Gottlieb 1985 sowie Pinker 1985) soll ein quantitativ und qualitativ verbessertes Versorgungsniveau der Bevölkerung mit sozialen Hilfe- und Unterstützungsleistungen erreicht werden.

Sozialpolitische Strategien der Förderung und Stabilisierung von Selbsthilfe und sozialer Unterstützung zielen also nicht darauf ab, professionell-sozialstaatliche Dienstleistungsangebote durch nicht-professionelle Leistungsangebote zu ersetzen, sondern sind daran orientiert, durch die Bereitstellung entsprechend geeigneter professionell-sozialstaatlicher flankierender Maßnahmen und Unterstützungsangebote die Fähigkeiten und Motivationen zur *Erbringung unentgeltlicher sozialer Hilfe- und Unterstützungsleistungen zu stabilisieren.* Dabei stützen sich solche sozialpolitischen Strategien der Netzwerkförderung auf die durch sozialwissenschaftliche Forschungen gewonnene Einsicht, daß der professionell-sozialstaatliche Sektor und der nicht-professionelle Hilfesektor keineswegs in einem Verhältnis der Substitutionskonkurrenz, sondern in einem Komplementärverhältnis zueinander stehen. Angesichts der gegenläufig strukturierten Domänen, Organisationsprinzipien und Wirkungsbedingungen entgeltlicher und unentgeltlicher Hilfeleistungen nimmt es kaum Wunder, daß die je individuell *kombinierte Inanspruchnahme* beider Typen von Leistungen die höchstmöglichen Wohlfahrtseffekte erzeugt.

Geht man also davon aus, daß professionell-sozialstaatliche und nicht-professionelle soziale Hilfe- und Unterstützungsleistungen weniger konkurrierend angeboten werden als sich vielmehr wechselseitig ergänzen beziehungsweise ihre Kombination sogar kumulative Effekte hervorruft, so besteht der wirtschaftliche Ertrag einer Strategie der Förderung und Stabilisierung von Selbsthilfe und sozialer Unterstützung weniger darin, tatsächlich anfallende Kosten der sozialen Sicherung kurzfristig zu reduzieren, als vielmehr darin, potentiell entstehende *zukünftige Kosten* zu *vermeiden.* Die Akzeptanz und Legitimität selbsthilfefördernder Maßnahmen und Modelle steigen also in dem Maße, wie sich politische Interessenträger mit dem Ziel der qualitativen Verbesserung und präventiven Ausrichtung sozialer Dienste zur Vermeidung sonst anfallender zukünftiger Kosten identifizieren.

Wie die Ausführungen des Abschnitts 12.2 deutlich gemacht haben, unterscheiden sich die bestehenden Institutionalisierungsformen unbezahlter sozialer Hilfen erheblich nach ihrer Funktionsweise und ihren Wirkungsbedingungen. Förderbedarf und Förderungsinstrumente dürften also dem jeweiligen Typ der Hilfeform entsprechend erheblich variieren. Im folgenden sollen daher die Strategien und Maßnahmen zur Förderung familialer Eigenhilfe, ehrenamtlicher Arbeit und Selbsthilfe beziehungsweise Selbstorganisation getrennt diskutiert werden.

14.1 Unterstützung familialer Eigenhilfe durch ambulante sozialpflegerische Dienste: Sozialstationen

Aus den Ausführungen des Abschnitts 12.2 geht hervor, daß die Betreuung und Pflege (chronisch) Kranker, Behinderter und pflegebedürftiger Personengruppen auch heute noch überwiegend in den Familienhaushalten erfolgt. Zugleich ist deutlich geworden, daß die Aufrechterhaltung der Versorgung dieser Gruppe von Hilfebedürftigen aufgrund sozialstruktureller Veränderungen immer weniger gesichert erscheint und sich daher zu einem der zentralen sozialpolitischen Probleme von Gegenwart und naher Zukunft entwickelt hat. Obwohl sich die Bedingungen für die familiale Pflege und Betreuung immer mehr verschlechtern, gibt es sowohl bei den unmittelbar Betroffenen und ihren Angehörigen als auch bei öffentlichen Institutionen – wenn auch aus zum Teil unterschiedlichen Gründen – eine stark ausgeprägte *Präferenz für die häusliche Pflege.* Während die unmittelbar Betroffenen in ihrer überwiegenden Mehrzahl so lange wie möglich in ihrer gewohnten häuslichen Umgebung verbleiben möchten und oft erhebliche negative Einstellungen gegenüber stationären Unterbringungsformen entwickeln, fühlen sich die Angehörigen in der Regel moralisch zur häuslichen Pflege verpflichtet und haben gelegentlich auch Bedenken, ihre Schwierigkeiten mit der Gewährleistung von Pflege und Betreuung hilfebedürftiger Angehöriger gegenüber Fremden zu äußern und damit öffentlich zu machen. Für die staatlichen Instanzen spielen sicherlich finanzielle Erwägungen bei dieser Option für häusliche Pflege die wichtigste Rolle.
Vor diesem Hintergrund stellen die „ambulanten sozial- und gesundheitspflegerischen Dienste“ (im folgenden: ambulante Pflegedienste) das wichtigste *Instrument* zur *öffentlichen Förderung familialer Eigenhilfe* im Bereich der Pflege und Betreuung von (chronisch) Kranken, Behinderten und alten pflegebedürftigen Menschen dar. Unter ambulanten Pflegediensten sind Einrichtungen zu verstehen, die Leistungen aus dem Spektrum von Krankenpflege, Altenpflege, Haus- und Familienpflege/Dorfhilfe ambulant und unter Einsatz beruflich angestellten Personals in öffentlicher oder freigemeinnütziger

Trägerschaft erbringen. Es handelt sich hier um Einrichtungen, die je nach Zielsetzung, Aufgabenschwerpunkt und Trägerschaft „Gemeindekrankenpflegestationen", „Familienpflegestationen", „Hauspflegestationen" oder „Sozialstationen" genannt werden.
Die folgende Darstellung konzentriert sich im wesentlichen auf den speziellen Einrichtungstypus der „Sozialstationen", wie er seit Beginn der 70er Jahre als Ergebnis von Neuorganisationsbestrebungen im Bereich ambulanter Pflegedienste entwickelt worden ist und sich seitdem quantitativ erheblich ausgebreitet hat. Mit der Entwicklung von Förderrichtlinien in verschiedenen Bundesländern engagierten sich öffentliche Instanzen erstmalig in diesem Bereich, um durch Bereitstellung staatlicher Finanzmittel die bestehenden Träger ambulanter Dienste dazu zu veranlassen, ihre bisherigen Leistungsangebote neu zu strukturieren und entsprechend den gewandelten Nachfrageverhältnissen quantitativ und qualitativ weiterzuentwickeln. Vorherrschendes Ziel war also zunächst einmal der *Ausbau* und die *Effektivierung des Dienstleistungsangebotes im Bereich ambulanter Pflegedienste* auf dem Wege der Neuorganisation, Bündelung und Verstärkung vorhandener Einrichtungen und Leistungsarten. Damit reagierte der Staat auf eine „scherenförmige Entwicklung" von Angebot und Nachfrage im Pflegesektor, die etwa folgendermaßen beschrieben werden kann (vgl. Grunow/Hegner 1981; Dahme/Hegner 1983 sowie Heinemann-Knoch u. a. 1985: 86ff.):

> Auf der einen Seite wurde ein zunehmender Bedarf nach Pflegeleistungen spürbar: Angesichts der gestiegenen Lebenserwartung und des relativen Anstiegs des Anteils älterer Menschen an der Gesamtbevölkerung sowie neuartiger Belastungsformen, etwa durch Umweltverschmutzung, Streßsituationen usw., nahm der Anteil derjenigen Personengruppen zu, die aufgrund von Beeinträchtigungen ihrer Lebensweisen auf Hilfe und Pflege angewiesen waren.
> Auf der anderen Seite schwanden die vorhandenen haushaltlichen sowie traditionell entgeltlichen Angebote sozialer gesundheitsbezogener Pflegedienste. Verkleinerte Familienhaushalte und steigende Frauenerwerbstätigkeit ließen bereits zu dieser Zeit die unentgeltlich-familialen Hilfe- und Betreuungsleistungen dahinschwinden. Zugleich schrumpften allerdings auch die bisherigen Formen konfessionell gebundener Gemeindekrankenpflege. Die bislang vorherrschenden Gemeindekranken- und Dorfhelferstationen, die von Krankenschwestern beziehungsweise Ordensschwestern oft alleine geführt wurden und sich in der Trägerschaft einer Kirchengemeinde oder eines konfessionellen Wohlfahrtsverbandes befanden, hatten angesichts der Überalterung des Personals und erheblicher Rekrutierungsprobleme immer größere Schwierigkeiten, auch nur das bestehende Angebot an Dienstleistungen aufrechtzuerhalten. Die Ge-

samtzahl von Pflegerinnen und Pflegern in der Gemeindekrankenpflege und die Anzahl der Stationen war seit den 60er Jahren rückläufig.

Die ursprüngliche Zielsetzung bei der Gründung von Sozialstationen, nämlich die qualitative Verbesserung und der flächendeckende Ausbau ambulanter pflegerischer Dienste, wurde im Verlaufe der Zeit durch weitere Zielsetzungen ergänzt und erweitert. So besteht seit der Diskussion um die *Begrenzung der Kostensteigerungen* im Gesundheitswesen die politische Erwartung an die Sozialstationen, durch die Vermeidung beziehungsweise Abkürzung stationärer Unterbringung von Kranken, Behinderten und Alten sowie durch eine Verlagerung von Pflegefällen aus dem stationären Krankenhausbereich in den ambulanten Bereich zu einer Kostensenkung im Gesundheitswesen beizutragen.

Für unsere Argumentation zentraler ist aber das Ziel, durch den Einsatz ambulanter Pflegedienste die Selbsthilfe der Betroffenen beziehungsweise freiwillige soziale Tätigkeiten aufrechtzuerhalten oder anzuregen. Dieses Ziel, das in der Gründungsphase der Sozialstationen zunächst nur eine untergeordnete Rolle gespielt hatte, ist im Verlaufe der Selbsthilfedebatte und der hierdurch ausgelösten politischen Bestrebungen sowohl um Kostensenkungen im Sozialsektor als auch um eine qualitative Umgestaltung der verrechtlichten, bürokratisierten und professionalisierten Angebotsformen sozialer Dienste immer stärker in den Mittelpunkt der Aufmerksamkeit gerückt worden. In den Förderrichtlinien der meisten Bundesländer ist das Ziel der *Förderung nicht-professioneller Hilfeleistungen* mitaufgenommen worden. In den entsprechenden einschlägigen Passagen wird etwa die Anregung und Unterstützung von Nachbarschaftshilfe und familialen Pflegeleistungen, etwa durch Schulung der ehrenamtlichen Helfer sowie durch Kurse in häuslicher Krankenpflege, gefordert.

Verallgemeinernd können also die ambulanten Pflegedienste, und hier insbesondere die Sozialstationen, als ein Instrument begriffen werden, mit dem der Versuch gemacht wird, mit Hilfe von bezahlter beziehungsweise sogar professioneller Arbeit unbezahlte beziehungsweise nicht-professionelle Hilfe- und Unterstützungsleistungen anzuregen und zu stabilisieren. Präzisiert man die Ansatzpunkte eines solchen Konzeptes der Selbsthilfeförderung, so enthält es mindestens die folgenden Komponenten (vgl. Damkowski 1987: 14ff.):

(1) Im Hinblick auf den Klienten würde die Stärkung von Selbsthilfe darauf hinauslaufen, daß es mit Hilfe von geeigneten sozialpflegerischen Maßnahmen gelingt, die vorhandenen Fähigkeiten und Fertigkeiten des Klienten im physischen wie im psychosozialen Bereich zu aktivieren bezie-

hungsweise zu reaktivieren. Das entsprechende Konzept wäre also nicht die „bewahrende“, sondern die „aktivierende“ Pflege. Eine vollständige Wiederherstellung der Selbständigkeit des Klienten ist zwar oft aufgrund des hohen Grades der Pflegebedürftigkeit unwahrscheinlich, allerdings würde aktivierende Pflege darauf hinauslaufen, den jeweiligen Klienten zumindest im Rahmen der noch bestehenden physischen und psychosozialen Möglichkeiten dabei zu unterstützen, sein alltägliches Leben in möglichst vielen Einzelbereichen selbständig zu bewältigen. Neben der Motivation und Mitmachbereitschaft des Klienten und seiner Angehörigen setzt eine solche Art der Pflege besondere qualifikatorische und organisatorische Rahmenbedingungen der ambulanten Pflegedienste voraus. So bedarf es etwa einer entsprechenden Fortbildung und Anleitung des Personals, um solche aktivierende Pflege durchführen zu können, als auch der organisatorischen und infrastrukturellen Rahmenbedingungen, um dem Klienten gezielte Hilfeleistungen bei der Bewältigung seines Alltags im eigenen Haushalt möglichst lange ermöglichen zu können.

(2) Die zweite Komponente betrifft die Unterstützung der häuslichen Pflege durch die Angehörigen. Hier geht es darum, durch eine geeignete, einerseits nicht entmutigende, andererseits aber die Leistungsgrenzen und -schwächen familialer Pflege ausgleichende Aufgabenerledigung durch die Mitarbeiter der Sozialstation die häusliche Versorgung durch die Angehörigen anzuregen beziehungsweise aufrecht zu erhalten. Ob es gelingt, diese bei ihrer belastenden und schwierigen Aufgabe zu unterstützen, hängt dabei von einer situationsadäquaten Aufgabenteilung zwischen Fachkräften und Familienangehörigen ab. Die Hilfeleistungen der ambulanten Pflegedienste müssen also auf die Lebenssituation des Klienten und seiner Angehörigen abgestimmt sein, diejenigen Aufgaben übernehmen können, die die fachlichen Qualifikationen der Betroffenen übersteigen und möglichst auch mit dem Zeitbudget beziehungsweise den zeitlichen Belastungsmöglichkeiten der Familienangehörigen abgestimmt sein. Gezielte Angebote und Maßnahmen für die Unterstützung der Angehörigen sind etwa Kurse in häuslicher Krankenpflege, Gesprächskreise für Angehörige beziehungsweise Beratungsangebote, der Verleih von Pflege- und Hilfsgeräten sowie die Bereitstellung von Kurzzeitpflegeplätzen zur vorübergehenden Entlastung der Hauptpflegepersonen.

(3) Schließlich bedeutet Förderung nicht-professioneller Hilfeleistungen auch die Anregung und Mobilisierung von Nachbarschaftshilfen beziehungsweise ehrenamtlichem Engagement. Hier geht es darum, unmittelbar im sozialen Umfeld der Betroffenen lebende Personengruppen beziehungsweise zu ehrenamtlicher Arbeit bereite Dritte dazu zu motivieren, sich im Bereich von Aufgaben wie leichte pflegerische Tätigkeiten, Besuche, häusliche Hilfen usw. an der Betreuung pflegebedürftiger Personen zu beteiligen. Auch die Verwirklichung dieses Zieles würde natürlich voraussetzen, daß Personalkapazitäten und infrastrukturelle Rahmenbedingungen in entsprechendem Umfang bereitstehen, denn es geht ja darum, potentiell an Nachbarschaftshilfe oder an ehrenamtlicher Arbeit Inter-

essierte durch entsprechende fachliche Anleitung und Unterstützung zu unentgeltlichen sozialen Tätigkeiten zu motivieren und zu befähigen.

Um die Frage beantworten zu können, ob Sozialstationen tatsächlich in der Lage sind, diese Ziele zu verwirklichen, soll im folgenden kurz auf *Leistungsspektrum, Organisation, Finanzierung* und *Personalstruktur* dieser spezifischen Angebotsform im ambulanten Pflegebereich eingegangen werden:

Das Leistungsangebot der Sozialstationen bezieht sich auf
(a) die medizinische Behandlungspflege (Injektionen, Verbandwechsel, Katheterisierung, Einläufe, Verabreichung von Medikamenten usw.);
(b) die Grundpflege (Betten, Umlegen, Hilfen bei der Körperpflege und im hygienischen Bereich usw.);
(c) die Haus- und Familienpflege (Zubereitung der Mahlzeiten, Reinigung der Wohnung, Erledigung von Besorgungen und gegebenenfalls Betreuung der Kinder; im Falle der Dorfhilfe kommen eine Reihe von Aufgaben hinzu, die sich aus den Besonderheiten eines landwirtschaftlichen Betriebes ergeben können);
(d) in einigen Sozialstationen werden auch Leistungen wie technisch-mobile Hilfsdienste (Essen auf Rädern, Transport- und Besuchsdienste usw.) sowie Beratungs- und Vermittlungsdienste (Hinweise auf Leistungsansprüche im Rahmen der Sozialgesetzgebung, aber auch Familien- oder Sexualberatung usw.) erbracht.
Die tatsächliche Angebotspalette der einzelnen Einrichtungen schwankt je nach den länderspezifisch differierenden Förder- und Finanzierungskriterien und den Programmen der einzelnen Träger. In der reformpolitischen Diskussion um die inhaltlich-formale Ausgestaltung der Sozialstationen gab es auch Positionen, die für eine umfassende Definition der Leistungsbereiche plädierten. Insbesondere psychosoziale Beratung, aber auch Sozialtherapie und Rehabilitation sowie die Weiterentwicklung der Sozialstationen zu gemeindenahen Koordinations- und Anlaufstellen für ein den gesamten Gesundheits-, Sozial- und Freizeitbereich umfassendes Leistungsspektrum, waren in der Diskussion. Durchgesetzt hat sich allerdings – nicht zuletzt angesichts der finanziellen Beschränkungen – eine Konzentration des Angebots auf den Bereich der Grund- und Behandlungspflege sowie der familien- und haushaltspflegerischen Dienste.
Was die Trägerschaft betrifft, so ging es bei der Implementation der Sozialstationenprogramme darum, durch geeignete finanzielle Anreize kombinierte Trägerschaften anzuregen, um eine Bündelung und bessere Koordination der bislang isolierten Angebotsformen herzustellen. Obwohl die Anteile kombinierter Trägerschaften von Bundesland zu Bundesland differieren, deuten die bisher vorliegenden empirischen Studien auf eine erhebliche Zunahme solcher Trägerschaften hin (vgl. Dahme/Hegner 1983 sowie Damkowski 1987). Insbesondere Kirchengemeinden und konfessionelle Wohlfahrtsverbände, seltener die übrigen freien Wohlfahrtsverbän-

de und Kommunen, treten als kombinierte beziehungsweise Einzelträger von Sozialstationen auf.
Entsprechend den unterschiedlichen Trägerkonstruktionen unterscheiden sich die Sozialstationen auch im Hinblick auf ihre Organisationsstruktur. Insbesondere im Falle der Einführung kooperativer Trägerverbunde entstehen komplexe Organisationsmodelle, die sich erheblich von der bisherigen Form der Gemeindekrankenpflege unterscheiden (vgl. für Hamburg Damkowski 1987: 20ff.). Eine einheitliche Tendenz besteht immerhin in der Hinsicht, daß nahezu alle Sozialstationen eine zentrale Anlauf- und Vermittlungsstelle eingerichtet haben, die die Hilfegesuche entgegennimmt und die auch die Einsatzplanung der Pflegekräfte übernimmt. Auch Quantität und Qualität des Personals haben sich mit der Einführung von Sozialstationenprogrammen erheblich verändert. Eine schriftliche Befragung von 150 Sozialstationen von 1979 weist aus, daß die in den Förderrichtlinien angegebene Mindestzahl von vier vollzeitbeschäftigten Mitarbeitern bereits im Jahre 1979 von 85% der befragten Sozialstationen erreicht oder sogar überschritten worden ist (vgl. Dahme/Hegner 1983: 64f.).
Im Hinblick auf die Zusammensetzung des Personals nach Berufsgruppen weist dieselbe Untersuchung aus, daß nach ihrem quantitativen Gewicht die examinierten Krankenschwestern und -pfleger an erster Stelle stehen, die Altenpfleger(-innen) an zweiter Stelle und die Haus- und Familienpfleger(-innen), Dorfhelfer und Familienpflegehelfer an dritter Stelle. Weitere Berufsgruppen, wie etwa Krankenpflegehelfer, Schwesternhelfer, Sozialarbeiter, Verwaltungskräfte usw., sind dagegen in deutlich geringerem Ausmaß repräsentiert. Hinsichtlich der Organisationsstruktur wird in dieser Studie ausgeführt, daß trotz der Bündelung von Diensten und der Ausweitung des Personalbestandes keine deutlich ausgeprägte Zentralisierung und Formalisierung der Arbeitsorganisation stattgefunden hat. Zwar gibt es formale Regelungen für Kompetenzabgrenzungen und für die Arbeitserledigung (etwa Arbeitsanweisungen), aber die meisten alltäglichen Schwierigkeiten und Personalkonflikte werden informell beigelegt. In diesem Zusammenhang kommt den Arbeitsbesprechungen große Bedeutung zu (Dahme/Hegner 1983: 65f.). Insgesamt zeigen alle einschlägigen Studien, daß mit der Einführung und Verbreitung von Sozialstationen Anzahl, Qualifikationsniveau und beruflicher Differenzierungsgrad des Personals erheblich angestiegen und die Leistungspalette durchaus verbreitert worden ist.
Allerdings sind die Sozialstationen aus konzeptionellen, finanztechnischen und berufspolitischen Gründen nicht dazu in der Lage, eine ganzheitliche Pflege, die sowohl medizinische beziehungsweise para-medizinische, pflegerische und hauswirtschaftliche Hilfen als auch psychosoziale und freizeitbezogene Angebote umfassen würde, anzubieten. Schon durch das System der Finanzierung beziehungsweise Kostenerstattung werden die für den Klienten gleichgewichtigen Komponenten körperlicher, psychischer und sozialer Gesundheit differenziert bewertet und als hilfeauslösende Tatbestände gewichtet (Pfeil-Schley 1983: 80ff.).

Die entscheidende Markierung liegt hier zwischen der Definition einer konkreten Hilfebedürftigkeit als „Behandlungsfall“ oder als „Pflegefall“: Ist eine wesentliche Besserung, Beseitigung des Zustandes oder der Hilflosigkeit möglich, so liegt nach geltenden Richtlinien ein „Behandlungsfall“ vor; dient eine erforderliche Pflegemaßnahme lediglich dem Zweck, einem Zustand der Hilflosigkeit zu begegnen, ohne daß wesentliche Besserungen von der Pflege erwartet werden können, so handelt es sich um einen „Pflegefall“. Diese Unterscheidung hat erhebliche Konsequenzen für die Regulierung der entstehenden Kosten der Pflege. Denn liegt ein „Behandlungsfall“ vor, so können Leistungen, etwa der Kranken- und Hauspflege, soweit sie durch einen Kassenarzt verordnet wurden, über die Krankenkassen gemäß den Bestimmungen der Reichsversicherungsordnung (RVO) abgerechnet werden. Dies gilt auch für Grundpflegemaßnahmen, soweit sie Teil der ärztlichen Behandlung sind. Seit 1983 kann auch die Leistung der Haushaltshilfe unter bestimmten Bedingungen im Rahmen der RVO finanziell unterstützt werden (nach § 185b Absatz 4 RVO). Da – trotz mancher Ermessensspielräume im Einzelfall – das Risiko der „Pflegebedürftigkeit“ aus der Zuständigkeit der Krankenkassen ausgegrenzt wird, sind die sogenannten „Pflegefälle“ entweder darauf verwiesen, die ambulanten Pflegeleistungen selbst zu bezahlen oder aber die Sozialhilfe in Anspruch zu nehmen. Da die Sozialhilfe subsidiär organisiert ist, müssen allerdings bestimmte Anspruchsvoraussetzungen, insbesondere bestimmte Einkommensverhältnisse, gegeben sein, um in den Genuß der Leistungen zu kommen (vgl. Regus/Trenk-Hinterberger 1985). Aufgrund der stigmatisierenden Wirkungen der Sozialhilfe und der Befürchtung, daß nahe Angehörige zur Zahlung von Leistungen herangezogen werden, nimmt ein erheblicher Anteil der Anspruchsberechtigten die Leistungen der Sozialhilfe trotz vorliegender Hilfebedürftigkeit nicht in Anspruch.

Aus dem oben Gesagten wird deutlich, daß die im Gesundheitssystem vorherrschende *Fixierung auf den medizinischen Krankheitsbegriff* und an der kurativen Beseitigung von eingetretenen Schadensfällen auch in den Bereich der ambulanten Pflege hineinwirkt (vgl. Pfeil-Schley 1983). Einschränkungen der körperlichen Funktionsfähigkeit lassen sich ärztlich diagnostizieren, in allgemeinverbindliche Kriterien der Hilfsbedürftigkeit transformieren und als leistungsauslösende Tatbestände konstruieren. Liegt aber lediglich eine leichte Pflegebedürftigkeit vor, bei der aktivierende und rehabilitative Maßnahmen eine Besserung des Zustandes herbeiführen könnten, so kommt es oft nicht zur Feststellung von Hilfsbedürftigkeit und damit auch nicht zu den notwendigen prophylaktischen und rehabilitativen pflegerischen Maßnahmen. Auch Bedürfnisse nach befriedigenden sozialen Beziehungen und Kontakten geraten nur dann in den Blick von Sozialstationen, wenn sie an Symptome körperlicher Erkrankung gebunden sind. Potentielle Patienten müssen sich also als körperlich krank beziehungsweise hilflos definieren, um in den Genuß ambulanter Pflegemaßnahmen zu kommen oder um ihre Chance zu erhöhen, daß Pflegekosten übernommen werden. Die Hierarchisierung körperbezogener, psychischer und kommunikativer Bedürfnisse kommt auch in der Abstufung der Berufsgruppen zum Ausdruck. Während die Krankenpflege im engeren Sinne von examinierten Krankenschwestern oder -pflegern übernommen wird, fallen soziale und kommunikative Problemaspekte in die Zuständigkeit von Zivildienstleistenden, ehrenamtlichen Helfern und ungelernten Hilfskräften.

Es liegt auf der Hand, daß die *Regelungen zur Kostenübernahme* sowohl die Nachfrage als auch das Angebot ambulanter Pflegedienste erheblich beeinflussen. Während das Ausmaß der tatsächlichen Inanspruchnahme der Leistungen von Sozialstationen sehr stark davon abhängt, ob und unter welchen Bedingungen eine Übernahme der Kosten zu erwarten ist, müssen die Sozialstationen wiederum ihr Leistungsangebot hauptsächlich auf die Tätigkeitsformen konzentrieren, für die eine Kostenerstattung geregelt ist. Für die Gesamtfinanzierung können die Sozialstationen auf Entgelte und Gebühren der Benutzer, auf Leistungsvergütungen der Krankenversicherungs- und Sozialhilfeträger sowie auf Zuwendungen Dritter (Landesförderungsmittel, Zuschüsse der kommunalen Gebietskörperschaften, Zuwendungen eines Fördervereins oder eines Verbandes) zurückgreifen. Die jährlich anfallenden Kosten (Personalkosten, Betriebskosten und Investitionskosten) übersteigen allerdings zumeist die eingenommenen Leistungsentgelte und Zuwendungen. Ein erheblicher Anteil der Sozialstationen erwirtschaftet daher Defizite, die teils von den Trägern, teils von den Kommunen ausgeglichen werden müssen. Auch diese Tatsache zwingt die Sozialstationen natürlich dazu, Rekrutierung und Einsatz des Personals möglichst an ökonomischen Kriterien auszurichten und das Leistungsangebot möglichst eng zu begrenzen. Dementsprechend arbeiten Sozialstationen weniger nach der „Logik der Bedürfnisse" der Nachfrager als vielmehr nach der „Logik der Gebührenordnungen" der Krankenversicherungen beziehungsweise sonstiger Kostenträger.

Auch die *Dimensionierung* des *Einzugsbereichs* einer Sozialstation hat erheblichen Einfluß auf die Qualität der Versorgung mit ambulanten Pflegediensten. Denn je größer der Einzugsbereich ausfällt, desto höher steigen nicht lediglich die Wegekosten für die Beschäftigten, sondern die hiermit zusammenhängende Vergrößerung der Sozialstation zieht zusätzlich auch noch steigende Organisationskosten nach sich. Auch die Zugänglichkeit der Einrichtung für (potentielle) Klienten verringert sich, da ein steigender Anteil der Bevölkerung im Einzugsbereich keine Informationen über das Angebot der ambulanten pflegerischen Dienste besitzt beziehungsweise aufgrund der räumlichen Distanz mit diesem Angebot nicht vertraut ist.

In den Richtlinien der einzelnen Bundesländer werden die Versorgungsgebiete unterschiedlich abgegrenzt. Im Durchschnitt geht man für den ländlichen Raum von etwa 15 000 bis 25 000 Einwohnern aus, in städtischen Gebieten variieren die Größenordnungen dagegen zwischen 20 000 und 50 000 Einwohnern je Sozialstation. In Hamburg, wo man sich auf Grenzwerte zwischen 30 000 und 50 000 Einwohnern je Sozialstation festgelegt hat, wird der auf diese Weise zustande kommende durchschnittliche Richtwert von 40 000 geringfügig (41 000) bis stark (55 000) überschritten (vgl. Damkowski 1987: 23).
Bei der geographischen Abgrenzung der Einzugsbereiche wird zumeist auf Ortsteil- oder Stadtteilgrenzen zurückgegriffen. Auf diese Weise kommt man dem Ziel näher, gewachsene Stadtteilstrukturen zu berücksichtigen. Darüber hinaus wäre es allerdings für eine bedarfsdeckende Versorgung erforderlich, regionalisierte Bedarfswerte zu ermitteln, in die demographische und sozialstrukturelle Merkmale der Einzugsgebiete miteingehen. Vor allem die Altersstruktur der jeweiligen Bevölkerung, aber auch die bestehende örtliche Sozial- und Infrastruktur sind Kriterien, die bei einer Bestimmung der bedarfsgerechten Versorgung Berücksichtigung finden müßten.[1]
Die Zusammenhänge zwischen der Größe von Einzugsgebieten, Personalstärke und qualifikatorischer Zusammensetzung der Einrichtungen wurden in einer ersten Totalerhebung ambulanter Pflegedienste empirisch untersucht. Die Erhebung, die vom Deutschen Verein für öffentliche und private Fürsorge im Auftrag des Bundesministeriums für Jugend, Familie, Frauen und Gesundheit (BMJFFG) in der Zeit zwischen September 1984 und Jahresende 1985 durchgeführt worden ist und die den Stand der ambulanten Versorgung im Jahre 1984 repräsentiert, hat ergeben, daß es im Bundesgebiet insgesamt 3889 ambulante Pflegedienste gibt; hierin sind sämtliche Einrichtungstypen eingeschlossen. Dies bedeutet, daß in der Bundesrepublik Deutschland durchschnittlich ein Pflegedienst auf 16 000 Einwohner kommt (vgl. Deutscher Verein 1987: 40). Die Versorgungssituation in den einzelnen Bundesländern schwankt allerdings relativ stark, wie die folgenden Zahlenangaben deutlich machen: So sind für Schleswig-Holstein, Bayern und Hessen Werte zwischen 7000 und 11 000 Einwohner je Einrichtung, in den Ländern Saarland, Rheinland-Pfalz sowie Berlin dagegen Werte zwischen 26 000 und 32 000 Einwohner je Einrichtung erhoben worden. Diese Schwankungen repräsentieren allerdings nicht unterschiedliche Versorgungs-, sondern unterschiedliche Konzentrationsgrade der Einrichtungen. Denn die durchschnittliche Ausstattung eines ambulanten Dienstes mit Pflegekräften, auf Vollzeitbeschäftigung hoch-

gerechnet, fällt in Schleswig-Holstein und Bayern mit durchschnittlich drei Personen bedeutend niedriger aus als etwa in Rheinland-Pfalz (10 Personen) oder Berlin (32 Personen). Nicht die Anzahl der ambulanten Pflegedienste, sondern das vorhandene Personal muß also als Bezugsgröße zugrundegelegt werden.
Das politische Ziel einer Förderung und Unterstützung familialer Pflege zur Vermeidung von stationären Heim- und Krankenhausaufenthalten kann nur dann mit einiger Aussicht auf Erfolg realisiert werden, wenn die Versorgungsdichte mit ambulanten Pflegediensten, also das Verhältnis zwischen möglichen Nachfragern nach Leistungen ambulanter Dienste zum dort vorgehaltenen Arbeitsvolumen, auf ein entsprechendes Niveau gebracht worden ist. In der angesprochenen Totalerhebung sind zur Berechnung der Versorgungsdichte verschiedene Indizes gebildet worden: Ein Index bezieht sich auf das Mengenverhältnis von Pflegepersonal (auf Vollzeitäquivalente umgerechnet) je 10 000 Einwohner, ein weiterer In-

Schaubild 11: Vier Indizes zur Versorgungsdichte der Länder mit ambulantem Pflegepersonal (auf Vollzeitbeschäftigung hochgerechnet) – Ergebnisse der Modellrechnung –

	Pflegepersonal je 10 000 Einwohner		Pflegepersonal je 1000 Einwohner 65 Jahre und älter	
	insgesamt (examiniertes und nicht-examiniertes Pflege-personal	davon ausschließlich durch examiniertes Pflege-personal	insgesamt (examiniertes und nicht-examiniertes Pflege-personal)	davon ausschließlich durch examiniertes Pflege-personal
Schleswig-Holstein	4,6	2,6	2,9	1,7
Hamburg	5,3	3,0	2,9	1,7
Niedersachsen	4,1	2,7	2,7	1,6
Bremen	4,4	1,4	2,6	0,8
Nordrhein-Westfalen	2,8	2,2	2,0	1,5
Hessen	2,6	2,3	1,7	1,5
Rheinland-Pfalz	3,0	2,9	2,0	1,9
Baden-Württemberg	4,0	3,5	2,9	2,6
Bayern	3,0	2,6	2,1	1,8
Saarland	2,5	2,5	1,7	1,7
Berlin (West)	11,0	3,9	5,4	1,9
Bundesrepublik	3,6	2,7	2,4	1,8

(aus: Deutscher Verein 1987: 72)

dex bezieht sich auf das Pflegepersonal je 10 000 Einwohner im Alter ab 65 Jahre. Um auch die Qualifikationsstruktur der Pflegekräfte mitberücksichtigen zu können, wurde ein weiterer Index gebildet, der sich ausschließlich auf die durch beruflich besonders qualifizierte Mitarbeiter/-innen gegebene Versorgungsdichte bezieht. Die entsprechenden Ergebnisse der Modellrechnungen sind in Schaubild 11, S. 164, zusammengefaßt. Das Schaubild ist so zu lesen, daß die Aussage „3,6 Pflegekräfte (Vollzeitäquivalente) je 10 000 Einwohner" bedeutet: Im Bundesdurchschnitt steht für jeweils 10 000 Einwohner ein Betreuungspotential von 3,6 auf Vollzeitbeschäftigung hochgerechneten Pflegekräften zur Verfügung.[2]
Eine ähnliche Tendenz zur Angleichung der Versorgungsdichte ergibt sich, wenn man die Altersstruktur der Bevölkerung berücksichtigt. Im Fazit bedeutet dies, daß für alte Menschen (ab 65 Jahren), für die das Risiko der Hilfebedürftigkeit steigt, in nahezu allen Bundesländern ein weitgehend gleiches Potential an formalqualifizierten Pflegekräften im ambulanten Pflegebereich zur Verfügung steht. Lediglich Bremen weicht von diesem Mittelwert stark nach unten und Baden-Württemberg stark nach oben ab. Es läßt sich also ein statistischer Zusammenhang zwischen dem Anteil der Altenbevölkerung in einem Land und der Personalkapazität ambulanter Pflegekräfte feststellen. Allerdings gelten diese Aussagen nur für das Aggregationsniveau der Bundesländer. Bezieht man die Versorgungsdichte auf die Ebene der Landkreise/kreisfreien Städte, so bestehen hier zum Teil Differenzen von mehreren 100 Prozent. Im kleinräumigen Bereich kann also von einer gleichmäßigen flächendeckenden Versorgung der Bevölkerung mit ambulanten Pflegediensten nach den Ergebnissen der Totalerhebung nicht die Rede sein.

Gefragt ist in diesem Abschnitt, ob ambulante Pflegedienste, konkret Sozialstationen, als geeignete *Instrumente zur Förderung und Stärkung* von familialer Eigenhilfe, ehrenamtlichem Engagement und Selbsthilfe gelten können. Der zentrale Aspekt, unter dem hier die Sozialstationen untersucht werden sollten, ist die Förderung nichtprofessioneller Hilfen. Dieses Programmziel ist hauptsächlich in die Diskussion geraten, weil der Kostendruck im stationären Krankenhaus- und Heimbereich eine möglichst weitgehende Verlagerung der Pflege und Betreuung kranker und pflegebedürftiger Menschen auf den Bereich häuslicher Pflege nahelegte. Angesichts schrumpfender familialer Hilfemöglichkeiten und des relativen Anstiegs des Anteils älterer Menschen an der Gesamtbevölkerung wäre das Programmziel einer Mobilisierung zusätzlicher nicht-professioneller Hilfepotentiale also zu weit gesteckt; es kann allenfalls darum gehen, die noch bestehenden Möglichkeiten familialer und nachbarschaftlicher Hilfe durch geeignete *flankierende Maßnahmen* zu stärken und zu unterstützen. Die von einigen Vertretern der Kostenträger im stationären Bereich bemängelte Tatsache, daß mit dem Ausbau von Sozialstatio-

nen zunächst keine spürbare Entlastung im Krankenhaus- und Heimbereich zu verzeichnen war, spricht deshalb nicht gegen das Konzept der ambulanten Versorgung. Im Gegensatz dazu zeigt die Entwicklung, daß die Belastung der Familien mit häuslicher Pflege bislang weit über die hier vorliegenden Möglichkeiten hinausging und nun die erforderlichen ambulanten Entlastungen verstärkt in Anspruch genommen werden. Die gelegentlich geäußerte Kritik, durch den Ausbau ambulanter Pflegedienste werde die familiale Pflegebereitschaft und -fähigkeit eher geschwächt als gestärkt und zusätzliche Bedarfe geweckt, dürfte deshalb im großen und ganzen kaum zutreffen; die tatsächlich ansteigende Nachfrage verweist eher auf bestehende Nachholbedarfe.
Dennoch stellt sich unter diesen Umständen natürlich die Frage, inwiefern die Neuorganisation und Ausbreitung ambulanter Pflegedienste (Sozialstationen) nicht nur in negativer Hinsicht nicht auch noch selbst zu einer weiteren Schwächung familialer Hilfepotentiale beigetragen hat, sondern inwiefern in positiver Hinsicht eine Förderung und Unterstützung bestehender familialer Eigenhilfe, nachbarschaftlicher Aktivitäten und Selbsthilfe geleistet werden konnte. Dieser Frage soll hier entlang der oben eingeführten Operationalisierung des Selbsthilfeförderungskonzeptes nachgegangen werden:
Was die *aktivierende Pflege* beziehungsweise die Rehabilitation der Klienten anlangt, so ist folgendes festzustellen: Das Konzept der Aktivierung, also der möglichst weitgehenden Wiederherstellung der Selbständigkeit des Klienten, setzt einerseits seine eigene Bereitschaft und die seiner nahen Angehörigen als auch die Verfügung über bestimmte medizinische, finanzielle und psychosoziale Unterstützungsleistungen voraus. Diesbezüglich wird immer wieder festgestellt, daß schon die Betroffenen selbst beziehungsweise ihre nahen Angehörigen nicht selten an einer umfassenden Rehabilitation und/oder Aktivierung gar nicht interessiert sind beziehungsweise die hiermit zusammenhängenden zusätzlichen Belastungen nicht übernehmen wollen. Abgesehen davon aber sind umfassende Rehabilitationsmaßnahmen im sozialen Sicherungssystem rechtlich, finanziell und fachlich so schwach abgesichert, daß entsprechende Leistungsangebote der Sozialstationen beziehungsweise die Kooperation mit entsprechenden Leistungsträgern durch die Sozialstationen vor allem in den Fällen unterbleiben, in denen von den Klienten keine ökonomisch relevanten Leistungen mehr zu erwarten sind (vgl. ausführlicher Heinemann-Knoch u.a. 1985: 147ff.). Dennoch bemühen sich die Mitarbeiter der Sozialstationen natürlich im Rahmen der verbleibenden Möglichkeiten um aktivierende Maßnahmen und Leistungen. Ange-

sichts der knappen Personaldecke, der mangelnden qualifikatorischen Vorbereitung auf diese spezifische Aufgabe und dem Druck, nicht abrechenbare Leistungen zugunsten von kostendeckend abrechenbaren Leistungen zurückzustellen, gelingt dies allerdings nur in begrenztem Maße.

Was den Aspekt der *Unterstützung und Stabilisierung familialer Eigenhilfe* anbelangt, so geht es hauptsächlich darum, die Familienmitglieder bei bestehender oder drohender Überbeanspruchung zu entlasten und sie durch Bereitstellung von technischen Hilfestellungen sowie durch Anleitung und Qualifizierung zur Pflege ihrer Angehörigen zu befähigen. Aus der Untersuchung von 150 Sozialstationen aus dem Jahre 1979 geht hervor, daß in 48% der befragten Einrichtungen tagtäglich und in weiteren 37% der Sozialstationen von Zeit zu Zeit Pflegegeräte verliehen werden und so auf diese Weise die technischen Voraussetzungen für familiale Eigenhilfe geschaffen werden. 68% der Einrichtungen bieten Kurse in Krankenpflege an und tragen so zur Qualifizierung von Familienangehörigen und ehrenamtlich tätigen Pflegekräften bei (vgl. Grunow/Hegner 1981: 58f.). Auch Damkowski (1987) berichtet im Hinblick auf die Situation in Hamburg, daß die Sozialstationen sowohl Kurse in häuslicher Krankenpflege abhalten, Pflege- und Hilfsgeräte verleihen sowie Gesprächskreise für Angehörige und Beratung bei rechtlichen und psychosozialen Problemen anbieten. Da insbesondere die psychosoziale Beratung aber eine zusätzliche Arbeitsbelastung für das Personal darstellt, wird diese Aufgabe eher selten wahrgenommen. Für viele pflegende Angehörige wäre es eine große Hilfe, wenn sie ihre pflegebedürftigen Familienangehörigen stunden-, tage- oder wochenweise in Kurzzeitpflege geben könnten, um sich zu erholen beziehungsweise anderen Verpflichtungen nachgehen zu können. Hier dürfte noch ein erheblicher Nachholbedarf bestehen.

Durch das Angebot an ambulanten Pflegediensten, vor allem an Sozialstationen, werden die Möglichkeiten und Rahmenbedingungen für häusliche Pflege von Familienangehörigen durchaus verbessert. Allerdings darf nicht übersehen werden, daß bereits jetzt eine qualifizierte Minderheit – etwa ein knappes Drittel – der Klienten von Sozialstationen allein leben. Soweit Angehörige nicht in nächster Nähe wohnen, entfällt hier die Möglichkeit zur Unterstützung der familialen Eigenhilfe. Da dieser Anteil alleinlebender Pflegebedürftiger in Zukunft deutlich ansteigen wird, wäre es angezeigt, das Leistungsspektrum der Sozialstationen auf diese spezielle Versorgungssituation hin anzupassen. Auch ist in solchen Fällen zu bedenken, daß ambulante Pflege nicht in jedem Falle humaner sein muß als stationäre Unterbringung.

Auch die *Anregung und Unterstützung* von *nachbarschafts-* und *ehrenamtlichen Hilfen* gehört – wie erwähnt – zu den Aufgabenbereichen einer Sozialstation. Eine realistische Einschätzung der Erfolgsaussichten dieses Programmzieles muß natürlich berücksichtigen, daß die Leistungsfähigkeit nachbarlicher Hilfenetze im Zuge des sozialstrukturellen Wandels eher abnimmt. Dementsprechend verweisen alle bisherigen Erfahrungen darauf, daß Sozialstationen vor allem in denjenigen Wohngebieten Nachbarschaftshilfen erfolgreich unterstützen, wo bereits Ansätze zu entsprechenden Hilfeleistungen und -bereitschaften bestehen, wo also die soziale Struktur des jeweiligen Quartiers noch günstige Voraussetzungen für Nachbarschaftshilfe bietet. Aus der Sozialstationen-Studie von Grunow und Hegner (1981: 58f.) geht hervor, daß 1979 11% der befragten Einrichtungen angaben, täglich mit der Anregung und Organisation von Nachbarschaftshilfe befaßt zu sein; weitere 64% gaben an, dies monatlich beziehungsweise von Zeit zu Zeit zu tun. Da sich nachbarschaftliche Helfergruppen und ehrenamtliches Engagement nicht „quasi nebenbei" mobilisieren lassen, müßten auch für diese Aufgabe eigens Personalkapazitäten bereit gestellt werden.[3]
Neben dem Aspekt der Anregung und Anleitung nachbarschaftlicher Hilfe spielt auch die *Beschäftigung* von *ehrenamtlichen Mitarbeitern* in den Sozialstationen eine Rolle. Aus der oben genannten Studie geht etwa hervor, daß die Anzahl der ehrenamtlich Beschäftigten bei einem Viertel der Sozialstationen bis zu sieben Mitarbeitern, bei 15% der Sozialstationen acht bis fünfzehn Mitarbeiter und bei 11% der Einrichtungen bei fünfzehn Mitarbeitern liegt. Die Stundenleistungen der Ehrenamtlichen scheinen dabei sehr stark zwischen den einzelnen Sozialstationen zu variieren. In der Totalerhebung der ambulanten Pflegedienste im Bundesgebiet wird mitgeteilt, daß insgesamt 11 220 ehrenamtliche Helfer in diesen Einrichtungen tätig sind, was rein rechnerisch eine Ausstattung von drei ehrenamtlichen Helfern pro Einrichtung bedeuten würde (vgl. Deutscher Verein 1987: 64f.). Tatsächlich aber haben vier von fünf Einrichtungen keine ehrenamtlichen Kräfte gemeldet. Daß der Einsatz ehrenamtlicher Helfer auf einige wenige große Stationen konzentriert ist, geht schon daraus hervor, daß 89% aller ehrenamtlichen Kräfte von nur 10% der vorhandenen Einrichtungen gemeldet wurden. Evers u. a. (1987) präsentieren in ihrer qualitativen Studie, die Sozialstationen aus Hamburg und Berlin einbezieht, Aussagen von Mitarbeitern in Sozialstationen, die mögliche Hemmnisse eines zusätzlichen Einsatzes ehrenamtlicher Helfer deutlich machen. So wird einerseits auf die Gefahr hingewiesen, daß infolge des vermehrten Einsatzes ehrenamtlicher Helfer die

staatlichen Finanzzuweisungen gekürzt werden, andererseits wird auch der Widerstand der Gewerkschaften thematisiert. Und in der Tat dient der Einsatz ehrenamtlicher Helfer nicht lediglich dem Ziel, die Versorgungsqualität ambulanter Pflegedienste zu verbessern, sondern erfolgt auch unter dem Gesichtspunkt der Kostenersparnis und der flexiblen Anpassung des vorgehaltenen Personalvolumens an die schwankende Nachfrage.

Was die *Anregung* und *Begleitung* von *Selbsthilfegruppen* und *-initiativen* anlangt, so geht ebenfalls aus sämtlichen Studien hervor, daß diese Aufgabe nur in Einzelfällen wahrgenommen wird; so verstehen sich zum Beispiel manche Sozialstationen als Anlaufstelle für Selbsthilfegruppen von chronisch Kranken und/oder von Angehörigen pflegebedürftiger Personen. Zugleich gelten allerdings auch hier die gleichen Einschränkungen wie für die Aufgabe der Förderung ehrenamtlichen Engagements. Weder die personellen noch die qualifikatorischen Kapazitäten reichen aus, um diese Aufgaben der Förderung nicht-professioneller Hilfen konsequent wahrnehmen zu können.

Insgesamt gilt also, daß ambulante Pflegedienste (Sozialstationen) zwar durchaus als Angebote betrachtet werden können, die familiale Eigenhilfe, ehrenamtliches Engagement und Selbsthilfe der Betroffenen unterstützen und stabilisieren, daß sie aber dieser Aufgabe unter gegebenen konzeptionellen, finanziellen und fachlichen Gegebenheiten nur höchst unzureichend nachkommen können. Generell kann man sagen, daß sich das *Konzept der Sozialstationen bewährt hat.* Durch die ambulante Unterstützung häuslicher Pflege ist es in vielen Fällen überhaupt erst möglich geworden, daß Familienmitglieder ihre hilfebedürftigen Angehörigen zu Hause betreuen oder daß Nachbarn, Bekannte und Verwandte sich an dieser Pflege und Betreuung aktiv beteiligen. Die Tatsache, daß die Verantwortung für eine hilfebedürftige Person nicht allein getragen, sondern mit anderen Personen beziehungsweise Institutionen geteilt werden kann, führt oft erst zur Bereitschaft und Fähigkeit zur häuslichen Pflege. Das generelle Ziel einer möglichst weitgehenden Vermeidung stationärer Unterbringung durch ambulante Versorgung pflegebedürftiger Menschen wird also durch Sozialstationen durchaus erreicht.

Offenkundige Leistungsschwächen ambulanter Pflegedienste in ihrer bisherigen Form sowie sozialstrukturelle Veränderungen werden allerdings eine *Weiterentwicklung des Konzepts* der Sozialstationen notwendig machen (vgl. Höft-Dzemski 1988). Auch und gerade die ambulanten Formen der Versorgung werden sich darauf einstellen müssen, daß sie in zunehmendem Maße alleinlebende pflegebedürfti-

ge Personen in ihrer häuslichen Umgebung zu betreuen haben. Die Anforderungen werden also in quantitativer wie qualitativer Hinsicht steigen.
Es liegt auf der Hand, daß die wachsenden Aufgaben angesichts der bereits jetzt beobachtbaren Überlastung des vorhandenen Personals nur durch eine entsprechende *Ausweitung der Personalausstattung* von Sozialstationen zu bewältigen sein werden. Die Anpassung des Personalvolumens an die steigende Nachfrage wird allerdings nur dann zu Verbesserungen in der Versorgung führen, wenn sie mit entsprechenden Veränderungen der räumlichen Versorgungsstruktur einhergehen. Um wirklich problemadäquat arbeiten und lokale Besonderheiten und soziale Vernetzungen berücksichtigen zu können, müssen die *Einzugsbereiche kleiner geschnitten* werden und sich an den sozialen Gegebenheiten und der Struktur des jeweiligen Stadtteils orientieren; es wird also darum gehen, das Konzept der „flächendeckenden Versorgung“ auf die kleinräumige, kommunale Ebene herunterzutransformieren. Auf diese Weise sinkt nicht lediglich der Koordinations- und Organisationsaufwand innerhalb der Einrichtung, da ihre Größe überschaubar bleibt, sondern zudem steigt auch noch die Zugänglichkeit und Identifikationschance für die potentiellen Klienten.
Aber auch in qualitativer Hinsicht sind Änderungsprozesse erforderlich. Sie beziehen sich zum einen auf die *Struktur des Leistungsangebotes der Sozialstationen* als auch auf die *Verzahnung des Angebotes* der Sozialstationen mit anderen sozialen Einrichtungen und bezahlten wie unbezahlten Hilfeleistungen auf örtlicher Ebene. Was das Leistungsspektrum anbelangt, so ist zunächst einmal daran zu erinnern, daß die Aufgabe der Mobilisierung von ehrenamtlichem Engagement und Selbsthilfe zwar in den Förderrichtlinien der Länder erwähnt, aber auf der Ebene der Personalstruktur nicht ausreichend abgesichert ist. Es wird also in Zukunft darauf ankommen, im Rahmen der Personalplanung dafür Sorge zu tragen, daß ein angemessener Anteil des Arbeitsvolumens für diese spezielle Aufgabe reserviert wird. Hinzu kommt ein weiteres: Es wird von verschiedenen Seiten mit guten Argumenten darauf hingewiesen, daß die psychosoziale Beratung von Klienten und ihren helfenden Angehörigen eine unverzichtbare künftige Aufgabe von Sozialstationen darstellen sollte. Nur auf diese Weise lassen sich die psychischen Belastungen und Probleme der Angehörigen bei der Pflege beziehungsweise die psychosozialen Aspekte der Hilfebedürftigkeit selbst angemessen berücksichtigen.
Auch die Forderung nach einer Integration des Sozialstationenangebotes in das Gesamtspektrum der Leistungsangebote vor Ort läßt sich

aus den veränderten Lebensbedingungen der Hilfebedürftigen heraus begründen. Wenn es zutrifft, daß die häusliche Pflege für die Familienangehörigen immer schwieriger zu bewerkstelligen ist und daß immer mehr Pflegebedürftige allein leben, dann hängt die häusliche Versorgung immer stärker davon ab, ob Verbundsysteme verschiedener Dienste, die von ambulanten bis hin zu stationären Angeboten reichen, vorhanden sind und genutzt werden können. Wenn es also möglich wäre, Beratungsdienste, Tageskliniken, mobile Hilfsdienste, wie etwa „Essen auf Rädern", sowie unbezahlte Hilfeleistungen, zum Beispiel organisierte Nachbarschaftshilfe, ehrenamtliche Helferkreise usw., zusammen mit dem Angebot der Sozialstationen zu einem *integrierten Verbundsystem auf Gemeindeebene* zusammenzubinden, dann ließe sich die Wirkung der ambulanten Pflegedienste erheblich steigern. Denkt man dieses Konzept weiter, so wäre es durchaus möglich, die Sozialstationen zu Anlaufstellen und Kristallisationspunkten präventiver und kurativer personenbezogener Hilfen auf Quartiersebene langfristig weiterzuentwickeln.
Ob solche konzeptionellen Perspektiven allerdings Realisierungschancen erhalten, wird letztlich von einer *Anpassung der Finanzierungsmodalitäten* abhängen. Die bisherige, nur aus der Tradition der sozialen Sicherungssysteme zu verstehende Trennung zwischen Kranken- und Altenpflege setzt der *Weiterentwicklung der Sozialstationen* zu einem *präventiven und dezentralen Angebotssystem* sozialer Hilfen enge Grenzen. Obwohl sicherlich Übergangsregelungen verschiedener Art denkbar sind, wird letztlich nur eine bundeseinheitliche Reform der materiellen Absicherung des Risikos der Pflegebedürftigkeit eine grundlegende Veränderung der Situation bringen (vgl. hierzu Abschnitt 17).

14.2 Öffentliche Aufwertung und Mobilisierung ehrenamtlichen Engagements

Wie bereits erwähnt, gibt es durchaus fließende Übergänge zwischen ehrenamtlichen Tätigkeiten und Selbsthilfe. Auch politische Maßnahmen und Strategien zur Förderung und Unterstützung unbezahlter sozialer Tätigkeiten richten sich nicht immer trennscharf an eine der spezifischen Formen unbezahlten Engagements allein, sondern beziehen sich zum Teil sowohl auf ehrenamtliches Engagement als auch auf Selbsthilfeaktivitäten. Dennoch ist es sinnvoll und notwendig, die Maßnahmen und Einrichtungen zur öffentlichen Förderung des ehrenamtlichen Engagements besonders darzulegen. Denn der Förderbedarf von ehrenamtlichen Aktivitäten unterscheidet sich in

einigen Hinsichten durchaus von dem Unterstützungsbedarf selbstorganisierter Gruppen und Projekte, und diese unterschiedlichen Förder- und Unterstützungsbedarfe schlagen sich auch in unterschiedlichen Förderstrategien nieder.
Die Förderung und Unterstützung ehrenamtlichen Engagements ist ein Aufgabenbereich, der insbesondere in den 60er und 70er Jahren den freien Trägern der Wohlfahrtspflege zugeschrieben worden ist. Im Zuge der Wiederentdeckung der Leistungsvorteile und besonderen Möglichkeiten freiwilliger unbezahlter sozialer Tätigkeiten ist auch das politische Interesse am sozialen Ehrenamt (wieder) stark angestiegen. Seit einigen Jahren wird mit Modellen und Strategien experimentiert, die darauf hinauslaufen, mit Hilfe staatlicher Organisationsmittel (Recht und Geld) und dem Einsatz beruflicher beziehungsweise professioneller Arbeit ehrenamtliche soziale Tätigkeiten anzuregen und auszuweiten. Eine solche gesellschaftliche Aufwertung und Förderung unbezahlter nützlicher Tätigkeitsformen im Sozial- und Gesundheitssektor bietet sich sowohl aus sozialpolitischen als auch aus arbeitsmarktpolitischen Gründen an.
In dieser Situation wird von Ulf Fink (vgl. 1987 und 1988) der Vorschlag gemacht, die klaffende und sich künftig noch verstärkende Versorgungslücke mit sozialen Diensten durch Strategien öffentlicher Förderung und Mobilisierung ehrenamtlichen Engagements zu schließen. Insbesondere der demographisch bedingte Anstieg der Anzahl pflegebedürftiger alter Menschen veranlaßt ihn, einen „neuen Generationenvertrag“ zu fordern. Im bereits bestehenden „alten“ Generationenvertrag wird danach „nur“ das Problem der materiellen Sicherung des Alters gelöst.

> Diese Konstruktion unterstellt einen fiktiven Vertrag zwischen der mittleren und der älteren Generation, der folgendes vorsieht: Die jeweils im erwerbsfähigen Alter befindliche Generation tritt einen Teil ihres Einkommens der nicht mehr erwerbsfähigen und -tätigen Generation zum Zwecke der Sicherung des Lebensunterhaltes ab und erwirbt auf diese Weise wiederum das Anrecht auf materielle Unterhaltsleistungen der ihr nachfolgenden jüngeren Generation.
> Im „neuen“ Generationenvertrag geht es nun um die Versorgung alter Menschen mit sozialen Diensten, mit Betreuung, Versorgung und Pflege. Auch in dieser Konstruktion wird unterstellt, daß die mittlere, erwerbsfähige Generation Leistungen für die ältere, hilfebedürftige Generation erbringt, um auf diese Weise wiederum ein Anrecht auf soziale Unterstützung durch die nachfolgende jüngere Generation zu erwerben; nur daß es sich hier nicht um monetäre, sondern um Dienstleistungen handelt.

Nun ist es wesentlich einfacher, Geldeinkommen von einer Gruppe an eine andere Gruppe der Bevölkerung umzuverteilen, als den Transfer von sozialen Dienstleistungen zwischen verschiedenen Gruppen zu organisieren. Denn Dienstleistungen können – wie wir aus der Dienstleistungstheorie wissen – nur unter der Bedingung simultaner Anwesenheit von Dienstleistungsproduzent und -konsument erbracht werden und sind auch nicht auf Vorrat produzierbar. Um den schwierigen und komplexen Vorgang der Vermittlung von potentiell zur Hilfe Fähigen und Hilfsbedürftigen in Gang bringen zu können und um die Verläßlichkeit und Kalkulierbarkeit des Transfers sozialer Dienstleistungen zu erhöhen, plädiert Fink für eine systematische öffentliche Förderung, Unterstützung und Allokation ehrenamtlicher sozialer Dienste. Inzwischen sind eine ganze Reihe von *Vorschlägen* und *Hinweisen* für die konkrete Ausgestaltung einer solchen Politik im Umlauf und zum Teil auch bereits erprobt worden beziehungsweise in der Entwicklungsphase. Ordnet man diese Vorschläge und Konzepte nach den jeweils intendierten Wirkungsmechanismen, so lassen sich Strategien der Änderung von Werten und Einstellungen durch Überzeugungsprogramme, finanzielle Anreizsysteme, infrastrukturelle Steuerung sowie Strategien der Zwangsverpflichtung unterscheiden:

(1) Die erste Gruppe von Strategien zielt darauf ab, bereits bestehende und im Zuge kultureller Veränderungen (Stichwort: Wertewandel) sich verbreitende positive Einstellungen und Orientierungen zum sozialen Engagement durch *gezielte Werbungs-* und *Informationskampagnen* zu verfestigen und weiter zu verbreiten. Solche Werbeaktionen sind insbesondere in Berlin – etwa unter dem Motto: „Ich für Dich" –, aber auch im Bundesgebiet – siehe etwa die Aktion „Reden ist Silber, Handeln ist Gold" – mit einigem, wenn auch im Hinblick auf seine Langfristigkeit schwer zu überprüfenden Erfolg durchgeführt worden. Effektivität und Effizienz solcher „persuasiver Programme" (vgl. Dahme/Grunow 1983) sind allerdings eher gering einzuschätzen. Bei dem Einsatz dieses Instrumentes wird unterstellt, daß bestimmte Gruppen der Bevölkerung sich deshalb nicht ehrenamtlich engagieren, weil ihnen bestimmte Informationen fehlen, etwa darüber, in welchen Bereichen man sich nützlich machen kann beziehungsweise bei welchen Institutionen man sich über Einsatzmöglichkeiten beraten lassen kann, und/oder weil sie nicht genügend motiviert sind, ihre frei disponierbare Zeit für ehrenamtliches Engagement zu verwenden. Aus diesem Grunde wird versucht, mit Hilfe von Informationstransfers und der Aktivierung bestimmter Wertbindungen und Emotionen („Gemeinwohlorientierung", „Solidarität", „Hilfsbe-

reitschaft“ u. ä.) die bestehenden Barrieren gegen ein Engagement im Bereich des sozialen Ehrenamtes zu reduzieren. Da es aber schwierig ist, die Wirkungsziele persuasiver Programme präzise zu bestimmen, und da bestehende Vorurteile und Einstellungen schwer beeinflußbar sind und die Programmadressaten bestimmten Gegenkonditionierungen unterliegen – etwa wenn in den anderen Lebensfeldern egoistisches oder individuelles, karriere- und konkurrenzorientiertes Handeln nahegelegt wird –, fallen die Wirkungen eher bescheiden aus. Insbesondere generelle Appelle in den Massenmedien dürften wenig geeignet sein, um konkrete Motive und Bereitschaften zur Übernahme ehrenamtlicher Tätigkeiten anzureizen. Aus diesem Grunde werden persuasive Programme in der Regel durch andere Programme und Strategien ergänzt beziehungsweise abgelöst. Sie sind also gewissermaßen die „Vorhut“ im Rahmen einer Stufenfolge von Interventionen.
(2) Die zweite Gruppe von Maßnahmen und Strategien bedient sich daher der *positiven/negativen finanziellen Anreize.* Indem die Entscheidung für ein soziales Engagement finanziell belohnt beziehungsweise der Verzicht auf soziales Engagement finanziell bestraft oder mit Kosten belegt wird, erhofft man sich eine zusätzliche Mobilisierung ehrenamtlicher sozialer Helfer. Die hier zugrunde liegende Wirkungslogik läßt sich im Rückgriff auf das Konzept der „kollektiven Güter“ erläutern:

> Kollektive Güter sind Güter und Dienstleistungen, von deren Nutzen beziehungsweise Konsum niemand ausgeschlossen werden kann, unabhängig davon, ob er zu ihrer Produktion beigetragen hat oder nicht. Die Produktion der aus der Perspektive des Interesses aller („Gemeinwohl“) rationalen und wünschenswerten kollektiven Güter kommt also unter den Bedingungen individueller Nutzenmaximierung nicht zustande, da jeder befürchten müßte, daß sein eigener Beitrag zur Produktion des Kollektivgutes sich als Vergeudung von Ressourcen erweisen wird, wenn die anderen zu seiner Produktion nicht beitragen und trotzdem als „Trittbrettfahrer“ an dem Nutzen des Kollektivgutes partizipieren können.

Man kann nun ehrenamtliches Engagement als ein solches Kollektivgut betrachten; denn unentgeltliche Tätigkeiten, wie die Pflege hilfebedürftiger alter Menschen, die Betreuung von Kindern oder die Mitarbeit bei der Wohnumfeldverbesserung usw., verbessern nicht nur das Versorgungsangebot mit sozialen Diensten tendenziell für alle, sondern entlasten die Steuerzahler auch von zusätzlichen Ausgaben. Um nun zu verhindern, daß dieses im Kollektivinteresse rationale Ergebnis der ehrenamtlichen Produktion von sozialen Diensten nicht oder nur in geringem Maße zustandekommt, weil jeder potentiell befürchten muß, durch „Trittbrettfahrer“ übervorteilt zu werden, können

der Staat beziehungsweise öffentliche Institutionen generell selektive Anreize für diejenigen schaffen, die bereit sind, ehrenamtliche Tätigkeiten zu erbringen. Aufwandsentschädigungen, die Ausnahme geringfügiger finanzieller Anerkennungen von der Besteuerung, aber auch Maßnahmen wie die Anrechnung eines Pflegejahres auch für ehrenamtlich Tätige in der Rentenversicherung oder die Einführung eines Null-Tarifes für ehrenamtliche Helfer in öffentlichen Verkehrsmitteln werden unter dieser Rubrik diskutiert. Der Vorteil dieser Strategie besteht darin, daß angesichts selektiver Anreize die Erbringung ehrenamtlicher Aktivitäten auch individuell rational sein kann, da sie mit individuell zurechenbaren materiellen Gratifikationen verbunden sind. Allerdings sind die Wirkungen auch dieses Instrumentes begrenzt. Einige dieser Ambivalenzen und Wirkungsgrenzen werden in den folgenden Kapiteln diskutiert, so daß es hier ausreicht, generelle Probleme anzusprechen.
Ein Hauptproblem liegt in der Dosierung und in der Bestimmung des konkreten Adressatenkreises der finanziellen Anreize. Sind die finanziellen Gratifikationen so niedrig angesetzt, daß sie keinen wesentlichen Beitrag zur materiellen Absicherung darstellen, dann dürften nur diejenigen Bevölkerungsgruppen erreicht werden, die ohnehin überproportional an ehrenamtlichen Aktivitäten partizipieren, also Frauen, Rentner usw. Will man insbesondere diejenigen Gruppen absichern, die ohnehin ehrenamtliche Arbeit leisten und bislang keine Gegenleistung erhielten, dann läuft man Gefahr, bestehende Ungerechtigkeiten und Verteilungsungleichgewichte zu verfestigen. Ein Beispiel hierfür ist die Absicherung von Frauen durch die Anrechnung eines Pflegejahres beziehungsweise ehrenamtlicher Aktivitäten in der Rentenversicherung. Wählt man diese Strategie, dann ist es für Frauen noch schwieriger, ehrenamtliche Tätigkeiten abzulehnen, und sie werden unter Umständen noch stärker auf ihre Rolle als Nichterwerbstätige festgelegt. Werden dagegen die finanziellen Anreize sehr hoch dosiert, dann geraten sie in Konkurrenz zum Entgelt für Erwerbstätigkeit, und es setzt eine „Verberuflichung" des sozialen Ehrenamtes ein. Dies hätte unter anderem zur Folge, daß die eigentümliche Motivstruktur, die bei der Erbringung freiwilliger und unbezahlter sozialer Tätigkeiten bislang vorgeherrscht hat, zugunsten des Erwerbsmotivs zerstört wird. Es wird also in Zukunft darauf ankommen, die konkrete Ausgestaltung dieses Instrumentes und seine Einbettung in andere Maßnahmen zu verbessern, um die Attraktivität ehrenamtlichen Engagements auch für diejenigen Bevölkerungsgruppen zu erhöhen, die bislang unterproportional an solchen Aktivitäten partizipieren.

(3) Insbesondere im Hinblick auf den schwierigen Prozeß der Vermittlung von potentiell Hilfsbereiten mit Hilfsbedürftigen dürfte die drittgenannte Gruppe von Maßnahmen und Strategien die größte Bedeutung haben: Gemeint ist die Einrichtung beziehungsweise der *Ausbau sozialer Infrastrukturmaßnahmen* zur Verbesserung der Rahmenbedingungen für ehrenamtliches Engagement. Analog zur Institution der Bundesanstalt für Arbeit, deren Aufgabe es ist, an Erwerbsarbeit Interessierte mit Erwerbsarbeitsgelegenheiten zusammenzubringen, wird unter dem aufmerksamkeitsträchtigen Schlagwort „Bundesanstalt für das Ehrenamt" für die Einrichtung von Nachbarschaftsheimen, Vermittlungsbörsen für ehrenamtliche Helfer beziehungsweise die Ausrichtung von Sozialstationen an der Aufgabe der Mobilisierung und Vermittlung ehrenamtlicher Tätigkeiten plädiert. Hierunter würden auch Versuche fallen, betroffene Familienangehörige, die eine pflegebedürftige Person zu betreuen haben, in Selbsthilfegruppen zusammenzuführen oder über die Schaffung von „Oma-Läden" bei der Bewältigung ihrer schweren Aufgabe zu entlasten.

In diesem Zusammenhang gilt bislang die Einschätzung, daß der Staat beziehungsweise öffentliche Instanzen sich auf die Werbung für ehrenamtliches Engagement beschränken sollen, während unmittelbare Anleitung, Betreuung und Einsatz der ehrenamtlich Tätigen in der Zuständigkeit der auch jetzt schon aktiven privaten und/oder freigemeinnützigen Trägern verbleiben soll. Unter diesen Bedingungen hängt die Wirksamkeit dieses Instrumentes von bestehenden guten Kooperationsbeziehungen zwischen der Vermittlungs- beziehungsweise Anlaufstelle einerseits und den die Ehrenamtlichen einsetzenden freiwilligen oder freigemeinnützigen Organisationen andererseits ab. Daß in dieser Hinsicht durchaus Reibungsverluste und Konflikte bestehen, bestätigt etwa die Auswertung der Aktion „Ich für Dich" und die Tätigkeitsberichte der Münchner Helfer Information (vgl. Senator für Gesundheit und Soziales 1986 sowie Münchner Helfer Information 1986 und 1987). Aus diesen Erfahrungsberichten geht etwa hervor, daß die zur ehrenamtlichen Arbeit bereiten Bürger glauben, daß sie bei den Wohlfahrtsverbänden beziehungsweise bei den freien Trägern mit offenen Armen empfangen werden, während in der Realität diese zum Teil aus Rücksicht auf ihre professionellen Mitarbeiter, zum Teil aufgrund innerorganisatorischer Arbeitsteilungs- und Kontrollorientierungen den Einsatz Ehrenamtlicher nach eigenen Kriterien steuern und planen wollen. Aus der Perspektive der freiwilligen Organisation oder des Wohlfahrtsverbandes haben die freiwilligen Helfer oft falsche Vorstellungen von ihrer Aufgabe, sind übermotiviert, ja bisweilen sogar falsch motiviert und erzeugen in der Organisation kurzfristig eher zusätzlich Arbeit und Koordinationsaufwand, als daß sie zur Arbeitsentlastung und Ergänzung der professionellen Arbeit beitragen. Im übrigen hat sich gerade auch im Kontext mit öffentlichen Mobilisierungskampagnen gezeigt, daß eine ganze Reihe von Bürgern, die sich zur freiwilligen Mitarbeit gemeldet haben, eigentlich selbst hilfebedürftig waren und eher Hilfe suchten, als Hilfe geben wollten oder konnten.

(4) Wenn alles nichts mehr hilft, bleibt das Instrument der *Zwangsverpflichtung*. Zu diesem letztgenannten Typ von Maßnahmen und Strategien würde das Modell des „obligatorischen Sozialjahres" beziehungsweise „Sozialdienstes für alle" gehören. Auf diese Weise könnte zwar ein erhebliches Quantum an Dienstleistungsarbeit mobilisiert werden, dennoch wären hiermit einige gravierende Nachteile verbunden. Denn die Qualität personenbezogener sozialer Dienstleistungen hängt in entscheidendem Maße davon ab, ob die Dienstleistungsproduzenten in der unmittelbaren Interaktion mit dem Dienstleistungskonsumenten zu ihrer Arbeit motiviert und auf dieser Basis zu Anteilnahme und Empathie mit den Hilfebedürftigen fähig und bereit sind. Da die zum Sozialdienst zwangsverpflichteten Personengruppen dessen Ableistung als „verlorene" Zeit betrachten müßten, die ihnen die Verfolgung anderer, individuell höher bewerteter Ziele verwehrt, dürften damit Motivations- und somit auch Qualitätsprobleme zu erwarten sein. Diese Vorgehensweise ist also als eine Strategie der „letzten Wahl" zu verstehen.

Man würde dem Konzept zur Förderung und Mobilisierung ehrenamtlichen Engagements wohl kaum gerecht werden, wollte man es ausschließlich als einen weiteren Versuch zur Kostensenkung beziehungsweise zur Privatisierung sozialer Aufgabenerledigung abtun. Hiergegen spräche schon, daß sich seit einiger Zeit zwischen den unterschiedlichen politischen Lagern ein Konsens zumindest in der Hinsicht abzuzeichnen beginnt, daß sowohl im Feld der Arbeitsmarkt- als auch der Sozialpolitik den unterschiedlichen Varianten unbezahlter nützlicher beziehungsweise sozialer Tätigkeiten mehr Aufmerksamkeit geschenkt werden muß. Das politische Ziel einer *Aufwertung der „Arbeit jenseits der Lohnarbeit"* findet also durchaus Befürworter unterschiedlichster Provenienz.

Die bisherige Programmatik und Praxis der Mobilisierung ehrenamtlichen Engagements wirft allerdings einige *ordnungspolitische Fragen und Probleme* auf, die jedenfalls bislang noch nicht befriedigend geklärt werden konnten: Wir meinen hiermit (erstens) das Problem, daß durch die bislang praktizierten Maßnahmen und Programme im wesentlichen doch wieder in erster Linie Frauen beziehungsweise bestimmte Altersgruppen für freiwillige und unbezahlte soziale Tätigkeiten motiviert werden konnten. Solange dieses Problem der selektiven Wirksamkeit einer ehrenamtliche Arbeit anregenden Politik nicht bewältigt werden kann, läßt sich der Vorwurf kaum endgültig aus der Welt schaffen, daß hier letztlich doch wieder ohnehin unerwünschte (weibliche) Arbeitskraftanbieter auf formalen Erwerbsarbeitsmärkten, ersatzweise auf unbezahlte soziale Tätigkeiten verwiesen werden sollen. Es ist (zweitens) darüber hinaus bislang unklar geblieben, wie ein so zentrales und in naher Zukunft eher sogar noch bedeutsamer werdendes Problem wie die Schließung der demographisch bedingten Dienstleistungslücke im Bereich der Versorgung pflegebedürftiger alter Menschen in erheblichem Maße ausgerechnet durch die zusätzliche Mobilisierung freiwilliger sozialer Mitarbeit der Bürger bewältigt werden könnte.

Bei der Verknüpfung von Pflegebedürftigkeit mit ehrenamtlichem Engagement in der Form des „neuen" Generationenvertrages bleiben also zwei Dinge vage beziehungsweise ausgespart: Zum einen wird verschwiegen, daß die eigentliche Kernaufgabe, nämlich die Grundpflege (Betten, Umlegen, Hilfe bei der Körperpflege usw.) sowie wesentliche Teile der Haus- und Familienpflege (etwa die Reinigung der Wohnung), also die tagtägliche Erbringung belastender Dienste, die ja oft die Beaufsichtigung von zum Teil altersverwirrten oder psychisch beeinträchtigten Pflegepersonen einschließt, ohnehin nur höchst partiell von ehrenamtlichen Helfern übernommen werden können; sowohl die Pflegebedürftigen selbst als auch ihre Familienangehörigen haben oft erhebliche Bedenken dagegen, daß fremde Personen derartige, den Intimbereich betreffende Aufgaben und Tätigkeiten übernehmen. Aber auch aus der „Logik ehrenamtlichen Engagements" heraus verbietet sich ein dauerhafter Einsatz freiwilliger Helfer in diesem Tätigkeitsbereich: Denn während die Erfüllung dieser Aufgaben Verläßlichkeit und Beständigkeit rund um die Uhr erfordert, erfolgt die ehrenamtliche Leistungserbringung oft nur für einige Stunden pro Woche beziehungsweise insgesamt diskontinuierlich.

Ehrenamtliches Engagement als einen maßgeblichen Beitrag zur Bewältigung einer sozialpolitischen Standardversorgungsaufgabe zu propagieren, ist also eigentlich ein Widerspruch in sich selbst. *Ehrenamtliches Engagement* ist – ebenso wie Selbsthilfe und Selbstorganisation – per definitionem *weniger verläßlich und kontinuierlich* als berufliche oder professionelle Arbeit. Dies liegt vor allem daran, daß ehrenamtliche Tätigkeit durch die unmittelbare Befriedigung in der Tätigkeit motiviert wird, beziehungsweise eher durch die Freude, anderen helfen zu können, und durch den Kontakt mit anderen Menschen selbst verstärkt wird. Sind die Leistungen aber wenig abwechslungsreich und anstrengend sowie kontinuierlich zu erbringen, dann ziehen sich die Helfer eher zurück und suchen sich andere Betätigungen.

Dabei ist noch gar nicht mitberücksichtigt, daß im Zuge des bereits erwähnten *Strukturwandels* des *Ehrenamts* die Belastbarkeit und Kontinuität des sozialen Engagements eher noch abzunehmen scheint. Indem „Pflicht- und Akzeptanzwerte", wie Disziplin, Gehorsam, Pflichterfüllung und Unterordnung, an Bedeutung verlieren und „Selbstentfaltungswerte", wie Autonomie- und Egalitätsstreben, Kreativität, Spontaneität, Selbstverwirklichung, aber auch Genuß und Abenteuer, an Bedeutung hinzugewinnen, wandeln sich auch die Formen des sozialen Engagements beträchtlich. Die Bereitschaft der ehrenamtlich Tätigen, sich gewissermaßen unter Anleitung Professioneller aufopferungsvoll und unter Hintanstellung eigener Bedürfnisse und Interessen mit langfristigen und beschwerlichen Aufgaben zu befassen, nimmt nämlich im Zuge dieser Entwicklung ab zugunsten des Interesses an Formen freiwilliger sozialer Mitarbeit, die mehr Partizipationsmöglichkeiten und Eigeninitiative erlauben, weniger beschwerlich ausfallen und neben gesellschaftlicher Anerkennung und Wertschätzung auch Gratifikationen verschiedenster Art versprechen.

Eine Politik der Förderung ehrenamtlichen Engagements läuft also solange Gefahr, das Ehrenamt in seinen Möglichkeiten chronisch zu überlasten und zu überfordern und auf diese Weise neue Ungerechtigkeiten und Ungleichheiten zu schaffen, wie diese Politik nicht in generelle *Konzepte einer Umwertung der Relationen zwischen bezahlter und unbezahlter Arbeit* eingebunden ist. Selektive Anreize, Überzeugungsprogramme und infrastrukturelle Steuerung reichen also solange nicht aus, wie nicht auch zugleich das Ziel verfolgt wird, durch die Herstellung geeigneter Rahmenbedingungen unbezahlte nützliche beziehungsweise soziale Tätigkeiten und Formen der Bedarfswirtschaft auch für diejenigen Gruppen der Bevölkerung attraktiv zu machen, die man gemeinhin zu den Kerngruppen der Arbeitsgesellschaft zählt. Erst wenn entschieden der Versuch unternommen wird, die Teilhabe sowohl an der schrumpfenden Erwerbsarbeit als auch an der unbezahlten Eigenarbeit und Bedarfswirtschaft zwischen den Geschlechtern gleichzuverteilen, verbessern sich auch die Hintergrundbedingungen für eine Politik der Mobilisierung und Ausweitung von Selbsthilfe und ehrenamtlichem Engagement im Bereich der Sozialpolitik.

Dies würde Maßnahmen und Strategien wie die Einführung einer arbeitsmarktunabhängigen Grundsicherung, die eigenarbeitsgerechte Umgestaltung der sozialräumlichen und baulich-technischen Infrastruktur und die Umwertung der erwerbsarbeitszentrierten Prestigeskala einschließen. Und nur im Kontext einer solchen Gesamtstrategie des „geordneten Rückzugs aus der Arbeitsgesellschaft" würde der Umfang freiwillig erbrachter sozialer Hilfe- und Unterstützungsleistungen im Familienhaushalt und in der Gemeinde derart ins Gewicht fallen, daß er wesentlich dazu beitragen könnte, um ein so schwerwiegendes und weitreichendes Problem wie die Versorgung der alten Menschen mit Pflege- und Betreuungsleistungen auch nur in Ansätzen zu bewältigen. Unter anderen gesellschaftlichen und politischen Rahmenbedingungen dürfte sich nämlich (doch) bald die Notwendigkeit ergeben, von „weicheren" Mobilisierungsstrategien, wie der Überzeugung, finanzieller Anreize und infrastruktureller Unterstützung, auf „härtere" Mobilisierungsstrategien, etwa Zwangsverpflichtung, überzuwechseln, um die klaffende Dienstleistungslücke zu schließen. Diese Option wäre aber nicht wünschenswert, da sie die Motive für freiwillige soziale Tätigkeiten untergraben würde und die Qualität der sozialen Dienste verschlechtern müßte.

14.3 Die öffentliche Förderung von Selbsthilfe

Wie bereits erwähnt, gibt es fließende Übergänge vom ehrenamtlichen Engagement zur Selbsthilfe. Auch die politischen Maßnahmen und Strategien zur Förderung und Unterstützung unbezahlter sozialer Tätigkeiten richten sich nicht immer trennscharf an eine der spezifischen Formen unbezahlten Engagements allein, sondern beziehen sich zum Teil sowohl auf ehrenamtliches Engagement als auch auf Selbsthilfeaktivitäten. Dennoch ist es sinnvoll und notwendig, die Maßnahmen und Einrichtungen zur öffentlichen Förderung von Selbsthilfe gesondert darzulegen, denn der Förderbedarf von selbstorganisierten Gruppen und Projekten unterscheidet sich in einigen Hinsichten durchaus von dem Unterstützungsbedarf ehrenamtlichen Engagements, und diese unterschiedlichen Förder- und Unterstützungsbedarfe schlagen sich auch in unterschiedlichen Förderstrategien nieder.
In der Phase der Entstehung und Verbreitung der „neuen Selbsthilfebewegung" im Verlaufe der 70er Jahre gab es kaum Kontakte und Berührungspunkte zwischen den neu entstandenen Initiativen, Projekten und Gruppen und der Politik und Verwaltung. Aus der Perspektive der Politiker beziehungsweise der Verwaltung waren Selbst-

hilfeaktivitäten entweder politisch nicht relevant oder aber allenfalls schwer kalkulierbare Störfaktoren im routinisierten Ablauf des politischen und administrativen Alltagsgeschäftes. Erst als die Finanzierungsschwierigkeiten und der Reformbedarf des herkömmlichen sozialpolitischen Institutionensystems unübersehbar geworden waren und die produktiven Leistungsmöglichkeiten, die in der Selbsthilfe als „Strukturprinzip des Helfens" begründet liegen, immer deutlicher zutage traten, stieg das politische Interesse an der Selbsthilfe.
Für die gegenwärtige Situation gilt, daß Selbsthilfe zumindest auf der Ebene verbaler Absichtsbekundungen und programmatischer Aussagen in Politik und Verwaltung einen hohen Stellenwert einnimmt. Das auf dieser Ebene sichtbar werdende neuerwachte Interesse politisch-administrativer Instanzen an einer Förderung von Selbsthilfe und Selbstorganisation ist naturgemäß mehrfach motiviert und begründbar.

Die Erwartungen von Politik und Verwaltung an die Selbsthilfe konzentrieren sich im wesentlichen auf die folgenden drei Aspekte:
(a) die Erwartung, auf dem Wege einer Mobilisierung und Ausweitung von Selbsthilfeaktivitäten Spielraum für die Einschränkung des öffentlich organisierten professionellen Hilfeangebotes zu erhalten und auf diese Weise kurzfristig Kosten zu sparen;
(b) die Erwartung, durch die Förderung und Mobilisierung selbstorganisierter Aktivitäten das herkömmliche Angebot professioneller und bezahlter Dienstleistungen zu ergänzen, um somit zukünftige Kosten zu vermeiden; sowie schließlich
(c) die Erwartung, auf dem Wege der Förderung von Selbsthilfeaktivitäten die Prinzipien von Selbstbestimmung und Autonomie auch im herkömmlichen Versorgungssystem zu stärken und so die Reform des sozialpolitischen Institutionensystems vorantreiben zu können. In dieser Perspektive ist die Förderung von Selbsthilfe kein isolierter Einzelaspekt, sondern integraler Bestandteil einer sozialpolitischen Umbaustrategie.
Es liegt auf der Hand, daß die Ebbe in den öffentlichen Sozialhaushalten und Phänomene wie die Kostenexplosion im Gesundheitssektor zu dem Interesse öffentlicher Instanzen an Selbsthilfe und Selbstorganisation erheblich beigetragen haben. Es darf auch nicht unterschätzt werden, daß angesichts der gegenwärtig breiten Zustimmung in der Bevölkerung zum Selbsthilfegedanken politische Interessenvertreter und Verwaltungsangehörige bemüht sind, durch die Propagierung und Umsetzung selbsthilfefördernder Maßnahmen neue Legitimation zu gewinnen.

Angesichts dieser politischen Konstellation geht es im folgenden darum, die Ansatzpunkte, möglichen Erfolge und Schwierigkeiten einer öffentlichen Politik der Förderung und Unterstützung von Selbsthilfe und Selbstorganisation zu untersuchen. Die beim gegenwärtigen Stand der Entwicklung absehbaren Schwerpunktsetzungen und Perspektiven selbsthilfe-fördernder Maßnahmen und Einrichtungen lassen sich verdeutlichen, wenn man sich das gesamte Spektrum möglicher Ansatzpunkte und Dimensionen einer entsprechenden Politik vor Augen führt. Im Anschluß an Hegner (1985a) lassen sich *indirekte* von *direkten Varianten* der *Förderung* von Selbsthilfe und Selbstorganisation unterscheiden:

Unter Formen der indirekten Förderung werden verstanden:
(a) die Herstellung eines selbsthilfe-freundlichen Klimas durch Informationskampagnen in den Medien und in Veranstaltungen;
(b) Veränderungen der räumlich-baulichen Infrastruktur im Bereich von Städte- und Wohnungsbau, um Selbsthilfe- und Selbstorganisationsaktivitäten zu ermöglichen beziehungsweise zu erleichtern;
(c) Veränderungen in der sozialen Infrastruktur, etwa im Sinne von Aus- und Weiterbildungsmaßnahmen des professionellen Personals im Hinblick auf den Umgang mit Selbsthilfeaktivitäten; sowie
(d) Veränderungen im Verhältnis von Erwerbsarbeit und Eigenarbeit in Richtung der bereits diskutierten ideellen Aufwertung und materiellen Absicherung unbezahlter sozialer Tätigkeiten sowie der Erleichterung von Übergängen zwischen beiden Tätigkeitsbereichen durch Flexibilisierung der starren Arbeitszeitstrukturen.
Zu den direkten Formen der Förderung von Selbsthilfe und Selbstorganisation zählen:
(a) die Ausrichtung rechtlicher Bestimmungen an den Erfordernissen von Selbsthilfe und Selbstorganisation, etwa im Vereinsrecht, im Bereich von Förderkriterien, Steuergesetzgebung usw.;
(b) die Bereitstellung von finanziellen Subventionen, etwa die Schaffung von Selbsthilfefonds usw.;
(c) die Bereitstellung von Sachgütern, zum Beispiel entsprechende Räumlichkeiten, Gebäude, Geräte usw.; sowie schließlich
(d) die Verbesserung der personellen Ressourcen, das heißt der Fähigkeiten und Kompetenzen von an Selbsthilfe Beteiligten durch Aus- und Fortbildung sowie die Bereitstellung von Personal, das Selbsthilfeaktivitäten unterstützen und beraten soll.
Selbstverständlich setzen die einzelnen Strategien und Maßnahmen der Selbsthilfe-Förderung auf unterschiedlichen Interventionsebenen an, beinhalten unterschiedliche Zeitperspektiven, haben unterschiedlich große Implementationshemmnisse zu überwinden und fallen in verschiedene Ressorts. In jedem Falle wird aber deutlich, daß eine selbsthilfe-fördernde Politik eine ganze Reihe von Maßnahmen und Aktivitäten einschließen muß, um langfristig die Rahmenbedingungen für Selbsthilfe und Selbstversorgung im sozialen Sektor nachhaltig zu verbessern.

Wie im folgenden deutlich werden wird, liegen Verengungen der bisher erfolgten Förderpolitik bereits darin, daß sie sich auf einige wenige Ansatzpunkte, Ebenen und Maßnahmen beschränkt. Hinzu

kommt, daß eine solche Politik der öffentlichen Selbsthilfe-Förderung vor prinzipiellen inhaltlichen Schwierigkeiten und Dilemmata steht; denn die Ziele, Organisationsweisen und Wirkungen des professionell-bürokratischen und des nicht-professionellen Hilfesystems unterscheiden sich nicht nur voneinander, sondern widersprechen sich in vielen Bereichen sogar. Dies gilt insbesondere auch im Hinblick auf die Selbsthilfegruppen als ein Bestandteil des nicht-professionellen Hilfesektors. Ihre eigentümliche Organisationsform, die Motive und Aktivitäten ihrer Mitglieder und die in ihnen zur Entfaltung kommenden besonderen Wirkungsmechanismen und Ressourcen können weder vom Staat kopiert noch mit seinen Mitteln ohne weiteres hervorgebracht werden. Das aus der Perspektive politischer Reform und gesellschaftlicher Innovation Interessante an der gegenwärtigen Selbsthilfe-Förderungspolitik liegt also darin, daß Bund wie auch die Länder und Kommunen gesellschaftliche Organisations- und Arbeitsformen *öffentlich anerkennen* und *unterstützen,* die ganz anderen Funktionsmechanismen folgen, als sie für sie selbst gelten.
Hier liegt das zentrale *Strukturproblem* öffentlicher Selbsthilfe-Förderungspolitik: Indem der Staat eigene Ressourcen, also Geld, infrastrukturelle Unterstützung usw., zur Förderung von Selbsthilfe und Selbstorganisation bereitstellt, erhebt er bestimmte Ansprüche und Erwartungen an die Selbsthilfen, die deren spezifischen Eigensinn verändern (können). So ist Selbsthilfe-Förderung in der Regel mit der Forderung beziehungsweise (impliziten) Erwartung gekoppelt, daß sich die Gruppen und Initiativen für potentiell alle interessierten Gesellschaftsmitglieder öffnen und sich damit aus subkulturellen Entstehungszusammenhängen lösen und zu einem tendenziell flächendeckenden „Standardangebot" im Versorgungssystem weiterentwickeln. Umgekehrt wird auf seiten der Selbsthilfegruppen und Initiativen zunehmend deutlich, daß bei völligem Verzicht auf öffentliche Unterstützung die Gefahr besteht, in eine subkulturelle Außenseiterposition ohne jegliche Relevanz abgedrängt zu werden oder langfristig im Bestand gefährdet zu sein.
Selbsthilfe-Förderungspolitik etabliert also eine *komplexe Logik des „Gebens" und „Nehmens",* die auf lange Sicht dazu führt, daß sich beide Seiten in ihren Funktionsmechanismen und Wirkungen tendenziell wechselseitig beeinflussen und verändern. Aus den bisherigen Ausführungen ist bereits deutlich geworden, daß es längst nicht mehr realistisch ist, angesichts dieser strukturellen Schwierigkeiten auf eine wechselseitige Kontaktaufnahme und Kooperation ganz zu verzichten. Denn die wechselseitigen Interessen aneinander und die gegenseitigen Abhängigkeitsbeziehungen sind bereits viel zu weit entwickelt,

um etwa seitens der Selbsthilfebewegung auf völlige Autarkie beziehungsweise Autonomie oder aber etwa seitens von Politik und Verwaltung auf Berührungsverzicht beziehungsweise Nicht-Einmischung zu setzen.
Das Optimierungsproblem öffentlicher Selbsthilfe-Förderungspolitik läßt sich ziemlich genau benennen: Öffentliche Selbsthilfe-Förderungsmaßnahmen und -strategien erzeugen dann und nur dann wohlfahrtssteigernde Effekte, wenn es ihnen gelingt, einerseits die besondere Produktivität und den Eigensinn selbstorganisierter Gruppen und Projekte zu erhalten, um deren unterstützende Wirkungen zur Entfaltung bringen zu können, und zugleich den Verbreitungsgrad von Selbsthilfe und Selbstorganisation sozial und geographisch auszuweiten, um die hilfreichen Effekte dieses spezifischen Hilfenetzes verallgemeinern zu können.

14.3.1 Stand der Implementation selbsthilfe-fördernder Maßnahmen und Einrichtungen

Jede öffentliche Selbsthilfe-Förderung bewegt sich zwischen den Polen der „Erhaltung von Eigensinn" einerseits und der „Konventionalisierung von Selbsthilfe durch ihre Verallgemeinerung" andererseits. Die gegenwärtigen Streitpunkte und divergierenden Vorstellungen im Hinblick auf die konkrete Ausgestaltung einer selbsthilfe-fördernden Politik lassen sich auf diese grundlegenden Differenzen im Hinblick auf die Einschätzung der gesellschaftspolitischen Bedeutung von Selbsthilfe und Selbstorganisation zurückführen. Dieses generelle Spannungsmoment soll im Hinblick auf die bislang tatsächlich realisierten Maßnahmen und Aktivitäten der Selbsthilfe-Förderung konkretisiert werden. Die entsprechenden Strategien und Interventionen haben sich bislang auf zwei eng miteinander verknüpfte Instrumente konzentriert: nämlich auf die *direkte finanzielle Förderung* von Selbsthilfe durch die Bereitstellung entsprechender Haushaltsmittel und die *infrastrukturelle Förderung* von *Selbsthilfe* durch die Einrichtung von „Selbsthilfe Kontakt- und Ressourcenstellen":

(1) Prominentes Vorbild und Auslöser entsprechender Aktivitäten in anderen Kommunen und Bundesländern ist die Selbsthilfe-Förderungspolitik in Berlin, wie sie durch den Sozialsenator Ulf Fink initiiert worden ist. Vor dem Hintergrund der besonderen Rahmenbedingungen Berlins – gekennzeichnet durch eine überdurchschnittlich starke Belastung der Stadt durch soziale Probleme, ein hohes Durchschnittsalter der Bevölkerung, das Vorhandensein einer stark entwickelten und selbstbewußten Alternativ-Szene sowie, zum damaligen Zeitpunkt, der Hausbesetzer-Szene – führten Ver-

handlungen zwischen dem seit 1980 bestehenden „Arbeitskreis Finanzierung von Alternativprojekten" (AK Staatsknete) und dem Berliner Senat schließlich zum Beschluß des Senates vom 23. Juni 1982, ab 1983 ein Fünf-Jahres-Programm zur Förderung von Selbsthilfegruppen einzurichten. Im Rahmen dieses Programmes standen für die ersten drei Jahre jeweils 7,5 Millionen DM zur Verfügung (vgl. Fink 1986; auch Senator für Gesundheit und Soziales 1988). Gefördert werden vorrangig Betroffenenselbsthilfen, stadtteilbezogene Arbeit sowie Gruppen, die für alle Interessenten der Zielgruppe offen sind, Gruppen mit demokratischer Selbstverwaltung und Kooperationsbereitschaft gegenüber anderen Gruppen sowie solche mit Modellcharakter. Aus diesem Topf wurden im Jahre 1983 138 Projekte mit insgesamt 4,1 Millionen DM, im Jahre 1984 168 Projekte mit 5,2 Millionen DM und im Jahre 1985 176 Projekte mit insgesamt 5,8 Millionen DM gefördert (vgl. Huber 1987: 100).

Da die Zuschüsse ursprünglich ausschließlich als „Anschubfinanzierung" gedacht waren, gilt die Zuschußbewilligung jeweils für ein Jahr, über Weiterbewilligungen muß jeweils erneut entschieden werden. Seit 1986 gibt es zusätzlich eine sogenannte Weiterförderung, in die Projekte aufgenommen werden können, die drei Jahre ununterbrochen aus der Anschubfinanzierung Mittel für laufende Zwecke erhalten haben und deren Arbeit als besonders qualifiziert gilt beziehungsweise für die es einen fachlichen Bedarf gibt. 40% der 1983 erstmals geförderten Projekte wurden in die Weiterförderung übernommen. Mit einem Betrag von 2,6 Millionen DM für die Weiterförderung und 7 Millionen DM für die Anschubfinanzierung standen so 1986 9,6 Millionen DM zur Verfügung; da die Weiterförderung im Jahre 1987 auf 3,4 Millionen ausgeweitet werden konnte, standen im Jahre 1987 mehr als 10 Millionen DM für die Selbsthilfeförderung bereit (vgl. Fink 1988: 56). Da auch die ursprüngliche Konzentration auf Zuschüsse zu den Infrastrukturkosten (Raum- und Sachmittelkosten) inzwischen abgeschwächt worden ist, werden nun auch in einigen Fällen Personalkostenpauschalen in Höhe von 2980 DM gewährt (vgl. Evers u. a. 1987). Abgesehen von den Mitteln des Selbsthilfe-Topfes erhalten Selbsthilfegruppen und -projekte auch noch von anderen Stellen innerhalb der Senatsverwaltungen öffentliche Mittel; so werden etwa im Rahmen eines speziellen Sonderprogramms rund 150 Seniorengruppen gefördert. Die Förderungsprozedur ist derart organisiert, daß eingehende Anträge zunächst durch eine Arbeitsgruppe innerhalb der Senatsverwaltung bearbeitet werden, bevor dann auf der Grundlage der hier erstellten Vorlagen und Empfehlungen von einem Beirat, bestehend aus sechs Mitgliedern, entschieden wird. Diese Mitglieder werden vom Senator berufen.

(2) Ein zweiter Bestandteil des Berliner Modells der Selbsthilfe-Förderung ist die Einrichtung einer zentralen „Selbsthilfe Kontakt- und Informationsstelle" (SEKIS; vgl. zu den Arbeitsschwerpunkten die jeweiligen SEKIS-Jahresberichte). Der Träger dieser Einrichtung ist der DPWV-Gesamtverband in Frankfurt. Zur Begründung dieser ungewöhnlichen Konstruktion äußert sich der Stellvertretende Vorsitzende des DPWV-

Landesverbandes Berlin, der die Interessen des DPWV-Gesamtverbandes als Beauftragter in Berlin vertritt, folgendermaßen: „Mit dieser Trägerschaft sollte die bundespolitische Bedeutung dieses Pilotprojektes unterstrichen werden. Zugleich waren Begehrlichkeiten der Berliner Liga (der etablierten Wohlfahrtsverbände) gedämpft: Sie hätte allzu gerne die 7,5 Millionen DM verteilt und mit Hilfe von SEKIS wohl auch stark in die Selbsthilfebewegung ‚hineinregiert'. Alternative und DPWV verhinderten dies durch massiven Widerstand" (Zinner 1985: 184). Die SEKIS wird aus dem Fink-Selbsthilfe-Fördertopf gefördert und hat gegenwärtig sechs hauptamtliche Mitarbeiter und eine Verwaltungskraft. Seit einigen Monaten ist damit begonnen worden, in den einzelnen Bezirken regionale Selbsthilfe Kontakt- und Ressourcenstellen einzurichten, um die zentrale SEKIS zu entlasten und durch dezentrale Angebote zu ergänzen.

Da das Berliner Selbsthilfe-Förderprogramm bis zum gegenwärtigen Zeitpunkt das finanziell am besten ausgestattete geblieben ist und im Hinblick auf die Förderung in anderen Bundesländern und Städten und Gemeinden eine gewisse Vorbild- und Signalfunktion gehabt hat, ist seine kritische Würdigung angebracht. Da zum Zeitpunkt der Entwicklung und Formulierung der Förderrichtlinien in Berlin bereits eine breite Palette von alternativen Projekten und Selbsthilfegruppen und -initiativen mit zum Teil ausgeprägt politischem Selbstverständnis bestanden hatte, lassen sich die Ambivalenzen und Schwierigkeiten einer öffentlichen Selbsthilfe-Förderung an diesem Beispiel brennpunktartig verdeutlichen: Ein genauerer Blick auf die Vergaberichtlinien, in denen geregelt wird, welche Projekte unter welchen Bedingungen gefördert werden sollen, zeigt nämlich, daß es dem Berliner Senat keineswegs darum gegangen ist, das zum Teil stark alternativ ausgeprägte politische Selbstverständnis der Projekte und Initiativen politisch anzuerkennen oder aber innovative Arbeitsansätze im sozialen und Gesundheitsbereich zu unterstützen und zu stärken, sondern es ging stattdessen im wesentlichen um die Unterstützung konkreter Hilfeleistungen, die im Rahmen von gesprächsorientierten Selbsthilfegruppen oder selbstorganisierten sozialen Diensten in den herkömmlichen sozialpolitischen Feldern des Frauen-, Gesundheits-, Behinderten- und Ausländerbereichs geleistet werden. Insbesondere eher systemkritische beziehungsweise von ihrem Arbeitsansatz her ressortübergreifende Projekte und Initiativen fielen von vornherein aus der Förderung heraus.

Abgesehen von der Reduzierung des potentiellen Adressatenkreises der Förderung durch restriktive Bestimmungen, sind auch die konkreten Antrags- und Bewilligungsverfahren so organisiert, daß der herrschende Einfluß der Verwaltung jederzeit gesichert bleibt. Hierfür sorgt nicht lediglich das entgegen anderslautenden Äußerungen und Bekundungen höchst bürokratische und für die Antragsteller unflexible und undurchschaubare Antragsverfahren, sondern auch der Sachverhalt, daß der zur Mitarbeit an der Entscheidungsfindung eingerichtete Beirat – da nicht entscheidungskompetent – offenkundig ohne durchschlagenden Einfluß bleibt. Hier wirkt sich insbesondere negativ aus, daß die Projekte selbst beziehungsweise ihre Vertreter, etwa in Form des AK Staatsknete, nicht wirksam in den Vergabeinstanzen vertreten sind. In seiner Analyse der Berliner Selbsthilfe-Förderungspolitik kommt Krotz in dieser Hinsicht zu der zusammenfassenden Einschätzung, „daß der Senat und seine Verwaltung nach Modus und Struktur des Antragsprozesses über ein effektives Instrument verfügen, die konkrete Förderung zu beeinflussen. Sowohl Arbeitsfelder als auch Ziele der Gruppen können schon im Vorfeld selektiert werden; für eine weitere notwendige Anpassung sorgen die Bewilligungen im einzelnen" (Krotz 1988: 98). Daß die Förderkriterien relativ strikt gehandhabt worden sind, kommt auch in dem Sachverhalt zum Ausdruck, daß die bereitgestellten Mittel bislang nie vollständig ausgeschöpft wurden, obwohl die tatsächlich beantragten Mittel den jeweils jährlich bereitgestellten Umfang des Selbsthilfe-Topfes bei weitem überschritten. Dabei ist noch zu berücksichtigen, daß die tatsächlich verausgabten Mittel keineswegs nur für Selbsthilfegruppen und -projekte ausgegeben worden sind, sondern ein erheblicher Teil in die SEKIS und die Nationale Kontaktstelle für Selbsthilfe der Deutschen Arbeitsgemeinschaft für Selbsthilfegruppen (NAKOS) geflossen sind.

Für eine adäquate, auch politische Aspekte berücksichtigende Einschätzung des Berliner Förder-Programms von Selbsthilfegruppen ist an das eingangs dieses Kapitels angesprochene Grundproblem jeglicher öffentlichen Selbsthilfe-Förderung zu erinnern: Es wäre naiv und unpolitisch, wollte man vom politisch-administrativen System eine vollständige Anerkennung und finanzielle Unterstützung der alternativen und politisch systemverändernden Intentionen und Ansätze der Selbsthilfe- und Alternativbewegung erwarten. Eine politische Einschätzung wird also eher zu gewichten versuchen, auf welcher Seite eventuell die Kosten und auf welcher Seite der Nutzen aus dem Austauschverhältnis zwischen Staat und Selbsthilfe-Szene eventuell überwiegen. Sieht man die Sache so, dann ist eine Gesamteinschätzung bedeutend komplizierter, da von vornherein einkalkuliert wird, daß beide Seiten ein Stück weit zurückstecken müssen.

Zwei zentrale Probleme beziehungsweise Schwächen der Berliner Selbsthilfeförderung lassen sich unter dieser Perspektive vor allem hervorheben: Zum einen ist offensichtlich, daß die vorhandene Vielfalt unterschiedlicher Projekt- und Initiativformen, die von nach innen gerichteten gesprächsorientierten Gesundheitsselbsthilfegruppen bis zu nach außen orientierten, an politischen Veränderungen interessierten Gruppen und Projekten reichen beziehungsweise die sowohl Gruppen einschließen, die ausschließlich auf unbezahlter Arbeit basieren, als auch solche Gruppen und Projekte, die auf bezahlter Arbeit basieren und/oder professionelle Arbeitskräfte beteiligen, auf eine einzige Dimension reduziert werden: nämlich auf die Dimension der ressortspezifischen Begrenzung auf soziale und gesundheitliche Arbeitsbereiche und auf die Dimension des traditionellen ehrenamtlichen beziehungsweise unentgeltlichen Engagements (vgl. Evers u. a. 1987: 119ff.).

Zum anderen ist negativ hervorzuheben, daß die direkte finanzielle und infrastrukturelle Förderung von Selbsthilfe in Berlin nicht konsequent mit der politischen Absicht verbunden wird, zugleich auch das herkömmliche professionell-bürokratische Versorgungssystem im Sozial- und Gesundheitssektor auf die Prinzipien von Selbstbestimmung und Autonomie hin umzustellen. Unter diesen Umständen, in denen der Bereich der professionellen Einrichtungen und Dienste seine Arbeit trotz Selbsthilfe-Förderung fortsetzen kann wie bisher, ist die Kritik nicht von der Hand zu weisen, daß durch den Selbsthilfe-Fördertopf letztlich lediglich eine „Alibi-Spielwiese“ für die Alternativ- und Selbsthilfe-Szene geschaffen worden ist, um die Alternativ-Szene befrieden und über symbolische Politik Legitimationen „einheimsen“ zu können.

Die vorgetragene Kritik an den konkreten Umständen und Bedingungen und politischen Motiven der Selbsthilfeförderung in Berlin darf nun nicht dahingehend mißverstanden werden, daß hier für einen Verzicht auf eine solche Selbsthilfe-Förderungspolitik plädiert wird. Wie bereits erwähnt, gibt es beim gegenwärtigen Entwicklungsstand der Selbsthilfe-Szene überhaupt keine realistische Alternative zu einer Strategie der systematischen Kooperation mit Politik und Verwaltung und dem Versuch, die zuständigen öffentlichen Stellen zu einer Einrichtung von Selbsthilfe-Förder- und -Unterstützungsmaßnahmen zu bewegen. Die entscheidende Frage bei einer kritischen Beurteilung entsprechender politischer Vorstöße und Maßnahmen wird allerdings darauf hinauslaufen, ob die konkrete Ausgestaltung der Unterstützungsmaßnahmen – trotz notwendiger Kompromisse und Einschränkungen – Gewähr dafür bietet, daß die *besondere Logik* beziehungsweise der *Eigensinn selbstorganisierter Projekte, Gruppen und Initiativen erhalten* bleibt oder an administrative und politische Kriterien und Vorgaben angeglichen wird. Diese Frage soll sowohl im Hinblick auf die direkte öffentliche Förderung als auch im Hinblick auf die infrastrukturelle Förderung von Selbsthilfe geklärt werden.
Wendet man sich zunächst einmal der *finanziellen Förderung* von Selbsthilfe zu, dann ist zu berücksichtigen, daß der finanzielle Unterstützungsbedarf sozialer Selbsthilfegruppen höchst unterschiedlich ausfallen kann. So beschränkt sich der entsprechende Bedarf bei nach innen orientierten gesprächsbezogenen Gesundheitsselbsthilfegruppen in der Regel auf geringere Beträge, wie sie sich aus Aufwendungen für Porto-, Telefon- und Druckkosten usw. ergeben mögen. Sobald die Gruppen und Projekte allerdings auch oder sogar vornehmlich nach außen wirken, Hilfeleistungen für Dritte bereitstellen und auf bezahlte Arbeit angewiesen sind, steigt der entsprechende Förderbedarf in Größenordnungen, die mehrere Zehntausend Mark um-

fassen können. Da Selbsthilfegruppen und -projekte keine statischen Gebilde sind, sondern sich von einer Kategorie der Selbsthilfeform zur anderen hin weiter- beziehungsweise zurückentwicklen können, kann der Förderbedarf sogar bei ein und derselben Gruppe im Verlaufe der Zeit selbst noch einmal variieren. Auch Selbsthilfeverbände und -organisationen, die auf Landes- oder Bundesebene die Interessen ihrer Mitgliedseinrichtungen und -organisationen vertreten, sind bei der finanziellen Förderung mit ihren spezifischen Bedarfen zu berücksichtigen.

Der Bereich der finanziellen Förderung von Selbsthilfe ist besonders gut geeignet, um Ambivalenzen und Spannungen der Förderung freiwilliger und selbstorganisierter sozialer Tätigkeiten verdeutlichen zu können. Denn wenn es um die Vergabe knapper finanzieller Mittel geht, spielen nicht lediglich haushaltsrechtliche Regelungen im Hinblick auf die Wirtschaftlichkeit und Rechtmäßigkeit der Mittelverwendung, sondern auch politische Prioritätensetzungen und Legitimationsbedarfe eine besondere Rolle. *Administrative und politische Kontrollinteressen* sind daher in diesem Bereich besonders stark ausgeprägt. Diese Tendenz zeigt sich auch in der Beurteilung von Förderkriterien und -modalitäten durch die in der kommunalen Politik und Verwaltung damit befaßten Experten. Eine entsprechende Befragung von 186 professionellen Mitarbeitern aus dem kommunalen Sozial- und Gesundheitsbereich, wie sie im Rahmen des bereits erwähnten Projektes zum freiwilligen sozialen Engagement vom Forschungsinstitut für öffentliche Verwaltung in Speyer (vgl. Braun/Röhrig 1987) durchgeführt worden ist, weist dementsprechend aus, daß als Voraussetzungen für die Förderung sozialer Selbsthilfegruppen durch öffentliche Mittel von der Mehrheit der befragten Experten die folgenden sechs Bedingungen genannt worden sind:

> Erstens sollen nur solche Gruppen gefördert werden, die für alle Betroffenen und Interessierten der jeweiligen Zielgruppe zugänglich sind (94%), zweitens sollen die Gruppen über den Nutzen der Mittel berichten (87%), drittens ihre Finanzen offenlegen (80%), viertens dem Gemeinwohl dienen (77%), fünftens dem Zuwendungsgeber regelmäßig Einblicke in ihre Tätigkeit geben (73%) sowie schließlich sechstens einen differenzierten Nachweis über die Mittelverwendung erstellen (66%).
>
> Zur Einschätzung dieses Ergebnisses führen die Autoren aus: „Die Bedeutung, die die Experten Kontrollverpflichtungen der Gruppen über die Mittelverwendung beimessen, steht im Gegensatz zu den vergleichsweise geringen Beträgen, mit denen soziale Selbsthilfegruppen in der Regel gefördert werden. Es spricht einiges dafür, daß diese ‚Kontrollhaltung' aus einer Unsicherheit und Unerfahrenheit mit der Selbsthilfeförderung entspringt. (...) Die Steuerungsinteressen der öffentlichen Hand lassen sich

an der besonderen Bedeutung erkennen, die Vertreter der Stadtverwaltung und kommunale Sozialpolitiker dem Einblick in die Gruppenarbeit beimessen. Sie hielten es häufiger als Vertreter von Wohlfahrtsverbänden, Selbsthilfeorganisationen und sonstige Selbsthilfeunterstützer für erforderlich, daß geförderte Gruppen ihre Finanzen offenlegen und dem Zuwendungsgeber regelmäßig Einblick in ihre Tätigkeit verschaffen. Die öffentliche Hand erwartet durch die Selbsthilfeförderung sowohl eine Entlastung infolge der Multiplikatorwirkung von Fördermitteln als auch die Möglichkeit, die Leistungserstellung in Selbsthilfeorganisationen zu beeinflussen" (Braun/Röhrig 1987: 210f.).[4] In den Befunden kommt zudem zum Ausdruck, daß sich auch die potentiellen Selbsthilfeförderer selbst mehrheitlich neben Start- und Anschubfinanzierungen auch für Dauerfinanzierungen sozialer Selbsthilfegruppen aussprechen. Notwendige Voraussetzung hierfür wäre allerdings die Einrichtung eigener Haushaltstitel für den Bereich Selbsthilfe-Förderung im kommunalen Etat.

Es liegt zwar bislang kein repräsentativer Überblick über die bis zum gegenwärtigen Zeitpunkt eingerichteten Förderprogramme in den verschiedenen Städten und Gemeinden vor, aber mit der schriftlichen Befragung der Sozial- und Gesundheitsämter, die im Jahre 1986 von der NAKOS durchgeführt worden ist, liegt ein erster Überblick über den *Stand der finanziellen Selbsthilfe-Förderung* in der Bundesrepublik vor (vgl. Beutin/Fehse o. J.).

Von den insgesamt 728 angeschriebenen Sozial- und Gesundheitsverwaltungen haben sich insgesamt 42,7% (= 311) der angeschriebenen Stellen an der Untersuchung beteiligt, so daß die angezielte Repräsentativität leider nicht erreicht werden konnte. Dennoch lassen sich aus dieser Studie erste Tendenzaussagen zum Stand der finanziellen Unterstützung von sozialen Selbsthilfegruppen in der Bundesrepublik ableiten. Immerhin 77,8% (= 242) der befragten Stellen gaben an, daß sie eine Förderung von Selbsthilfe-Zusammenschlüssen vornehmen. Hinter diesen Angaben verbirgt sich allerdings ein relativ breites Selbsthilfegruppen-Verständnis, in dem auch professionelle Einrichtungen, wie etwa Ehe- und Lebensberatungsstellen, noch eingeschlossen sind. Abgesehen davon geht der größte Teil der aufgewendeten Mittel an die bereits seit längerem bestehenden großen Selbsthilfe-Organisationen und an ehrenamtliche Helfergruppen. Die formal nichtorganisierten gesprächs- und handlungsorientierten Selbsthilfegruppen spielen bei der Förderung dagegen nur eine geringe Rolle. Dies liegt zum Teil daran, daß die Förderung häufig die Rechtsform eines eingetragenen Vereins beziehungsweise die Mitgliedschaft in einem Wohlfahrtsverband voraussetzt.
Überhaupt zeigt die Untersuchung, daß die Mehrzahl der Sozialverwaltungen die Förderung von Selbsthilfe als ein Zuständigkeitsfeld der traditionellen Wohlfahrtsverbände betrachtet. Selbsthilfe-Förderung bedeutet für sie daher die pauschale Unterstützung der Wohlfahrtsverbände die

mit der Aufgabe betraut werden, die eigentlichen Selbsthilfegruppen mit ihren Mitteln zu unterstützen.

Folgende Tendenzen lassen sich aus den Ergebnissen zur kommunalen Förderung von Selbsthilfe-Zusammenschlüssen herauslesen: Im Hinblick auf die finanzielle Förderung scheint es ein Nord-Süd-Gefälle zu geben. Ist die Zahl der unterstützenden Stellen in den nördlichen Bundesländern relativ hoch, so liegt sie in den südlichen Ländern wie Bayern, Baden-Württemberg und Rheinland-Pfalz unter dem Durchschnitt. Im Hinblick auf die zu Beginn dieses Abschnitts angesprochenen drei Haupterwartungen der Verwaltung an die Selbsthilfe-Förderung weist die Untersuchung aus, daß über zwei Drittel der Sozial- und Gesundheitsämter die Erwartung formuliert, daß auf dem Wege der Unterstützung von Selbsthilfegruppen eine Ergänzung des bestehenden Dienstleistungsangebotes ermöglicht wird. Lediglich in elf Fällen kann gesichert davon ausgegangen werden, daß für die finanzielle Unterstützung von Selbsthilfegruppen ein eigener zweckgebundener Haushaltstitel zur Verfügung steht. Der Gesamtumfang der kommunalen Fonds liegt im Jahr 1986 bei ca. 4. Millionen DM, wobei allein 3,4 Millionen DM auf die Städte München und Nürnberg entfallen. Ebenso wie in Berlin wird auch in den befragten Städten und Gemeinden das zur Verfügung stehende Mittelvolumen in keinem Fall vollständig ausgeschöpft. Die Förderung konzentriert sich zumeist auf Sach- und Honorarmittel, die Absicherung von Personalkosten ist ungesichert und eine Dauerförderung zumeist ausgeschlossen. Eine wirksame Mitsprache der Zuwendungsempfänger bei der Vergabe von Fonds-Mitteln besteht in den seltensten Fällen (Ausnahmen: München und Nürnberg). Als hauptsächliche Nutznießer der finanziellen Unterstützung auf dem Wege von Fonds werden die Ortsgruppen von Selbsthilfe-Organisationen und soziale Selbsthilfe-Projekte genannt (vgl. Beutin/Fehse o. J.: 63ff.).

Eine finanzielle Unterstützung von Selbsthilfe erfolgt allerdings nicht lediglich auf der Ebene der Städte und Gemeinden, sondern auch auf der Ebene der Länder. Abgesehen vom Freistaat Bayern beteiligen sich mittlerweile alle zuständigen Ministerien beziehungsweise Behörden der Länder und auch das BMJFFG an einer Förderung von Selbsthilfegruppen. Im Hinblick auf die finanzielle Förderung auf Landesebene fassen Beutin und Fehse zusammen: „In den CDU-regierten Bundesländern erfolgt vorwiegend die Unterstützung von Selbsthilfe-Organisationen und ehrenamtlich arbeitenden Gruppen. So werden beispielsweise durch das Ministerium des Landes Schleswig-Holstein im Rahmen eines ‚sozialen Bürgerprogramms‘ den Wohlfahrtsverbänden u. a. Gelder zur Schulung ehrenamtlicher Helfer bereitgestellt. Die Ministerien der Länder Baden-Württemberg und Rheinland-Pfalz vergeben vor allem Mittel an Selbsthilfe-Organisationen, wie zum Beispiel die ‚Frauenselbsthilfe nach Krebs e. V.‘. In den SPD-regierten Ländern wird dagegen vor allem eine Unterstützung von Arbeitslosen-Initiativen und alternativ-ökonomischen Projekten vorgenommen. So wurde beispielsweise 1986 in Nordrhein-Westfalen eine spezielle Gesellschaft zur Beratung ‚örtlicher Beschäftigungsinitiativen' (GIB) gegründet. In Bremen wurde ein Fonds zur Unterstützung von Existenzgründern bei der Schaffung von Arbeitsplätzen eingerichtet. Neben dieser Zielgruppe werden auch soziale Projekte und Selbsthilfeorganisationen vorwiegend als Träger von Einrichtungen im Bereich der Suchtkrankenhilfe bezuschußt" (Beutin/Fehse o. J: 66f.).

Im Jahre 1986 verfügten insgesamt fünf Behörden beziehungsweise Ministerien der Länder über Förderprogramme zur Unterstützung von Selbsthilfe-Zusammenschlüssen. Es handelt sich hierbei um Programme, die sehr stark auf einzelne Zielgruppen, etwa auf alternativ-ökonomische Projekte oder Arbeitsloseninitiativen, zugeschnitten sind. Der Gesamtumfang der Förderung beträgt auf dieser Ebene im Jahre 1986 knapp 10 Millionen DM (ebd.).

Auch auf der Ebene des Bundes existiert mittlerweile eine finanzielle Unterstützung von Selbsthilfe. Insbesondere im BMJFFG, in dem seit 1984 sogar eine „Arbeitsgruppe Selbsthilfe" besteht, bemüht man sich um eine Koordination und Verstärkung der selbsthilfebezogenen Fördermaßnahmen auf Bundesebene. Im Rahmen der Etatmittel des Ministeriums wurden seit 1983 fast 5 Millionen DM für Forschungsvorhaben und Modellprojekte mit Selbsthilfe-Bezug ausgegeben; abgesehen davon werden seit jeher Dachverbände und Bundesarbeitsgemeinschaften von Selbsthilfe- und Betroffenenverbänden, so etwa die Deutsche Hauptstelle gegen die Suchtgefahren, Bundesarbeitsgemeinschaft Hilfe für Behinderte, Arbeitsgemeinschaften der Frauenhäuser, Deutsche AIDS-Hilfe, gefördert (vgl. Hesse 1987). Im Jahre 1987 wurde ein neuer Titel „Förderung zentraler Maßnahmen und Organisationen der Selbsthilfe" im Haushalt des Ministeriums eingerichtet, für den im ersten Jahr 1,2 Millionen DM zur Verfügung standen. Mit Hilfe dieser Mittel sollen erstmalig jenseits der Selbsthilfe-Förderung über fachpolitische Titel hinaus fachübergreifend bundesweit bedeutsame Projekte und Initiativen unterstützt werden. Darüber hinaus geht es auch darum, die infrastrukturellen Rahmenbedingungen für Selbsthilfe zu verbessern.

Fassen wir zusammen: Die Ausführungen zum Umfang und zur Art der finanziellen Unterstützung von Selbsthilfegruppen und -initiativen durch die öffentliche Hand zeigen eindringlich, daß eine erhebliche *Diskrepanz* zwischen der politischen Thematisierung und symbolischen Anerkennung von Selbsthilfegruppen und -initiativen einerseits und ihrer tatsächlichen materiellen Unterstützung andererseits besteht. Die genauere Analyse der Fördermodalitäten weist zudem darauf hin, daß die Interessen der Selbsthilfegruppen und -projekte an einer autonomen Arbeit und die verwaltungsbezogenen Zwänge und Kriterien einer ordnungsgemäßen Mittelverwendung nicht optimal aufeinander abgestimmt werden konnten. Die Mehrzahl der Unterstützung von Selbsthilfe erfolgt oft unter instrumentellen Gesichtspunkten, die den ganzheitlichen und alternativen Arbeitsansätzen der Gruppen und Projekte keineswegs gerecht werden können. Die Abhängigkeitsbeziehung der Gruppen und Projekte gegenüber der fördernden Verwaltung erweisen sich nicht lediglich deshalb für den Gruppenprozeß als prekär, weil über die Vergabemodalitäten in die internen Gruppenprozesse hineinregiert wird, sondern auch deshalb, weil die Förderung selbst im Rahmen der freiwilligen Aufgaben erfolgt und deshalb jederzeit gestrichen werden kann.

Obwohl also eine ganze Reihe von Selbsthilfegruppen und -projekten schon jetzt von der öffentlichen Förderung profitieren, sind die langfristigen Folgen für die *Weiterentwicklung der Selbsthilfe-Szene noch völlig offen und unkalkulierbar*. Generell gilt jedenfalls, daß je weiter die Selbsthilfegruppen und -projekte von den Problemdefinitionen und inhaltlichen Arbeitskonzepten von Politik und Verwaltung entfernt sind, desto eher Gefahr laufen, aus der Förderung herauszufallen. Es muß sich also erst noch erweisen, ob es gelingt, durch entsprechende „weiche" und flexible Förderverfahren den besonderen Eigensinn von Selbsthilfe und Selbstorganisation zu erhalten, oder ob es langfristig unvermeidbar ist, daß sich bei quantitativ vermehrter und geographisch gleichmäßiger verbreiteten öffentlichen Selbsthilfe-Förderung die Selbsthilfe-Szene inhaltlich und strukturell an die Merkmale und Vorgaben des herkömmlichen Versorgungssystems angleicht.

Trotz der bislang gering gebliebenen quantitativen Größenordnungen im Bereich der finanziellen Selbsthilfe-Förderung formiert sich bereits der *Widerstand* solcher Organisationen und Verbände, die befürchten, daß eine Ausweitung öffentlicher Selbsthilfe-Förderung ihre eigenen Fördertöpfe beeinträchtigen könnte. Dies gilt natürlich in erster Linie für die traditionellen Spitzenverbände der freien Wohlfahrtspflege und ihre organisatorischen Untergliederungen und örtlichen Einrichtungen und Mitgliedsorganisationen (vgl. Olk 1987 a). In verschiedenen Städten und Gemeinden mußten öffentliche Förderfonds für Selbsthilfegruppen zunächst gegen den entschiedenen Widerstand der freien Wohlfahrtspflege durchgesetzt werden (vgl. für das Beispiel München Fuß/Schubert 1985). Diese Feststellung gilt aber durchaus auch für die etablierten Selbsthilfe- und Betroffenenverbände, die bereits in den 50er und 60er Jahren entstanden sind. Als typisches Beispiel für diese Konfliktlinie zwischen „alten" und „neuen" Selbsthilfegruppen und -verbänden kann die jüngst veröffentlichte Stellungnahme eines Vertreters der Bundesarbeitsgemeinschaft Hilfe für Behinderte herangezogen werden. In diesem Beitrag wird eine deutliche Akzentverschiebung des gesellschaftli-

chen Stellenwerts von Selbsthilfe befürchtet, die darauf hinausläuft, daß nur noch das als förderungswürdig betrachtet wird, was als „neue“ Selbsthilfebewegung bezeichnet wird (vgl. Gerke 1987). Insbesondere wird auch die Hinwendung im BMJFFG zur infrastrukturellen Förderung der neuen Selbsthilfegruppen kritisiert und darauf insistiert“, daß die Bemühungen um eine Unterstützung von Selbsthilfegruppen auf kommunaler Ebene nicht dazu führen dürfe, daß die bisherige positive Selbsthilfearbeit in den Verbänden herabgewürdigt wird. Gerade im Bereich der Behinderungen und chronischen Erkrankungen ist eine langfristige und kontinuierliche Arbeit notwendig, . . . Diese ehrenamtliche Tätigkeit der Verbandsmitglieder ist zeit- und kostenintensiv und kann auf Dauer ohne eine entsprechende Förderung nicht geleistet werden“ (Gerke 1987: 4).
Diese Hinweise machen darauf aufmerksam, daß Widerstände und Bedenken potentiell konkurrierender Interessengruppen und Verbände in um so höherem Maße zu erwarten sind, wie die öffentliche Unterstützung und Förderung von neuen Selbsthilfegruppen ausgeweitet und verstärkt wird. Zugleich ist davon auszugehen, daß mit steigender Relevanz der öffentlichen Selbsthilfeförderung das Interesse an (in der Tendenz konventionellen) Wirksamkeitsnachweisen von Selbsthilfe zunehmen wird. Ohnehin besteht im Bereich von Politik und öffentlicher Verwaltung die Befürchtung, daß die Förderung von Selbsthilfegruppen und -initiativen keineswegs nur Kosten erspart, sondern unter Umständen erhebliche Folgekosten nach sich ziehen wird. Ist also angesichts bestehender Hemmnisse und Widerstände eine *rasche Ausweitung öffentlicher Selbsthilfe-Förderung ohnehin nicht zu erwarten,* so ist – davon abgesehen – zu bedenken, daß diese Entwicklung unter Umständen Integrations- und Anpassungsprozesse der Selbsthilfeszene an das herkömmliche Versorgungssystem verstärken könnte.
Die im Zusammenhang mit der direkten finanziellen Förderung von Selbsthilfe deutlich zum Ausdruck kommende Spannung zwischen der „Erhaltung von Eigensinn“ von Selbsthilfe einerseits und der „Konventionalisierung von Selbsthilfe“ andererseits läßt sich auch im Hinblick auf die Maßnahmen und Strategien zur *infrastrukturellen Förderung* von Selbsthilfe wiederfinden. Die infrastrukturelle Unterstützung von Selbsthilfe durch Informations-, Beratungs- und Qualifizierungsmaßnahmen erfolgt in der Regel durch sogenannte Selbsthilfe-Kontakt- und Ressourcenstellen. Ziel dieser Einrichtung ist es, die materiellen und infrastrukturellen Rahmenbedingungen für Selbsthilfe zu verbessern, einzelne und Gruppen bei ihren Selbsthilfeaktivitäten zu unterstützen, potentiell Interessierte für Selbsthilfe zu

aktivieren beziehungsweise sie an bestehende Selbsthilfegruppen zu vermitteln sowie nicht zuletzt die Zusammenarbeit zwischen professionellen Mitarbeitern und Angehörigen von Selbsthilfegruppen weiterzuentwickeln und zu intensivieren (vgl. DAG SHG 1987 sowie Röhrig/Braun 1986):

> Da es sich bei diesen Selbsthilfe Kontakt- und Ressourcenstellen um einen neuen Einrichtungstyp handelt, sind Zielsetzung, inhaltliche Konzeption, infrastrukturelle Ausstattung und Trägerschaft strittig und werden je nach inhaltlicher Selbsthilfekonzeption und politisch-administrativem Interesse sowie situativen Gegebenheiten „vor Ort" recht unterschiedlich konkretisiert. Einigkeit besteht darin, daß das Aufgabenspektrum dieser Einrichtungen vor allem darin besteht, die Arbeit sozialer Selbsthilfegruppen durch entsprechende Hilfestellung bei der Gründung und beim Aufbau beziehungsweise bei auftretenden Krisen in den Gruppen zu unterstützen, Selbsthilfegruppen-Interessenten zu beraten und an bestehende Gruppen zu vermitteln, Weiterbildungsangebote für Engagierte und/oder Interessierte zu initiieren beziehungsweise selbst zu organisieren, Öffentlichkeitsarbeit durchzuführen, etwa durch Erstellung und Verteilen von Informationsblättern oder mittels Durchführung von Selbsthilfe-Informationsbörsen usw., Informationen über Selbsthilfeaktivitäten am Ort zu sammeln, vor allem durch Aufbau einer Gruppenkartei und durch Sammlung einschlägiger Dokumentationen und Materialien, sowie schließlich die örtlichen Selbsthilfegruppen mit dem professionell-bürokratischen Versorgungssystem zu verknüpfen, um einerseits die professionellen Mitarbeiter gegenüber der Selbsthilfeidee zu sensibilisieren und andererseits den Einfluß der Selbsthilfe-Szene auf die kommunale Sozialpolitik zu erhöhen.

Inzwischen sind im gesamten Bundesgebiet in einigen Großstädten, so etwa München (vgl. Selbsthilfezentrum München 1987), aber auch in Mittel- und Kleinstädten sowie auf dem Lande Selbsthilfe-Kontakt- und Ressourcenstellen eingerichtet worden. Auch wenn die Berliner SEKIS mit sechs hauptamtlichen Mitarbeitern und einer Verwaltungskraft die personell am besten ausgestattete Kontaktstelle und insoweit vorbildlich ist, gehen die entsprechenden Einrichtungen andernorts eigene konzeptionelle Wege beziehungsweise existieren sogar schon länger, wie etwa die Kontakt- und Informationsstelle für Selbsthilfegruppen (KISS) in Hamburg, die seit 1981 besteht (vgl. für einen Überblick Selbsthilfegruppen o. J.).

Die bestehenden Kontaktstellen unterscheiden sich im Hinblick auf *inhaltliche Konzeption* und *organisatorische Ausgestaltung* zum Teil erheblich voneinander:

> Je nach Interessen, Standpunkt und inhaltlichem Selbsthilfeverständnis verorten sich die entsprechenden Einrichtungen entlang der Konfliktachse

zwischen Erhaltung von Autonomie und Eigensinn der Gruppen einerseits und Anpassung der Selbsthilfe an das herkömmliche Versorgungssystem an unterschiedlichen Stellen andererseits. So wird etwa auf der einen Seite dafür plädiert, Selbsthilfe-Kontakt- und Ressourcenstellen als mehr oder weniger passive „Drehscheiben" zu konzipieren, die lediglich die Aufgabe haben, zwischen spontan und selbsttätig geäußerten Bedürfnissen und Problemen einerseits und selbstorganisierten Lösungsmöglichkeiten andererseits zu vermitteln, ohne selbst aktivierend tätig zu werden; diese Konzeption wird etwa von der aus einem Forschungsprojekt hervorgegangenen Hamburger KISS sowie von der Deutschen Arbeitsgemeinschaft Selbsthilfegruppen e. V. vertreten. Die Gegenposition läuft darauf hinaus, daß Kontaktstellen durchaus selbst im Sinne einer Aktivierung neuer Gruppen und Initiativen und der Mobilisierung zusätzlicher Mitarbeiter aktiv tätig werden sollen; diese Position wird von dem oben erwähnten Forschungsprojekt der Verwaltungshochschule Speyer vertreten. Die hier zum Ausdruck kommende Kontroverse zeigt, daß die unterschiedlichen beteiligten Interessentengruppen den angesprochenen Zielkonflikt jeweils unterschiedlich zu lösen versuchen: Während die erstgenannte Position die Erhaltung von Eigensinn als wichtigstes Ziel hervorhebt und die öffentlichen Erwartungen an die Leistungspotentiale der Selbsthilfe geringer bewertet, betont die andere Position mehr das Ziel der Verallgemeinerung und generellen Zugänglichkeit von Selbsthilfeaktivitäten.
Nimmt man den Sachverhalt konfligierender Ziele einer infrastrukturellen Selbsthilfe-Förderung der öffentlichen Hand ernst, dann wird deutlich, daß beide Positionen jeweils spezifische Verkürzungen und Vereinseitigungen enthalten und damit keineswegs optimale Lösungen anbieten. Denn Selbsthilfe-Förderung ist immer mit wechselseitiger Einflußnahme verbunden; es gibt keine öffentliche Selbsthilfe-Förderung, die zwar einerseits alles tut, um die Selbsthilfe-Szene zu unterstützen, andererseits aber ihre interne Eigendynamik völlig unberührt läßt. Auch eine zurückhaltend operierende Kontaktstellenarbeit hat Auswirkungen auf die Entfaltung der lokalen Selbsthilfe-Szene und verändert diese, ob sie das will oder nicht. Welches inhaltliche Arbeitskonzept also jeweils angemessen ist, kann nicht pauschal und im vorhinein entschieden werden, sondern bemißt sich nach den lokalen Entwicklungsbedingungen der Selbsthilfe-Szene. Ist bereits eine vielfältige und weitverbreitete Selbsthilfeaktivität vorhanden, so kann die konkrete Kontaktstellenarbeit zurückhaltender operieren als in denjenigen Fällen, in denen die Selbsthilfe-Szene schwächer ausgeprägt ist.

Ähnlich konflikthaft verhält es sich mit dem Problem der *Trägerschaft:*

Von der einen, „der Selbsthilfe verpflichteten" Position werden nur solche Träger als akzeptabel angesehen, die unabhängig von weltanschaulichen oder politischen Festlegungen sind und die deshalb die Handlungsspielräume der Selbsthilfegruppen möglichst weit belassen (können). Auch kommunale Träger werden mit Skepsis gesehen, da sie bei den

Gruppen und Interessierten das Gefühl hervorrufen könnten, sie würden kontrolliert und in ein staatliches Versorgungssystem eingebaut (vgl. DAG SHG 1987: 26). Dahinter steht grundsätzlich die Position, daß eine Kontaktstelle dann am besten arbeitet, wenn sie der Selbsthilfe-Szene nicht von außen vorgesetzt wird, sondern wenn sie aus der Selbsthilfe hervorgeht oder in engem Kontakt zu ihr steht. Die Gegenposition besagt, daß kommunale Träger am geeignetsten seien, da sie sowohl weltanschaulich neutral seien, eine ausreichende infrastrukturelle Ausstattung der Stellen gewährleisten könnten und darüber hinaus auf lange Sicht allein ein flächendeckendes Angebot entsprechender Einrichtungen über die gesamte Bundesrepublik hinweg sicherstellen könnten (vgl. Braun/Röhrig 1987).

Dazwischen wäre eine Position zu verorten, die für wohlfahrtsverbandliche Träger plädiert, da diese ganz generell weniger bürokratisch und unflexibel auf neu auftauchende Probleme und Anforderungen reagieren können, über eine ausgebaute fachliche und organisatorische Infrastruktur, über ein System von Fachberatern, Fortbildungseinrichtungen und eingespielten Kontakten und Zugangswegen zu öffentlichen Institutionen verfügten und schließlich angesichts bestehender politischer Kontroll- und Vereinnahmungsbefürchtungen für manche Gruppen und Initiativen eher akzeptabel seien als öffentliche Träger (vgl. die Analyse der Vor- und Nachteile wohlfahrtsverbandlicher Träger bei Olk 1987 b).

Geht man von dem Befund der wechselseitigen Abhängigkeit zwischen herkömmlichem sozialen Versorgungssystem und Selbsthilfe-Szene aus, und setzt man die hier entwickelten konfligierenden Ziele einer öffentlichen Selbsthilfe-Förderungspolitik voraus, dann läßt sich auch das Problem der Trägerschaft problemangemessener diskutieren: Es ginge dann darum, durch öffentliche Selbsthilfe-Förderung sowohl die eigentümliche Produktivität, Arbeitsweise und Leistungsfähigkeit von Selbsthilfegruppen zu erhalten und zu stärken als auch die Selbsthilfegruppen für möglichst viele interessierte Bürger zu öffnen. Unter dieser Perspektive ist es sicherlich sinnvoll und plausibel, in denjenigen Kommunen und Landkreisen, in denen eine entfaltete Selbsthilfe-Szene bereits besteht, die Trägerschaft einer Selbsthilfe Kontakt- und Ressourcenstelle einem selbstorganisierten beziehungsweise szene-nahen Träger zu übertragen. Es bestünde in diesen Fällen allenfalls das Problem, die Dienstleistungsangebote der Kontaktstelle nicht lediglich für bereits der Szene zugehörige, sondern für tendenziell alle Bürger des Ortes zu öffnen.

In Landkreisen und Kommunen, in denen die Selbsthilfe-Szene (allenfalls) schwach entwickelt ist, stellt sich das Problem des selbstorganisierten Trägers ohnehin kaum. Hier käme es in der Tat darauf an, einen öffentlichen oder wohlfahrtsverbandlichen Träger zu finden, der sowohl weltanschaulich neutral agieren kann als auch die konkrete Kontaktstellenarbeit von unmittelbaren Trägerinteressen relativ freihalten kann, um die Eigendynamik von Selbsthilfe und Selbstorganisation zur Entfaltung kommen zu lassen. Aber auch in dieser Hinsicht wird es keine optimale Lösung geben. Denn je autonomer und freier der Träger sein wird, desto

mehr Spielraum kann er zwar den Kontaktstellen einräumen, desto eher werden ihm allerdings andererseits Ressourcen (wie Geld, Macht, bürokratische Apparate usw.) fehlen, die eine fachlich ausgewiesene Kontaktstellenarbeit ebenso benötigt. Umgekehrt werden größere, formal organisierte Verbände oder Organisationen zwar einerseits über diese Ressourcen verfügen, andererseits aber ihre Eigeninteressen gegenüber der Kontaktstelle stärker zur Geltung bringen (vgl. auch Breitkopf 1985). In den Fällen also, in denen Selbsthilfe Kontakt- und Ressourcenstellen mehr oder weniger von außen etabliert werden, wird das Hauptproblem sein, eine vollständig von öffentlichen Hilfen und professioneller Unterstützung abhängige „künstliche Selbsthilfe" zu vermeiden. Wo überhaupt keine Ansätze zur Selbsthilfe und Selbstorganisation vorfindbar sind, muß man notfalls ganz auf das Infrastrukturangebot der Kontaktstelle verzichten.
Fragen dieser Art sollen in dem seit Dezember 1986 bestehenden Modellversuch „Informations- und Unterstützungsstellen für Selbsthilfegruppen", der vom BMJFFG ausgeschrieben worden ist, erprobt und untersucht werden. In diesem auf drei Jahre begrenzten Modellversuch (Beginn 1. 1. 1987) geht es darum, unterschiedliche inhaltliche Arbeitskonzepte und organisatorische Trägerkonstellationen im Hinblick auf ihre Wirksamkeit bei der infrastrukturellen Unterstützung von Selbsthilfe zu vergleichen, um so Empfehlungen für die optimale infrastrukturelle Förderung von Selbsthilfe im Bundesgebiet entwickeln zu können.[5]

Weniger strittig zwischen den verschiedenen Protagonisten von Selbsthilfe-Kontakt- und Ressourcenstellen ist die Einrichtung von *Beiräten,* die vor allem die Funktion haben sollen, die Arbeit dieser neuen Einrichtungen im Interessengeflecht der einzelnen Kommunen und Landkreise zu verankern:

Mitglieder sind zumeist Vertreter der Selbsthilfe-Szene, der Wohlfahrtsverbände, der Allgemeinen Ortskrankenkassen sowie der im Rat vertretenen Parteien und der Stadtverwaltung. Die personelle Zusammensetzung solcher Beiräte wird vor allem dann zum Anlaß von Konflikten und Auseinandersetzungen, wenn es nicht lediglich um die Beratung und Begleitung der Arbeit von Kontaktstellen, sondern auch um die Entscheidung oder Beratung im Hinblick auf die Verteilung von Finanzmitteln geht. Ziehen wir die widersprüchlichen Ziele öffentlicher Selbsthilfe-Förderung zur Beurteilung heran, dann lassen sich auch hier einige Streitfragen klären. Eine allenfalls symbolische Beteiligung der eigentlichen Förder-Adressaten, der Selbsthilfe-Szene, an diesen Beiräten wäre demnach nicht akzeptabel, da die besondere Sichtweise, die von den übrigen Trägern abweichende Definition von Problemen und ihrer Bewältigung, in diesen Entscheidungsprozessen angemessen vertreten sein muß (vgl. Maag-Specker 1988). Allerdings wäre demnach auch eine autonome Mittelverwendung, wie sie ursprünglich vom AK Staatsknete in Berlin gefordert worden ist, kaum legitimierbar. Da es sich um die Verwendung von Steuergeldern handelt, die zur Verwirklichung der Staatszwecke eingezogen werden, muß zumindest gewährleistet sein, daß die Mittel im Sinne des Gemeinwohls und möglichst wirtschaftlich und rechtmäßig eingesetzt werden. Dies schließt nicht aus, daß die Abrechnung der Mittel möglichst unbürokratisch erfolgt, um die internen Organisationsstrukturen und Arbeitsweisen von Selbsthilfen nicht unnötig mit Verwaltungsanforderungen zu überlasten. Optimal wäre daher eine paritätische Besetzung der Beiräte, die garantieren würde, daß zumindest gegen den erklärten Willen der Selbsthilfe-Szene keine grundlegenden Entscheidungen gefällt werden können. Es sollte in diesem Zusammenhang selbstverständlich sein, wohlfahrtsverbandliche Träger nicht als der Selbsthilfe-Szene zugehörig zu definieren.

Auch die *Mindestausstattung* solcher Kontaktstellen stellt bisweilen ein Problem dar:

Als sachliche Mindestausstattung gilt ein verkehrsgünstig gelegenes Büro, Telefonanschluß und Anrufbeantworter, Zugänglichkeit weiterer Räume für Selbsthilfegruppenaktivitäten sowie ein Sachkostenetat von mindestens 10 000 DM jährlich (vgl. Braun/Röhrig 1987). Ein zentraler Streit- und Diskussionspunkt in diesem Zusammenhang ist die personelle Ausstattung der Kontaktstellen. Sieht man einmal von Berlin und Hamburg ab, so handelt es sich in der Regel um ABM-Stellen, auf denen die Selbsthilfeberater arbeiten. Dieser Zustand ist nicht nur deshalb problematisch, weil wegen der befristeten Bewilligung von ABM-Mitteln die Kontinuität der Kontaktstellenarbeit ständig gefährdet ist. Hinzu kommt, daß ABM-Kräfte, die zumeist Berufsanfänger sind, kaum über diejenigen Qualifikationen verfügen können, die in einem solchen neuartigen und schwierigen Arbeitsfeld gefordert sind. Die Selbsthilfe-Berater müssen in der Lage sein, sich an der Entwicklung eines Berufsprofils zu beteiligen, das sich in seinen konkreten Umrissen erst noch herausbilden muß.

Auch in dieser Hinsicht läßt sich die prekäre Balance zwischen „Gewährleistung von Eigensinn“ und „Assimilation an eigene Organisations- und Arbeitsprinzipien“ bei öffentlicher Selbsthilfeförderung verdeutlichen. Denn im Grunde besteht das Problem hier darin, daß durch professionelle Arbeit, die im Sinne herkömmlicher Erwerbstätigkeit abgeleistet wird, freiwillige und unbezahlte Arbeit angeregt und unterstützt werden soll. Die Forderung nach einer Professionalisierung von Selbsthilfe-Beratern ist aber nur scheinbar paradox. Hieran knüpft sich nämlich die reformpolitische Hoffnung, daß gerade in dieser Hinsicht besonders geschulte und qualifizierte Mitarbeiter in der Lage sein werden, andere Bürger dazu zu ermuntern und zu befähigen, ihre eigenen Belange selbst in die Hand zu nehmen. Allerdings müssen sich Zielsetzungen und Handlungsformen professioneller Berufstätigkeit qualitativ verändern: An die Stelle der fürsorgerischen Betreuung abhängiger Sozialklientele müßte die kollektive „Hilfe zur Selbsthilfe“ treten. Auch die zentralen Arbeitsbereiche der Professionellen in sozialen Berufen würden sich dann verändern: Im Bereich von Selbsthilfe-Förderung sind die Adressaten der Arbeit keine Einzelpersonen (Klienten), sondern in der Regel Gruppen, die zudem selb-

ständig entstanden sind beziehungsweise zumindest möglichst autonom arbeiten wollen.
Die professionelle Beziehung zu den Adressaten unterliegt daher gänzlich anderen Regeln und Funktionen, als sie in der traditionellen Professionellen-Klienten-Beziehung anzutreffen sind. Dies beginnt schon damit, daß Selbsthilfegruppen-Unterstützer und -Berater – ähnlich den Unternehmensberatern – ihre Kompetenzen und Ressourcen gewissermaßen auf Nachfrage hin bereitstellen (vgl. Heck 1987). In welcher Form und in welchem Ausmaß das professionelle Dienstleistungsangebot in Anspruch genommen wird, unterliegt der freien Entscheidung der Adressaten beziehungsweise Abnehmer dieser Leistungen.

Der knappe Überblick über den angelaufenen Implementationsprozeß von Selbsthilfe Kontakt- und Ressourcenstellen zeigt, daß die Förderung und Unterstützung der Selbsthilfeidee längst aus der ausschließlichen Zuständigkeit von Selbsthilfesympathisanten und Beteiligten herausgenommen und partiell in die Hände des Sozialstaates gelegt worden ist. Vor allem eine ganze Reihe von Städten und Gemeinden, aber auch die meisten Bundesländer und das BMJFFG haben dieses Interventionsfeld mittlerweile als relevant anerkannt und bemühen sich um die Realisierung entsprechender Maßnahmen und Angebote.

14.3.2 Perspektiven

Aus den Ausführungen dieses Abschnitts ist deutlich geworden, daß auf diese Weise ein spezifisches Austauschverhältnis zwischen Sozialstaat und Selbsthilfe-Szene etabliert worden ist. Staatliche Instanzen stellen Ressourcen, Geld, infrastrukturelle Maßnahmen usw., zur Verfügung und erwarten im Gegenzug bestimmte (Versorgungs-)Leistungen der Selbsthilfe. Umgekehrt wird es den Selbsthilfegruppen und -initiativen ermöglicht, ihre eigene Existenz und ihre Entwicklungschancen durch die Bereitstellung staatlicher Unterstützung zu stabilisieren. Der zentrale Sachverhalt, auf den hier hingewiesen werden sollte, besteht darin, daß die Auswirkungen, die sich aus der allmählich einsetzenden öffentlichen Förderung und infrastrukturellen Unterstützung von Selbsthilfe durch die Sozial- und Gesundheitsverwaltungen auf die Weiterentwicklung der Selbsthilfe-Szene ergeben, von der konkreten Ausgestaltung der Förderungspolitik abhängen werden.
Je nachdem, ob es gelingt, das Kriterium der „Gewährleistung des Eigensinnes“ von Selbsthilfe gegenüber dem Kriterium der „Anpassung von Selbsthilfe an das herkömmliche Versorgungssystem“ stark zu machen oder nicht, werden die Spielräume für eine künftige Ent-

faltung der eigentümlichen Produktivität von Selbsthilfe unterschiedlich ausfallen. Die scheinbare Paradoxie an dieser Situation liegt darin, daß es auch im *langfristigen Eigeninteresse* des Sozialstaates liegt, die besonderen Ziele, Organisations- und Arbeitsweisen der Selbsthilfe nicht zu zerstören, sondern zu erhalten. Denn nur auf diese Weise lassen sich auch deren besondere Unterstützungsleistungen am Leben erhalten. Dem steht oft das *kurzfristige Interesse* politisch-administrativer Instanzen gegenüber, die schwer kalkulierbare und bedrohliche Fremdheit von Selbsthilfe und Selbstorganisation zu zähmen und unter staatliche Kontrolle zu bringen. Viel wird davon abhängen, inwiefern sich verwaltungsinterne Ressortabgrenzungen, Aufgabendefinitionen, bürokratische Erledigungsprozeduren usw. bei der konkreten Umsetzung von Selbsthilfeförderung Geltung verschaffen, beziehungsweise in welchem Ausmaße es gelingt, die eigentümliche Organisations- und Arbeitsweise von Selbsthilfegruppen, ihre interne Produktionslogik zu berücksichtigen und entsprechende Förderprozeduren zu entwickeln (vgl. für empirische Belege dieses Konfliktes Bloesy/Kreft 1987).

Die eingangs eingeführten Ziele der Selbsthilfe-Förderung, nämlich der Erhalt der eigentümlichen Binnendynamik von Selbsthilfe und die Öffnung der in Selbsthilfegruppen bereitgehaltenen Unterstützungsressourcen für möglichst viele Bürger, werden jedenfalls immer dann verfehlt, wenn eine Instrumentalisierung oder sogar Strangulierung der Selbsthilfe zu beobachten ist. Dies ist immer dann der Fall, wenn Selbsthilfeaktivitäten überwiegend von außen oder oben initiiert und gesteuert werden und (von vornherein) unter die Abhängigkeit professioneller Begleiter und Unterstützer geraten. Tendenzen in diese Richtung werden vor allem durch die Erwartung kommunaler Sozial- und Gesundheitsverwaltungen begünstigt, möglichst rasch und quantitativ meßbar neue Gruppen zu initiieren beziehungsweise die Anzahl der an Selbsthilfe oder ehrenamtlichem Engagement beteiligten Bürger zu erhöhen. Dieser Entwicklung kann lediglich in denjenigen Fällen gegengesteuert werden, in denen es der Selbsthilfe-Szene gelingt, ausreichenden Einfluß auf die Implementationsmodalitäten finanzieller und infrastruktureller Selbsthilfeförderung zu erhalten. Auf lange Sicht verbessern sich die Bedingungen dafür durch eine sozialpolitische Strategie, die ganz generell die Adressaten sozialer Dienste und Maßnahmen stärker in die Formulierung und Umsetzung kommunaler Sozial- und Gesundheitspolitik einbezieht.

Den gemeinwohlorientierten Zielen einer selbsthilfefördernden Politik droht allerdings zusätzlich Gefahr von einer Seite, die bislang noch wenig beachtet worden ist. Gemeint ist hiermit der Sachverhalt,

daß sich die unter dem Etikett der Selbsthilfe-Förderung versammelten Maßnahmen, Einrichtungen und Initiativen jedenfalls bislang auf einen sehr engen Bereich konzentrieren, nämlich auf die Einrichtung von finanziellen Fonds und von Selbsthilfe Kontakt- und Ressourcenstellen. Diese Vorgehensweise hat sicherlich Vorteile, vor allem im Hinblick auf die Minimierung von Implementationshemmnissen und zuwiderlaufenden Interessenlagen innerhalb des politisch-administrativen Systems sowie die Mobilisierung eines breiten Konsenses unter einschlägigen Experten und beteiligten Institutionenvertretern. Man sollte allerdings auch die Nachteile und Gefahren dieser Vorgehensweise, die vor allem auch von der Deutschen Arbeitsgemeinschaft Selbsthilfegruppen e. V. gegenwärtig propagiert wird, sehen. Zwei Aspekte sind in diesem Zusammenhang hervorzuheben: Zum einen wird auf diese Weise (eventuell leichtfertig) das zukünftige politische Schicksal einer Politik der Selbsthilfeförderung insgesamt an den Thematisierungszyklus von Kontakt- und Ressourcenstellen gebunden. Zum anderen geraten mit der Konzentration auf diese beiden Maßnahmen alle übrigen Ansatzpunkte, Initiativen und Politiken der Selbsthilfe-Förderung tendenziell aus dem Blick. Die enge Verknüpfung von Selbsthilfe-Förderungspolitik und der Einrichtung von Selbsthilfe Kontakt- und Ressourcenstellen könnte leicht dazu führen, daß, wenn der Ausbau entsprechender Einrichtungen einen gewissen Versorgungsgrad erreicht hat, der Thematisierungszyklus der Kontaktstellen also seinem Ende zugeht, Selbsthilfe-Förderung generell aus der politischen Aufmerksamkeit verschwindet. Der zweite Aspekt ist vielleicht noch gravierender: Die bisherige Konzentration auf ein einziges Instrument der Selbsthilfe-Förderung macht es den einschlägigen politischen Entscheidungsgremien und Verwaltungsstellen relativ einfach, sämtliche übrigen Ansatzpunkte und Aktivitäten unter Verweis auf die Einrichtung von Selbsthilfe Kontakt- und Ressourcenstellen zurückzustellen.
Eine *selbsthilfefreundliche* kommunale Sozialpolitik erschöpft sich aber nicht in der finanziellen und infrastrukturellen Förderung von Selbsthilfegruppen. Wie bereits ausgeführt, bemißt sich die Einlösung des Anspruchs einer selbsthilfeförderlichen Politik letztlich an einer an den Prinzipien von Autonomie und Selbstbestimmung orientierten Gestaltung lokaler Lebensbedingungen überhaupt. Im Kontext eines solchen Programmes wäre die Förderung von Selbsthilfe kein isolierter Aspekt der Politik, sondern *integraler Bestandteil* einer *generellen Reform* der *sozialen Dienste*. Mindestens die folgenden Aspekte (vgl. auch Merchel 1986) sind in ein solches Konzept einzubeziehen:

(1) Die Ausgestaltung lokaler Einrichtungen und Träger sozialer Dienste nach den Prinzipien räumlicher Dekonzentration, Betroffenenpartizipation und Öffnung gegenüber den sozialräumlichen Lebensbedingungen;
(2) die Initiierung und Einrichtung unterschiedlicher Verfahren und Gremien zur Beteiligung der Adressaten an den Maßnahmen kommunaler Sozialpolitik;
(3) Abbau selbsthilfehinderlicher Verwaltungs- und Finanzstrukturen, vor allem Überwindung ressortspezifischer Rigiditäten und Egoismen, flexible und unbürokratische Handhabung von Förderrichtlinien usw; sowie schließlich
(4) der Einbezug der Selbsthilfeidee in die kommunale Sozialplanung (vgl. hierzu Lewkowicz 1985).

Nur wenn es gelingt, die absehbaren Verengungen von Konzepten und Maßnahmen der finanziellen und infrastrukturellen Förderung von Selbsthilfe zu überwinden und kommunale Sozial- und Gesundheitspolitik insgesamt auf die Prinzipien von Adressatenbeteiligung, Selbstorganisation und Selbsthilfe hin auszurichten, wird man davon ausgehen können, daß sich die Bestands- und Rahmenbedingungen für selbstinitiierte Formen sozialer (Selbst-)Hilfe in Zukunft zumindest nicht weiter verschlechtern werden.

15. Lokale Arbeitsmarktpolitik als wirtschafts- und sozialpolitisches Experimentierfeld

In den vorstehenden Ausführungen haben wir die Grenzen und Möglichkeiten der lokalen Ebene für eine Neuorientierung der Sozialpolitik bei den psycho-sozialen Dienstleistungen erörtert. Nunmehr soll im Mittelpunkt stehen, wie die lokale Sozialpolitik auf die Herausforderungen reagieren kann, die sich in Folge der beschäftigungspolitischen Misere stellen. Jenseits der kurzfristig kaum zu realisierenden Umsetzung der in Kapitel 2 diskutierten Konzepte zur garantierten Mindestsicherung ergeben sich Anknüpfungspunkte vor allem auf dem Gebiet der Arbeitsmarktpolitik.
Ziel entsprechender Maßnahmen ist zum einen, die „Opfer" der wirtschaftlichen Krisen und Umstrukturierungen abzusichern und ihnen gangbare neue Perspektiven zu eröffnen. Zum anderen stellen diese „Opfer" jedoch langfristig eine nicht zu vernachlässigende Größe für die Zukunftsgestaltung dar. In vielen Regionen wird deshalb auch über die Integration von Wirtschaftsförderung und lokalen Beschäftigungsstrategien nachgedacht; zusammengenommen verdichten sich die verschiedenen wirtschafts-, sozial- und arbeitsmarktpolitischen

Ansätze zu neuen, alternativen Konzeptionen in der Regionalpolitik. Sozialpolitik wird hier also nicht nur mit der Absicht betrieben, um unter Berufung auf Solidarität und Gerechtigkeit soziale Probleme zu lindern oder grobe Ungleichheiten abzubauen; darüber hinaus wird vielmehr versucht, sozialpolitische Ressourcen und Gestaltungsspielräume offensiv für neue Akzente bei einer umwelt- und sozialverträglichen Modernisierung einzusetzen.

Vom Grundsatz her geht es solchen auf der dezentralen Ebene ansetzenden Konzeptionen für eine Neuorientierung in der Sozial- und Arbeitsmarktpolitik darum, mehrere Ziele miteinander zu verknüpfen.[6] Zum einen sollen vor allem mehr Arbeitsplätze geschaffen werden, zum anderen will man gleichzeitig zukunftsträchtige Innovationsspielräume austesten. Dabei reichen die Gestaltungsspielräume vom Erschließen neuer Arbeitsfelder über das Ausprobieren neuer Arbeitsformen und Besitzverhältnisse bis hin zur verstärkten Verzahnung von Erwerbsarbeit mit Nicht-Erwerbsarbeit.

15.1 Was ist lokale Arbeitsmarktpolitik?

Im Gegensatz zur Beschäftigungspolitik, die eher indirekt in den Arbeitsmarkt eingreift, etwa im Rahmen der Lohnpolitik oder durch Steigerung der staatlichen Nachfrage, beeinflußt Arbeitsmarktpolitik das Verhältnis von Angebot und Nachfrage am Arbeitsmarkt direkt. Ihr Ziel ist, die Beschäftigungsverhältnisse bestimmter Personengruppen zu verbessern. Dazu zählen in erster Linie die sog. „Problemgruppen" des Arbeitsmarktes. Im engeren Sinne gehören zur Arbeitsmarktpolitik

> „diejenigen Aufgaben, die in der Bundesrepublik Deutschland im Arbeitsförderungsgesetz (AFG) vorgesehen sind und die von der Bundesanstalt für Arbeit wahrgenommen werden: Beratung, Vermittlung und Information von Arbeitsuchenden und Arbeitgebern; Maßnahmen der beruflichen Weiterbildung; arbeitsbeschaffende Maßnahmen; einstellungsfördernde Maßnahmen für bestimmte Zielgruppen; berufliche Rehabilitation; Kurzarbeitergeld; Lohnersatzleistungen bei Arbeitslosigkeit. Diese Definition folgt dem Sprachgebrauch und pragmatischen Erwägungen, obwohl neben den Tätigkeiten der Bundesanstalt für Arbeit auch andere staatliche oder parastaatliche Teilpolitiken (z. B. die Rentenpolitik) direkt auf Angebot und Nachfrage am Arbeitsmarkt einwirken und deshalb auch zur Arbeitsmarktpolitik gerechnet werden könnten" (Bruche/Reissert 1985: 14; vgl. auch Scharpf u. a. 1982).

Unter regionaler/lokaler Beschäftigungspolitik beziehungsweise regionaler/lokaler Arbeitsmarktpolitik werden vor allem Initiativen

von Kommunen, Gewerkschaften, Kirchen und Wohlfahrtsverbänden verstanden, „vor Ort" neue Beschäftigungsperspektiven zu eröffnen. Wie bereits im obigen Definitionsversuch angedeutet, gehört Arbeitsmarktpolitik traditionell nicht in das Aufgabengebiet von Kommunen, Kreisen und Regierungsbezirken. Wegen der seit Beginn der 80er Jahre gestiegenen Arbeitslosigkeit und der enormen regionalen Disparitäten in der wirtschaftlichen Entwicklung ergreifen nun vor allem die am härtesten betroffenen Städte und Gemeinden eigenständige Initiativen.
Auslöser für solche *kommunalen „Selbsthilfestrategien"* sind vor allem die beschäftigungspolitische Tatenlosigkeit der zentralstaatlichen Ebene. Wie schon in der großen Wirtschaftskrise in den 30er Jahren so kann man auch in der laufenden Dekade von einem beschäftigungspolitischen Attentismus sprechen (Novy 1986). Allerdings ist es auch zweifelhafter denn je, ob großflächig angelegte Beschäftigungsprogramme vom Typ keynesianistischer Globalsteuerung überhaupt greifen können. Hiergegen spricht vor allem, daß wir es in der Bundesrepublik mit einem Nebeneinander von außergewöhnlich gut florierenden Branchen und ausgesprochenen Krisenbranchen zu tun haben.

> „Bei einer globalen Nachfrageausweitung über eine expansive Geld- und Fiskalpolitik bestünde unter anderem die Gefahr konjunktureller Überhitzung in den ohnehin stark wachsenden Branchen und Regionen, mit der Folge inflationärer Preisauftriebstendenzen, ohne daß die strukturellen Probleme in den Krisensektoren und -regionen wesentlich verbessert würden. Eine globale Kostenentlastung der Unternehmen kommt zwar auch den Krisenbranchen zugute, ändert an ihren strukturellen Anpassungsproblemen . . . jedoch kaum etwas." (Maier 1986: 19f.)

Hegner (1986) unterscheidet vier *Felder,* auf denen Städte und Gemeinden *Arbeitsmarktpolitik* betreiben können:

(1) Beschäftigungsinitiativen der Kommunen in ihrer Eigenschaft als Arbeitgeber: Hierzu zählen etwa die Schaffung von zusätzlichen Ausbildungsplätzen in der Verwaltung oder bei kommunalen Einrichtungen, etwa den Bauhöfen; Versuche einer eigenständigen kommunalen Arbeitszeitpolitik durch Ausweitung der Teilzeitbeschäftigung, der verstärkte Einsatz von Arbeitsbeschaffungsmaßnahmen für Arbeitslose oder die befristete Einstellung von arbeitslosen Sozialhilfeempfängern.
(2) Kommunale Unterstützungen für außerkommunale Träger von Beschäftigungsinitiativen: Vor allem Organisationen der freigemeinnützigen Wohlfahrtspflege, aber auch zahlreiche autonome Arbeits-

loseninitiativen und Arbeitslosenzentren bemühen sich, Arbeitslosen sinnvolle Tätigkeitsperspektiven zu eröffnen; dazu bedienen sie sich vielfach des Angebots von einfacheren Dienstleistungstätigkeiten, „die nur geringe Qualifikationen und wenig Sachmittel erfordern, also etwa Möbel- oder Fahrradreparaturen, Entrümpelungen, Umzüge, Renovierungen, Grünflächenarbeiten. Anspruchsvolle Projekte versuchen solche Aktivitäten mit zusätzlichen Qualifikationsmaßnahmen zu verbinden“ (Hegner 1986: 134). Im Zusammenhang mit der Förderung entsprechender Beschäftigungsinitiativen auf der lokalen Ebene wird häufig von der „Politik des zweiten Arbeitsmarktes“ gesprochen. Die Unterstützungsmöglichkeiten der Kommunen sind recht vielfältig; sie reichen von der Bereitstellung von Gebäuden über Beratung und Anleitung durch kommunales Personal bis zur Bevorzugung entsprechender Projekte bei der kommunalen Auftragsvergabe.

(3) Unterstützung von privatwirtschaftlichen Betrieben und Projekten: Hier geht es in der Regel darum, private Initiativen zu fördern, eine eigenständige wirtschaftliche Existenz aufzubauen. In den letzten Jahren machten vor allem die „neuen Selbständigen“ und die alternativ-ökonomischen Projekte von sich reden. Während unter „neuen Selbständigen“ zumeist Akademiker firmieren, die sich mangels aussichtsreicher Perspektiven in ihrer erlernten Profession auf ganz anderen Gebieten selbständig machen, steht bei den alternativ-ökonomischen Projekten im Vordergrund, in einem Kollektiv Gleichberechtigter ohne individuelle Eigentums- und Besitzansprüche zu arbeiten und sinnvolle, das heißt vor allem umweltverträgliche Produkte herzustellen.

(4) Beratung und Koordination über die etablierten behördlichen Kompetenzabgrenzungen hinweg: Um die unter 1 bis 3 genannten Initiativen optimal umzusetzen, bedarf es verstärkter wechselseitiger Koordinations-, Informations- und Beratungsaktivitäten. Insgesamt gilt es, eine Fülle von arbeitsmarktpolitisch relevanten Akteuren auf der dezentralen Ebene miteinander zu vernetzen; stellvertretend sei hier lediglich auf die Kommunalverwaltungen einerseits und die Arbeitsverwaltung andererseits hingewiesen.

In den Kommunalverwaltungen gilt es, etwa die Zusammenarbeit zwischen Sozial- und Jugendämtern einerseits und der Wirtschaftsförderung andererseits zu bewerkstelligen. Bei den Arbeitsämtern müssen alle Maßnahmen mit den örtlichen Interessenvertretern von Arbeitgebern und Gewerkschaften abgestimmt werden. Darüber hinaus ist eine Konzertierung zwischen den verschiedenen Akteuren angebracht – also etwa bei Fragen der Weiterbildung die Konzertierung von Kommunalverwaltung, Arbeitsamt, Gewerkschaften und Industrie- und Handels- beziehungsweise Handwerkskammern.

In der Praxis der lokalen Arbeitsmarktpolitik dominieren bislang Versuche, *lokale Beschäftigungsinitiativen*[7] aufzubauen und zu unterstützen. Daneben machen in den letzten Jahren vor allem die *alternativ-ökonomischen Projekte* von sich reden. Zwar spielten die Kommunen im Zusammenhang mit der Ausweitung von Ausbildungsverhältnissen, die in den letzten Jahren als Antwort auf den Ausbildungsplatzmangel zu verzeichnen waren, eine beachtliche Rolle, doch im großen und ganzen konnten die Kommunen in ihrer Eigenschaft als Arbeitgeber keine bemerkenswerten Beiträge zum Abbau der Arbeitslosigkeit leisten. Ähnliches gilt für eine Neuorientierung bei der Konzertierung zwischen den verschiedenen Instanzen, die auf der dezentralen Ebene für die Arbeitsmarktpolitik zuständig sind. Zwar wird an vielen Stellen „herumexperimentiert", im Hinblick auf die Herausbildung optimaler Kooperations- und Konzertierungsarrangements sind jedoch bislang nur wenige Erfolge zu verzeichnen.

15.2 Beschäftigungsinitiativen auf der dezentralen Ebene

Im Grunde genommen gibt es kein einheitliches Konzept für lokale und regionale Beschäftigungspolitiken, geschweige denn ein allgemein akzeptiertes Verständnis von Wünschbarkeit, Machbarkeit und Design dezentraler Programme in diesem Politikfeld. Allerdings treffen wir auf eine mittlerweile kaum noch zu übersehende Vielzahl von Einzelinitiativen, die sich im Hinblick auf die Akteure, die Zielsetzung, den Umfang, die Ressourcen usw. erheblich unterscheiden. Diese Heterogenität ist jedoch kein Nachteil, denn: Lokale Beschäftigungsinitiativen müssen die Verhältnisse „vor Ort" aufgreifen und mit externen Ressourcen und Programmen verknüpfen. Dies führt notwendigerweise zu einer breiten Varianz bei den Maßnahmen.
In einem der ersten Versuche zu einer lokalen Beschäftigungspolitik, dem Hamburger „Zweiten Arbeitsmarkt", standen soziale Dienste, Gesundheitsvorsorge sowie Organisations-, Büro- und Verwaltungstätigkeiten im Vordergrund; sie machten knapp 50% der Arbeitsbeschaffungsmaßnahmen aus, auf die Verbesserung der städtischen Infrastruktur und die Verbesserung von Umwelt und Natur bezogen sich lediglich 40% (Fiedler/Fahrenholtz 1986: 392 f.). In den Projekten, die gegenwärtig im Rahmen der Diskussion um eine Aktivierung der lokalen Arbeitsmarktpolitik eine Rolle spielen, geht es dagegen weniger um den sozialen und kulturellen Bereich, sondern verstärkt

um die Verbesserung der kommunalen Infrastruktur, um kommunale Qualifizierungsbemühungen sowie um lokale Zusatzanstrengungen auf Gebieten, die gleichzeitig sinnvolle Arbeit für Arbeitslose und Sozialhilfeempfänger bedeuten, aber auch zumindest mittel- und langfristig eine Entlastung für die Kommunen selbst darstellen. Entlastung meint dabei sowohl neue Spielräume für das Inangriffnehmen dringend notwendiger, aber bislang vernachlässigter Aufgaben als auch einen Beitrag zur Wirtschaftsförderung. In diesen Zusammenhängen werden lokale Beschäftigungsinitiativen häufig in Verbindung gebracht mit der verstärkten Orientierung der Wirtschaftspolitik an lokalen und regionalen Bedarfen.

Ein Musterbeispiel für eine solche Vernetzung der lokalen Sozial-, Arbeitsmarkt-, Wirtschafts- und Infrastrukturpolitiken geben kommunale Initiativen im *Themengebiet „Arbeit und Umwelt"* ab (vgl. Hucke 1986; Welsch 1985; Heinze u. a. 1986). Für zahlreiche Städte und Gemeinden liegen Anstrengungen auf diesem Gebiet insofern auf der Hand, als hier sowohl kurz- als auch mittel- und langfristig erhebliche Vorteile in Aussicht stehen. Zum einen stehen gerade beim Umweltschutz die Aussichten besonders gut, externe Fördermittel einzuwerben. Dies gilt sowohl für projektbezogene Maßnahmen, beispielsweise bei der Landschaftspflege, der Verbesserung des Wohnumfeldes oder auch bei der Umwelt- und Energieberatung, bei denen man Mittel aus entsprechenden Bundes- und Landesprogrammen anfordern kann, als auch im Hinblick auf die Aussichten, ABM-Gelder von den Arbeitsämtern zu erhalten. Voraussetzung für letzteres ist nämlich, daß solche Maßnahmen „zusätzliche Arbeiten" sind und damit ohne Förderung erst später oder gar nicht durchgeführt werden könnten. Außerdem muß für die Einrichtung einer ABM-Stelle „öffentliches Interesse" vorliegen.[8] Beides trifft bei Pilotprojekten im kommunalen Umweltschutz in nachgerade idealtypischer Weise zu. Des weiteren versprechen kommunale Aktivitäten im Umweltschutz mittel- und langfristig eine Verbesserung der jeweiligen kommunalen Standortfaktoren und sind von daher auch eine Art Zukunftsinvestition. Man denke etwa an den möglichen Beitrag von Innenstadtsanierungs- und -begrünungsprogrammen und die damit zusammenhängende Verbesserung des Wohnwerts in diesen Vierteln; dies könnte möglicherweise der wichtigste Beitrag zum Stop der modernen Stadtflucht sein, die heute vielerorts zu beobachten ist. Beachtenswert ist ferner, daß in umweltschutzbezogenen lokalen Beschäftigungsinitiativen ein Beitrag zur Qualifizierung von Arbeitslosen für ein zukunftsträchtiges neues Berufsfeld geleistet wird. Ein Beispiel ist hier etwa der Bereich des ökologischen Bauens, in den

sich viele Projekte im Zusammenhang mit Wohnumfeldverbesserungen, innerstädtischem Grün und Altbausanierung hineintasten.
In den letzten Jahren war ein deutlicher Anstieg bei den AB-Maßnahmen zu verzeichnen: von ca. 30 000 in 1982 auf rd. 120 000 Mitte 1987; einige Bundesländer, vor allem die Stadtstaaten, und Kommunen haben sogar ABM-Sonderprogramme eingerichtet. Dabei entwickelte sich – wie bereits angeführt – der Umweltschutz zu dem überragenden Schwerpunkt. Zwar wurden bereits in Sonderprogrammen der Bundesregierung für „Regionen mit besonderen Beschäftigungsproblemen" entsprechende Maßnahmen durchgeführt, in letzter Zeit ist aber eine verstärkte Prioritätensetzung unverkennbar. Dies wird auch im neuen „Beschäftigungsförderungsgesetz" deutlich, in dem nachdrücklich darauf hingewiesen wird, daß „Arbeiten, die der Erhaltung oder Verbesserung der Umwelt dienen", bevorzugt als ABM zu fördern sind. 1984 waren 32% aller ABM-Kräfte in diesem Arbeitsfeld tätig (Handelsblatt 5. 11. 86).
In der Praxis lassen sich grob *zwei Programmtypen* von lokalen Arbeitsmarktpolitiken ausfindig machen:

(1) Charakteristikum des ersten Typs ist es, daß Städte und Gemeinden, teilweise unterstützt von den Ländern, einen Teil der Kosten für Arbeitsbeschaffungsmaßnahmen (ABM) übernehmen oder auch befristete Arbeitsverträge für Sozialhilfeempfänger unterstützen.[9] Träger der eigentlichen Maßnahmen sind jedoch außerkommunale Instanzen, zum Beispiel gemeinnützige Vereine, Organisationen der Wohlfahrtspflege, Kirchen, aber neuerdings auch immer häufiger private Firmen.
(2) Der zweite Typ von lokaler Beschäftigungspolitik zeichnet sich dadurch aus, daß mit kommunaler Unterstützung Entwicklungs- und/oder Beschäftigungsgesellschaften gegründet und unterhalten werden, die dann zum Träger der anvisierten Maßnahmen werden. Natürlich können auch beide Programmtypen parallel existieren oder sogar aufeinander abgestimmt werden. Dies ist unter anderem in Hamburg (vgl. Behörde für Arbeit, Jugend und Soziales, Hamburg 1986) der Fall und wird auch in Wiesbaden angestrebt (Bourgett/Brülle 1986).
Ein Beispiel für den ersten Typ von lokalen Beschäftigungsinitiativen bietet die Stadt Köln:

Es wird hier vor allem deshalb herausgegriffen, weil dort eine Verzahnung der lokalen Arbeitsmarktpolitik mit den Tätigkeitsbereichen der „konventionellen" Wirtschaft in die Praxis umgesetzt wird. Grundlage für die Initiative zu einem „Zweiten Arbeitsmarkt" in Köln, bei der im Gegensatz zu den bisher andernorts praktizierten Modellen auch eine Einbeziehung des Handwerks angestrebt wird, bildete eine Analyse von Wirtschaft und Arbeitsmarkt (vgl. Vornehm 1986). Die Studie zu Wirtschaft und Arbeitsmarkt wurde Anfang 1985 vom Kölner Amt für Stadtentwicklung erarbeitet und schlägt neben einer modifizierten Flächennutzungspolitik (Sanierung von Altgewerbeflächen), Gewerbeparks, Technologie- und Innovationszentren auch Qualifizierungskampagnen, Arbeitsbeschaffungsmaßnahmen und die Förderung von Selbsthilfe und Genossenschaften vor. Bei der Mobilisierung des Handwerks für die lokale Beschäftigungspolitik geht es darum, daß Handwerksbetriebe dann zusätzliche städtische Aufträge erhalten, wenn dafür eine bestimmte Anzahl von ABM-Kräften eingestellt wird.

Nach Inkrafttreten des Kölner Modells (vermutlich 1988) sollen pro Jahr insgesamt 2000 Arbeitslose gefördert werden – die Hälfte davon in Handwerksbetrieben, 700 (wie bisher) bei der Stadt und 300 Sozialhilfeempfänger. Entscheidend für die Akzeptanz eines solchen Konzepts in den kommunalen Gremien war unter anderem, daß mit Hilfe von Modellrechnungen der Nachweis geführt wurde, für die Stadt selbst entstünden kurzfristig nur geringe Mehrkosten und langfristig sei sogar mit finanziellen Entlastungen zu rechnen. Diese finanziellen Kalkulationen beruhen auf folgenden Annahmen:

„Grundsätzlich wird unterstellt, daß die Arbeitslosigkeit auf mittlere Sicht (in den nächsten fünf bis acht Jahren) tendenziell eher noch zunimmt und die derzeit gegebene Rechtslage, die gültigen Richtlinien und Fördersätze im Zusammenhang mit dem Arbeitsförderungsgesetz und dem Bundessozialhilfegesetz unverändert bleiben. Von erheblicher Bedeutung ist darüber hinaus, daß Maßnahmen durchgeführt werden, die das Land oder der Bund fördert. Für die Beschäftigung von ABM-Kräften im Handwerk, mit anderen Worten für Investitionen im Rahmen des Zweiten Arbeitsmarktes, dürften dann folgende Vorgaben realistisch sein:

- durchschnittliche Personalkosten von 40 000 DM pro Beschäftigtem im Jahr,
- ein Personalkostenanteil in der Investition von etwa 60%,
- eine Personalkostenübernahme von 80% durch die Bundesanstalt für Arbeit und
- eine Investitionsförderung durch Bund und Land von 60% bis 80% der auf die Stadt entfallenden Gesamtkosten.

Damit ergibt sich beispielsweise für die Finanzierung größerer Stadtsanierungsprojekte, bei denen insgesamt 200 ABM-Kräfte beschäftigt werden sollen:

Personalkosten 8 Mio. DM (200 Personen à 40 000 DM)

Investitionssumme (bei einem Personalkostenanteil von 60% an der Investition ergibt sich bei 8 Mio. DM Personalkosten) Mio. DM 13,3

Zuschüsse der Bundesanstalt für Arbeit (80% der Personalkosten) Mio. DM	6,4
Investitionszuschüsse Bund/Land (75% der auf die Stadt entfallenden Gesamtkosten) Mio. DM	5,2
Restkosten für die Stadt Mio. DM	1,7“

(Vornehm 1986: 411 f.)

Stellt man zusätzlich in Rechnung, daß es einem Teil der durch den „Zweiten Arbeitsmarkt“ geförderten Arbeitslosen infolge dieser Arbeiten gelingt, einen regulären, unbefristeten Arbeitsplatz zu erhalten, spart die Stadt mittel- und langfristig Sozialhilfegelder für Arbeitslose ein. Darüber hinaus kann angenommen werden, daß durch die Infrastrukturverbesserungen, Wohnwertverbesserungen usw. eine bessere Umwelt- und Lebensqualität erreicht wird, was für die Stadt langfristig ebenfalls finanzielle Vorteile bringen kann.

Bach u. a. (1986a: 370 ff.) kommen in Berechnungen zu Entlastungswirkungen und Kostenvergleichen von arbeitsmarktpolitischen Maßnahmen für das Jahr 1985 ebenfalls zu einem recht positiven Ergebnis:

„Selbst wenn nur unmittelbare Entlastungseffekte einbezogen werden, finanzieren sich die ABM . . . bereits zu 65% selbst. Bezieht man zusätzlich mittelbare fiskalische Wirkungen mit ein, so erhöht sich die Selbstfinanzierungsquote auf 91%. . . . Die Kosten von Arbeitsbeschaffungsmaßnahmen sind also letztlich nicht höher als die Kosten der Arbeitslosigkeit, wobei nicht quantifizierbare positive Wirkungen, wie vermiedene psychosoziale und gesundheitliche Belastungen und vermiedene Dequalifizierung, noch nicht mit berücksichtigt worden sind.“ (Heseler 1987: 30)

Ein im großen und ganzen gelungenes Beispiel für den zweiten Typ in der Praxis der lokalen Arbeitsmarktpolitik – also die Ausdifferenzierung von kommunal unterstützten Entwicklungs- und Beschäftigungsgesellschaften – kann man in Dortmund beobachten:

Auch hier fand in den vergangenen Jahren eine rege Diskussion über örtliche Beschäftigungspolitik statt (vgl. Pollmeyer 1986; Eichler u. a. 1986; Mengelkamp u. a. 1987). Neben der Einrichtung einer Koordinierungsstelle und der Entwicklung von Förderrichtlinien zeichnet sich die Dortmunder Praxis vor allem durch den Aufbau eines „Entwicklungszentrums“ (EWZ) aus. Als Kontrapunkt zur angebotsorientierten Wirtschaftsförderung gedacht, wurde es aus gewerkschaftlichen Kreisen angeregt; mittlerweile unterstützen es der DGB-Kreis Dortmund, die Stadt, drei größere Einzelgewerkschaften, die Hoesch-Stahl-AG sowie eine Reihe weiterer Institutionen und Personen.

Das EWZ steht für eine breite Palette von Aktivitäten, deren gemeinsames Ziel eine beschäftigungsfördernde Strukturpolitik für das östliche Ruhrgebiet ist. Unter Rückgriff auf die regionalen Bestände an Wissen, Qualifikation und Infrastruktur hofft man, Innovations-, Entwicklungs- und Beschäftigungsinitiativen ankurbeln zu können, die später in sich selbst tragende Betriebsgesellschaften überführt werden sollen. Mit der Unterstützung durch Wissenschaftler, aber auch durch die Mobilisierung des Sachverstandes von (arbeitslosen) Facharbeitern sollen drei Arbeitsgebiete abgedeckt werden:
(1) Entwicklung von umweltverträglichen Produkten und Verfahren;
(2) Zukunftsorientierte berufliche Weiterbildung für sozial- und umweltverträgliche Beschäftigung;
(3) Beratung, Planung und Kooperation zur Erschließung ökologischer Aufgabenfelder und konzeptioneller Lösungen im kommunalen und regionalen Raum.
In diesen drei Arbeitsschwerpunkten – Produkt- und Verfahrensentwicklung, Qualifizierung, Beratung und Planung – arbeiten mehrere Gruppen an eigenständigen Projekten. Finanziert wird die Arbeit hauptsächlich durch Mittel der Bundesanstalt für Arbeit, des Europäischen Sozialfonds, der Stadt Dortmund und des Landes Nordrhein-Westfalen.
Ziel des EWZ ist nicht so sehr, selbst möglichst viel Personal zu beschäftigen, sondern Impulse für weitere Initiativen außerhalb des EWZ zu geben. Im günstigsten Fall bedeutet dies, daß EWZ-Projekte nach Abschluß der Entwicklungsphase im EWZ unabhängig von dieser Einrichtung in sich selbst tragenden Gesellschaften fortgeführt werden. Darüber hinaus wird auch eine Multiplikatorwirkung für andere Projekte, aber auch für das konventionelle Gewerbe über Weiterbildungskurse und Beratung angestrebt.
Nach anfänglichen Startschwierigkeiten hat sich das EWZ mittlerweile etabliert. 1987 beläuft sich der Jahresetat zwar nur auf 2,5 Millionen DM, aber immerhin arbeiteten Mitte des Jahres 34 Personen in dieser Einrichtung. Ein Projekt zum ökologischen Bauen konnte bereits den Schritt in die Selbständigkeit wagen und sich auch dort behaupten; einige weitere Projekte stehen mehr oder weniger kurz vor der Gründung eigenständiger Gesellschaften, unter anderem für Brauchwasserreinigungs- und -wiederverwendungsanlagen in Privatwohnungen oder zu umweltverträglichen Wandbeschichtungen aus Recyclingmaterialien, und die ersten Qualifizierungsmaßnahmen sind in Kooperation mit der örtlichen Bauinnung auf dem Gebiet „Ökologisches Bauen“ angelaufen.

Eine Gemeinsamkeit der vorgestellten Anstrengungen für eine lokale Arbeitsmarktpolitik ist sicherlich ihr Bemühen, Sozialpolitik nicht nur so zu betreiben, daß unter Berufung auf Solidarität und Gerechtigkeit soziale Folgeprobleme des wirtschaftlichen und technologischen Wandels gemildert werden; gleichzeitig wird vielmehr versucht, sozialpolitische Gestaltungsspielräume offensiv für *wirtschaft-*

liche und soziale Modernisierungsprozesse einzusetzen. Dabei wird unter Modernisierung vor allem verstanden, Impulse für eine verstärkte Berücksichtigung ökologischer Gesichtspunkte im wirtschaftlichen Innovationsprozeß zu geben.

15.3 Alternative Ökonomie und lokale Arbeitsmarktpolitik

In eine durchaus vergleichbare Richtung marschieren die alternativökonomischen Projekte. Ihre Förderung aus sozialpolitischen Mitteln kann daher ebenfalls als ein Versuch gewertet werden, mit sozialpolitischen Ressourcen ein stückweit zur ökologischen und sozialverträglichen Modernisierung beizutragen. *Kennzeichen selbstverwalteter Betriebe* sind

(a) ihr Versuch, Lohnarbeitsverhältnisse abzuschaffen und kollektive Entscheidungsstrukturen zu praktizieren; sowie
(b) ihr Bemühen, qualitativ hochstehende, ökologisch wertvolle Produkte und Leistungen anzubieten (vgl. Berger u. a. 1985: 35ff.; Beywl u. a. 1984: 22ff.).

Beide Anliegen können in der Praxis nicht immer ganz realisiert werden; doch selbst wo nur Bruchteile dieser hochgesteckten Ziele erreicht werden, begründet dies bereits eine stärkere staatliche Förderung für diesen neuen Sektor der Wirtschaft. Im folgenden gehen wir deshalb zunächst auf die Beschäftigungswirkungen und Innovationsleistungen des alternativ-ökonomischen Sektors ein. Anschließend setzen wir uns mit der Förderpraxis und den Förderungsmöglichkeiten auseinander.
In arbeitsmarktpolitischen Debatten wird auf die Frage, ob alternative Betriebe stärker gefördert werden sollen, immer wieder eingewandt, diese seien quantitativ eigentlich bedeutungslos. Und in der Tat: die *beschäftigungspolitischen Entlastungseffekte* der Selbstverwaltungswirtschaft sind gesamtwirtschaftlich eher marginal. Die vorliegenden Schätzungen „ergeben eine untere Grenze von 2000 alternativ ökonomischen Projekten und eine obere von 6000 Projekten mit mindestens 20 000, maximal 40 000 Personen" (Berger u. a. 1985: 28). Jedoch rechtfertigen diese ernüchternden Zahlen keineswegs, diesen Sektor arbeitsmarkt- und sozialpolitisch zu ignorieren, denn:

> „Selbstverwaltete Betriebe haben bisher häufig Problemgruppen des Arbeitsmarktes aufgenommen, jüngere, für die vorgesehene Tätigkeit fachlich nicht ausgebildete Männer und Frauen (bes. Akademiker). Damit leisten sie einen – zahlenmäßig zwar bescheidenen – strukturellen Beitrag zur Verkleinerung eines vielbeklagten Arbeitslosensegments: sie schufen Arbeitsplätze für Leute, die entweder überhaupt noch keine Be-

rufsausbildung absolviert haben oder über Erstqualifikationen verfügen, die in dieser Form zur Zeit nicht mehr oder nur in geringem Umfang vom Beschäftigungssystem nachgefragt werden.“ (Kück 1986: 11)

Ein weiteres Argument für die Beachtung der Selbstverwaltungswirtschaft ergibt sich, wenn ihre bisherigen *Entwicklungsbedingungen* näher unter die Lupe genommen werden. Die mittlerweile von vielen Forschungsprojekten aufgearbeiteten finanziellen, rechtlichen und qualifikationsmäßigen Hemmnisse, unter denen die alternativen Betriebe leiden, sind nicht unüberwindbar. Wenn es gelingt, diese Schwierigkeiten – auch mit Hilfe öffentlicher Unterstützung – zu lösen, kann mit einem beschäftigungspolitischen Bedeutungszuwachs der Selbstverwaltungswirtschaft gerechnet werden.

Darüber hinaus spielt auch noch eine Rolle, daß – insbesondere in den wirtschaftlichen Problemregionen – alternative Projekte auch quantitativ durchaus mehr deuten können als den „Tropfen auf den heißen Stein“. Vergegenwärtigen wir uns einmal die Situation in Nordrhein-Westfalen: Nach einer Untersuchung von Beywl u. a. (1984) waren Mitte 1984 in den Alternativbetrieben Nordrhein-Westfalens 5205 Projektmitarbeiter tätig; ein Großteil dieser Arbeitsplätze wurde in den frühen 80er Jahren geschaffen. Von Mitte 1981, einem von der Arbeitsmarktlage noch vergleichsweise freundlichen Jahr, bis Mitte 1986 konnte demgegenüber keiner der Wirtschaftszweige des verarbeitenden Gewerbes einen Beschäftigungszuwachs verzeichnen, der über dem Beschäftigungsvolumen der alternativen Betriebe liegt. Lediglich die Branche „Straßenfahrzeugbau, Reparatur von Kraftfahrzeugen usw.“ dringt mit einer Mehrbeschäftigung von 4273 Personen in vergleichbare Größenordnungen vor (Presseinformation des Landesarbeitsamtes NRW 54/86: Anlage 2). Ein solcher Vergleich steht zwar methodisch auf „tönernen Füßen“, er verdeutlicht aber, daß alternative Betriebe für die Arbeitsmarktpolitik auch unter quantitativen Gesichtspunkten mehr als nur eine Randepisode darstellen.

In der hier verfolgten Argumentation ist des weiteren von Interesse, ob alternative Betriebe einen *Beitrag zur Innovation* in Richtung *ökosozialer Modernisierung* leisten. Generell haben sie einen „Ökologie-Bonus“, denn die Orientierung an der Sozial- und Umweltverträglichkeit ihrer Produkte, Arbeitsverfahren und Arbeitsorganisation ist schließlich nicht nur ein Definitionskriterium dieses Sektors, sondern spielt als Gründungsmotiv häufig eine entscheidende Rolle. Darüber hinaus arbeiten alternative Betriebe zumeist arbeitsintensiver, dezentraler und vor allem beschäftigungs- und nicht primär ertragsorientiert. Aber auch in einzelnen Produktbereichen konnten Alternativ-

betriebe durchaus beachtenswerte Erfolge verbuchen. Bei der Einführung von ökologisch wertvollen Produkten und Dienstleistungen haben die Alternativbetriebe in den letzten Jahren vielfach eine Pilotfunktion wahrgenommen. Im Naturprodukte- und Bioländenbereich ist dieser Effekt augenfällig, bemerkenswert sind jedoch auch die Erfolge auf anderen Gebieten, etwa im Anlagenbau (Kraft-Wärme-Kopplungsanlagen).[10]
Alles dies sind weitere Indizien für eine im Vergleich zur „normalen Wirtschaft" stärker ausgeprägte Orientierung an Umwelt- und Beschäftigungszielen. Inwieweit dieser „Ökologiebonus" tatsächlich eingelöst wird, kann auf Basis der vorliegenden Daten nicht zuverlässig beurteilt werden[11]. Hier stellen sich auch enorme theoretische und methodische Probleme. Wie sollen beispielsweise selbstverwaltete Taxiunternehmen eingeordnet werden – als Beitrag zur Reduktion des individuellen Nahverkehrs oder als Konkurrenz zu der unter ökologischen Gesichtspunkten wünschenswerten Stärkung des öffentlichen Nahverkehrs? Die bereits genannte Untersuchung über alternative Produktionsbetriebe in Nordrhein-Westfalen belegt jedoch jenseits solch grundsätzlicher Überlegungen, daß gerade in diesem Sektor viel zur Umsetzung ökologischer Ziele beigetragen wird. Dies zeigt sich vor allem in den Subbranchen „Holzverarbeitung, Bau- und Ausbaugewerbe und Lebensmittelverarbeitung". Alle drei sprechen ihre Kunden vor allem mit der ökologischen Qualität ihrer Produkte an. „So erweist sich die Gesamtbranche ‚Produktion' mit der Holzverarbeitung, dem Bau- und Ausbaugewerbe und den Projekten der Lebensmittelverarbeitung als relativ günstig zur Verwirklichung ökologischer Prinzipien" (Beywl u. a. 1984: 73).
Insgesamt betrachtet zeichnen sich die Angebote der alternativen Betriebe dadurch aus, daß sie Zusatzbedarfe abdecken und Spezialmärkte beliefern. Nicht selten, etwa bei naturbelassenen Lebensmitteln, Reparaturen von Haushaltsgeräten, Handel mit gebrauchten Gebrauchsgütern usw., gelang es ihnen, neue Märkte zu schaffen. Insofern muß die Kritik, die vor allem aus dem Handwerk kommt, die Förderung selbstverwalteter Betriebe stelle eine Wettbewerbsverzerrung gegenüber den traditionellen Anbietern dar, stark relativiert werden; diese haben einen großen Teil der „Marktlücken", in denen heute alternative Betriebe ihr Auskommen suchen, zum Teil gar nicht bedacht. Insofern ist die von den Alternativen ausgelöste Nachfrage in bezug zum status quo ante additiv und nicht substitutiv.
Unter dem Strich erweisen sich mithin alternative Betriebe trotz aller Meß- und Beurteilungsprobleme sowohl unter sozial- als auch unter beschäftigungs- und innovationspolitischen Gesichtspunkten als

eine beachtenswerte Größe. Dies wird inzwischen auch von den meisten Landesregierungen in der Bundesrepublik Deutschland anerkannt, und auf Länderebene stehen mittlerweile eine Vielzahl von *Programmen zur Förderung* des alternativen Sektors zur Verfügung.[12] Begründet werden solche Programme vor allem mit ihrer arbeitsmarkt- und sozialpolitischen Wünschbarkeit. Des weiteren spielt eine Rolle, daß alternative Betriebe im Kontext der „normalen" Wirtschaftsförderung wegen ihrer Andersartigkeit, wegen ihres chronischen Mangels an Eigenkapital sowie wegen der häufig fehlenden betriebswirtschaftlichen und kaufmännischen Kenntnisse stark benachteiligt werden.

Allerdings fällt auf, daß die Förderung durch die Landesregierungen die lokale Ebene nicht systematisch einbezieht. Zwar werden von den Bundesländern auch Beratungsaktivitäten der Städte und Gemeinden für alternative Projekte und lokale Beschäftigungsinitiativen sowohl finanziell als auch personell unterstützt, doch stecken entsprechende Konzertierungsbemühungen noch weitgehend in den Kinderschuhen. Ein Defizit ist sicherlich auch, daß eine systematische Verzahnung lokaler Initiativen für einen „zweiten Arbeitsmarkt" mit dem alternativ-ökonomischen Sektor weitgehend fehlt. Sicherlich wäre es vorteilhaft, wenn gezielt darauf hingewirkt werden könnte, Innovationsimpulse aus dem „zweiten Arbeitsmarkt" in Form von selbstverwalteten Betrieben umzusetzen, wie dies in Dortmund angestrebt wird und teilweise auch bereits realisiert ist. Hilfreich hierfür wäre unter anderem, wenn von den Kommunen und/oder den Ländern ungenutzte, alte Fabrikgebäude und Maschinenparks bereitgestellt würden; gegebenenfalls ist sogar daran zu denken, verstärkt Gewerbehöfe einzurichten, in denen verschiedene alternative Betriebe und Projekte des „zweiten Arbeitsmarktes" nebeneinander arbeiten und sich gegenseitig befruchten könnten.

15.4 Lokale Arbeitsmarktpolitik in der Kritik

Der Förderung lokaler Beschäftigungsinitiativen und der staatlichen Unterstützung alternativer Betriebe wird aus zwei verschiedenen Ecken Kritik entgegengehalten:

(1) Bei den einen läuft sie darauf hinaus, solche Formen der lokalen Arbeitsmarktpolitik seien in viel zu starkem Maße dem überholten und langfristig nicht mehr aufrechtzuerhaltenden Ideal der Vollbeschäftigung und der Erwerbsorientiertheit verpflichtet.

(2) Bei den anderen wird genau der gegenteilige Vorwurf erhoben: Die Beschäftigungsverhältnisse im „zweiten Arbeitsmarkt" und in

der alternativen Ökonomie seien minderwertige Tätigkeiten, da sie in ihrer qualitativen Orientierung und sozial- und arbeitspolitischen Absicherung nicht den normalen Standards entsprächen.

Beide Ansätze der Kritik benennen tatsächlich „wunde Punkte" der skizzierten Bemühungen um eine neue Sozial- und Arbeitsmarktpolitik, sie schießen allerdings dann weit über das Ziel hinaus, wenn sie für eine grundsätzliche Ablehnung weiterer engagierter Experimente herangezogen werden:

Zu (1): In einigen Auseinandersetzungen über Sinn und Zweck lokaler Arbeitsmarktpolitik schwingt mehr oder weniger explizit der Vorwurf mit, wenn Arbeitslose oder „Problemgruppen des Arbeitsmarkts" in Arbeitsverhältnisse gebracht werden, die letztlich doch an der Vorstellung eines „Normalarbeitsverhältnisses" ausgerichtet seien, würden weiterreichende Konzeptionen zur Überwindung der Krise des Sozialstaates unterlaufen, etwa „dualwirtschaftliche Ansätzen"[13] oder das bereits diskutierte „garantierte Grundeinkommen". Ihre Bedeutung haben solche Einwände vor allem, weil sie auf einer durchaus ernstzunehmenden Analyse der derzeitig und zukünftig zu erwartenden Arbeitsmarktentwicklung basieren. Die Ausführungen im ersten Kapitel dieses Buches sollten verdeutlicht haben, daß neue Techniken, neue Formen der Arbeitsorganisation, unkonventionelle Beschäftigungsverhältnisse und Arbeitsbiographien usw. wohl kaum aufzuhalten sind. Hieraus ergibt sich zum einen, daß sowohl die Gewerkschaften als auch die Sozialdemokratie von ihrem alten Ideal – ‚normal arbeiten' bedeutet, 40 Jahre lang 40 Stunden in der Woche in industriellen Großbetrieben tätig zu sein – Abschied nehmen müssen. Zum anderen scheint es unausweichlich, soziale Sicherungsmechanismen aufzubauen, die sich nicht mehr so stark wie bisher am Ideal des sich mehr und mehr als Fiktion erweisenden Normalarbeitsverhältnisses zu orientieren.

Eine gemäßigte Form der genannten Kritik, lokale Arbeitsmarktpolitik stehe grundlegenderen gesellschaftspolitischen Innovationen entgegen, operiert mit dem Verweis, die derzeit gültigen ABM-Richtlinien erschwerten eine Nutzung dieses arbeitsmarktpolitischen Instruments für innovative Strategien. Insbesondere die zeitliche Befristung und die Ausrichtung auf traditionelle Formen der Erwerbsarbeit werden in diesem Zusammenhang moniert (vgl. Evers u. a. 1987). Dieser Kritik ist im großen und ganzen wenig entgegenzusetzen; uneingeschränkt trifft sie aber lediglich für solche (potentiellen) Einsatzfelder zu, in denen eine Förderung von Eigenarbeit, Selbsthilfe und Nachbarschaftshilfe angestrebt wird. Auf den übrigen ABM-Einsatzfeldern haben wir jedoch zahlreiche Innovationsspielräume ausgemacht (s. o.). Darüber hinaus scheint sich sogar bei der Förderung von Nicht-Erwerbsarbeit, quasi inkrementalistisch, „unter der Hand" eine Praxis einzuschleifen, in der wenigstens ansatzweise auch auf diesem inhaltlichen Innovationsfeld ABM sinnvoll

eingesetzt werden können. Außerdem gibt es mittlerweile, etwa in Nordrhein-Westfalen, ein sogenanntes „Stammkräfteprogramm“ mit dem die Projektentwicklung und -begleitung von Arbeitsbeschaffungsmaßnahmen durch Stammkräfte gefördert wird, die auch länger als die üblichen zwei ABM-Jahre eingestellt werden können. Mit Hilfe dieses Programms kann ein stückweit den Schwierigkeiten entgegengewirkt werden, die aus den relativ kurzen Laufzeiten der Maßnahmen resultieren.
Zu (2): Der zweite Strang der Kritik an der Politik des „zweiten Arbeitsmarktes“ und der Förderung alternativer Betriebe weist immer wieder darauf hin, hier würden minderwertige Beschäftigungsverhältnisse angeboten. Im Gegensatz zur gerade skizzierten Kritik, die ein Zuviel an Erwerbsorientierung beklagt, wird hier ein Zuwenig konstatiert. Bei Arbeitsbeschaffungsmaßnahmen stünden ihre Kurzfristigkeit (maximal zwei Jahre) und ihre häufig zu beobachtende Konzeptionslosigkeit einer langfristigen Verbesserung der Arbeitsmarktchancen von Arbeitslosen im Wege und behinderten auch die eigentlich wünschenswerten innovativen Impulse. Alternative Betriebe seien zumeist nicht in der Lage, ihren Mitarbeitern ein Einkommen in der Höhe der Tariflöhne zu gewährleisten und auch im Hinblick auf die Einhaltung von Arbeitszeitbestimmungen und die soziale Absicherung, insbesondere bei der Renten- und Arbeitslosenversicherung, läge vieles im Argen. Außerdem sei das starke Engagement der Kommunen und Länder bei der Förderung der lokalen Arbeitsmarktpolitik eine zusätzliche Legitimation für die zentralstaatliche Ebene, weiterhin in ihrem beschäftigungspolitischen Attentismus zu verharren.
Niemand, der sich mit der lokalen Arbeitsmarktpolitik ernsthaft auseindergesetzt hat, wird bestreiten können, daß solche Bedenken nur allzu berechtigt sind. Ob solche negativen Tendenzen quantitativ dominieren oder ob doch mehr Licht als Schatten zu entdecken ist, kann auf der Basis der bisherigen wissenschaftlichen Evaluation der lokalen Arbeitsmarktpolitik nicht hinreichend beurteilt werden. Allerdings sprechen vielfältige Einzelerfahrungen dafür, daß – nicht zuletzt dank der skizzierten mahnenden Stimmen – immer stärker darauf geachtet wird, lokale Beschäftigungsinitiativen nicht als „Arbeitslosen-Bewegungs-Maßnahmen“ zu begreifen, sondern sie gezielt für innovative und zukunftsträchtige Experimente in gesellschaftlichen Bedarfsfeldern einzusetzen. Das gleiche gilt auch für die Förderung alternativer Betriebe; nicht mehr die x-te alternative Tischlerei in einer mittleren Großstadt steht im Mittelpunkt der staatlichen Förderung, sondern es geht darum, vor allem solche Ansätze zu unterstützen, zum Beispiel im Rahmen städtebaulicher Erneuerungen oder von Energieeinsparungen, die sich mittel- und langfristig vermutlich selbst behaupten können.

Besonders drastisch wird die Kritik an ABM-Programmen immer dann, wenn die Gefahr gesehen wird, durch ABM geförderte Projekte könnten Arbeiten übernehmen, die bislang von öffentlichen oder privaten Unternehmen erledigt wurden oder auch von diesen ausgeführt werden könnten.

> „Eine zunächst überraschende Koalition von Gewerkschaften und Handwerksorganisationen mobilisiert immer wieder die Öffentlichkeit mit dem Argument, durch ABM würden vorhandene Arbeitsplätze auf dem ‚ersten' Arbeitsmarkt der regulären Arbeitsverhältnisse vernichtet. So beklagt die Gewerkschaft ÖTV, daß die Städte einerseits ihr Personal abbauen und andererseits AB-Kräfte einstellen, und Handwerker und Gartenbaubetriebe . . . monieren, daß AB-Kräfte, die für die Stadt Grünarbeiten durchführen oder Reparaturen vornehmen, im Prinzip ihre potentiellen Aufträge ausführen und damit Arbeitsplätze in ihren Betrieben gefährden" – so die Zusammenfassung der kontroversen Debatte um öffentliche Mittel für lokale Beschäftigungsinitiativen durch Olaf Sund, dem Präsidenten des Landesarbeitsamtes in NRW (1986: 489f.).

Solchen Kritiken (als Überblick: vgl. Blanke u. a. 1987: 220ff.) kann zwar mit dem Einwand begegnet werden, ohne den ABM-Einsatz stünden überhaupt keine Mittel für die bearbeiteten Aufgaben zur Verfügung. Viel überzeugungskräftiger dürfte allerdings sein, wenn man sich auf wirklich neue und zusätzliche Aufgaben konzentriert, Arbeitsbeschaffungs- und Qualifizierungspolitiken miteinander verbindet, die Kooperation mit Gewerkschaften und Arbeitgeberorganisationen sucht und die lokalen Beschäftigungsinitiativen in ein umfassendes kommunales oder regionales Konzept zur Wirtschafts- und Arbeitsmarktförderung einbindet.
Natürlich lenkt eine offensive und kreative dezentrale Arbeitsmarktpolitik ein stückweit davon ab, die arbeitsmarktpolitische Verantwortung der Bundesregierung einzuklagen. Auf der anderen Seite jedoch kommen die dezentralen politischen Akteure sowohl aus sozial- und wirtschaftspolitischer Verantwortung wie auch aus politischem Eigeninteresse nicht darum herum, *vorhandene Gestaltungsmöglichkeiten auch wahrzunehmen.* Und darüber hinaus ist es auch unter politisch-taktischen Gesichtspunkten viel erfolgversprechender, die arbeitsmarktpolitische Verantwortung der zentralen Ebene einzuklagen, wenn man gleichzeitig benennen kann, für welche *konkreten Bedarfsfelder bundespolitische Mittel* sinnvoll eingesetzt werden sollten.

15.5 Schlußfolgerungen

(1) Wünschbarkeit und Effektivität der lokalen Arbeitsmarktpolitik hängen in entscheidendem Maße davon ab, daß es gelingt, mit innovativen Projekten in zukunftsträchtige gesellschaftliche Bedarfsfel-

der hineinzudrängen. Ansatzpunkte für die notwendige Innovationsorientierung liegen derzeit vor allem in umweltschutzrelevanten Arbeitsfeldern. Gekoppelt mit Weiterbildungs- und Umschulungsmaßnahmen kann hier eine breite Palette an neuen Tätigkeitsfeldern erschlossen werden. Und gerade die Beispiele zur Stadterneuerung, Energieeinsparung, Wohnumfeldverbesserung verdeutlichen, daß es sich nicht nur um „Reparatur- und Aufräumarbeiten" handeln muß, deren Ende bereits heute abzusehen ist; zusätzlich zu solchen Tätigkeiten können nämlich durchaus neue Investitions- und Wachstumsfelder erschlossen werden. Hier können die über lokale Beschäftigungsinitiativen in Gang gebrachten Projekte und Betriebe mittel- bis langfristig vielfach auch ohne staatliche Unterstützung operieren. Vor diesem Hintergrund macht lokale Arbeitsmarktpolitik vor allem dann Sinn, wenn sie sich nicht nur als sozialpolitische Auffangstation für die „Opfer des Arbeitsmarktes" begreift, sondern sich selbst als Experimentierfeld für innovative Ansätze ansieht.

(2) Die notwendigen Experimentierspielräume können in vielen Fällen nur auf der dezentralen Ebene erschlossen und ausgefüllt werden; denn nur hier liegt das Wissen um zukunftsträchtige Bedarfsfelder sowie um die Möglichkeiten der Kombination verschiedener sachlicher, finanzieller und personeller Ressourcen. Je stärker solche Kräfte „vor Ort" mobilisiert werden, desto wahrscheinlicher wird auch, daß seitens der zentralstaatlichen Ebene eine Unterstützung nicht verweigert werden kann.

(3) Allerdings darf das Hoffen auf die dezentralen Initiativen nicht dahin führen, restriktive zentralstaatliche Rahmenkonditionen unkritisiert hinzunehmen. In diesem Kontext ist unter anderem auf die Kurzfristigkeit von Arbeitsbeschaffungsmaßnahmen oder auf die mangelhafte soziale Absicherung der Mitarbeiter in alternativen Betrieben hinzuweisen. Die derzeit größte Gefahr muß jedoch in den absehbaren Folgen der Steuerreformpläne der christdemokratisch-liberalen Bundesregierung für den finanziellen Handlungsspielraum der Städte und Gemeinden gesehen werden.

(4) Die in diesem Kapitel vorgestellten Überlegungen verstehen sich als ein Plädoyer dafür, zumindest auf der dezentralen Ebene die Sozial- und Arbeitsmarktpolitik stärker mit der regionalen und kommunalen Wirtschaftspolitik zu verzahnen. Eine solche Konzeption setzt sich schnell dem Vorwurf aus, „durch die Hintertür" doch wieder nur einen erneuten Vorstoß zu starten, die Sozialpolitik konventionell erwerbsarbeitszentriert auszurichten. Wir haben demgegenüber zu verdeutlichen versucht, daß an vielen Punkten eine Kompatibilität besteht zu solchen Vorstellungen, die auf einen wirtschaftlichen und sozialen Um-

bau setzen; die Förderung alternativer Betriebe durch die lokale und regionale Arbeitsmarktpolitik ist dafür nur ein Beispiel, wenn auch vielleicht das wichtigste.

16. Sozialpolitik jenseits von Markt und Staat

Die Stärkung nicht-professioneller, unentgeltlicher Leistungen in der sozialen Sicherung setzt voraus, daß den hilfsbereiten und -fähigen Menschen hinreichend Zeit zur Verfügung steht. Obwohl es auf den ersten Blick grotesk erscheint, zeichnet sich jedoch das Zeitalter der Arbeitszeitverkürzungen bei den Erwerbstätigen durch enger werdende zeitliche Spielräume für das Helfen und Pflegen aus.
Zwischen 1960 und 1985 schrumpfte das jährlich effektiv geleistete Volumen an bezahlten Arbeitsstunden, also das Erwerbsarbeitsvolumen, um mehr als 20%, und dies, obwohl sich parallel dazu das Bruttoinlandsprodukt real verdoppelte (Reyher/Kohler 1986; vgl. auch Hegner 1987). Allerdings bedeutet diese *Verlängerung der Freizeit* noch lange nicht, daß die Menschen über die zusätzlich gewonnene Zeit tatsächlich auch frei verfügen können. Ein Großteil der Zeit, die nicht mehr für Erwerbsarbeit aufgewendet werden muß, wird nunmehr für neue und zusätzlich erforderliche Aktivitäten zur Organisation des Lebens benötigt. Zum einen sind die Verpflichtungen in der erwerbsarbeitsfreien Zeit gestiegen; man denke hier etwa an die gewachsene Bedeutung der beruflichen Aus- und Weiterbildung oder an die räumliche Trennung von Arbeiten und Wohnen, die das Erscheinungsbild der Städte in den letzten Jahren immer deutlicher geprägt hat. Zum anderen braucht der Einzelne heute mehr Zeit, um seinen Platz in seiner jeweiligen sozialen Umgebung zu definieren, zu etablieren und zu behaupten. Zusätzlich zu der durch Erwerbsarbeit gebundenen Zeit und zu den unbezahlten Arbeiten, die im normalen Haushalt anfallen (Einkaufen, Haus- und Wohnungsunterhaltung, Schularbeitenhilfen für die Kinder usw.), muß man,

> „kaum ist man der Schule entwachsen, die Familie und die Karriere aufbauen, die beruflichen, nachbarschaftlichen und gesellschaftlichen Bezüge einrichten, seine Wohnung, sein Haus, seinen Lebensstil und seinen Lebenssinn finden. Im ‚Time-deepening‘, wie der Freizeitsoziologe diese Gleichzeitigkeit von zeitlich befristeten Aufgaben nennt, gewinnt man nicht Zeit, sondern verliert Zeit. Es waltet ein zivilisatorischer Zwang zu mehr Synchronisation. Die . . . Freizeit . . . hat nicht Schritt gehalten mit der Vervielfachung an Möglichkeiten“ (Gross 1988: 7f.).

Mithin nimmt zwar die Erwerbsarbeitszeit im engeren Sinne ab, jedoch bedeutet dies keineswegs eine deutliche Zunahme von frei verfügbarer Zeit, die für Muße oder eben für Arbeiten und Hilfen auf dem Gebiet der sozialen Dienste genutzt werden könnte. In einer Zeit, in der viele Menschen sogar ihre Hobbies noch unter dem Gesichtspunkt auswählen, ob sie zusätzliches Ansehen verleihen oder beruflich verwertbare Kontakte ermöglichen, zum Beispiel Golf- oder Reitsport, ist vielleicht sogar das Gegenteil der Fall, nämlich ein Verlust an zeitlichen Spielräumen für Eigenarbeit, Unterstützung unter Nachbarn oder für familiäre und gemeinschaftliche Formen des Helfens.

Neue *Impulse für nicht-professionelle, unentgeltliche Aktivitäten* in der sozialen Sicherung sind vor dem Hintergrund dieser Trends bei der Entwicklung von erwerbsgebundener und erwerbsunabhängiger Zeit nur dann zu erwarten, wenn für die erwerbstätigen und hilfswilligen Teile der Bevölkerung neue, zusätzliche zeitliche Spielräume eröffnet werden können. Dies ist zum einen über eine Entlastung von Tätigkeiten und Anforderungen möglich, die auch von anderen, etwa von Rentnern, übernommen werden könnten. Zum anderen muß das Angewiesensein der Menschen auf die Erwerbsarbeit ein stückweit reduziert werden. Erst wenn die (Voll-)Erwerbsarbeit nicht mehr die conditio sine qua non für ein adäquates materielles Auskommen und ein ausgefülltes Leben ist, steigen auch die Aussichten für nicht-erwerbsarbeitsbezogene Tätigkeiten.

Während die Erwerbstätigen hasten, Streß und keine Zeit haben, müssen andere Teile der Bevölkerung – vor allem rüstige Rentner – ihre „Zeit totschlagen". Bei ihnen treffen wir jedoch auf eine gegenüber der erwerbstätigen Bevölkerung veränderte Ressourcenausstattung; sie haben weniger Geld, dafür aber mehr Zeit. Hier steht mithin Zeit zur Verfügung, die für ein Engagement in der Eigenarbeit und bei den sozialen Diensten, in der Pflege oder Erziehung usw. eingesetzt werden könnte. Um diese Zeitressource sozialpolitisch zu nutzen, das heißt um eine „Requalifizierung von Zeit" (Heinze/Offe 1987) einzuleiten, müßte eine geeignete Infrastruktur geschaffen werden.

In Kapitel 2 wurde bereits darauf hingewiesen, daß eine *garantierte Mindestsicherung den Zwang zur Erwerbsarbeit* – je nach Variante mehr oder weniger – stark *mildert*. Eine Mindestsicherung stellt so gesehen eine notwendige „Rückendeckung" für sozialpolitische Innovationen dar. Ausreichend für eine gezielte Förderung von zusätzlichen individuellen Handlungsspielräumen ist die staatlich verbürgte, erwerbsarbeitsunabhängige Subsistenzgarantie jedoch keineswegs. Schließlich gewährleistet sie nur mehr Unabhängigkeit vom Sektor der Erwerbsarbeit; ob auf dieser Basis aber sinnvolle und gesellschaftlich nützliche Arbeit geleistet wird und so eine zusätzliche Wohlfahrtssteigerung zustande kommt, bleibt offen. Mittlerweile liegen einige Vorschläge vor, wie Arbeit „jenseits von Markt und Staat" gezielt gefördert werden kann. Diese Vorschläge beschränken sich natürlich nur auf solche Teile der Nicht-Erwerbsarbeit, die nicht dem illegalen Teil der Wirtschaft (Stichwort: Schwarzarbeit) zuzurechnen sind. Drei relevante Konzepte aus diesem Kontext sollen im folgenden angesprochen werden.

16.1 Arbeit nach der Erwerbsarbeit

Während heute die meisten Erwerbstätigen über „Zeitknappheit", „Streß" und „Hetze" klagen, leiden Rentner unter Zeitüberschüssen. Obwohl sie oft noch rüstig und leistungsfähig sind, fehlen ihnen vielfach die Möglichkeiten und Gelegenheiten, sich sinnvoll zu betätigen. Diesem Mißverhältnis – chronische Zeitknappheit hier, deprimierender Zeitüberfluß dort – könnte dadurch abgeholfen werden, daß „rüstige" *Rentner zur Entlastung der in der Erwerbsarbeit aktiven Generation* beitragen; diese hätten dann wiederum *mehr Spielraum,* den bedürftigen Alten, Behinderten, Kindern usw. zu helfen. In verschiedenen Städten versucht man mit Hilfe von Öffentlichkeitsarbeit und Aufklärungskampagnen – in Berlin unter dem Motto „Erfahrungswissen der älteren Generation nutzen" – einen solchen „neuen Generationenvertrag" voranzutreiben. Eine weitergehende Strategie zur Unterstützung entsprechender Aktivitäten müßte auf materielle Anreize setzen. Ein erster Schritt könnte darin bestehen, die Grenze für den rentenunschädlichen Hinzuverdienst von derzeit (1988) 440 DM anzuheben beziehungsweise ganz aufzuheben.

> „Die Argumente, die dagegen sprechen, sind nach allem, was wir wissen, nicht zwingend. Weder werden, gesamtwirtschaftlich gesehen, die Sozialversicherungsträger, noch wird das wirtschaftliche Erwerbsarbeitsvolumen tangiert. Nicht nur daß die Arbeitsverlängerung bzw. die freie Verfügung über die Zeit im Alter auch in dieser Hinsicht vielleicht größere Erfolge zeitigte als der Hinzugewinn leerer Zeiten durch künstliche Lebensverlängerung. Es würde, wie das Beispiel Schwarzarbeit zeigt, vieles getan, was sonst überhaupt nicht getan würde." (Gross 1988: 9f.)

Praktische Beispiele für solche Entlastungstätigkeiten von älteren Menschen für jüngere und erwerbstätige Mitbürger wären etwa Haushaltshilfen, Schularbeitenhilfen oder – soweit rechtlich zulässig – das Anfertigen des Steuerausgleichs und die Anleitung und Mithilfe bei Do-it-yourself- oder Reparaturarbeiten.

Ein solcher materieller Anreiz für ältere Menschen, auch im Alter weiterhin aktiv zu bleiben, entlastete die Erwerbstätigen vor allem von reproduktionsnotwendigen Arbeiten in ihren Haushalten. Allerdings ist ungewiß, ob die davon entlasteten Erwerbstätigen ihre zusätzlich „gewonnenen" Zeitressourcen für Engagements in gesellschaftlich nützliche, unentgeltliche Arbeit investieren oder ob sie sich verstärkt bei der Erwerbsarbeit betätigen. Zu befürchten steht, daß die zweite Variante die wahrscheinlichere ist; denn schließlich erfordert der Rückgriff der Erwerbstätigen auf Entlastungsangebote von Rentnern verfügbares Einkommen, welches nur durch Erwerbsarbeit zu beziehen ist. Außerdem scheint der Vorschlag, die Geringfügigkeitsgrenze für Rentner aufzuheben, insofern bedenklich, als die frei werdenden Angebotspotentiale vorwiegend von einkommensstarken Schichten genutzt werden können, einkommensschwachen Schichten kann damit kaum geholfen werden.
Vor diesem Hintergrund ist das Aufheben der „Geringfügigkeitsgrenze" bei Rentnern in erster Linie eine Strategie, rüstigen Alten neue Optionen zu schaffen; stärkeres Engagement Erwerbstätiger auf dem Gebiet der unentgeltlichen sozialen Dienste ist damit jedoch zuverlässig nicht zu gewährleisten. Indes: bessere Bedingungen für sinnvolle Betätigungen alter Menschen legitimieren sich bereits von selbst. Darüber hinaus schlägt noch positiv zu Buch, daß von den Aktivitäten der Alten voraussichtlich der Bereich der personenbezogenen sozialen Dienste stark profitieren könnte.
Beim Abwägen des Für und Wider eines Aufhebens der Hinzuverdienstgrenze für Rentner kann unter dem Strich weder ein euphorisches Ja noch ein kategorisches Nein stehen. Dieser Vorschlag bringt sicherlich neue Perspektiven in den ansonsten häufig als trostlos empfundenen Alltag rüstiger Rentner; im Hinblick auf einen „neuen Generationenvertrag", bei dem die rüstigen Alten die erwerbstätigen Jüngeren entlasten, damit diese den Bedürftigen mit persönlichen Dienstleistungen „unter die Arme greifen", sind *positive Effekte jedoch keineswegs a priori sichergestellt*.

16.2 Sozialversicherungsgutscheine

Im Kontext der Debatte um die institutionalisierte Förderung freiwilligen sozialen Engagements in Familie, Nachbarschaft und Gemeinde hat der Vorschlag, Sozialversicherungsgutscheine einzuführen, bislang am meisten Aufmerksamkeit auf sich gezogen. Kurz gesagt geht es darum, Bürgern die Option zu eröffnen, *Anwartschaften in den Sozialversicherungen* – vor allem bei der Alterssicherung – nicht nur durch monetäre Beiträge, sondern auch durch aktive Beiträge zu den sozialen Diensten aufzubauen. Praktikable und konsensfähige Gestaltungsvorschläge für diese Anregung stecken allerdings noch immer in den Kinderschuhen. Grob lassen sich derzeit folgende Konturen ausmachen (vgl. Gretschmann u. a. 1987: 47ff.):

> Für sozial als nützlich definierte Tätigkeiten, die, soweit sie nicht Erwerbsarbeit darstellen, durch die herkömmlichen sozialen Sicherungswerke nicht abgedeckt sind, könnten Sozialversicherungsgutscheine eingeführt werden, die den zeitlichen Einsatz, etwa auf Wochen- oder Monatsbasis, ebenso berücksichtigen wie den Nützlichkeitswert. Für den letzteren Zweck werden bestimmte Tätigkeiten als mehr individuell oder mehr gesellschaftlich nützlich bestimmt und mit einem Nützlichkeitsindex versehen, der Zuschläge für wenig attraktive und gesellschaftlich besonders nützliche Tätigkeiten und Abschläge für das Gegenteil markiert. Damit könnte in einem ersten Schritt die soziale Sicherungslücke für die informell Aktiven geschlossen werden. Ein unter technischen Umsetzungsgesichtspunkten praktikables Modell könnten gegebenenfalls die Erziehungszeiten in der Rentenversicherung abgeben.
> Will man darüber hinaus – analog zu dem diskutierten Modell des Mindesteinkommens – eine Art Grundfinanzierung für Nichterwerbsarbeiten im informellen Sektor schaffen, wäre eine Ergänzung um Steuer- und Transfergutscheine naheliegend: Soweit es sich um Personen handelt, die etwa nach einem Halbtagsjob in der formellen Ökonomie „nebenher" informell tätig sind, greifen Gutscheine, die die Steuerschuld auf formelle Lohneinkommen anteilig mindern; bei vollständigen „Aussteigern" aus dem Erwerbssektor, die – da ohne Lohneinkommen – keine Lohn- oder Einkommenssteuer zahlen, könnten Transfergutscheine geboten werden. Solche Ausweitungsmöglichkeiten des Konzepts Sozialversicherungsgutscheine spielen in der gegenwärtigen sozialpolitischen Debatte jedoch keine Rolle. Hier konzentriert man sich bislang auf Sozialversicherungsansprüche für Pflege- und Erziehungszeiten; jedoch gibt es bereits bei diesem minimalen Reformvorschlag erhebliche Realisierungsprobleme (siehe Abschnitt 14.1).

Die *Schwächen* des skizzierten Vorschlags liegen zunächst einmal dort, wo eine Begründung dafür notwendig wird, daß man „nur" Ansprüche auf Sozialversicherungsleistungen in Aussicht stellt, aber keine lohnähnliche Honorierung von sozialem Engagement (Stichwort: Pflegegeld) anstrebt. Wenn man persönliche Dienstleistungen im Sozialbereich tatsächlich fördern wolle, rechtfertige dies auch angemessene Entgeltzahlungen. Theoretisch und sozialethisch wird sich für die Beschränkung auf Sozialversicherungsgutscheine letztlich kaum eine Rechtfertigung finden lassen, politisch-pragmatisch dürfte selbst das beschränkte Konzept der Sozialversicherungsgutscheine auf den lebhaften Widerstand der Finanz-, Haushalts- und Wirtschaftspolitiker stoßen.

Ein weiterer Grund für Skepsis gegenüber derartigen Vorschlägen liegt in einem Einwand, der insbesondere von Teilen der Frauenbewegung vorgetragen wird. Hier wird befürchtet, die staatliche Unterstützung der informellen Arbeit mache diese zwar für Frauen unter dem Gesichtspunkt der sozialen Sicherung etwas weniger riskant, trage jedoch dazu bei, die Festlegung von Frauen auf traditionelle Geschlechtsrollenstereotype (Hausfrau, Mutter) zu verfestigen. Wenn beispielsweise einer Hausfrau die Pflege ihres bettlägerigen Schwiegervaters in der Rentenversicherung angerechnet wird, hat sie ein Argument weniger, bei ihrem Mann die Einlösung seiner Verantwortlichkeit gegenüber seinen Eltern durchzusetzen. Statt dessen hat der Mann ein Argument mehr, ihr die Aufgabe der Pflege beziehungsweise Erziehung zuzumuten, sich selbst aber die Erwerbsarbeit vorzubehalten. So wenig wie solche Bedenken von der Hand zu weisen sind, so wenig werden sie letztlich in der Lage sein, der Anrechnung informeller Tätigkeiten argumentativ den Boden zu entziehen. Denn schließlich werden die familialen und verwandtschaftlichen Pflege- und Unterstützungsaktivitäten auch ohne sozialpolitische Absicherung realisiert – wenn dies auch immer weniger der Fall ist und mit wachsenden Nachteilen für die verbunden ist, die sich entsprechend engagieren.

Ein weiteres großes Problem von Sozialversicherungsgutscheinen liegt in der Gefahr, daß die zur Aufwertung der unentgeltlich-freiwilligen Formen des Helfens eigentlich notwendige weite Auslegung der Anspruchsvoraussetzungen, beispielsweise unter Berücksichtigung aller halbwegs stabilen Formen der Nachbarschaftshilfe, zum Mißbrauch einlädt. Es könnten daher unter Umständen Mehrbelastungen auf die staatlichen Haushalte zukommen, die größenordnungsmäßig kaum zu verkraften sind. Dieses Risiko des Mißbrauchs könnte allerdings verringert werden, indem die Anspruchsvoraussetzungen eng gefaßt werden, also sich beispielsweise auf nachgewiesene regelmäßige Pflege-, Unterstützungs- und Erziehungsleistungen konzentriert.

Selbst wenn man die genannten Bedenken und Probleme im Zusammenhang mit Sozialversicherungsgutscheinen ernstnimmt, wird man in den nächsten Jahren nicht umhin kommen, den Einstieg in die Förderung und Unterstützung der bislang sozialpolitisch viel zu kurz gekommenen informellen Seite des Helfens in Angriff zu nehmen. So könnte dann auch eines der größten Probleme im Bereich der sozialen Sicherung, nämlich daß Hausfrauen noch im Rentenalter darunter leiden müssen, wegen der Sorge für Eltern oder Schwiegereltern auf eigenständige Erwerbsarbeit und damit auf Ansprüche auf soziale Sicherung verzichtet zu haben, beseitigt werden.

16.3 Kooperationsringe

Während Sozialversicherungsgutscheine eher sozialpolitisch ausgerichtet sind, zielt der neuerdings verstärkt debattierte Vorschlag, sogenannte Kooperationsringe einzuführen, auch auf produktiv-handwerkliche Aktivitäten (Offe/Heinze 1986). Kennzeichen eines Kooperationsringes sind, daß

(a) innerhalb eines überschaubaren sozialen Gefüges, etwa auf nachbarschaftlicher Ebene Dienstleistungen gegeneinander getauscht werden;
(b) für eine individuell erbrachte Dienstleistung Anrechte auf Empfang gleichwertiger Dienstleistungen von anderen Beteiligten an einem Kooperationsring erworben werden;
(c) der Austausch ohne das Medium Geld erfolgt und stattdessen durch untereinander übertragbare Leistungsgutscheine geregelt wird.

In der *Praxis* könnte ein Kooperationsring beispielsweise so aussehen: Der handwerklich begabte Werkzeugmacher A ist dem Latein- und Englischlehrer B bei Anstreicherarbeiten behilflich. Als Gegenleistung erhält er Leistungsgutscheine, die es ihm später ermöglichen, seinen Lohnsteuerjahresausgleich von der Sparkassenangestellten C erledigen zu lassen. Diese wiederum nutzt die dabei erworbenen Gutscheine, um ihr Wirtschaftsenglisch durch Nachhilfeunterricht beim Latein- und Englischlehrer auffrischen zu lassen. Voraussetzung für das Funktionieren eines derartigen Kooperationsringes ist zum einen, daß man die verschiedenen Arbeiten nach einem leicht überschaubaren Index bewerten kann.

> „Man könnte sich dies . . . so vorstellen, daß aufgrund jährlich revidierbarer Vereinbarungen zwei oder höchstens drei Leistungsklassen . . . definiert werden (differenziert z. B. nach Reinigungs- und Transportleistungen – Sachgüter- und Reparaturleistungen – personale soziale Dienste wie Personenbetreuung), wobei jeweils die eingesetzte Stunde mit einer, zwei oder drei Werteinheiten bewertet würde.“ (Offe/Heinze 1986: 493)

Zum anderen müßte die Koordinationsaufgabe sowie eine Mindestausstattung mit Räumen, Geräten usw. von der öffentlichen Hand übernommen werden.
Die inhaltlich vielleicht wichtigste *Kritik* an dem Vorschlag, solche Kooperationsringe einzuführen, hebt – genau wie bei den Sozialversicherungsgutscheinen – darauf ab, daß die mit den Kooperations-

ringen angestrebte Aufwertung haushaltlicher Tätigkeiten zu einer ideellen Positionsverbesserung der Hausfrauenrolle führen kann. Dies könnte es dann leichter machen, Frauen weiter an „Heim und Herd“ zu binden oder in „Kooperationsghettos“ zu schicken und sie weiterhin aus der Erwerbsarbeit hinauszudrängen.

Gegen die Einführung von Kooperationsringen ist Widerstand von den Handwerksorganisationen zu erwarten. Nach der bundesdeutschen Handwerksordnung sind bestimmte Tätigkeiten den eingetragenen Handwerksbetrieben vorbehalten und dürfen auch von keinem anderen Leistungsanbieter ausgeführt werden. Handwerksorganisationen werden deshalb vielleicht versuchen einzuklagen, daß in Kooperationsringen erbrachte handwerklich-produktive Tätigkeiten gegen die skizzierten traditionsreichen Bestimmungen des deutschen Handwerksrechts verstießen.

Ob und wie solche Bedenken bei der Einführung von Kooperationsringen zu überwinden sein werden, ist derzeit noch offen. Anhand zahlreicher Einzelbeispiele aus verschiedenen Ländern, beispielsweise aus den USA, läßt sich verdeutlichen, daß für den einzelnen Bürger Optionserweiterungen jenseits von Arbeitsmarkt und Sozialstaat geschaffen worden sind und für die jeweilige Gemeinschaft ein Wohlfahrtszuwachs erzielt werden konnte. Sozialpolitisch sind Kooperationsringe zum einen deshalb von Bedeutung, weil in ihnen auch persönliche Dienstleistungen eine Rolle spielen. Zum anderen tragen Kooperationsringe zu mehr Kommunikation und Kontakt unter ihren Mitgliedern bei und stellen so ein wenig Ersatz für die mehr und mehr erodierenden traditionellen Formen der Gemeinschaft dar und sind damit auch eine Voraussetzung für verbesserte Möglichkeiten des freiwilligen, nicht-professionellen sozialen Helfens.

Die *Förderung von „Arbeit neben und nach der (Erwerbs-)Arbeit“* ist nach weitgehend übereinstimmender Überzeugung in Wissenschaft und Politik wünschbar und nötig. Indes: „Mit der praktischen Diskussion von Möglichkeiten greift man in ein Wespennest“ (Gross 1988: 9). Dies zeigte sich auch bei den angesprochenen Konzepten, die praktisch noch nicht hinreichend ausgereift, geschweige denn erprobt sind, um ein abschließendes Urteil fällen zu können. Die Diskussion der einzelnen Maßnahmen legt vielmehr den Schluß nahe, sich auf dem skizzierten Wege voranzutasten und die verschiedenen Varianten, zum Beispiel in Modellprojekten, näher zu erproben.
Am besten eignen sich für ein solches Vorgehen die *Vorschläge,* die

„Zuverdienstgrenze" für Rentner aufzuheben sowie neue *Kooperationsnetze* einzuführen. Sie lassen sich nämlich bei mangelnder Bewährung leicht wieder rückgängig machen. Schwieriger wird es demgegenüber mit der Einführung von *Sozialversicherungsgutscheinen.* Für Experimente ist vor allem die Rentenversicherung wenig geeignet; immerhin muß sie für den einzelnen langfristig und verläßlich kalkulierbar sein. Allerdings ist der Vorschlag, Pflege- und Erziehungszeiten anzurechnen, derartig argumentativ untermauert, daß mittelfristig seine Realisierung ohnehin nicht mehr von der politischen Tagesordnung zu verschieben sein wird. Im Zusammenhang mit Sozialversicherungsgutscheinen heißt experimentieren denn auch eher, den schwierigen Balanceakt zwischen einer optimalen Förderung und Aufwertung des nicht-professionellen Sektors, sprich: eine weite Auslegung der Anspruchsvoraussetzungen, einerseits und der Kontrollierbarkeit und Finanzierbarkeit, sprich: eine enge Auslegung, andererseits zu bewerkstelligen. Beim gegenwärtigen Stand der Diskussion ist jedoch weitgehend unstrittig, daß eine Stärkung des „legalen" Teilbereichs des informellen Sektors für die Sozialpolitik, das heißt in erster Linie für den Bereich der persönlichen sozialen Dienstleistungen, einen Innovationsschub bringen wird. Hiervon darf man sich sowohl eine bessere Versorgung der hilfebedürftigen Bevölkerungsgruppen als auch eine größere Zufriedenheit der Produzenten versprechen. Die skizzierten Reformschritte eignen sich jedoch nicht für eine Strategie des Abbaues sozialer Leistungen. Vor allem bei dem Konzept der Sozialversicherungsgutscheine und – mit Einschränkungen – auch bei den Kooperationsringen sind zunächst *zusätzliche Mittel* zu mobilisieren[14], und erst in ferner Zukunft darf man damit rechnen, daß andere sozialstaatliche Leistungen überflüssig werden.

Auf einen solchen *längerfristigen Spareffekt* sei aber dennoch abschließend hingewiesen: Wenn es gelänge, mit Hilfe der Anrechnung informeller Tätigkeiten in der Sozialversicherung das freiwillige Engagement quantitativ und qualitativ zu fördern, darf davon ein weiterer bislang kaum beachteter positiver Effekt erwartet werden. Die Ausbreitung entsprechender Aktivitäten würde auch die praktischen Kenntnisse und Fertigkeiten im medizinisch-therapeutischen Bereich anheben. Die Laien würden also zusätzliche Kompetenzen im Umgang mit Krankheit, Alter und Behinderung entwickeln und wären so weniger empfänglich gegenüber ihrer „Entmündigung" durch Professionelle (Ärzte, Therapeuten, medizinisch-technische Handwerker), die unter bestimmten Bedingungen dazu neigen, sich über Gebühr auf Kosten der Sozialversicherungen zu bereichern. Insofern bleibt zu hoffen, daß die Förderung von Selbsthilfe auch dazu beiträgt, ein funktionsfähiges Bollwerk gegen die Ausbeutung des Sozialstaats durch partikularistische Produzenten-Interessen aufzubauen.

16.4 Neuordnung der Sicherung bei Pflegebedürftigkeit

In diesem Abschnitt geht es darum, am Beispiel der Sicherung bei Pflegebedürftigkeit aufzuzeigen, wie bei der Neuordnung eines Zweiges der sozialen Sicherung wichtige Eckdaten für das Bemühen gesetzt werden können, sozial- und arbeitsmarktpolitische Ziele miteinander zu verzahnen. Im Zusammenhang mit der Reform dieses Sicherungsbereichs werden nämlich Konzepte diskutiert, die nicht nur ein immer dringlicher werdendes soziales Problem angehen, sondern gleichzeitig neue Arbeitsplätze schaffen und darüber hinaus noch Bereiche des Arbeitens „jenseits von Markt und Staat" stärken, vor allem: Eigenarbeit und gemeinschaftliche Unterstützungsformen in Familien und Nachbarschaften.

Im *internationalen Vergleich* steht die Bundesrepublik Deutschland als eines der wenigen Länder da, die keinen geordneten Schutz für den Fall kennen, daß jemand pflegebedürftig wird (Großjohann/Zöllner 1984). Pflegebedürftig meint – soweit jedenfalls die derzeit gültige Definition in § 69 Absatz 3 BSHG –, daß ein Bürger so hilflos ist, daß er für die gewöhnlichen und regelmäßig wiederkehrenden Verrichtungen im Ablauf des täglichen Lebens in erheblichem Umfang dauernd der Betreuung und Pflege bedarf. Bislang wird Pflegebedürftigkeit finanziell in erster Linie über die Sozialhilfe als „Hilfe zur Pflege" abgedeckt. Darüber hinaus finden sich eine Reihe von Pflegefällen auch als „reguläre" Krankheiten im Rahmen der stationären Krankenversorgung (fehl-)abgesichert.

Die vorhandenen Daten über das *Ausmaß der Pflegebedürftigkeit* und über Sicherungslücken beim ambulanten und stationären Pflegeangebot sind zwar keineswegs einheitlich; gleichwohl lassen sie die Dringlichkeit einer Neuregelung dieses sozialpolitischen Risikobereichs deutlich erkennen.

Wie bereits mehrfach erwähnt, geht die Bundesregierung derzeit von etwa 2 Millionen Pflegebedürftigen aus, von denen gegenwärtig rd. 260 000 in stationären Einrichtungen untergebracht sind. Die Socialdata-Studie (1980) geht von 2,6 Millionen Pflegebedürftigen aus, hinzu kommen noch die gegenwärtig bereits stationär Versorgten. Pflegebedürftigkeit ist zu allererst – aber keineswegs ausschließlich – ein Altersproblem. Knapp 3% aller nicht in Einrichtungen lebenden Deutschen über 70 sind nach

Aussagen der erwähnten Socialdata-Studie pflegebedürftig, jedoch bereits 8% der 65- bis 79jährigen und fast ein Drittel aller über 80 Jahre alten Menschen. Infolge der absehbaren demographischen Perspektiven, des steigenden Anteils alter Menschen, und anderer gesellschaftlicher Entwicklungstrends, wie etwa die Individualisierung, ist für die Zukunft mit einer Verschärfung der Problemlage zu rechnen.

Angesichts der Größenordnung des Problems kann es nicht verwundern, daß die fehlende eigenständige *Absicherung der Pflegebedürftigkeit* zu erheblichen Schwierigkeiten bei der Versorgung führt. So zeichnet sich beispielsweise die stationäre Versorgung durch gravierende Pflegemängel aus (als Überblick siehe Grönert 1980). Während in den Niederlanden in Heimen ein Personalschlüssel von 1:1,5 vorgeschrieben ist, löst in der Bundesrepublik bereits der Vorschlag, einen Mindestpersonalschlüssel von 1:4 einzuführen, Kontroversen aus. Der Personalmangel führt dazu, daß die tägliche Praxis durch eine Fülle von Mißständen gekennzeichnet ist. Im Hinblick auf Patienten in stationären Einrichtungen weisen Kritiker beispielsweise darauf hin, es würden zu häufig Schlaf- und Beruhigungsmittel verabreicht, um die Patienten für längere Zeit ruhigzustellen.
Weniger problematisch sieht es im großen und ganzen bei den zu Hause lebenden Pflegebedürftigen aus. Dies geht allerdings keineswegs auf die ambulanten sozialen Dienste zurück, ausschlaggebend sind vielmehr Pflegeleistungen der Angehörigen und Nachbarn (vgl. Abschnitt 12). Der Hauptmißstand im Zusammenhang mit den zu Hause lebenden Pflegebedürftigen liegt denn auch darin, daß insbesondere Frauen hier häufig extrem überlastet sind, als Gegenleistung aber weder ein finanzielles Entgelt noch eigene Ansprüche im System der sozialen Sicherung erwerben können.
Die fehlende eigenständige soziale Absicherung des Pflegerisikos führt sowohl im System der sozialen Sicherung wie auch bei den individuell Betroffenen zu Mißständen. Bei der Sozialhilfe ist die Abdeckung der Pflegekosten mittlerweile zum zweitgrößten Ausgabenposten angewachsen. Andererseits wird vielfach beklagt, in den Krankenhäusern gäbe es einen zunehmenden Trend zu Fehlbelegungen mit Pflegefällen. Die Bundesregierung geht davon aus,

> „daß von den Patienten im Alter über 60 Jahre – sie machen ein Drittel der Krankenhauspatienten insgesamt aus – 38% oder 1,4 Millionen zu lange im Krankenhaus behandelt würden und daß rund 17% der auf diese Patienten entfallenden Pflegetage als Fehlbelegungen zu werten seien; auf's Jahr gerechnet seien das 10,5 Millionen Pflegetage, was einem Volumen von 35 000 Krankenhausbetten entspreche – und das allein für das Drittel an Patienten über 60 Jahre“ (Sozialpolitische Umschau 102/1988: 5).

Finanzielle Härten für die individuell Betroffenen ergeben sich unter anderem dann, wenn Pflegebedürftige stationär untergebracht werden müssen. In der Mehrzahl der Fälle können sie die Heimkosten nicht selbst tragen und werden so – obwohl sie ihr Leben lang voll gearbeitet und Beiträge zur Kranken- und Rentenversicherung gezahlt haben – zu Sozialhilfeempfängern. „Ihnen bleibt nur ein Barbetrag zwischen 118 und 177 DM monatlich. Sie müssen mit der Heranziehung unterhaltsverpflichteter Angehöriger rechnen" (Herweck 1987: 104).

Seit nunmehr zehn Jahren wird in Wissenschaft und Politik intensiv darüber debattiert, wie die sozialpolitische Antwort auf die finanziellen Defizite und Versorgungslücken im Bereich der Pflegebedürftigkeit aussehen soll. Mittlerweile liegen mehrere Gesetzentwürfe vor; die Verabschiedung einer Neuregelung scheiterte bislang jedoch vor allem aus finanzpolitischen Gründen.

Für die Neuregelung der Sicherung bei Pflegebedürftigkeit werden im Hinblick auf die *Leistungsseite* vor allem folgende Ansatzpunkte diskutiert[15]:

(a) Übernahme der Pflege- und Behandlungskosten bei der stationären Pflege; Einkommensschutz der Betroffenen, gegebenenfalls über Verzicht auf Beiträge zu den Unterbringungskosten bei Bedürftigen;

(b) Übernahme oder Beteiligung an den Sachleistungen bei Hauspflege; Absicherung für familiäre oder sonstige häusliche Pflegekräfte, zum Beispiel über ein Pflegegeld, über Rentenbeiträge für Pflegepersonen oder über den Aufbau und die Finanzierung eines Ersatzpflegeservices bei Krankheit oder Urlaub der häuslichen Pflegepersonen;

(c) Ausbau ambulanter Pflegedienste zur Unterstützung von Hauspflege und Selbsthilfe.

Könnte dieser Katalog an Neuerungen für die Sicherung bei Pflegebedürftigkeit realisiert werden, wäre damit eine entscheidende Verbesserung bei diesem sozialpolitischen Problem erreicht. Es enthält nämlich sowohl Schritte zur Verbesserung der *stationären Versorgung* als auch wichtige Impulse für *häusliche Versorgungsleistungen* – und zwar sowohl in Richtung Besserstellung der häuslichen Pflegekräfte wie auch im Hinblick auf Unterstützungsleistungen für privates Pflegeengagement.

Während in der wissenschaftlichen Fachdiskussion weitgehend Konsens über die Angemessenheit eines solchen Maßnahmenpakets für die Leistungsseite besteht, werden vor allem aus der Politik Zweifel gegenüber der *Finanzierbarkeit* artikuliert.

Der bislang bezüglich der Leistungsseite zweifelsohne ambitionierteste Reformvorschlag kommt von den GRÜNEN und würde nach deren eigenen Berechnungen den Steuerzahler vermutlich 12,7 Milliarden DM pro Jahr kosten. Die sonstigen Konzepte kommen von verschiedenen Bundesländern sowie vom Deutschen Verein für öffentliche und private Fürsorge und von der Bundesregierung. Sie kalkulieren mit Mehrkosten zwischen 2 und 6,6 Milliarden DM und beschränken sich dementsprechend auf der Leistungsseite darauf, einen Teil der an sich sinnvollen Maßnahmen in Angriff zu nehmen. Vom eigenen Selbstverständnis her handelt es sich bei diesen Vorschlägen deshalb nicht um „Global-", sondern um „Einstiegslösungen".
Der Vorschlag des Freistaates Bayern, der sich auch die Mehrheit des Bundesrates zu eigen machte, konzentriert sich beispielsweise auf Schwer- und Schwerstpflegebedürftige und will bei häuslicher, teilstationärer und stationärer Pflege als „Pflegehilfe" (im Durchschnitt) 600.— DM bereitstellen. Deutlich über dieses Leistungsangebot hinaus geht eine Gesetzesinitiative des (damals noch sozialdemokratisch regierten) Landes Hessen. Ein wichtiger Unterschied zu den Vorstellungen des Bundesrates ist, daß für die stationäre Unterbringung die Unterbringungskosten in voller Höhe übernommen werden sollen.
Die Bundesregierung ist bislang im Hinblick auf die Sicherung bei Pflegebedürftigkeit zweimal aktiv geworden. In der vergangenen Legislaturperiode präsentierte sie als Alternative zu den Länderinitiativen ein eigenes, eher bescheidenes Konzept. In dieser Legislaturperiode spielt dieses Thema im Rahmen der Debatte um die Reform des Gesundheitswesens wieder eine wichtige Rolle. Ein Teil der geplanten Einsparungen im Gesundheitsbereich soll zur Finanzierung des Einstiegs in die Sicherung bei Pflegebedürftigkeit verwendet werden. Die Kernpunkte dieses Vorschlages sind:

(a) Schwerstpflegebedürftige erhalten häusliche Krankenhilfe und Haushaltshilfe, allerdings maximal 25 Stunden pro Monat, die bei Bedarf in Anspruch genommen werden können;
(b) bei Erkrankung oder Urlaub der Pflegeperson wird (für Schwerstpflegebedürftige) eine Ersatzpflegekraft für insgesamt vier Wochen pro Jahr zur Verfügung gestellt.

Vergegenwärtigt man sich dieses Leistungsangebot – bei maximal 25 Stunden je Monat ist noch nicht einmal die notwendige tägliche Körperpflege sichergestellt – wird schnell die Stoßrichtung, aber auch die Problematik der Vorstellungen der Bundesregierung deutlich. Sie zielen in erster Linie darauf, die Pflegebereitschaft der privaten Haushalte dadurch zu stabilisieren, daß ihnen gezielte Unterstützung zuteil wird. Die dringend erforderlichen Verbesserungen für die stationäre Pflege oder gar eine finanzielle Anerkennung und sozialpolitische Absicherung für die häusliche Pflegeperson bleiben jedoch außen vor. Kritisiert wird darüber hinaus, daß nach wie vor Krankheit Voraussetzung für Leistungsansprüche sei. Auf diese Weise wird aber ignoriert, daß eine Vielzahl Pflegebedürftiger auch unabhängig von akuter Erkrankung Unterstützung braucht. Unter dem Strich werden als Einstieg also allenfalls Erleichterungen für die häusliche Pflege geboten, grundsätzliche Verbesserungen der Sicherung bei Pflegebedürftigkeit sind von solchen Konzeptionen jedoch nicht zu erwarten.[16]

Der Vorschlag der Bundesregierung sieht eine Finanzierung der ca. 2 Milliarden DM teuren Leistungen aus Steuermitteln vor. Im leistungsmäßig wesentlich weiterreichenden Konzept des Landes Hessen wird eine Versicherungslösung angestrebt. Zusätzlich zu einem Bundeszuschuß sollen die Beiträge über eine eigenständige Pflegeversicherung erhoben werden, die 0,8 Prozentpunkte der Lohn- und Einkommenssumme ausmacht und organisatorisch an die Krankenkassen angelagert ist. Die Argumente der Befürworter einer solchen Lösung laufen darauf hinaus, sie garantiere noch am ehesten eine stabile und ergiebige Finanzquelle. Gegner eines solchen Vorgehens befürchten jedoch, eine solche Finanzierung wecke Ansprüche und produziere so einen Sog zur Inanspruchnahme, der möglicherweise sogar ein Abdrängen pflegebedürftiger Menschen zur Folge habe. Insbesondere dann, wenn auch finanzielle Anerkennung und sozialpolitische Absicherung für Hauspflegekräfte zur Verfügung gestellt würden, drohe, daß sich viele darum bemühen, für pflegebedürftig erklärt zu werden, um so ihren Verwandten, Nachbarn oder Freunden den Zugriff auf Leistungen aus der Pflegeversicherung zu ermöglichen.[17]

Ein Ausweg aus dieser inhaltlichen Konfrontation über die Grenzen und Möglichkeiten einer versicherungsmäßigen Finanzierung eines anspruchsvollen Konzepts zur Sicherung bei Pflegebedürftigkeit könnte darin bestehen, die gesetzliche Versicherungslösung an Praktiken anzugleichen, die vor kurzem von privaten Versicherungsgesellschaften beim Umgang mit dem gleichen Problem entwickelt wurden. Dort erhält man anstelle der Leistungen im Pflegefall zwischen dem 80. und 85. Lebensjahr eine zusätzliche Altersrente, wenn vorher keine der „regulären" Pflegeversicherungsleistungen in Anspruch genommen worden sind. Stirbt der Versicherte in diesem Zeitraum, wird eine Todesfalleistung fällig; eventuell geleistete Rentenzahlungen werden darauf angerechnet.[18] Eine analoge Regelung im Rahmen

einer gesetzlichen Pflegeversicherung könnte Mißbrauchsanreize der oben genannten Art mit Sicherheit weitgehend ausschließen.
Eine anspruchsvolle Neuordnung der Sicherung bei Pflegebedürftigkeit könnte weitreichende *sozial- und arbeitsmarktpolitische Konsequenzen* hervorrufen. Herauszustreichen ist zum einen, daß durch den Ausbau der stationären und ambulanten Versorgung zahlreiche neue Arbeitsplätze entstehen werden. Herweck (1987: 112) etwa rechnet vor, daß allein auf Basis der bescheidenen Lösung, die von der Bundesregierung angestrebt wurde, rd. 40 000 neue Vollzeitstellen bei den ambulanten sozialen Diensten eingerichtet werden könnten. Wegen des Charakters der dort zu leistenden Arbeit – zeitlich begrenzte Einsätze an wechselnden Einsatzorten – eignen sich diese Arbeitsfelder darüber hinaus in idealer Weise für Teilzeitarbeit. Ein weiterer bemerkenswerter arbeitsmarktpolitischer Effekt könnte von der finanziellen Anerkennung und sozialpolitischen Absicherung der häuslichen Pflegekräfte ausgehen. Sie machen die häuslichen Pflegekräfte ein Stück weit unabhängig von der Erwerbsarbeit und bieten so neue Perspektiven der Subsistenzsicherung. Einem solchen Argument wird gelegentlich entgegengehalten, de facto wirke sich dies als Beitrag zur Vertreibung von Frauen aus der Erwerbsarbeit aus. Andererseits gilt es aber auch in Rechnung zu stellen, daß die bestehende Lösung häusliche Pflegekräfte sehr oft dazu zwingt, gänzlich auf Erwerbsarbeit zu verzichten oder mit schlecht bezahlten und anspruchslosen „Teilzeitjobs“ vorlieb zu nehmen.
Sozialpolitisch könnte sich die Stärkung von häuslicher Pflege im Sinne einer qualitativen *Verbesserung der Versorgung* niederschlagen; dies nicht zuletzt auch deshalb, weil die Mehrzahl der alten und pflegebedürftigen Menschen wünscht, in ihrem vertrauten sozialen Umfeld zu verbleiben. Allerdings darf man wohl nicht dem Trugschluß erliegen, daß eine Aufwertung der häuslichen Versorgungskapazitäten den stationären Bereich nachhaltig entlasten würde. Die stationären Pflegeangebote sind gegenwärtig derart unzureichend, daß eine anspruchsvolle Neuordnung der Sicherung bei Pflegebedürftigkeit hier selbst dann erheblich investieren muß, wenn parallel dazu die ambulanten sozialen Dienste ausgebaut und die häusliche Pflege gefördert werden.

Ausblick

Der Sozialstaat in der Bundesrepublik Deutschland steht vor erheblichen Herausforderungen. Ohne Anpassungen, Veränderungen und Neuorientierungen bei seinen Finanzierungs- und Leistungsstrukturen wird er unter den derzeit gegebenen und für die Zukunft absehbaren arbeitsmarktlichen, demographischen und sozialen Bedingungen kaum in der Lage sein, seinen Aufgaben gerecht zu werden. Bleibt alles beim status quo, sind Sicherungslücken im Alter, bei Krankheit, Invalidität, Pflegebedürftigkeit oder Erwerbsarbeitslosigkeit unvermeidlich, und es wird kaum gelingen, durch präventive Maßnahmen dazu beizutragen, soziale Probleme von vornherein zu vermeiden.

Ursache der teils schon heute virulenten, teils absehbaren Schwierigkeiten ist zunächst einmal, daß das bisherige institutionelle Grundmuster der sozialen Sicherungssysteme – nämlich ihre weitgehende Abhängigkeit von der Erwerbsarbeit – durch demographische und arbeitsmarktpolitische Entwicklungen an Funktionstüchtigkeit verliert. Gleichzeitig gerät die Leistungsfähigkeit der oft „vergessenen" Seite des Sozialstaates – das teils freiwillige, teils durch den stummen Zwang traditioneller Bindungen erzwungene unentgeltliche Helfen in Familie, Verwandtschaft und Nachbarschaft – in Schwierigkeiten. Vor allem in Folge des rasant voranschreitenden Prozesses der Individualisierung entbehren solche überkommenen Formen der sozialen Unterstützung mehr und mehr ihrer sozialstrukturellen und normativen Grundlage.

Die *schleichende Erosion* der bisherigen *Funktionsvoraussetzungen sozialer Sicherung* führt bereits heute zu teilweise besorgniserregenden Lücken im sozialen Netz. Allerdings wäre es verfehlt, hierauf ausschließlich mit Hoffnungslosigkeit und dem Ruf nach Wiederherstellung der alten Verhältnisse zu reagieren. Vielmehr bietet gerade die vielerorts zu beobachtende lebhafte Debatte über Leistungsengpässe und Funktionsdefizite die Chance, auftretende Schwierigkeiten als Startpunkt für eine sozialpolitische Um- und Neuorientierung zu nutzen.

Kerngedanke der Diskussion verschiedener Optionen für den „neuen Sozialstaat" war in den vorstehenden Kapiteln, daß mit ihrer Hilfe nicht nur ein ausreichender Schutz gegen die verschiedenen Lebensrisiken bewerkstelligt werden muß, sondern auch ein positiver Beitrag für die wirtschaftliche und gesellschaftliche Entwicklung insgesamt erfolgen soll. Erst wenn dies gelingt, wird Sozialpolitik nicht mehr nur als „Kostgänger", sondern als Ansatzpunkt für eine *ökologische und soziale Modernisierung* begriffen werden – und auf hinreichende Unterstützung in Politik, Wirtschaft und Gesellschaft rechnen können.

Auf der *Finanzierungsseite* der Sozialpolitik erfüllt vor allem die *Ressourcensteuer* das angesprochene Modernisierungskriterium. Ergänzt und substituiert man die bisherige, stark lohnbezogene Mittelaufbringung sukzessive um Einnahmen, die durch Abgaben und Steuern auf die Inanspruchnahme von Umweltgütern, also von Luft, Wasser, Energie, Rohstoffen, erhoben werden, könnte es gelingen, gleich „mehrere Fliegen mit einer Klappe zu schlagen". Die Ressourcensteuer wäre nämlich nicht nur eine neue Finanzquelle für die soziale Sicherung, sondern sie würde es gleichzeitig erlauben, die Kosten für den Faktor Arbeit zu reduzieren, was mittel- und langfristig positive Wirkungen auf dem Arbeitsmarkt bringen könnte. Darüber hinaus würde diese Steuer- und Abgabenart die Anreizstruktur für die betrieblichen Innovations- und Investitionsentscheidungen verändern: Die Substitution von Arbeit durch technische und umweltbelastende Aggregate wäre nicht mehr so rentabel wie bislang und Umweltschutz würde sich endlich auch aus betriebswirtschaftlicher Sicht lohnen. Obendrein steht zu erwarten, daß durch Ressourcensteuern Innovationsimpulse für die Umwelttechnik gesetzt werden, für die sich bekanntlich wachsende Exportchancen prognostizieren lassen.

Die Abkehr von der Erwerbsarbeit und vom Äquivalenzprinzip wird auf der *Leistungsseite* im „neuen Sozialstaat" in erster Linie über eine *garantierte Mindestsicherung* erfolgen. Diese soll zunächst einmal sicherstellen, daß trotz der vielleicht unaufhaltsamen Tendenz zur Erosion des Normalarbeitsverhältnisses ein existenzsicherndes Leistungsniveau gewährleistet bleibt. Gleichzeitig stellt eine garantierte Mindestsicherung aber auch eine Rückendeckung für alle jene dar, die im beruflichen oder persönlichen Bereich Neuland betreten und dabei ein gewisses Einkommensrisiko in Kauf nehmen. Gerade im Bereich der „neuen Selbständigkeit" oder bei den Alternativbetrieben ist immer wieder zu beobachten, daß die Startphase solcher Existenzgründungen nur unter Verzicht auf „normale" Einkommen und auf angemessene Beiträge zu den Sozialversicherungen erfolgt. Die Gewißheit, im Falle des Scheiterns dennoch im sozialen Netz aufgefangen zu werden, dürfte hier die Bereitschaft zu sozialen und technischen Innovationen steigern.

Im Zusammenhang mit den *unentgeltlichen Formen des sozialen Hel-*

fens wird häufig befürchtet, ihre Förderung diene letztlich doch nur dem Zweck, den Sozialabbau auf anderen Gebieten (ideologisch) zu kaschieren. Ein wirkungsvolles „Unter-die-Arme-Greifen" für Familien, Nachbarschaften und andere „natürliche" Solidargemeinschaften erfordert allerdings erhebliche zusätzliche Anstrengungen – vor allem im Hinblick auf die *Unterstützung* ihres Hilfeengagements *durch ambulante soziale Dienste* sowie in bezug auf die *soziale Absicherung* derjenigen, die im Interesse an der Hilfe für ihnen Nahestehende auf eigene Erwerbsarbeit verzichten müssen. Darüber hinaus darf die Subsidiaritätspolitik nicht bei den traditionellen Formen unentgeltlichen Helfens haltmachen. Gerade die Erosion der sozialstrukturellen und normativen Grundlagen dieser Instanzen des unentgeltlichen Helfens läßt Gewicht und Potential von Selbsthilfe und Selbstorganisation in der Gestalt neuer Formen des unentgeltlichen Helfens an Bedeutung gewinnen. Kurz und mittelfristige Investitionen in die „vergessene Seite" der Sozialpolitik könnten sich im „neuen Sozialstaat" langfristig bezahlt machen. Angesichts der vielfach beklagten Effektivitätsprobleme bürokratisierter sozialer Dienste dürfte in der *Vernetzung des professionalisierten und des unentgeltlich* und dann hoffentlich ausschließlich freiwilligen Bereichs des Helfens wichtige Ansatzpunkte für eine Qualitätsverbesserung bei den sozialen Unterstützungsleistungen liegen.
Zusätzliche, erwerbsarbeitsunabhängige Finanzressourcen, eine garantierte Mindestsicherung sowie die wechselseitige Befruchtung professioneller und unentgeltlich-freiwilliger Formen des Helfens sind die *Grundelemente eines neuen „welfare mix"*. Erst auf der Basis ausreichender Vorabinvestitionen in einen entsprechenden Umbau des Sozialstaates darf dann auch damit gerechnet werden, daß der für die Zukunft nicht zuletzt aus demographischen Gründen absehbare Anstieg des Problemdrucks bei den sozialen Diensten nicht zu überproportional steigenden Kosten führen wird.
Bei den bislang angesprochenen Bereichen ging es um Kern- oder *„Pflichtbereiche" der sozialen Sicherung*. Für den *„Kürbereich"*, also den Bereich, in dem nicht nur angepaßt oder umgebaut werden muß, sondern in dem Neuland beschritten wird, standen in den vorstehenden Kapiteln vor allem die *Arbeitsmarktpolitik* und die *Förderung der Arbeit jenseits von Markt und Staat* im Vordergrund. Im Hinblick auf die Arbeitsmarktpolitik scheint es opportun, öffentlich subventionierte Beschäftigung nicht nur als Ersatzarbeitsmarkt zu betrachten, sondern darüber hinaus für das experimentelle Öffnen neuer wirtschaftlicher und gesellschaftlicher Perspektiven zu nutzen. Beispiele zeigen, daß die lokale Arbeitsmarktpolitik über Entwick-

lungs- und Umschulungsprojekte oder durch die Unterstützung von Alternativbetrieben nicht nur zur Schaffung nützlicher Arbeit, sondern auch zur Verbesserung der Umweltverträglichkeit handwerklicher und gewerblicher Produkte und Dienstleistungen beitragen kann.

Macht sich die Sozialpolitik die *Förderung von Arbeit jenseits von Markt und Staat* zu eigen, wagt sie sich auf bislang kaum begangene Pfade. Allerdings könnte am Ende des Weges ein zusätzlicher Wohlfahrtsgewinn stehen. Vor allem wenn es gelingt, funktionstüchtige, aber nicht auf Geld basierende Kooperationssysteme aufzubauen, würde für viele Menschen der Zwang zu Überstunden und lebenslanger, ununterbrochener Erwerbsarbeit ein Stück weit gemildert. Dies könnte gleichzeitig zur Entlastung des Arbeitsmarktes beitragen. Ferner steht zu hoffen, daß die Leistungen, die jenseits von Markt und Staat erbracht werden, adressaten- und nachfragegerecht angeboten werden. Allerdings gilt es, über geeignete staatliche Unterstützungsangebote abzusichern, daß sie auch den notwendigen Mindestanforderungen an Sicherheit und Qualität entsprechen.

Die Geschichte kennt Beispiele, wo krisenhafte Zuspitzungen in einer Abwärtsspirale endeten. Sie wurde aber auch Zeuge von Fällen, in den Krisen erst den Druck erzeugten, der für Neuorientierungen wohl unerläßlich ist. In der Bundesrepublik Deutschland, dem erfolgreichsten und exportstärksten Industrieland der Welt, braucht sich die Sozialpolitik nicht vor ihrer Zukunft zu fürchten. Sie ist alles andere als ein Hemmschuh für die zukünftige wirtschaftliche und gesellschaftliche Entwicklung. Ursache für die vielerorts laut werdende Kritik ist vielmehr – wenn man von kurzsichtigen, ideologischen neoliberalen Gedankenlosigkeiten („Der moderne Wohlfahrtsstaat ist schlimmer als die Sklaverei!“) einmal absieht –, daß sich die Sozialpolitik schwertut, angemessen auf die Erosion ihrer bisherigen institutionellen, sozialstrukturellen und normativen Grundlagen zu reagieren. Das vorliegende Buch hätte sein Ziel erreicht, wenn die Skizze der vielfältigen Bausteine für den „neuen Sozialstaat“ dazu beitragen würde, der Politik den „Dampf zu machen“, den sie zur Überwindung gelegentlich beobachtbarer Phantasielosigkeit und Selbstblockaden braucht.

Anmerkungen

Kapitel 1

[1] Für einführende Überblicke siehe stellvertretend die Arbeiten von Kaufmann 1970; Albrecht 1971; v. Ferber/Kaufmann 1977; Bäcker u. a. 1980; Greven u. a. 1980; Alber 1982; Neumann/Schaper 1983; Hentschel 1983; Frerich 1987.

[2] Ähnlich allgemein, doch stärker auf die Arbeiterfrage abzielend: Achinger (1958: 161): Sozialpolitik ist „die Gesamtheit der Einwirkungen auf das Wirtschaftsleben, die zum Schutz der arbeitenden Menschen, vor allem der Lohnarbeiter, vor den Gefahren der Industrialisierung für notwendig erachtet werden." Oder Preller (1978: 18): Sozialpolitik „hat den arbeitenden Menschen im Auge" und strebt an, „das Sozialgefüge im Hinblick auf das Arbeitsleben zu ordnen."

[3] Vgl. aus unterschiedlichen Perspektiven Biedenkopf 1984; Miegel/Wahl 1985; Opielka/Ostner 1987; Kronberger Kreis 1987; Gretschmann u. a. 1987; Leibfried/Tennstedt 1985; Lompe 1987; Offe 1987.

[4] Diese Zahlen sind einem Gutachten des Verbandes Deutscher Rentenversicherungsträger (VDR 1987: 34 f.) entnommen beziehungsweise auf dieser Basis berechnet. Solche Bevölkerungsprognosen fallen zum Teil noch wesentlich dramatischer aus, wenn man sie nur im Hinblick auf die deutsche Bevölkerung berechnet und ausländische Mitbürger außer acht läßt. Weitere Verschlechterungen des Altersaufbaus können sich ferner dann ergeben, wenn niedrigere Geburtenziffern angenommen werden; die VDR-Daten operieren mit einer Fortschreibung der Geburtenziffern von 1982/84. Dies ist insofern recht optimistisch, als bereits im Jahre 1984 die angenommene durchschnittliche Geburtenquote dieser Periode unterschritten wurde. Einen Einblick in die verschiedenen Modellrechnungen zur Bevölkerungsentwicklung liefern beispielsweise Grohmann 1984; Frerich 1987: 372 ff.; Bundestagsdrucksache 8/4437 (1980); 10/863 (1984) und 10/6145: 28 ff.; Wingen/Cornelius 1986.

[5] Vgl. die Beiträge in Besters 1980 und Bieback 1986 beziehungsweise, aus ökonomischer Sicht, Felderer 1983 und, aus soziologischer Perspektive, Kaufmann/Leisering 1986.

[6] „In der stationären Pflege sind gegenwärtig rund 70% der Patienten auf Sozialhilfe angewiesen und auch Personen, die von ihren Angehörigen gepflegt werden, haben Anspruch auf Hilfe (Pflegegeld) nach dem Bundessozialhilfegesetz, soweit sie diese Kosten nicht selbst tragen können oder Unterhaltsansprüche nicht bestehen. Die Ausgaben der Länder und Gemeinden für Hilfe liegen zur Zeit bei 6 Milliarden DM. Die Bundesregierung geht davon aus, daß diese Ausgaben bis zum Jahre 1990 an die 10 Milliarden Grenze stoßen werden, die Zunahme der pflegebedürftigen Personen wird in den Jahren danach noch zu weit höheren Belastungen führen." (Eichner 1986: 40)

[7] „Vor dem Hintergrund des ‚Beschäftigungswunders' in den USA – von vielen auf die Flexibilität des amerikanischen Arbeitsmarktes zurückgeführt – entfachte sich in Europa eine Diskussion um eine Flexibilisierung des Arbeitsmarktes. Danach könnten – so das Argument – die trotz hoher Arbeitslosigkeit nach unten wenig flexiblen Löhne, die hohen Lohnnebenkosten und rigiden arbeitsrechtlichen Regelungen, wie Kündigungsschutz oder Arbeitszeitvorschriften, Ursache für das geringe Beschäftigungswachstum und die anhaltend hohe Arbeitslosigkeit sein.
Obwohl die Beschäftigungs- und Arbeitsmarktentwicklung für einen solchen Zusammenhang keine eindeutigen Belege liefert, wurden in fast allen westeuropäischen Ländern in den achtziger Jahren die Flexibilisierungsspielräume sowohl gesetzlich als auch tarifvertraglich erweitert." (Auer 1987: 2)

[8] Das Wirtschafts- und Sozialwissenschaftliche Institut des DGB (WSI 1987: Info Nr. 7) schätzt, daß ca. 1,5 Millionen von diesen Teilzeitbeschäftigten aufgrund einer geringen Wochenarbeitszeit (zur Zeit weniger als 19 beziehungsweise 15 Stunden) und eines geringen Monatsverdienstes (1986: unter 410 DM) überhaupt nicht der Sozialversicherungspflicht unterliegen.

[9] Die Kranken- und Unfallversicherungen sind – abgesehen von Barzahlungen zum Beispiel im Falle von Lohnfortzahlungen bei langwieriger Erkrankung – nicht beitragsbezogen, das heißt bei sinkendem Beitragsaufkommen bleiben die Sachleistungsansprüche und damit die relevanten Ausgabenposten konstant; hier verschlechtert sich also durch Teilzeitarbeit in der Regel nicht das Versorgungsniveau, sondern die finanzielle Ausstattung der Versicherungsträger.

[10] Arbeitslosengeld erhält, wer in den letzten drei Jahren vor der Arbeitslosigkeit mindestens 360 Kalendertage beitragspflichtig beschäftigt gewesen ist. Die Höchstdauer des Bezuges von Arbeitslosengeld beträgt (mit einigen Ausnahmen bei älteren Arbeitnehmern) ein Jahr. Ist ein Erwerbsloser in den letzten drei Jahren vor seiner Arbeitslosenmeldung nicht die gesamte Zeit (aber mehr als ein Jahr) beitragspflichtig beschäftigt gewesen, führt dies zu einem eingeschränkten Anspruch bei der Dauer der Arbeitslosengeldzahlung. Sind die Ansprüche auf Arbeitslosengeld ausgelaufen, kann Arbeitslosenhilfe gezahlt werden; allerdings wird vorab die Bedürftigkeit geprüft. Bedürftig ist nur, wer für sich oder seine Familie den Lebensunterhalt nicht auf andere Weise bestreiten kann (etwa durch Unterstützung von Familienangehörigen). Arbeitslose, die vorher weniger als ein Jahr gearbeitet haben, sind ebenfalls nur arbeitslosenhilfeberechtigt; wer in den drei Jahren vor der Arbeitslosigkeit überhaupt nicht beitragspflichtig beschäftigt war, bleibt ganz ohne Anspruch auf Unterstützungsleistungen durch das Arbeitsamt. (Zu den Voraussetzungen für den Bezug von Transferzahlungen durch die Bundesanstalt für Arbeit: vgl. Wenzel/Leibfried 1986: 222 ff.).

[11] Infolge des Haushaltsbegleitgesetzes von 1983 hat sich das Verhältnis von beitragspflichtiger Beschäftigung zur Dauer des Anspruchs auf Arbeitslosengeld von 2:1 auf 3:1 verschlechtert. Der Höchstanspruch auf einen einjährigen Bezug von Arbeitslosengeld wird nach durchgängiger dreijähriger beitragspflichtiger Erwerbstätigkeit vor der Arbeitslosigkeit erreicht.

[12] „Damit drängen sich Parallelen zur Weimarer Republik auf, wo in den Jahren 1929 ff. bei rapide steigenden Arbeitslosenzahlen ebenfalls unter dem Vorwand der ‚Mißbrauchseindämmung' die Anwartschaftszeiten für die Arbeitslosenunterstützung verdoppelt (1929) und wiederholt das Leistungsniveau verringert (1930/31/32) sowie die Unterstützungsdauer (1931/1932) gekürzt wurden." (Büchtemann 1985: 42; vgl. auch Adamy/Steffen 1982: 276 ff.)

[13] Zur Benachteiligung von Frauen am Arbeitsmarkt: vgl. auch Engelbrech 1987; Lappe 1986; Gottschall 1986.

[14] Bei Beck (1986) schwingt bei „Individualisierung" nicht nur Umorientierung bei den Präferenzen für die Lebensgestaltung mit, sondern für ihn bringt dieser Wandel vor allem auch Umorientierungsschwierigkeiten, neue Konflikte und Ungleichheiten. Zapf u. a. (1987) sehen dies zwar auch, im Vordergrund steht hier aber, daß sich traditionelle Konflikte und Spannungen verringern und die Wahlmöglichkeiten für die einzelnen Personen und Haushalte steigen.

[15] Empirisch wird dies von Breitkopf (1983: 61 ff.) herausgearbeitet; vgl. auch Statistisches Bundesamt 1985: 440 ff.

[16] Einen differenzierten Einblick in die Vielfalt und in den Problemgehalt weiblicher (Berufs-)Biographien unter den Bedingungen der Individualisierung liefern Beck-Gernsheim 1984, 1986; Schulz 1984; Ostner 1986 und die einschlägigen Beiträge in Brose 1986.

Kapitel 2

[1] Einen Einblick in die Debatte über die verschiedenen Varianten der Maschinensteuer liefert Schulz 1986. Jüngere empirische Arbeiten stammen ebenfalls von Schulz 1986 sowie von Krelle u. a.1985; Schmähl u. a. 1984; Rürup 1986. Kurze Überblicke über die Debatte liefern u. a. Görres 1984; Vater 1986; Gretschmann u. a. 1987: 34 ff.; Frerich 1987: 408 ff.

[2] Zu den Protagonisten der Ressourcensteuer gehören vor allem Binswanger u. a. 1983; Möller/Wais 1985; Leipert/Simonis 1985; Springmann 1986. Eine kritische sozialwissenschaftliche Würdigung des Konzeptes bieten Voelzkow u. a. 1986, aus finanzwissenschaftlicher Sicht Gretschmann/Voelzkow 1986.

[3] Einen guten Einblick in die Debatte um die garantierte Mindestsicherung bieten Schmid 1984; Büchele/Wohlgenannt 1985; Opielka/Vobruba 1986; WSI 1987 sowie die Zeitschrift „Widersprüche" 1985 und die „WSI-Mitteilungen" 1987.

[4] Auf die Gegenüberstellung von armutspolitischen und gesellschaftstransformatorischen Begründungen für ein garantiertes Grundeinkommen weist auch Vobruba (1985: 9 ff.) unter Bezug auf Gorz und Habermas hin. Für Gorz (1983: 53) ist ein Grundeinkommen Teil eines „sanften" Ausstiegs aus dem Kapitalismus, bei Habermas (1985: 157) kommt dem garantierten Grundeinkommen eine zentrale Rolle für die Aktualisierung gesamtgesellschaftlicher Transformationsprozesse zu.

[5] Vgl. WSI-Mitteilungen 1987 und WSI 1987 sowie Heinemann 1987 und Scherf 1987. Auf dem Nürnberger Parteitag der SPD 1986 wurde sogar die garantierte, bedarfsbezogene Grundsicherung (in der „Sockelungs-Variante“) zur Beschlußlage der Gesamtpartei.

[6] Die Ermittlung dieses sozial-kulturellen Minimums soll – wie bisher in der Sozialhilfe – niveaumäßig, das heißt der Höhe nach – mit Hilfe der „Warenkorb-Methode“ erfolgen. „Geht man davon aus, daß das derzeitige Regelsatzniveau um rd. 30 v. H. aufgestockt werden muß und rechnet man die Mehrbedarfszuschläge, die Unterkunftskosten und die einmaligen Beihilfen in das Niveau (Pauschalierung), so müßte heute die bedarfsbezogene Grundsicherung für eine alleinstehende ältere Frau bei rd. 1000 DM liegen.“ (Bäcker/Welzmüller 1987: 8)

[7] Die Rentenkonzeption von Miegel/Wahl (1985) wurde bislang von der Mehrheit der CDU nicht angenommen, ja sie wird sogar dezidiert abgelehnt. Allerdings hat Kurt Biedenkopf (1985: 400 ff.), der im Vorstand des IWG sitzt, dessen Gestaltungsvorschläge für die Alterssicherung übernommen.

[8] Die „Rente mit dem Aufstockungsbetrag“ wurde zunächst von der Transfer-Enquete-Kommission (1981: 262) ins Gespräch gebracht. In letzter Zeit wird sie vom Berliner Senator für Soziales und Gesundheit, Ulf Fink, favorisiert. Vom Prinzip her deckt sich dieses Modell in großen Teilen mit den Vorstellungen, die in den „Sockelungskonzepten“ für die Alterssicherung vorgesehen sind (vgl. Arbeitsgruppe 1985: 98; Bäcker 1987, 1987a).

[9] Wagner selbst spricht immer von der „voll eigenständigen Rente“. Wir schließen uns in der Terminologie jedoch Klanberg/Prinz (1986) an; ihr Begriff „Rente mit obligatorischen Mindestbeiträgen“ für denselben Sachverhalt charakterisiert u. E. zutreffender, worum es eigentlich geht.

[10] In diesem Zusammenhang sind vor allem die Arbeiten von Hauser u. a. 1985; Welzmüller 1985; Adamy/Steffen 1984; Hanesch/Klein 1986 sowie Hanesch 1987 und 1987a zu erwähnen.

[11] Die erwähnte Arbeit von Hanesch/Klein (1986) liegt bislang nur als vervielfältigtes Manuskript vor, Skizzen des Konzeptes finden sich darüber hinaus in Hanesch 1987, 1987a.

[12] Diese 1200 DM sind ein Überschlagsbetrag, der auf folgenden Voraussetzungen beruht: Bei Hanesch und Klein bilden deutlich angehobene Sozialhilferegelsätze (Hilfe zum Lebensunterhalt plus die pauschalierten Hilfen in besonderen Lebenslagen; aufsummiert ergeben sich Auszahlungen von ca. 800 DM) das Ausgangsniveau der Grundsicherung. Bei Verfügbarkeit für den Arbeitsmarkt soll dann noch ein Mehrbedarfszuschlag von 30% zur Auszahlung kommen.

[13] Einen Einblick in die kontroverse Diskussion liefern Badelt 1980; Fink 1984; Heinze 1986; Trojan 1986; Offe/Heinze 1986; vgl. auch die Kapitel 3 und Abschnitt 16 des vorliegenden Bandes.

[14] Ein Gefälle zwischen der Altersversorgung „normal“ Erwerbstätiger und solchen Bürgern, die einen Großteil ihrer Lebensarbeitszeit für informelle soziale Dienste verwendet haben, könnte zum Beispiel dann auftreten, wenn die private und die tarifvertragliche Vorsorge eine größere Bedeutung erhält. Hierzu hätten informell Tätige vermutlich keinen Zutritt.

Kapitel 3

[1] Die ordnungspolitischen Reformvorschläge die sich aus diesen Überlegungen ergeben, lassen sich – abgesehen von der zentral beabsichtigten Begrenzung und Kontrolle der Macht der Gewerkschaften – für den sozialpolitischen Bereich folgendermaßen umreißen: „,Mehr Markt', wo immer möglich (Bildungssystem), Steuerung auf der ,mittleren Ebene' durch Verbände, wo Marktsteuerung nicht möglich und staatliche Steuerung nicht erwünscht ist (z. B. Tarifverhandlungen, ambulante ärztliche Versorgung), stärkere Dezentralisierung und Entlastung des Staates durch Aufgabenverlagerung ,nach außen', Einbau von Sanktions- und Anreizsystemen für verschwenderisches bzw. sparsames Verhalten der ,öffentlichen Hände', das heißt von funktionalen Äquivalenten der Marktsteuerung in bürokratische Prozesse." (Dettling 1982: 28)

[2] Als konkrete Anwendungsgebiete genossenschaftlicher Organisationsformen erwähnt er ausdrücklich die Wohnraumversorgung und selbstverwaltete Produktionsbetriebe. Eine konkrete Konsequenz solcher Überlegungen ist die Einsetzung einer Arbeitsgruppe „Genossenschaftswesen/Genossenschaftsrecht" vom Parteivorstand der SPD, die seit Herbst 1984 arbeitet und neben der Organisation einer Ausstellung über Genossenschaftsmodelle seit dem 19. Jahrhundert auch Materialien zum Thema entwickelt hat (vgl. SPD 1985).

[3] Der Sachverhalt, daß ein Großteil der familial erbrachten Hilfe- und Unterstützungsleistungen ebenso von professionellen Dienstleistungsagenturen angeboten werden (könnte), macht bereits deutlich, daß die in der ökonomischen Theoriebildung lange Zeit vorherrschende Reduktion des Familienhaushaltes auf konsumtive Funktionen eine unzulässige Verengung darstellt. In letzter Zeit sind die „produktiven Funktionen" der Familienhaushalte wieder zunehmend in den Blickpunkt des sozialwissenschaftlichen und sozialpolitischen Interesses gerückt. So hat insbesondere die feministische Forschung Merkmale und Funktionen der unbezahlten weiblichen Hausarbeit für die Reproduktion der auf dem System geschlechtlicher Arbeitsteilung und Ungleichheit beruhenden modernen Sozialstaaten herausgearbeitet und die ökonomische Wissenschaft die Merkmale, Prozesse und wohlfahrtssteigernden Effekte der „Haushaltsproduktion" erforscht und zu Tage gefördert, vgl. für einen Überblick Glatzer 1986.

Kapitel 4

[1] Aus der erwähnten Hamburger Untersuchung geht dementsprechend hervor, daß die Orientierung der Einzugsbereiche an dem standardisierten Richtwert von 40000 Einwohnern von den Sozialstationen selbst als zu pauschal betrachtet wird. Der wichtigste Grund hierfür liegt hier sicherlich in der unterschiedlichen Inanspruchnahme der Sozialstationen je nach dem tatsächlichen Anfall von Fällen der Pflegebedürftigkeit. Hinzu kommt aber, daß seit der Gründung der Sozialstationen die Nachfrage insgesamt angestiegen ist und deshalb bei gegebener Größenordnung der Einzugsbereiche der Perso-

nalbestand der Sozialstationen derart angewachsen ist, daß die Organisationskosten einen überproportionalen Teil der Arbeitskapazität binden. Aufgrund des erhöhten Kooperationsaufwandes müssen bereits Hilfeanfragen abgelehnt bzw. bestimmte flankierende Aufgaben wie zum Beispiel Öffentlichkeitsarbeit hintangestellt werden.

2 Berücksichtigt man die berufliche Zusammensetzung des Pflegepersonals, so geht aus der Tabelle hervor, „daß die Merkmalsausprägungen der ausschließlich durch examinierte Pflegepersonen gegebenen Versorgungsdichte in den einzelnen Bundesländern eine bedeutend geringere Streuung aufweisen als die für die Gesamtheit aller Pflegekräfte errechneten Daten: In den acht Bundesländern Hamburg, Niedersachsen, Hessen sowie Nordrhein-Westfalen, Rheinland-Pfalz, Bayern und Saarland schwanken die Merkmalsausprägungen für den Indikator ‚examinierte Pflegekräfte je 10 000 Einwohner' lediglich zwischen den Werten 2,2 und 3,0. Es kann also von einer relativ gleichmäßigen Verteilung gesprochen werden" (Deutscher Verein 1987: 71). „So sinkt zum Beispiel die nach Altersstruktur gewichtete Ziffer für Hamburg mit 1,7 unter den für die Bundesrepublik errechneten Mittelwert (1,8), während die auf die Gesamteinwohnerschaft bezogene Kennziffer (3,0) den Bundesdurchschnitt (2,7) übersteigt. Die relativ hohe Versorgungsdichte in Hamburg (bezogen auf alle Einwohner) korrespondiert also mit einem relativ hohen Anteil der Altenbevölkerung. Die Berücksichtigung der Altersstruktur wirkt sich besonders gravierend in Berlin aus, da die gewichtete Kennziffer (1,9) im Bereich des Bundesdurchschnitts liegt, während die ungewichtete (3,9) eine Spitzenposition einnimmt." (Deutscher Verein 1987: 71 ff.)

3 Die Anregung und Unterstützung von Nachbarschaftshilfe ist eine Aufgabe, die unter heutigen Rahmenbedingungen erhebliche Zeit, Qualifikation und Erfahrung erfordern. Aus diesem Grunde muß auch für diesen Bereich nur eine begrenzte Leistungskapazität der Sozialstationen zum gegenwärtigen Stand der Personalausstattung gefolgert werden. In Berlin, wo jede Sozialstation einen Koordinator für ehrenamtliche Arbeit zugewiesen bekommt, kann die Mobilisierung ehrenamtlichen Engagements sicherlich intensiver betrieben werden als unter durchschnittlichen Bedingungen.

4 Aus der Befragung geht andererseits hervor, daß Kriterien wie der Eintrag ins Vereinsregister, die Mitgliedschaft der Gruppe in einer überregionalen Selbsthilfeorganisation bzw. in einem Wohlfahrtsverband nicht von der Mehrheit der befragten Experten für notwendig gehalten wurden. Im Hinblick auf die Art der finanziellen Förderung erhielt die Form der Projektförderung, bei der die Gruppen öffentliche Mittel für abgegrenzte Einzelaktivitäten erhalten, die größte Zustimmung (90%); an zweiter Stelle nannten die Befragten die Form der Startförderung, durch die die Gruppen eine Anlauffinanzierung in der Aufbauphase erhalten (77%); schließlich sprachen sich 67% der Befragten für eine Pauschalförderung aus, die regelmäßige jährliche Zuschüsse für die Arbeit der Gruppen beinhalten würde (vgl. Braun/Röhrig 1987: 212). Wie zu erwarten, befürworteten befragte Vertreter der Wohlfahrtsverbände die letztgenannte Art der Förderung etwas weniger häufig (62%).

[5] Von den insgesamt eingegangenen 137 Anträgen wurden schließlich 16 Modellstationen nach Kriterien wie Stadt-Land-Unterschied, verschiedene Trägerschaften, inhaltliche Arbeitskonzepte, Übertragbarkeit auf andere Standorte, Gewährleistung der Kontinuität über die Laufzeit des Modellversuchs bzw. Anschlußfinanzierung ausgewählt. Dem Modellversuch ist ein Beirat zur Seite gestellt worden, der das BMJFFG bei der Auswahl der Modellstationen beraten hat und auch die fachliche Begleitung des Modellversuches übernimmt. Die wissenschaftliche Begleitung wird vom „Institut für sozialwissenschaftliche Analysen und Beratung" in Köln durchgeführt. Im Verlaufe der Durchführung dieses Modellversuches muß sich erst noch zeigen, ob es tatsächlich möglich sein wird, die unterschiedlichen Arbeitsweisen und Ergebnisse der Modellstationen zu vergleichen und zu situationsunabhängigen Empfehlungen für eine optimale infrastrukturelle Selbsthilfe-Förderung zu kommen. Angesichts der geringen Größenordnung des Modellversuches, der nur eine kleine Anzahl von Standorten einbeziehen kann, können die Ergebnisse ohnehin allenfalls als exemplarisch betrachtet werden.

[6] Vgl. aus genereller Perspektive Fricke u.a. 1986; Blanke u.a. 1986; Maier/Wollmann 1986; Bullmann u. a. 1986. Im Hinblick auf einzelne regionale und lokale Beispiele, zum Beispiel für Bremen: siehe Einemann/Lübbing 1985; Fücks 1987 und ZWE 1987; für Osnabrück: Szell/Meemken 1986; für Wiesbaden: Bourgett/Brülle 1986; oder für Nordrhein-Westfalen: GEWOS, GfAH, WSI 1987, und für Hamburg: GEWOS 1986.

[7] In der Literatur besteht Unklarheit darüber, was unter lokalen Beschäftigungsinitiativen zu verstehen ist. Beywl (1986) verwendet diesen Begriff etwa für den alternativ-ökonomischen Sektor; bei Maier/Wollmann 1986 stehen dagegen kommunale, freigemeinnützige oder per Selbsthilfe initiierte Beschäftigungsprojekte des „zweiten Arbeitsmarktes" im Vordergrund. Wir schließen uns der letztgenannten Definition an und unterscheiden zwischen lokalen und regionalen Beschäftigungsinitiativen einerseits und den alternativ-ökonomischen Betrieben andererseits. Sofern lokale und regionale Instanzen sich der Förderung eines oder beider Ansätze verschrieben haben, sprechen wir von lokaler oder regionaler Arbeitsmarktpolitik.

[8] „Zusätzlichkeit" meint, daß ABM-Mittel nur für solche Stellen ausgegeben werden dürfen, die nicht ohnehin schon zum Arbeitsbereich des einstellenden Vereins, Unternehmens beziehungsweise der einstellenden Kommune gehören. Will etwa ein Verein eine ABM-Stelle für Buchhaltung schaffen, dann wird sie nicht genehmigt; schließlich fällt Buchhaltung in jedem Verein an. Soll dagegen in einer Firma, die mit Chemikalien handelt, ein arbeitsloser Biologe zur Mitarbeiterschulung in Fragen des Umweltschutzes eingestellt werden, sind die Bewilligungsaussichten groß. „Öffentliches Interesse" besagt formell, daß der Nutzen einer Maßnahme für die Allgemeinheit gegenüber den Eigeninteressen des Trägers am Ergebnis überwiegt. Diese Regelung ist natürlich weit auslegbar; in einer ABM-Ideenbörse der Bundesanstalt für Arbeit werden vor allem umweltschutzrelevante Tätigkeiten genannt, bei denen von vorneherein ein „öffentliches Interesse" vorliegt.

[9] Für kommunale Arbeitsbeschaffungsmaßnahmen (ABM) können nach § 91 ff. Arbeitsförderungsgesetz (AFG) Lohnkostenzuschüsse von der Bundesanstalt für Arbeit in der Regel in der Höhe von 80% der regulären Lohnkosten gezahlt werden, der Rest sowie die notwendigen Sachkosten, etwa Mittel für Räume, Maschinen und Werkzeug, müssen von den jeweiligen Trägern abgedeckt werden. „Im Rahmen des Bundessozialhilfegesetzes (BSHG) haben die Kommunen bis vor wenigen Jahren arbeitslosen Sozialhilfeempfängern lediglich in der Form eine bezahlte Beschäftigung angeboten, daß sie zu gemeinnützigen Arbeiten gegen ein geringes Entgelt herangezogen wurden. . . . In jüngster Zeit sind einige Kommunen zunehmend dazu übergegangen, den arbeitsfähigen Sozialhilfeempfängern ein auf 1 – 2 Jahre befristetes reguläres Arbeitsverhältnis anzubieten. Die Betroffenen erhalten ein übliches Arbeitsentgelt und sind sozialversichert. Das hat für die Kommune den Vorteil, daß nach Beendigung des Arbeitsverhältnisses Anspruch auf Arbeitslosenunterstützung besteht, wodurch der Sozialhilfeetat entlastet wird." (Hegner 1986: 132)

[10] Rationelle, ressourcenschonende Energieerzeugung heißt heute in erster Linie, die bei den dominierenden zentralen Energieversorgungssystemen (über Verbundunternehmen) unvermeidlichen Energieverluste zu reduzieren. Ein Stück weit gelingt dies über Strom und Fernwärme aus zentralen Heizkraftwerken. Am besten aber eignen sich zur Kraft-Wärme-Kopplung dezentrale Blockheizkraftwerke (BHKW). Hier wird die bei der Stromerzeugung entstehende Wärme aufgefangen und zu Heizzwecken im engeren Umkreis der Anlage genutzt. Auf diese Weise wird eine im Vergleich zu konventionellen, zentralen Kraftwerken außerordentlich hohe Ausnutzung der Primärenergie erreicht.

[11] Eine Pilotstudie über die Schwierigkeiten und Probleme bei der Umsetzung eines Teilbereichs dessen, was unter „anders arbeiten" zu verstehen ist, nämlich über die Realisierung der Selbstverwaltungsprinzipien, liefern Berger u. a. 1985.

[12] Einen weitgehend kompletten Überblick liefert die Dokumentation der Fachtagung „Förderung örtlicher Beschäftigungsinitiativen im Ländervergleich" (Bottroper Dokumente 1/87); des weiteren vgl. Beywl 1986 und Berg u. a. 1986.

[13] Den Befürwortern der „Dualwirtschaft" geht es um eine verstärkte Berücksichtigung demokratischer, ökologischer und auch beschäftigungspolitischer Gesichtspunkte im wirtschaftlichen Handeln (zum Überblick: vgl. Huber 1984). Im Gegensatz zu konventionellen Transformations- und Umsetzungsstrategien beschränken sie sich jedoch nicht darauf, Programme für einen entsprechenden Umbau von Wirtschaft und Gesellschaft zu entwerfen. Ihr Schwerpunkt liegt vielmehr darin, außerhalb oder am Rande der formellen Ökonomie konkrete Projekte zu unterstützen, die bereits ein Stück weit die angestrebten Prinzipien realisieren.

[14] So müssen vor allem die durch die Sozialversicherungsgutscheine zu erwerbenden Ansprüche (steuer-)finanziert werden und auch Kooperationsringe setzen staatlich finanzierte Vorabinvestitionen in Koordinationspersonal, Gerät und Räume voraus.

[15] Die folgenden Ausführungen über Reformvorstellungen zur Sicherung bei Pflegebedürftigen stützen sich auf die Ausarbeitungen von Neseker/Bleicher 1986; Prinz 1987; Schewe 1986; Igl 1986; Bamberg/Müller 1987; Dannenberg 1986; Merschbrock-Bäuerle 1987 und Herweck 1987.

[16] Kurz nachdem diese Ausführungen geschrieben wurden, verabschiedete die christlich-liberale Bundesregierung ein noch bescheideneres Reformpaket: Es sieht als „Einstiegslösung“ nur noch den 4-wöchigen Anspruch auf eine Ersatzpflegekraft bei Urlaub oder Erkrankung der Pflegeperson vor. Erst ab 1991 werden auch monatlich 25 Pflegestunden durch eine Pflegekraft bezahlt. Wahlweise können auch 400 DM Pflegegeld erstattet werden. Voraussetzung für die Inanspruchnahme dieser Leistungen soll allerdings sein, daß der Pflegebedürftige mindestens 45% seines Arbeitslebens in der Krankenkasse versichert war und während der letzten fünf Jahre vor Eintritt des Pflegefalls mindestens drei Jahre lang Beiträge gezahlt hat (Neue Westfälische 28. 4. 1988).

[17] Eine Zusammenfassung der Argumente für und gegen die Pflegeversicherung liefern Regus/Trenk-Hinterberger 1985 347 ff.).

[18] Die Information über die beschriebene Regelung eines privaten Anbieters von Pflegeversicherungen wurde aus Neseker/Bleicher (1986: 156) entnommen.

Literatur

Achinger, H. 1958: Sozialpolitik als Gesellschaftspolitik, Hamburg

Adamy, W. 1987: Arbeitslose Frauen – Benachteiligung mit System, in: Soziale Sicherheit 36 (H. 1), S. 22 ff.

Adamy, W./Schmid, A. 1987: Mindestsicherung – Alternative oder Ergänzung des Sozialstaates? in: WSI-Mitteilungen 40 (H. 2), S. 58 ff.

Adamy, W./Steffen, J. 1982: Arbeitsmarktpolitik in der Depression. Sanierungsstrategien in der Arbeitslosenversicherung 1927 – 1933, in: Mitteilungen aus der Arbeitsmarkt- und Berufsforschung 19 (H. 3), S. 276 ff.

Alber, J. 1982: Vom Armenhaus zum Wohlfahrtsstaat. Analysen zur Entwicklung der Sozialversicherung in Westeuropa, Frankfurt a. M. / New York

Albrecht, G. 1971: Gesellschaftspolitik – Sozialpolitik – Volkswohlfahrtspolitik, in: Külp, B./Schreiber, W. (Hrsg.), Soziale Sicherheit, Köln / Berlin

Antonucci, T. C./Depner, C. E. 1982: Social Support and Informal Helping Relationships, in: Wills, T. A. (Hrsg.), a.a.O., New York u. a.: Academic Press, S. 233 ff.

Arbeitsgruppe Armut und Unterversorgung 1985: Bedarfsbezogene Grundsicherung – Ein tragfähiges Fundament für die Sozial- und Wirtschaftspolitik, in: dies., Armut und Unterversorgung – Stellungnahme der „Arbeitsgruppe . . .“ Frankfurt a. M. (Paper des Instituts für Sozialarbeit und Sozialpädagogik) S. 79 ff.

Asam, W. H./Heck, M. (Hrsg.) 1983: Soziale Selbsthilfegruppen in der BRD. Aktuelle Forschungsergebnisse und Situationsdiagnosen, München

Auer, P. 1987: Beschäftigung, Arbeitsmarkt und Strategien gegen Arbeitslosigkeit: ein internationaler Vergleich, in: Internationale Chronik zur Arbeitsmarktpolitik 27, S. 1ff.

Auhagen, H. 1987: Die Teilzeitarbeit subventionieren. Ein Ausweg aus der Sackgasse der Mindesteinkommensdiskussion, in: Kommune 5 (H. 10), S. 65 ff.

Bach, H.-U./Kohler, H./Spitznagel, E. 1986a: Arbeitsmarktpolitische Maßnahmen: Entlastungswirkungen und Kostenvergleiche, in: Mitteilungen aus der Arbeitsmarkt- und Berufsforschung 19 (H. 3), S. 370 ff.

Bach, H.-U. u. a. 1986: Zur Arbeitsmarktentwicklung 1986/87: Entwicklungstendenzen und Strukturen, in: Mitteilungen zur Arbeitsmarkt- und Berufsforschung 19 (H. 3), S. 351 ff.

Backes, G. 1982: Entwicklung und Erprobung ehrenamtlicher Dienste in der Altenhilfe eines Landkreises. Köln (Institut für Sozialforschung und Gesellschaftspolitik e. V.)

Backes, G. 1985: Soziales Ehrenamt – Die verblümte Wahrheit der unbezahlten Frauenarbeit, in: Huber, M./Bussfeld, B. (Hrsg.), Blick nach vorn im Zorn. Die Zukunft der Frauenarbeit, Weinheim/Basel, S. 79 ff.

Backes, G./Notz, G./Stiegler, B. 1983: Sie nützen viel und kosten nichts. Ehrenamtliche soziale Arbeit von Frauen, in: beiträge zur feministischen theorie und praxis (H. 9/10), S. 92 ff.

Badelt, C. 1980: Sozioökonomie der Selbstorganisation, Frankfurt a. M./ New York

Badelt, Ch. 1985: Politische Ökonomie der Freiwilligenarbeit, Frankfurt a. M./New York

Badura, B. 1985: Ende der Sozialversicherung? in: Keim, K. D. / Vaskovics, L. A. (Hrsg.), Wege zur Sozialplanung, Opladen, S. 36ff.

Badura, B./Ferber, Ch. v. (Hrsg.) 1981: Selbsthilfe und Selbstorganisation im Gesundheitswesen. Die Bedeutung nicht-professioneller Sozialsysteme für Krankheitsbewältigung, Gesundheitsvorsorge und die Kostenentwicklung im Gesundheitswesen, München/Wien

BAG (Bundesarbeitsgemeinschaft der Freien Wohlfahrtspflege) 1985: Ehrenamtliche Mitarbeit in der freien Wohlfahrtspflege, in: Theorie und Praxis der Sozialen Arbeit 36 (H. 1), S. 82 ff.

BAG 1985a: Gesamtstatistik der Einrichtungen der freien Wohlfahrtspflege (Stand 1. 1. 1984), Bonn

Bäcker, G. 1985: Konservative Sozialpolitik: Über den Sozialabbau zum Umbau der Gesellschaft, in: WSI-Arbeitsmaterialien (Nr. 9): Der Angriff auf den Sozialstaat, Düsseldorf, S. 1 ff.

Bäcker, G. 1985a: Mindestsicherung und Maschinensteuer: Wege zur Lösung der sozialen und finanziellen Defizite der lohnbezogenen Sozialversicherung? in: Soziale Sicherheit 34 (H. 2), S. 33 ff.

Bäcker, G. 1987: Solidarische Alterssicherung statt Altersarmut – Weiterentwicklung der Rentenversicherung mit den Schwerpunkten „Rente nach Mindesteinkommen“ und „bedarfsorientierte Mindestrente“, in: WSI-Mitteilungen 40 (H. 2), S. 75 ff.

Bäcker, G. 1987a: Der Wertschöpfungsbeitrag zur Rentenversicherung: Kein Königsweg auf der Suche nach neuen Finanzierungsfundamenten des Sozialstaates, in: Heinze, R. G. u. a. (Hrsg.), a.a.O., S. 209 ff.

Bäcker, G. 1987b: Bedarfsorientierte Grundsicherung im Alter, in: WSI, a.a.O., S. 41 ff.

Bäcker, G./Bispinck, R./Hofmann, K./Naegele, G. 1980: Sozialpolitik, Köln

Bäcker, G./Welzmüller, R. 1987: Bedarf es einer Neuorientierung der Sozialpolitik? in: WSI, a.a.O., S. 6 ff.

Ballhausen, A./Brandes, U./Karrer, M./Schreiber, R. 1986: Zwischen traditionellem Engagement und neuem Selbstverständnis – weibliche Präsenz in der Öffentlichkeit. Eine empirische Untersuchung zur politischen und sozialen Partizipation von Frauen, Bielefeld

Balsen, W./Nakielski, H./Rössel, K./Winkel, R. 1986: Neue Armut – Keine Wende. Zur (Nicht-)Absicherung der Arbeitslosen nach drei Jahren Wenderegierung, Köln (Eine Studie des rheinischen Journalistenbüros im Auftrag der Hans-Böckler-Stiftung)

Bamberg, H.-D./Müller, G. 1987: Das Risiko „Pflegebedürftigkeit“ im Alter, in: Soziale Arbeit 1 (H. 1), S. 2 ff.

Beck-Gernsheim, E. 1986: Von der Liebe zur Beziehung? Veränderungen im Verhältnis von Mann und Frau in der individualisierten Gesellschaft, in: Berger, J. (Hrsg.), a.a.O., S. 209 ff.

Beck-Gernsheim, E. 1984: Vom Geburtenrückgang zur neuen Mütterlichkeit, Frankfurt a. M.

Beck, U. 1986: Die Risikogesellschaft – Auf dem Weg in eine andere Moderne, Frankfurt a. M.

Belle, D. 1982: The Stress of Caring: Women as Providers of Social Support, in: Goldberger, L./Breznitz, S. (Hrsg.), Handbook of Stress. Theoretical and Clinical Aspects, New York/London: The Free Press, S. 496 ff.

Belle, D. E. 1983: The Impact of Poverty on Social Networks and Support, in: Marriage and Family Review 5, S. 89 ff.

Berger, J. 1987: Entwicklungstrends abhängiger Beschäftigung und die Zukunft der Arbeit, Bielefeld (Ms.)

Berger, J. (Hrsg.) 1986: Die Moderne – Kontinuität und Zäsuren, in: Soziale Welt (Sonderband), Göttingen, S. 35ff.

Berger, J. u. a. 1985: Alternativen zur Lohnarbeit? Selbstverwaltete Betriebe zwischen Anspruch und Realität, Bielefeld

Berger, P. L./Neuhaus, R. J. 1977: To Empower People. The Role of Mediating Structures in Public Policy, Washington D. C.: AEI for Public Policy Research

Berg, M./Kück, M./Makowski, M. (Hrsg.) 1986: Alternative Finanzierungskonzepte. Bestandsaufnahme, Konflikte, Modelle, Perspektiven, Berlin

Bertram, H./Borrmann-Müller, R. 1988: Individualisierung und Pluralisierung familialer Lebensformen, in: Aus Politik und Zeitgeschichte (Beilage zur Wochenzeitung Das Parlament) B 13, S. 14 ff.

Besters, H. (Hrsg.) 1986: Bevölkerungsentwicklung und Generationenvertrag, Baden-Baden (Gespräche der List-Gesellschaft e. V., Bd. 5)

Beutin, L./Fehse, W. o. J.: Die Förderung der Selbsthilfegruppen durch die öffentliche Hand in der Bundesrepublik Deutschland und Berlin (West) – eine Bestandsaufnahme, Berlin

Beywl, W. 1986: Öffentliche Förderung örtlicher Beschäftigungsinitiativen, Förderprogramme zugunsten von Selbsthilfeinitiativen gegen die Arbeitslosigkeit im internationalen und nationalen Vergleich, Düsselforf (Druckschrift des Ministeriums für Arbeit, Gesundheit und Soziales des Landes NRW)

Beywl, W./Brombach, J./Engelbert, M. 1984: Alternative Betriebe in NRW, Düsseldorf (Druckschrift des Ministeriums für Arbeit, Gesundheit und Soziales)

Bieback, K. J. (Hrsg.) 1986: Die Sozialversicherung und ihre Finanzierung. Bestandsaufnahme und Perspektiven, Frankfurt a. M. / New York

Biedenkopf, K. 1985: Die neue Sicht der Dinge – Plädoyer für eine freiheitliche Wirtschafts- und Sozialordnung, München/Zürich

Binswanger, H. C. u. a. 1983: Arbeit ohne Umweltzerstörung, Frankfurt a. M.

Blanke, B./Evers, A./Wollmann, H. (Hrsg.) 1986: Die Zweite Stadt – Neue Formen lokaler Arbeits- und Sozialpolitik, Opladen

Blanke, B./Heinelt, H. 1987: Arbeitslosigkeit und lokale Politik, Hannover (Diskussionspapiere und Arbeitsmaterialien aus dem Forschungsschwerpunkt Sozialpolitik 21, Institut für Politische Wissenschaft, Universität Hannover)

Blanke, B./Heinelt, H./Macke, C.-W. 1987: Großstadt und Arbeitslosigkeit, Opladen

Bloesy, St./Kreft, D. 1987: Sie fördern uns – sie fördern uns nicht . . . Erfahrungen und Probleme alternativer Projekte mit der Verwaltung. Eine empirische Kurzstudie zur Ermittlung der Sichtweise selbstorganisierter Projekte/Initiativen, Berlin

Bock, T. 1986: Ehrenamtliche Tätigkeit im sozialen Bereich (Stichwortartikel) in: Deutscher Verein (Hrsg.): Fachlexikon der sozialen Arbeit, Frankfurt, S. 223 ff.

Bottroper Dokumente 1/1987: Dokumentation der Fachtagung „Förderung örtlicher Beschäftigungsinitiativen im Ländervergleich", Bottrop (Herausgegeben von der Gemeinnützigen Gesellschaft zur Information und Beratung örtlicher Beschäftigungsinitiativen [GIB])

Bourgett, J./Brülle, H. 1986: Auf dem Weg zu einer punktgesteuerten Beschäftigungspolitik. Das Beispiel Wiesbaden, in: Bullmann, U. u. a. (Hrsg.), a.a.O., S. 117 ff.

Braun, H.: Pflegebedürftigkeit als sozialer Tatbestand, in: Brandt, H. u. a. 1987, Stationäre Altenhilfe. Problemfelder — Rahmenbedingungen — Perspektiven, Freiburg, S. 11ff.

Braun, H./Articus, St. 1983: Hilfeleistungen in Familie und Nachbarschaft als Ansatzpunkt kommunaler Sozialpolitik. Eine explorative Studie, Melle

Braun, H./Articus, St. 1984: Die häusliche Versorgung pflegebedürftiger alter Menschen. Eine empirische Untersuchung der Erscheinungsformen, Probleme und Unterstützungsmöglichkeiten, Melle

Braun, H./Articus, St. 1985: Zwischen ehrenamtlichem Engagement und unterbezahlter Arbeit, in: Nachrichtendienst des deutschen Vereins (NDV) 65 (H. 6), S., 317 ff.

Braun, H./Marx, M.-L. 1987: Nichtprofessionelle Altenhilfe: Einsatzfelder, Arbeitsweisen. Verhältnisse zu sozialen Diensten, in: NDV 67 (H. 3), S. 99 ff.

Braun, J./Röhrig, P. 1986: Umfang und Unterstützung ehrenamtlicher Mitarbeit und Selbsthilfe im kommunalen Sozial- und Gesundheitssektor, in: Freiwilliges soziales Engagement und Weiterbildung, Bad Honnef (Herausgegeben vom BMBW; Schriftenreihe: Studien zu Bildung und Wissenschaft Bd. 32)

Braun, J./Röhrig, P. 1987: Praxis der Selbsthilfeförderung. Das freiwillige soziale Engagement am Beispiel von vier Städten, Frankfurt a. M./New York

Breitkopf, H. 1983: Entwicklungschancen und Barrieren hinsichtlich von Teilnahme an gesundheitsbezogenen Selbsthilfegruppen in der Bevölkerung der Bundesrepublik, in: Asam, W. H./Heck, M. (Hrsg.), a.a.O., München

Breitkopf, H. 1985: Förderung von Selbsthilfegruppen durch Kontaktstellen. Überlegungen zur Rolle von Selbsthilfeberatern und ‚ihren' Organisationen, in: Deutsche Arbeitsgemeinschaft Selbsthilfegruppen e. V., Arbeitstagung zum Erfahrungsaustausch und zur Fortbildung von Mitarbeitern in Selbsthilfegruppen-Unterstützungseinrichtungen, 21. 6. – 23. 6. 1985 in Oer-Erkenschwick, Gießen, S. 19 ff.

Brinkmann, Chr. 1988: Langzeitarbeitslosigkeit – Stand, Entwicklung, Perspektiven, Maßnahmen, in: AK Sozialwissenschaftliche Arbeitsmarktforschung (SAMF) (Hrsg.), Individuelle und sozialstrukturelle Folgen der Massenarbeitslosigkeit, Paderborn (Arbeitspapier des SAMF 1988/1), S. 5 ff.

Brinkmann, Chr./Kohler, H./Reyher, L. 1986: Teilzeitarbeit und Arbeitsvolumen, in: Mitteilungen aus der Arbeitsmarkt- und Berufsforschung 19 (H. 3), S. 362ff.

Brinkmann, C./Reyher, L. 1985: „Erwerbspotential und Stille Reserve", in: Mitteilungen aus der Arbeitsmarkt- und Berufsforschung 38 (H. 1), S. 4 ff.

Brody, J. G. 1985: Informal Social Networks: Possibilities and Limitations for Their Usefulness in Social Policy, in: Journal of Community Psychology 13, S. 338 ff.

Brose, H.-G. (Hrsg.) 1986: Berufsbiographien im Wandel, Opladen

Bruche, G./Reissert, B. 1985: Die Finanzierung der Arbeitsmarktpolitik: System, Effektivität, Reformansätze, Frankfurt a. M./New York

Brück, G. W. 1981: Allgemeine Sozialpolitik. Grundlagen – Zusammenhänge – Leistungen, Köln (Erstauflage 1976)

Brück, G. W. 1984: Solidarität und Subsidiarität in ihrer gegenseitigen Bedingtheit, in: Sozialer Fortschritt 33, S. 197 ff.

Büchele, H./Wohlgenannt, L. 1985: Grundeinkommen ohne Arbeit. Auf dem Weg zu einer kommunikativen Gesellschaft, Wien u. a.: Europaverlag

Büchtemann, Ch. F. 1985: Bewältigung der Arbeitsmarktkrise? in: Aus Politik und Zeitgeschichte (Beilage zur Wochenzeitung Das Parlament) B 4, S. 32 ff.

Büchtemann, Ch. F./Schupp, J. 1986: Zur Sozio-Ökonomie der Teilzeitbeschäftigung in der Bundesrepublik Deutschland. Analysen aus der ersten Welle des ‚Sozio-ökonomischen Panel', Berlin (Discussion Paper IIM/LMP 86-15, Wissenschaftszentrum Berlin für Sozialforschung)

Bullmann, U./Cooley, M./Einemann, E. (Hrsg.) 1986: Lokale Beschäftigungsinitiativen. Konzepte, Praxis, Probleme, Marburg

Bulmer, M. 1987: Privacy and Confidentiality as Obstacles to Interweaving Formal and Informal Social Care: The Boundaries of the Private Realm, in: Journal of Voluntary Action Research 16, S. 112 ff.

Bundesarbeitsgemeinschaft der Freien Wohlfahrtspflege (BAG) – Ausschuß „Statistik" 1982: Ehrenamtliche Arbeit in der Freien Wohlfahrtspflege, Bonn (Internes Positionspapier)

Bundesarbeitsgemeinschaft der Freien Wohlfahrtspflege (BAG) 1985: Gesamtstatistik der Einrichtungen der freien Wohlfahrtsverbände, Bonn (Stand: 1. 1. 1984)

Bundesarbeitsgemeinschaft der Freien Wohlfahrtspflege (BAG) 1982a: Gesamtstatistik der Einrichtungen der freien Wohlfahrtspflege, Bonn (Stand: 1. 1. 1981)

Bundesfachausschuß „Sozialpolitik“ der CDU (Hrsg.) 1986: Förderung ehrenamtlicher sozialer Dienste – Empfehlungen des Bundesfachausschusses „Sozialpolitik“ der CDU, Bonn

BMFT (Bundesminister für Forschung und Technologie) 1986: Mikroelektronik und Arbeitsplätze, Bonn (Ms.)

BMJFFG (Bundesminister für Jugend, Familie, Frauen und Gesundheit) 1986: Vierter Familienbericht – Die Situation der älteren Menschen in der Familie, Bonn

Caplan, G. 1976: The Family as a Support System, in: Caplan, G./Killilea, M. (Hrsg.), Support Systems and Mutual Help: Multidisciplinary Explorations, New York / San Francisco / London: Grane & Stratton, S. 19 ff.

Collins, A. H./Pancoast, D. L. 1981: Das soziale Netz der Nachbarschaft als Partner professioneller Hilfe, Freiburg

DAG SHG (Deutsche Arbeitsgemeinschaft Selbsthilfegruppen e. V.) (Hrsg.) 1987: Selbsthilfegruppen-Unterstützung. Ein Orientierungsrahmen, Gießen/Berlin

DAG SHG (Hrsg.) 1988: Selbsthilfegruppen-Förderung. Beiträge zu der Tagung ‚Konzepte der Selbsthilfegruppen-Förderung‘ in Berlin, 3. bis 5. Juni 1987, Gießen

DAG SHG (Hrsg.) o. J.: Selbsthilfegruppen Kontaktstellen, Informationen, Anregungen, Unterstützung, Gießen/Berlin

Dahme, H. J./Hegner, F. 1983: Sozialstationen: Eine neue Organisationsform ambulanter Dienste im Wohnumfeld, in: Deppe, H. U./Gerhard, U./Novak, P. (Hrsg.), Jahrbuch 3. Medizinische Soziologie, Frankfurt a. M./New York, S. 54 ff.

Damkowski, W. 1987: Sozialstationen – ein Konzept ambulanter Versorgung in der Bewährung, in: Aus Politik und Zeitgeschichte (Beilage zur Wochenzeitung Das Parlament) B 24 – 25, S. 13 ff.

Dannenberg, A. 1986: Pflegeversicherung auch in der Bundesrepublik Deutschland, in: Deutsche Angestelltenversicherung 10, S. 378 ff.

Deppe, H.-U. 1987: Krankheit ist ohne Politik nicht heilbar. Zur Kritik der Gesundheitspolitik, Frankfurt a. M.

Der Senator für Gesundheit, Soziales und Familie Berlin 1985: Neue Wege in der Sozial- und Gesellschaftspolitik. Selbsthilfe, Nachbarschaftshilfe, freie und lokale Initiativen. Eine Dokumentation, Berlin

Dettling, W. 1982: Die „Neue Soziale Frage“, in: Becher, H. J. (Hrsg.), Die Neue Soziale Frage, Opladen, S. 1 ff.

Deutsche Bundesbank 1987: Die Ausgaben der Gebietskörperschaften für Sozialleistungen in den letzten fünf Jahren, in: Monatsberichte der Deutschen Bundesbank 39 (H. 7), S. 23 ff.

Deutscher Verein für öffentliche und private Fürsorge 1987: Bestandsaufnahme der ambulanten sozialpflegerischen Dienste (Kranken- und Altenpflege, Haus- und Familienpflege) im Bundesgebiet. Stuttgart/Berlin/Köln/Mainz (Bearbeitet von Reiner Höft-Dzemski. Schriftenreihe des Bundesministers für Jugend, Familie, Frauen und Gesundheit, Bd. 195)

DIE GRÜNEN (Hrsg.) 1983: Gegen Arbeitslosigkeit und Sozialabbau. Sinnvoll arbeiten – solidarisch leben. Verabschiedet auf der Bundesdelegiertenversammlung am 15./16. Januar 1983 in Stuttgart-Sindelfingen, Bonn

DIE GRÜNEN (Hrsg.) 1986: Umbau der Industriegesellschaft. Schritte zur Überwindung von Erwerbslosigkeit, Armut und Umweltzerstörung. Als Programm verabschiedet von der Bundesdelegiertenkonferenz der GRÜNEN in Nürnberg, 26. – 28. September 1986, Bonn

DIE GRÜNEN/Seniorenschutzbund „Graue Phanther" 1985: Grundrente statt Altersarmut, Berlin/Essen

Diewald, M. 1986: Sozialkontakte und Hilfeleistungen in informellen Netzwerken, in: Glatzen, W./Berger-Schmitt, R. (Hrsg.), a. a. O., S. 51ff.

Ehrenberg, H./Fuchs, A. 1980: Sozialstaat und Freiheit. Von der Zukunft des Sozialstaats, Frankfurt a. M.

Eichler, K. u. a. 1986: Arbeitserfahrungen der Koop-Stelle Dortmund, in: Kooperationsprojekt (Hrsg.), Regionale Zusammenarbeit von Hochschulen und Gewerkschaften, Düsseldorf, S. 73 ff.

Eichner, H. 1986: Zwischen Privatisierung und Solidarität – Soziale Sicherung unter veränderten Bedingungen, Bonn

Einemann, E./Lübbing, E. 1985: Anders produzieren. Alternative Strategien in Betrieb und Region, Marburg

Engelbrech, G. 1987: Zukunftsperspektiven für Mädchen und Frauen im Erwerbsleben, in: Soziale Welt 38 (H. 1), S. 57 ff.

Engfer, R./Grunow, D. 1987: Nichtorganisierte Gesundheitsselbsthilfe im Lebenslauf, in: Kaufmann, F.-X. (Hrsg.), a.a.O., S. 119 ff.

Evers, A./Ostner, I./Wiesenthal, H. 1987: Fragen der Arbeit und Beschäftigung als Bezugsrahmen von Reformkonzepten im Bereich sozialer Pflegedienste, Forschungsbericht für das Bundesministerium für Jugend, Frauen, Familie und Gesundheit, o. O. (Ms.)

Felderer, B. 1983: Wirtschaftliche Entwicklung bei schrumpfender Bevölkerung, Göttingen

Ferber, Chr. v. 1985: Pflegebedürftigkeit – ein neues Sozialversicherungsrisiko? in: ders./Reinhardt, U. E./Thümeyer, T. (Hrsg.), Kosten und Effizienz im Gesundheitswesen, München, S. 521 ff.

Ferber, Chr. v./Kaufmann, F.-X. (Hrsg.) 1977: Soziologie und Sozialpolitik, Kölner Zeitschrift für Soziologie und Sozialpsychologie (Sonderheft 19)

Ferber, Chr. v./Wedekind, R. 1984: Familie, Selbsthilfe und Sozialpolitik. Hilfebedürftigkeit zwingt zu einer Neuorientierung sozialer Hilfen, in: Soziale Welt 35 (H. 5), S. 503 ff.

Fiedler, J./Fahrenholtz, A. 1986: Möglichkeiten und Grenzen des Zweiten Arbeitsmarktes als Modell regionalisierter Arbeitsmarktpolitik – das Beispiel Hamburg, in: Maier, H. E./Wollmann, H. (Hrsg.), a.a.O., S. 388 ff.

Fink, U. 1983: Keine Angst vor Alternativen. Ein Minister wagt sich in die Szene, Freiburg

Fink, U. 1986: Subsidiarität – Lösung für sozialpolitische Probleme der Gegenwart, in: Heinze, R. G. (Hrsg.), a.a.O., S. 157 ff.
Fink, U. 1988: Förderung von Selbsthilfegruppen – eine politische Aufgabe, in: DAG SHG (Hrsg.), a.a.O., S. 56 ff.
Fischer, C. S. 1982: The Dwell among Friends. Personal Networks in Town and City, Chicago: University of Chicago Press
Fischer, M. 1978: Arbeit in Ehrenämtern, in: Pinl, C. u. a., Frauen auf neuen Wegen, Studien und Problemberichte zur Situation der Frauen in Gesellschaft und Kirche, Gelnhausen/Berlin, S. 75 ff.
Foa, E. B./Foa, U. G. 1976: Resource Theory of Social Exchange, in: Thibanut, J. W./Spence, J. T., Carson, R. C. (Hrsg.), Contemporary Topics in Social Psychology, New Jersey/Morristown
FORSA 1986: Ungeschützte und statusgeminderte Arbeitsverhältnisse – Ergebnisse einer bundesweiten repräsentativen Erhebung, Dortmund (Veröffentlichung der Gesellschaft für Sozialforschung und Statistische Analysen mbH)
Forschungsverbund Laienpotential, Patientenaktivierung und Gesundheitsselbsthilfe (Hrsg.) 1987: Gesundheitsselbsthilfe und professionelle Dienstleistungen. Soziologische Grundlagen einer bürgerorientierten Gesundheitspolitik, Berlin/Heidelberg/New York/London/Paris/Tokyo
Franz, H.-J. 1987: Selbsthilfe zwischen sozialer Bewegung und spezifischer Organisationsform sozialpolitischer Leistungserbringung, in: Kaufmann, F.-X. (Hrsg.), a.a.O., S. 307 ff.
Frerich, J. 1987: Sozialpolitik. Das Sozialleistungssystem der Bundesrepublik Deutschland. Darstellung, Probleme und Perspektiven der sozialen Sicherung, München/Wien
Fricke, W./Seifert, H./Welsch, J. (Hrsg.) 1986: Mehr Arbeit in die Region. Chancen für regionale Beschäftigungsinitiativen, Bonn
Friedrich, H. 1983: Ist die Familie bei der Bewältigung von Krankheit überfordert? in: Baethge, M./Eßbach, W. (Hrsg.), Soziologie: Entdeckungen im Alltäglichen, Frankfurt a. M./New York, S. 88 ff.
Fücks, R. 1987: Alternative Regionalökonomie in Bremen, in: PROKLA 17 (H. 2), S. 88 ff.
Fuß, R./Schubert, J. 1985: Münchner Selbsthilfeförderung oder: von der Verwirklichung einer Idee, in: Widersprüche (H. 17), S. 83ff.
Geiger, M./unter Mitarbeit von Göpfert, W. 1982: Soziales Engagement von Hausfrauen – Auswertung eines Modellvorhabens zur Förderung ehrenamtlichen Engagements von Hausfrauen, Saarbrücken (Institut für Sozialforschung und Sozialwirtschaft e. V.)
Gerhardt, K. U./Weber, A. 1984: Garantiertes Mindesteinkommen. Für einen libertären Umgang mit der Krise, in: Schmid, Th. (Hrsg.), a.a.O., S. 18ff.
Gerhardt, U./Friedrich, H. 1982: Familie und chronische Krankheit – Versuch einer soziologischen Standortbestimmung, in: Angermeyer, M. C./Freyberger, H. (Hrsg.), Chronisch kranke Erwachsene in der Familie, Stuttgart, S. 1 ff.
Gerhard, U. 1987: Sozialpolitik auf Kosten der Frauen, in: Heinze, R. G. u. a. (Hrsg.), a.a.O., S. 113 ff.

Gerke, U. 1987: Behindertenselbsthilfe und ‚neue Selbsthilfebewegung' – ein Gegensatz? in: Selbsthilfe (Zeitschrift der Bundesarbeitsgemeinschaft Hilfe für Behinderte) (H. 5), S. 2 ff.

Gernert, W. 1984: Macht Helfen froh? in: Caritas 85 (H. 4), S. 154 ff.

GEWOS, GfAH, WSI (Institut für Stadt-, Regional- und Wohnungsforschung, Gesellschaft für Arbeitsschutz und Humanisierungsforschung, Wirtschafts- und Sozialwissenschaftliches Institut des DGB) 1987: Krise und Chancen der Metallindustrien an der Ruhr, 1. Zwischenbericht eines Forschungsprojekts „Strukturwandel und Beschäftigungsperspektiven der Metallindustrien an der Ruhr", Hamburg

GEWOS 1986: Projekt „Beschäftigungsprogramm Küste", Ergebnisbericht, Hamburg (Veröffentlichung der GEWOS)

Glatzer, W. 1986: Haushaltsproduktion, wirtschaftliche Stagnation und sozialer Wandel, in: Glatzer, W./Berger-Schmitt, R. (Hrsg.), a.a.O., S. 9ff.

Glatzer, W. 1988: Die Rolle der privaten Haushalte in der Wohlfahrtsproduktion (verv. Ms.); erscheint in: Offe, C./Heinze, R. G. (Hrsg.) 1989, Organisierte Eigenarbeit, Frankfurt a. M./New York

Glatzer, W. 1984: Haushaltsproduktion, in: Glatzer, W./Zapf, W. (Hrsg.), Lebensqualität in der Bundesrepublik, Frankfurt a. M./New York, S. 366ff.

Glatzer, W./Berger-Schmitt, R. (Hrsg.) 1986: Haushaltsproduktion und Netzwerkhilfe. Die alltäglichen Leistungen der Familie und Haushalte, Frankfurt a. M./New York

Glotz, P. 1986: Freiwillige Arbeitslosigkeit? Zur neueren Diskussion um das „garantierte Grundeinkommen", in: Opielka, M./Vobruba, G. (Hrsg.), a.a.O., S. 135 ff.

Görres, P. A. 1984: „Maschinensteuer" und Wertschöpfungsabgabe – falsche Lösungen für einen richtigen Gedanken, in: Die Neue Gesellschaft 31 (H. 9), S. 792 ff.

Gore, S. 1978: The Effect of Social Support in moderating the Health Consequences of Unemployment, in: Journal of Health and Social Behaviour 19, S. 157 ff.

Gorz, A. 1983: Wege ins Paradies, Berlin

Gottlieb, B. H. 1985: Combining Lay and Professional Resources to Promote Human Welfare: Prospects and Tensions, in: Yoder, J. A. u. a. (Hrsg.), a.a.O., S. 59 ff.

Gottlieb, B. H. (Hrsg.) 1981: Social Networks and Social Support, Beverly Hills/London: Sage

Gottschall, K. 1986: Frauen auf dem Arbeitsmarkt: Verdrängung statt Integration? in: WSI-Mitteilungen 39 (H. 8), S. 514 ff.

Graham, H. 1983: Caring: a Labour of Love, in: Finch, J./Groves, D. (Hrsg.), A Labour of Love. Women, Work and Caring, London/Boston/Melbourne/Henley: Routledge and Kegan Paul, S. 13 ff.

Granovetter, M. S. 1982: The Strength of Weak Ties. A Network Theory revisited, in: Marsden, P. V./Lin, N. (Hrsg.), Social Structure and Network Analysis, Beverly Hills: Sage, S. 105 ff.

Gretschmann, K./Heinze, R. G./Hilbert, J./Voelzkow, H. 1987: Durch die

Krise zur Reform: Finanzierungs- und Leistungsalternativen in der Sozialen Sicherung, in: Heinze, R. G. u. a. (Hrsg.), a.a.O., S. 15 ff.

Gretschmann, K./Voelzkow, H. 1986: Öko-soziale Steuerreform: Ein Ausweg aus der Beschäftigungs- und Umweltkrise? in: Wirtschaftsdienst 67 (H. 11), S. 560 ff.

Griffith, J. 1985: Social Support Providers: Who Are They? Where Are They Met? and the Relationship of Network Characteristics to Psychological Distress, in: Basic and Applied Social Psychology 6, S. 41 ff.

Grönert, J. 1980: Pflegebedürftigkeit als sozialpolitisches Problem, in: Theorie und Praxis der sozialen Arbeit 31 (H. 4), S. 404 ff.

Grohmann, H. 1985: Demographische Entwicklung und Finanzierung der Alterssicherung, in: Hampe, P. (Hrsg.), a.a.O., S. 27 ff.

Gross, P. 1988: Der neue Zeitvertrag, Bamberg (verv. Ms.), erscheint in: Fink, U. (Hrsg.), Der neue Generationenvertrag, München/Zürich

Großjohann, K./Zöllner, D. 1984: Soziale Sicherung bei Pflegebedürftigkeit in europäischen Nachbarländern, Bonn (Forschungsbericht im Auftrag des Bundesministers für Jugend, Familie und Gesundheit)

Grunow, D. 1987: Soziale Ressourcen in der alltäglichen Gesundheitshilfe, in: Keupp, H./Röhrle, B. (Hrsg.), a.a.O., S. 245 ff.

Grunow, D./Breitkopf, H./Grunow-Lutter, V. 1984: Gesundheitsselbsthilfe durch Laien: Erfahrungen, Motive, Kompetenzen. Ergebnisse einer qualitativen Intensivstudie, Bielefeld

Grunow, D./Hegner, F. 1981: Sozialstationen im Bereich der ambulanten Sozial- und Gesundheitspflege, in: Badura, B./Ferber, Ch. v. (Hrsg.), a.a.O., S. 39 ff.

Grunow, D. u. a. 1983: Gesundheitsselbsthilfe im Alltag. Ergebnisse einer repräsentativen Haushaltsbefragung über gesundheitsbezogene Selbsthilfeerfahrungen und -potentiale, Stuttgart

Gurgsdies, E. 1987: Arbeit und Einkommen für alle! Gedanken zur Entkopplung von Arbeitsvolumen und Existenzsicherung, in: Die Neue Gesellschaft 34 (H. 9), S. 844 ff.

Habermas, J. 1985: Die Krise des Wohlfahrtsstaates und die Erschöpfung utopischer Energien, in: ders., Die neue Unübersichtlichkeit, Frankfurt a. M., S. 141 ff.

Hagemann, H. 1985: Freisetzungs- und Kompensationseffekte neuer Technologien: Zur Gefahr einer technologischen Arbeitslosigkeit, in: Buttler, F./Kühl, J./Rahmann, B. (Hrsg.), Staat und Beschäftigung. Angebots- und Nachfragepolitik in Theorie und Praxis, Nürnberg (Beiträge aus der Arbeitsmarkt- und Berufsforschung 88), S. 291 ff.

Hagemann, H./Kalmbach, P. (Hrsg.) 1983: Technischer Fortschritt und Arbeitslosigkeit, Frankfurt a. M./New York

Hall, A./Wellmann, E. 1985: Social Networks and Social Support, in: Cohen, S./Syme, S. L. (Hrsg.), Social Support and Health, New York: Academic Press, S. 23 ff.

Hampe, P. (Hrsg.) 1985: Renten 2000 – Längerfristige Finanzierungsprobleme der Alterssicherung und Lösungsansätze, München

Hanesch, W. 1987: Eine bedarfsbezogene integrierte Grundsicherung für Arbeitslose, in: WSI-Mitteilungen 40 (H. 2), S. 65

Hanesch, W. 1987a: Grundsicherung für Arbeitslose – Eine sozialpolitische Reformstrategie in der Beschäftigungskrise, in: Heinze, R. G. u. a. (Hrsg.), a.a.O., S. 171 ff.

Hanesch, W./Klein, Th. 1986: Eine integrierte bedarfsbezogene Grundsicherung in AFG und BSHG, Frankfurt a. M. (Ms.)

Hartmann, E. u. a. 1983: Sozialstationen. Analyse der Hilfen für Pflegebedürftige in städtischen Versorgungsräumen, untersucht am Modellfall der Stadt Bonn, Berlin (Deutsches Institut für Urbanistik)

Hauser, R./Fischer, I./Klein, Th. 1985: Verarmung durch Arbeitslosigkeit, in: Leibfried, St./Tennstedt, F. (Hrsg.), a.a.O., S. 213 ff.

Heck, M. 1987: Die Rolle von Experten bei der Unterstützung von Selbsthilfegruppen, in: Verhaltenstherapie und psychosoziale Praxis 19 (H. 2), S. 150 ff.

Hegner, F. 1985: Öffentliche Förderung von Selbsthilfe und Selbstorganisation, in: Keim, K. D./Vaskovicz, L. A. (Hrsg.), Wege zur Sozialplanung. Erfahrungen und Chancen in der Bundesrepublik Deutschland, Opladen, S. 156 ff.

Hegner, F. 1986: Handlungsfelder und Instrumente kommunaler Beschäftigungs- und Arbeitsmarktpolitik, in: Maier, H. E./Wollmann, H. (Hrsg.), a.a.O., S. 119 ff.

Hegner, F. 1987: Zur Entwicklung von erwerbsgebundener Zeit und erwerbsfreier Zeit, in: Hesse, J. J./Zöpel, Chr. (Hrsg.), a.a.O., S. 33 ff.

Heinelt, H./Wacker, A./Welzer, H. 1987: Arbeitslosigkeit in den 70er und 80er Jahren – Beschäftigungskrise und ihre sozialen Folgen, Hannover (Diskussionspapiere und Materialien aus dem Forschungsschwerpunkt Sozialpolitik am Institut für Politische Wissenschaft der Universität Hannover)

Heinemann, H. 1987: Politische Aspekte einer Arbeitslosengrundsicherung, in: Heinze, R. G. u. a. (Hrsg.), a.a.O., S. 183 ff.

Heinemann-Koch, M./de Rijuke, J./Schachtner, Ch. 1985: Alltag im Alter: über Hilfsbedürftigkeit und Sozialstationen, Frankfurt a. M./New York

Heinze, R. G. 1984: Soziale Strukturierung der Arbeitslosigkeit: Auf dem Weg zu einer gespaltenen Gesellschaft, in: Bonß, W./Heinze, R. G. (Hrsg.), Arbeitslosigkeit in der Arbeitsgesellschaft, Frankfurt a. M., S. 106ff.

Heinze, R. G./Hilbert, J./Voelzkow, H. 1986: Arbeit und Umwelt in der Kommunalpolitik, in: Aus Politik und Zeitgeschichte (Beilage zur Wochenzeitung Das Parlament) B 46/47, S. 14 ff.

Heinze, R. G./Hinrichs, K./Olk, Th. 1986: The institutional Crisis of a Welfare State. The Case of Germany, in: Oyen, E. (Hrsg.), a.a.O., S. 64ff.

Heinze, R. G./Hombach, B./Scherf, H. (Hrsg.) 1987: Sozialstaat 2000 – Auf dem Weg zu neuen Grundlagen der sozialen Sicherung, Bonn

Heinze, R. G. (Hrsg.) 1986: Neue Subsidiarität: Leitidee für eine zukünftige Sozialpolitik? Opladen

Heinze, R. G./Offe, C. 1987: Requalifizierung von Zeit, in: Hesse, J. J./ Zöpel, Chr. (Hrsg.), a.a.O., S. 150 ff.
Heinze, R. G./Olk, Th. 1984: Sozialpolitische Steuerung: Von der Subsidiarität zum Korporatismus, in: Glagow, M. (Hrsg.), Gesellschaftssteuerung zwischen Korporatismus und Subsidiarität, Bielefeld
Hentschel, V. 1982: Geschichte der deutschen Sozialpolitik (1880–1980), Frankfurt a. M.
Herlth, A./Kaufmann, F.-X. 1982: Familiale Probleme und sozialpolitische Intervention, in: Kaufmann, F.-X. (Hrsg.), Staatliche Sozialpolitik und Familie, München/Wien, S. 1 ff.
Herweck, R. 1987: Die Vorstellungen der Bundesregierung zur Verbesserung der Situation bei Pflegebedürftigkeit, in: Meifort, B., Gesundheits- und sozialpflegerische Arbeit im Umbruch – Berufliche Bildung im Schnittpunkt einer veränderten Gesundheits- und Sozialpolitik, Alsbach/Bergstraße, S. 102 ff.
Heseler, H. 1987: ABM und Beschäftigungspolitik. Überlegungen zu einem umstrittenen arbeitsmarktpolitischen Instrument, in: ZWE (Hrsg.), a.a.O., S. 23 ff.
Hesse, J. J./Zöpel, Chr. (Hrsg.) 1987: Neuorganisation der Zeit, Baden-Baden
Hesse, U. 1987: Möglichkeiten zur Selbsthilfeförderung durch das Bundesministerium für Jugend, Familie, Frauen und Gesundheit, in: Klages/ Braun/Röhrig (Hrsg.), a.a.O., S. 118 ff.
Hickel, R. 1985: Technologische Arbeitslosigkeit – Gibt's die? in: Memo-Forum Nr. 5, S. 20 ff.
Hickel, R., 1986: Neue Technologien – Job-Killer oder Job-Knüller, in: Ahlheit, P./Lobodda, G./Wollenberg, J. (Hrsg.), Wie wir leben wollen, Hamburg, S. 55 ff.
Hinrichs, K. 1988: Motive und Interessen im Arbeitszeitkonflikt. Eine Analyse der Entwicklung von Normalarbeitszeitstandards, Frankfurt a. M./ New York
Höft-Dzemski, R. 1988: Ambulante gesundheits- und sozialpflegerische Dienste in der Bundesrepublik Deutschland – Anzahl, Personalstruktur, Leistungsspektrum, Versorgungsdichte –, in: NDV 68 (H. 3), S. 79ff.
Höpflinger, F. Wandel der Familienbildung in Westeuropa. Frankfurt a. M./New York
Hoffmann-Nowotny, H.-J. 1988: Ehe und Familie in der modernen Gesellschaft, in: Aus Politik und Zeitgeschichte (Beilage zur Wochenzeitung Das Parlament) B 13, S. 3 ff.
Hoppensack, H.-Ch./Wenzel, G. 1983: Hilfe zur Arbeit in der Krise – Praxis ohne Recht? Recht ohne Praxis? in: Theorie und Praxis der sozialen Arbeit 34 (H. 8/9), S. 643ff.
Huber, J. 1984: Die zwei Gesichter der Arbeit, Frankfurt a. M.
Huber, J. 1987: Die neuen Helfer. Das ‚Berliner Modell' und die Zukunft der Selbsthilfebewegung, München/Zürich

Hucke, J. 1986: Beschäftigungswirkungen des lokalen Umweltschutzes und Schwierigkeiten bei ihrer Erschließung, in: Maier, H. E. (Hrsg.), a.a.O., S. 281 ff.

Huster, E.-U. 1985: Subsidiarität – Historische und systematische Aspekte zu einem Leitprinzip in der Sozialpolitik –, in: WSI-Mitteilungen 38 (H. 5), S. 370 ff.

Igl, G. 1986: Bemerkungen zu einer Neuordnung der Sicherung bei Pflegebedürftigkeit, in: Sozialer Fortschritt 35 (H. 9), S. 193 ff.

IGM (Industriegewerkschaft Metall) 1987: „Arbeitslosigkeit: Trauriger Rekord der Frauen", in: Mitteilungen für Frauen 3/87, S. 12 f.

Jakubowski, A. 1987: Selbsthilfegruppen und Selbsthilfegruppenunterstützung in Nordrhein-Westfalen, Bottrop (Schriftenreihe der GIB: ‚Bottroper Dokumente' 2/87)

Kardorff, E. v./Koenen, E. 1985: Armenpolitik und Selbstorganisation, in: Leibfried, St./Tennstedt, F. (Hrsg.), a.a.O., S. 357 ff.

Kardorff, E. v./Stark, W. 1987: Zur Verknüpfung professioneller und alltäglicher Hilfenetze, in: Keupp, H./Röhrle, B. (Hrsg.), a.a.O., S. 219 ff.

Katz, A. H. 1986: Fellowship, Helping and Healing: The Re-Emergence of Self-Help Groups, in: Journal of Voluntary Action Research 15, S. 4 ff.

Kaufmann, F.-X. 1970: Sicherheit als soziologisches und sozialpolitisches Problem, Stuttgart

Kaufmann, F.-X. (Hrsg.) 1987: Staat, intermediäre Instanzen und Selbsthilfe. Bedingungsanalysen sozialpolitischer Intervention, München

Kaufmann, F.-X./Leisering, L. 1986: Demographic Challenges in the Welfare State, in: Oyen, E. (Hrsg.), a.a.O., S. 96 ff.

Kemper, P./Lohan, R. 1987: Struktur der Sozialhilfe in Bielefeld, Bielefeld (Herausgegeben vom Sozialamt der Stadt Bielefeld)

Keupp, H. 1987: Soziale Netzwerke – Eine Metapher des gesellschaftlichen Umbruchs, in: Keupp, H:/Röhrle, B. (Hrsg.), a.a.O., S. 11 ff.

Keupp, H./Röhrle, B. (Hrsg.) 1987: Soziale Netzwerke, Frankfurt a. M./New York

Kirch, R./Lewkowicz, M. 1980: Ehrenamtliche Soziale Arbeit, in: Lewkowicz, M. (Hrsg.), Sozialatlas für das Saarland, Saarbrücken, S. 112 ff.

Kirsch, G./Mackscheidt, K./Herder-Dorneich, P./Dettling, V. 1982: Jenseits von Markt und Macht. Eine Ordnung für den Menschen, Baden-Baden

Klages, H./Braun, J./Röhrig, O. (Hrsg.) 1987: Soziale Selbsthilfe. Entwicklungsperspektiven und Unterstützungsmöglichkeiten durch die Sozial- und Gesundheitspolitik von Bund, Ländern und Gemeinden, Speyer (Speyerer Forschungsberichte 56)

Klanberg, F. 1987: Bedarf es einer Neuorientierung der Sozialpolitik? in: WSI, a. a. O., S. 21 ff.

Klauder, W. 1986: Arbeitsmarktperspektiven bis 2000, in: Sozialer Fortschritt 35 (H. 3), S. 49 ff.

Klauder, W. 1986a: Technischer Fortschritt und Beschäftigung. Zum Zusammenhang von Technik, Strukturwandel, Wachstum und Beschäftigung, in: Mitteilungen aus der Arbeitsmarkt- und Berufsforschung 19 (H. 1), S. 1 ff.

Klauder, W./Schnur, P./Thon, 1985: Arbeitsmarktperspektiven der 80er und 90er Jahre. Neue Modellrechnungen für Potential und Bedarf an Arbeitskräften, in: Mitteilungen aus der Arbeitsmarkt- und Berufsforschung 18 (H. 1), S. 41 ff.

Kleemann, U. 1977: Ergebnisse einer Umfrage über die ehrenamtliche Tätigkeit, in: Informationen für die Frau 26, Folge 10, S. 12 ff.

Klönne, A. 1984: Subsidiarität als Kampf ums Dasein? in: Heinze, R. G./ Hombach, B./Mosdorf, S. (Hrsg.), Beschäftigungskrise und Neuverteilung der Arbeit, Bonn, S. 224 ff.

Koeppinghoff, S. 1982: Einkommenssicherung von Frauen im Alter, Frankfurt a. M./New York

Koeppinghoff, S. 1984: Endstation Sozialhilfe. Defizite der Einkommenssicherung von Frauen im Alter, in: Kickbusch, I./Riedmüller, B. (Hrsg.) Die armen Frauen. Frauen und Sozialpolitik, Frankfurt a. M., S. 252 ff.

Kohl, H. 1982: Regierungserklärung des Bundeskanzlers vor dem Deutschen Bundestag. Für eine Politik der Erneuerung, in: Presse- und Informationsamt der Bundesregierung (Hrsg.), Reihe „Berichte und Dokumente", Bonn

Korte, H. 1961: „Ehrenamt", (Stichwortartikel) in: Beckerath, E. v. u.a. (Hrsg.), Handwörterbuch der Sozialwissenschaften, 3 Bde., Tübingen, S. 27ff.

Krelle, W. u. a. 1985: Der Maschinenbeitrag: Auswirkungen alternativer Bemessungsgrundlagen für die Arbeitgeberbeiträge zur Sozialversicherung, Tübingen

Kreutz, H./Fröhlich, G. 1986: Von der alternativen Bewegung zum selbstverwalteten Projekt, Ergebnisse einer empirischen Längsschnittuntersuchung über die Entwicklung „alternativer Projekte" im Zeitraum von drei Jahren, in: Mitteilungen aus der Arbeitsmarkt- und Berufsforschung 19 (H. 4), S. 553 ff.

Kronberger Kreis 1987: Reform der Alterssicherung, Frankfurt a. M.

Krotz, F. 1988: Die Instrumentalisierung der Selbsthilfe. Erfahrungen mit dem „Berliner Modell", in: Grottian, P./Krotz, F./Lütke, G./Pfarr, H., Die Wohlfahrtswende. Der Zauber konservativer Sozialpolitik, München, S. 82 ff.

Krupp, H. J. 1985: Bestandsaufnahme und Perspektiven der Finanzierung des Sozialversicherungssystems, in: Wirtschaftsdienst 66 (H. 2), S. 64 ff.

Krupp, H. J. 1987: Perspektiven einer Strukturreform der sozialen Alterssicherung, in: Aus Politik und Zeitgeschichte (Beilage zur Wochenzeitung Das Parlament) B 35, S. 3 ff.

Kück, M. 1986: Alternative Ökonomie in der Bundesrepublik, in: Berg, M./ Kück, M./Makowski, M. (Hrsg.), a.a.O., S. 10 ff.

Kühl, J. 1987: Chronik zur Arbeitsmarktpolitik, in: Mitteilungen aus der Arbeitsmarkt- und Berufsbildungsforschung 20 (H. 1), S. 119 ff.

Lafontaine, O. 1988: Die Gesellschaft der Zukunft, Hamburg

Land, H:/Rose, H. 1985: Compulsory altruism for some or an altruistic society for all? in: Bean, Ph. u. a. (Hrsg.), In Defense of Welfare, London/ New York: Tavistock. S. 74 ff.

Lappe, L. 1986: Frauenarbeit und Frauenarbeitslosigkeit – Eine empirische Überprüfung geschlechtsspezifischer Arbeitsmarktsegmentation, in: Arbeitskreis Sozialwissenschaftliche Arbeitsmarktforschung (SAMF), Arbeitspapier Nr. 2/1986, Universität Paderborn

Leibfried, St./Tennstedt, F. (Hrsg.) 1985: Politik der Armut und die Spaltung des Sozialstaates, Frankfurt a. M.

Leipert, C./Simonis, E. 1985: Arbeit und Umwelt. Ansatzpunkte für eine integrierte Beschäftigungs- und Umweltpolitik, in: Aus Politik und Zeitgeschichte (Beilage zur Wochenzeitung Das Parlament) B 32, S. 3 ff.

Lewkowicz, U. 1985: Sozialplanung und Selbsthilfe als Steuerungsressourcen Kommunaler Sozialpolitik, in: Krüger, J./Pankoke, E. (Hrsg.), Kommunale Sozialpolitik, München/Wien, S. 222 ff.

Leyendecker, W. 1986: Grundrente – Rentenmodell für die Zukunft? in: Deutsche Rentenversicherung (H. 3/4), S. 143 ff.

Liebermann, M. A. 1982: The Effects of Social Supports on Responses of Stress, in: Goldberger, L./Breznitz, S. (Hrsg.), Handbook of Stress. Theoretical and Clinical Aspects, New York/London: The Free Press, S. 764 ff.

Linne, G./Vosswinkel, St. 1986: Befristete Arbeitsverhältnisse und das ‚Beschäftigungsförderungsgesetz', in: WSI-Mitteilungen 39 (H. 7), S. 499 ff.

Lompe, K. 1987: Sozialstaat und Krise. Bundesrepublikanische Politikmuster der 70er und 80er Jahre, Freiburg

Lompe, K./Pollmann, B. 1986: Abstieg der Arbeitslosen in die Sozialhilfe: Rekrutierungsmuster neuer Armut – Analyse empirischer Untersuchungen, in: Soziale Sicherheit 35 (H. 7), S. 198 ff.

Maag-Specker, I. 1988: Aufgaben und Kriterien für eine Förderung von Selbsthilfegruppen durch die öffentliche Hand, in: DAG SHG (Hrsg.), a.a.O., S. 143 ff.

Mackscheidt, K. 1984: Finanzausgleichsbeziehungen innerhalb und außerhalb der gesetzlichen Rentenversicherung, in: Sozialbeirat (Hrsg.), Langfristige Probleme der Alterssicherung in der Bundesrepublik Deutschland, Bonn, S. 143 ff.

Maier, H. E. 1986: Lokale Beschäftigungspolitik – Eine Einführung in ihre Perspektiven und Probleme, in: Maier, H. E./Wollmann, H. (Hrsg.), a.a.O., S. 11 ff.

Maier, H. E./Wollmann, H. (Hrsg.) 1986: Lokale Beschäftigungspolitik, Basel u. a.: Birkhäuser

Markmann, H. 1987: Eröffnung, in: WSI, a.a.O., S. 5 ff.

Meinhold, H. 1985: Demographische Entwicklung und Finanzierung der Alterssicherung, in: Hampe, P. (Hrsg.), a.a.O., S. 27 ff.

Mengelkamp, W./Peschel, I./Ströbele, K. P. 1987: Das EWZ Dortmund: Arbeitsstrukturen und Aufgabenschwerpunkte einer gewerkschaftlichen Beschäftigungs- und Qualifizierungsinitiative, in: Gewerkschaftliche Bildungspolitik (H. 2), S. 37 ff.

Merchel, J. 1986: Selbsthilfe-Förderung als Herausforderung für kommunale Sozialpolitik. Argumente gegen ein verkürztes Handlungsverständnis, in: Neue Praxis 16 (H. 2), S. 137 ff.
Merschbrock-Bäuerle, A. 1987: Pflegebedürftigkeit – keine Lösung in Sicht, in: Medizin – Mensch – Gesellschaft (H. 2), S. 167 ff.
Merz, J./Wolff, K. 1986: Eigenarbeit und Erwerbsarbeit in Haupt- und Nebenerwerb, Frankfurt a. M./Mannheim (Arbeitspapier Nr. 191 aus dem Sonderforschungsbereich 3 „Mikroanalytische Grundlagen der Gesellschaftspolitik“, Universität Frankfurt und Universität Mannheim)
Mettelsiefen, B. 1981: Technischer Wandel und Beschäftigung. Rekonstruktion der Freisetzungs- und Kompensationsdebatten, Frankfurt a. M./New York
Mezger, E. 1986: Den Frauen das Ehrenamt, in: Die Neue Gesellschaft 33 (H. 7), S. 559 ff.
Miegel, M./Wahl, St. 1985: Gesetzliche Grundsicherung. Private Vorsorge – Der Weg aus der Rentenkrise, Stuttgart
Ministerium für Arbeit, Gesundheit und Soziales des Landes NRW (MAGS) 1986: Örtliche Beschäftigungsinitiativen – Möglichkeiten – Förderkonzepte der Landesregierung – Hilfen, Düsseldorf (Druckschrift des MAGS)
Mitchell, R. E./Trickett, E. J. 1980: Task Force Report: Social Networks as Mediators of Social Support, in: Community Mental Health Journal 16, S. 27 ff.
Möller, J./Wais, B. 1985: Ressourcenbesteuerung und Entlastung der Arbeit, in: Brun, R. (Hrsg.), Erwerb und Eigenarbeit, Frankfurt a. M., S. 109ff.
Moeller, M. L. 1978: Selbsthilfegruppen, Reinbek
Moeller, M. L. 1986: Chancen und Grenzen von Selbsthilfegruppen, in: Kleiber, D./Rommelspacher, B. (Hrsg.), Die Zukunft des Helfens: Neue Wege und Aufgaben psychosozialer Praxis, Weinheim/München, S. 264 ff.
Mückenberger, U. 1985: Die Krise des Normalarbeitsverhältnisses, Bremen (Mitteilungsblatt 11/12 der Zentralen Einrichtung Arbeit und Betrieb der Universität Bremen), S. 3 ff.
Münchner Helfer Information 1987: Tätigkeitsbericht, München
Naegele, G. 1983: Abkehr vom Prinzip der Sozialstaatlichkeit? Anmerkungen zur „Wiederentdeckung des Subsidiaritätsprinzips“, in: Theorie und Praxis der sozialen Arbeit 34 (H. 1), S. 42 ff.
Nave-Herz, R. (Hrsg.) 1988: Wandel und Kontinuität der Familie in der Bundesrepublik Deutschland, Stuttgart
Nell-Breuning, O. v. 1957: Solidarität und Subsidiarität im Raume von Sozialpolitik und Sozialreform, in: Böttcher, E. (Hrsg.), Sozialpolitik und Sozialreform, Tübingen, S. 213 ff.
Nell-Breuning, O. v. 1968: Baugesetze der Gesellschaft, Freiburg
Nell-Breuning, O. v. 1976: Das Subsidiaritätsprinzip, in: Theorie und Praxis der sozialen Arbeit 27 (H. 1), S. 6 ff.
Neseker, H./Bleicher, R. 1986: Absicherung des Risikos der Pflegebedürftigkeit – Zum aktuellen Stand der Diskussion beim europäischen Schlußlicht, in: NDV 70 (H. 4), S. 145 ff.

Neumann, L. F./Schaper, K. 1983: Die Sozialordnung der Bundesrepublik Deutschland, Bonn

Niedrig, H. 1977: Ehrenamtliche Mitarbeit in der freien Wohlfahrtspflege, in: Theorie und Praxis der Sozialen Arbeit 28 (H. 4), S. 328 ff.

Niedrig, H. 1986: Das Erscheinungsbild der freien Wohlfahrtspflege – Karitatives Verhalten der Bürger, in: Theorie und Praxis der sozialen Arbeit 37 (H. 1), S. 82 ff.

Niemeyer, W. 1987: Strukturreform der gesetzlichen Alterssicherung, in: Aus Politik und Zeitgeschichte (Beilage zur Wochenzeitung Das Parlament) B 35, S. 17 ff.

Notz, G. 1987: „Frauenarbeit zum Nulltarif" – Die ehrenamtliche Arbeit von Frauen im sozialen Bereich aus arbeitsmarkt- und sozialpolitischer Sicht, in: Frauenforschung 4, S. 51 ff.

Novy, K. 1986: Aspekte einer Theorie der Arbeitsbeschaffung auf der Basis lokaler Selbsthilfe – historisch gewonnen, in: Maier, H. E./Wollmann, H. (Hrsg.), a.a.O., S. 360 ff.

Offe, C./Heinze, R. G. 1986: Am Arbeitsmarkt vorbei. Überlegungen zur Neubestimmung „haushaltlicher" Wohlfahrtsproduktion in ihrem Verhältnis zu Markt und Staat, in: Leviathan 4, S. 471 ff.

Offe, C. 1987: Sozialstaat und Beschäftigungskrise, in: Heinze, R. G. u. a. (Hrsg.), a. a. O., S. 53ff.

Olk, Th. 1985: Der informelle Wohlfahrtsstaat – Beziehungsprobleme zwischen Sozialarbeit und nicht-professionellem Hilfesektor, in: Olk, Th./ Otto, H.-U. (Hrsg.), a.a.O., S. 122 ff.

Olk, Th. 1987: Das soziale Ehrenamt, in: Sozialwissenschaftliche Literatur Rundschau 10 (H. 14), S. 84 ff.

Olk, Th. 1987a: Das Verhältnis der öffentlichen und privaten Wohlfahrtspflege zur Selbsthilfe, in: Klages/Braun/Röhrig (Hrsg.), a.a.O., S. 62 ff.

Olk, Th. 1987b: Zwischen Verbandsmacht und Selbstorganisation. Antworten der Wohlfahrtsverbände auf die Herausforderung durch die neuere Selbsthilfebewegung, in: Boll, F./Olk, Th. (Hrsg.), Selbsthilfe und Wohlfahrtsverbände, Freiburg, S. 144 ff.

Olk, Th./Heinze, R. G. 1985: Selbsthilfe im Sozialsektor – Perspektiven der informellen und freiwilligen Produktion sozialer Dienstleistungen, in: Olk, Th./Otto, H.-U. (Hrsg.), Gesellschaftliche Perspektiven der Sozialarbeit 4. Lokale Sozialpolitik und Selbsthilfe, Neuwied/Darmstadt, S. 233ff.

Olk, Th./Otto, H.-U. (Hrsg.) 1985: Der Wohlfahrtsstaat in der Wende. Umrisse einer künftigen Sozialarbeit, Weinheim/München

Opielka, M. 1984: Mit Mindesteinkommen kann manches gemeint sein, in: Kommune 2 (H. 9), S. 33 ff.

Opielka, M. 1985: Ökosoziale Zukünfte – Anmerkungen für eine ökologische Wende in der Sozialpolitik und Sozialarbeit, in: Olk, Th./Otto, H. U. (Hrsg.), a.a.O., S. 61 ff.

Opielka, M./Ostner, I. 1987: Umbau des Sozialstaats. Herausforderungen und Probleme alternativer und sozialpolitischer Konzeptionen. Einführung, in: dies. (Hrsg.), Umbau des Sozialstaates, Essen, S. 7 ff.

Opielka, M./Stalb, H. 1985: Das garantierte Grundeinkommen – unabdingbar aber ungenügend! in: Grünes NRW-Info (April 1985), S. 9 ff.

Opielka, M./Vobruba, G. (Hrsg.) 1986: Das garantierte Grundeinkommen. Entwicklung und Perspektiven einer Forderung, Frankfurt a.M.

Ostner, I. 1986: Prekäre Subsidiarität – Zukünfte von Haushalt und Familie, in: Berger, J. (Hrsg.), a.a.O., S. 235 ff.

Oyen, E. (Hrsg.) 1986: Comparing Welfare States and their Futures, Aldershot: Gower

Pankoke, E. 1984: Familienprobleme und familiale Kompetenz. ‚Hilfe zur Selbsthilfe' zwischen Fremdbetreuung und Selbstvertrauen, in: Fürstenberg, F./Herder-Dorneich, Ph./Klages, H. (Hrsg.), Selbsthilfe als ordnungspolitische Aufgabe, Baden-Baden, S. 59 ff.

Pfeil-Schley, V. 1983: Ambulante Altenpflege: Möglichkeiten und Grenzen, in: Jahrbuch für kritische Medizin, Bd. 9/Argument-Sonderband 107: Arbeit, Frauen, Gesundheit, S. 75 ff.

Pilisuk, M./Minkler, M. 1985: Social Support: Economic and Political Considerations, in: Social Policy 15 (No. 3), S. 6 ff.

Pinker, R. 1985: Social Policy and Social Care: Divisions of Responsibility, in Yoder, J. A. u. a. (Hrsg.), a.a.O., S. 103 ff.

Plaschke, J. 1983: Gesellschaftliche Sicherheit alter Menschen. Zustandsbeschreibung, Perspektiven und Alternativen, Frankfurt a. M.

Pollmeyer, B. 1986: Gewerkschaftliche Konzeptionen für eine aktive Beschäftigungspolitik am Beispiel Dortmund, in: Bullmann, U. u. a. (Hrsg.), a.a.O., S. 74 ff.

Pratt, L. 1976: Family Structure and Effective Health Behaviour: The Energized Family, Boston: Houghton Mifflin

Preller, L. 1978: Sozialpolitik in der Weimarer Republik, Stuttgart (Erstauflage 1949)

Prinz, A. 1987: Pflegebedürftigkeit – wie kann eine bessere Absicherung aussehen? in: Sozialer Fortschritt 36 (H. 12), S. 279 ff.

Projektgruppe Arbeitsmarktpolitik/Offe, C. (Hrsg.) 1977: Opfer des Arbeitsmarktes, Neuwied

Regus, M./Trenk-Hinterberger, P. 1985: Armutspolitik und Krankheit im Alter: Deprofessionalisierung und Privatisierung der Pflegehilfe, in: Leibfried, St./Tennstedt, F. (Hrsg.), a.a.O., S. 336 ff.

Reyher, L./Kohler, H. 1986: Arbeitszeit und Arbeitsvolumen, in: Beiträge zur Arbeitsmarkt- und Berufsforschung, AB 75, S. 29 ff.

Röhrig, P./Braun, J. 1986: IKOS – Informations- und Kontaktstellen für Mitarbeit und Selbsthilfe als Element einer Selbsthilfe unterstützenden Sozial- und Gesundheitspolitik in Kommunen, in: NDV 66 (H. 10), S. 323ff.

Röhrle, B. 1985: Zur Ökologie sozialer Stützsysteme, in: Day, P./Fuhrer, U./Laucken, U. (Hrsg.), Umwelt und Handeln. Ökologische Anforderungen und Handeln im Alltag, Tübingen, S. 166 ff.

Roos, A. 1980: Ehrenamtliche Mitarbeit (Stichwortartikel), in: Schober, Th./Honecker, M./Dallhaus, H. (Hrsg.): Evangelisches Soziallexikon. Stuttgart/Berlin, S. 295 ff.

Rürup, B./in Zusammenarbeit mit R. Hujer 1986: Strukturpolitische Aspekte eines Wertschöpfungsbeitrages, Bonn (Gutachten im Auftrag der SPD-Fraktion im Deutschen Bundestgag)
Rürup, B. 1987: Wertschöpfungsbeiträge: Eine Antwort auf die langfristigen Risiken der Gesetzlichen Rentenversicherung, in: Heinze, R. G. u. a. (Hrsg.), a.a.O., S. 225 ff.
Sachverständigenkommission 1986: Die Situation der älteren Menschen in der Familie, Vierter Familienbericht, Bericht der Sachverständigenkommission (Bundestagsdrucksache 10/6145)
Sarason, I. G./Sarason, B. R. (Hrsg.) 1985: Social Support: Theory, Research and Applications, Dordrecht: Martinus Nijhoff
Scharpf, F. W. u. a. 1982: Implementationsprobleme offensiver Arbeitsmarktpolitik, Frankfurt a. M./New York
Schenk, M. 1984: Soziale Netzwerke und Kommunikation, Tübingen
Scherf, H. 1987: Grundsicherung und Sozialstaat – Aspekte einer bedarfsbezogenen sozialen Neuorientierung, in: Heinze, R. G. u. a. (Hrsg.), a.a.O., S. 151 ff.
Schewe, D. 1986: Vier Gesetzesentwürfe über Hilfen bei Pflegebedürftigkeit – Eine tabellarische Übersicht der wichtigsten Unterschiede, in: Sozialer Fortschritt 4, S. 90 ff.
Schilling II, R. F. 1987: Limitations of Social Support, in: Social Service Review 61, S. 19 ff.
Schmachtenberg, W. 1980: Modelle ehrenamtlicher Mitarbeit in der Altenhilfe, Stuttgart/Berlin/Köln/Mainz (Schriftenreihe des Bundesministers für Jugend, Familie und Gesundheit, Band 79)
Schmähl, W. 1985: Zur Bedeutung des Versicherungsgedankens für die weitere Entwicklung der gesetzlichen Rentenversicherung, in: ders. (Hrsg.), Versicherungsprinzip und soziale Sicherung, Tübingen, S. 204 ff.
Schmähl, W./Henke, K.-D./Schellhaas, H.-M. 1984: Änderung der Beitragsfinanzierung in der Rentenversicherung? Baden-Baden
Schmidt, A./Standfest, E. 1984: Subsidiarität gegen Solidarität. Subsidiarität – ein Begriff, verschiedene Konzeptionen, in: Soziale Sicherheit 33 (H. 3), S. 297 ff.
Schmid, Th. (Hrsg.) 1984: Befreiung von falscher Arbeit, Berlin
Schreyer, M. 1986: Mindesteinkommen – Stolper- oder Meilenstein für eine grüne Zukunft? in: Opielka, M./Vobruba, G. (Hrsg.), a.a.O., S. 158 ff.
Schulz, E. 1986: Potentielle Beschäftigungseffekte der Maschinensteuer, Frankfurt a. M.
Schulz, W. 1984: Von der Institution 'Familie' zu den Teilbeziehungen zwischen Mann, Frau und Kind. Zum Strukturwandel von Ehe und Familie, in: Soziale Welt 35 (H. 4), S. 401 ff.
SEKIS (Selbsthilfe Kontakt- und Informationsstelle) 1985: Jahresbericht 1984, Berlin
Selbsthilfezentrum München 1987: Professionelle Förderung von Selbstorganisation. Das Selbsthilfezentrum München als Beispiel einer Kontaktstelle für Selbsthilfeinitiativen, München

Senator für Gesundheit und Soziales, Berlin (Hrsg.) 1988: Das Berliner Modell. Hilfe durch Selbsthilfe. Ein Abriß der Entstehung und Verfahrensweise, Berlin (2. Auflage)

Socialdata 1980: Anzahl und Situation zu Hause lebender Pflegebedürftiger. Ermittlung der Repräsentativdaten und Situationsgruppenanalyse, Stuttgart/Berlin/Köln/Mainz (Schriftenreihe des Bundesministers für Jugend, Familie und Gesundheit, Band 80)

SPD (Hrsg.) 1985: Selbstbestimmt Arbeiten. Materialien zum Genossenschaftswesen und zur Selbstverwaltungswirtschaft, Bonn

SPD (Hrsg.) o. J.: Die Zukunft sozial gestalten, Bonn (Entwurf der Arbeitsgruppe Sozialpolitisches Programm und Kommission Sozialpolitik beim SPD-Parteivorstand)

Springmann, F. 1986: Steuerreform zum Abbau von Arbeitslosigkeit und Umweltbelastung. Ein Szenario, Berlin (Discussion-Paper des Wissenschaftszentrums Berlin für Sozialforschung, IIUG-dp 86-11)

Streeck, W. 1986: Kollektive Arbeitsbeziehungen und industrieller Wandel: Das Beispiel der Automobilindustrie, Berlin (Discussion-Paper des Wissenschaftszentrums Berlin, IIM/LMP 82-2)

Stuwe, M. 1984: Wirtschaftsstruktur und soziale Sicherung: Die Auswirkungen auf die Lohnbezogenheit unserer Sozialversicherungssysteme, in: Zeitschrift für Sozialreform 3, S. 417 ff.

Süssmuth, R. 1986: Ehrenamtliche Tätigkeit – eine lohnende Herausforderung für Männer und Frauen? in: Deutscher Caritasverband (Hrsg.), Ehrenamt. Selbsthilfe, Freiburg, S. 92 ff.

Sund, O. 1986: Kommunale Beschäftigungspolitik, in: Maier, H. E./Wollmann, H. (Hrsg.), a.a.O., S. 481 ff.

Szell, G./Meemken, W. 1986: Arbeit und Wissenschaft e. V. – Arbeitnehmerorientierte Regionalförderung in Osnabrück, in: Bullmann, U. u. a. (Hrsg.), a.a.O., S. 106 ff.

Tolsdorf, C. 1976: Social Networks, Support and Coping, in: Family Process 15, S. 407 ff.

Transfer-Enquete-Kommission 1981: Das Transfersystem in der Bundesrepublik Deutschland, Stuttgart u. a.

Trojan, A. 1986: Jenseits der Grenzen des Sozialstaats . . . Selbsthilfegruppen aus dem Blickwinkel der Sozialpolitik, in: Trojan, A. (Hrsg.), a.a.O., S. 284 ff.

Trojan, A./Deneke, Ch./Behrendt, J.-U./Itzwerth, R. 1986: Die Ohnmacht ist nicht total. Persönliches und Politisches über die Selbsthilfegruppen und ihre Entstehung, in: Trojan, A. (Hrsg.), a.a.O., S. 12 ff.

Trojan, A./Deneke, Ch./Estorff, A. 1986: „Ist denn das noch Selbsthilfe?“ Erfahrungen und Empfehlungen zur Unterstützung von Selbsthilfegruppen, in: Trojan, A. (Hrsg.), a.a.O., S. 250 ff.

Trojan, A./Hildebrandt, H./Faltis, M./Deneke, Ch. 1987: Selbsthilfe, Netzwerkforschung und Gesundheitsförderung. Grundlagen „gemeindebezogener Netzwerkförderung“ als Präventionsstrategie, in: Keupp, H./Röhrle, B. (Hrsg.), a.a.O., S. 294 ff.

Trojan, A. (Hrsg.) 1986: Wissen ist Macht. Eigenständig durch Selbsthilfe in Gruppen, Frankfurt a. M.

Tyrell, H. 1979: Familie und gesellschaftliche Differenzierung, in: Pross, H. (Hrsg.), Familie – wohin? Leistungen, Leistungsdefizite und Leistungswandlungen der Familie in hochindustrialisierten Gesellschaften, Reinbek, S. 13ff.

Vater, K. 1986: Unternehmer sollen zahlen, in: Vorwärts Nr. 14 (5. 4. 1986), S. 27 f.

VDR (Verband Deutscher Rentenversicherungsträger) 1987: Zur langfristigen Entwicklung der gesetzlichen Rentenversicherung, o. O. (Vervielfältigung des VDR)

Vilmar, F./Runge, B. 1986: Auf dem Weg zur Selbsthilfegesellschaft? 40 000 Selbsthilfegruppen: Gesamtüberblick, politische Theorie und Handlungsvorschläge, Essen

Vincent, C. 1966: „Familia Spongia", in: Journal of Marriage and the Family 28, S. 29 ff.

Vobruba, G. 1985: Entwicklung und Stand der deutschen Diskussion um ein garantiertes Grundeinkommen, Berlin (Discussion-Paper des Wissenschaftszentrums Berlin IIM/LMP 85-16)

Vobruba, G. 1986: Die Entflechtung von Arbeit und Essen – Lohnarbeitszentrierte Sozialpolitik und garantiertes Grundeinkommen, in: Opielka, M./Vobruba, G. (Hrsg.), a.a.O., S. 39 ff.

Voelzkow, H./Hilbert, J./Heinze, R. G. 1986: Ökosoziale Modernisierung des Wohlfahrtsstaates. Konzeptionelle und politische Probleme einer Integration der Umwelt-, Beschäftigungs- und Sozialpolitik, in: Soziale Welt 37 (H. 4), S. 427 ff.

Vogel, H.-J. 1984: Rückbesinnung auf genossenschaftliche Ideen. Sozialdemokratische Positionen, in: Die Neue Gesellschaft 31 (H. 4), S. 351 ff.

Vogel, H.-J. 1986: Genossenschaftsidee und solidarische Gesellschaft, in: Die Neue Gesellschaft 33 (H. 2), S. 113 ff.

Vornehm, N. 1986: Köln mobilisiert das Handwerk, in: Maier, H. E./Wollmann, H. (Hrsg.), a.a.O., S. 403 ff.

Waerness, K. 1984: Caring as Women's Work in the Welfare State, in: Holter, H. (Hrsg.), Patriarchy in a Welfare Society, Oslo/Bergen/Stavanger/Tromsö: Universitatsforlaget, S. 67 ff.

Waerness, K. 1987: A Feminist Perspektive on the New Ideology of „Community Care" for the Elderly, in: Acta Sociologica 30, S. 133 ff.

Wagner, G. 1986a: Strukturreform des Rentensystems: Ein konkreter Vorschlag, in: Wirtschaftsdienst 66 (H. III), S. 148 ff.

Wagner, G. 1986b: Strukturprobleme der Sozialversicherung – Konzeption einer systemimmanenten Reform am Beispiel der Altersvorsorge, in: Bauer, R./Leibfried, S. (Hrsg.), Sozialpolitische Bilanz II, Bremen, S. 78ff.

Wagner, G./Thiede, R. 1987: Eine integrierte Sozial- und Arbeitsmarktpolitik weist den Weg aus der Krise, in: Heinze, R. G. u. a. (Hrsg.), a.a.O., S. 253 ff.

Wagner, G. 1986: Voll eigenständige Sicherung im System der Sozialversicherung, Frankfurt (Ms. eines Vortrages am Wissenschaftszentrum Berlin vom 10. 7. 1986)

Walker, A. 1985: From Welfare State to Caring Society? in: The Promise of Informal Support Networks, in: Yoder, J. A. u. a. (Hrsg.), a.a.O., S. 41ff.

Wegener, E. 1985: Das garantierte Mindesteinkommen und die Marktwirtschaft, in: Leviathan 13 (H. 1), S. 91 ff.

Wegener, E. o. J.: Zu den Verteilungswirkungen eines gesellschaftlich garantierten Mindesteinkommens, Bremen (Ms.)

Weiß, D. 1987: Die Sozialdividende – Ursachen, Form, Leistungsmöglichkeiten, Köln (Diplomarbeit im Fach Volkswirtschaftslehre an der Universität Köln)

Welsch, J. 1985: Umweltschutz und regionale Beschäftigungspolitik, in: WSI-Mitteilungen 38 (H. 12), S. 707 ff.

Welzmüller, R. 1985: Bedarfsbezogene Grundsicherung – Element einer Anti-Krisenpolitik, in: WSI-Mitteilungen 38 (H. 7), S. 413 ff.

Welzmüller, R. 1987: Sicherung des individuellen Lebensunterhalts über Arbeitseinkommen, in: WSI-Mitteilungen 40 (H. 2), S. 94 ff.

Wenzel, G./Leibfried, St. 1986: Armut und Sozialrecht – Eine sozialwissenschaftlich orientierte Einführung in die Sozialhilfepraxis, Weinheim/Basel

Whitten, N. E. Jr./ Wolfe, A. W. 1973: Network Analysis, in: Honigmann, J. J. (Hrsg.), Handbook of Social and Cultural Anthropology, Chicago: Rand McNally, S. 717 ff.

Wingen, M./Cornelius, I. 1986: Zur Bevölkerungsentwicklung in der Bundesrepublik Deutschland – Ausgewählte Aspekte der künftigen demographischen Entwicklung, in: Zeitschrift für Sozialreform 32 (H. 2), S. 73 ff.

Winkelvoss, H./Trojan, A./Itzwerth, R. 1981: Zur Definition und Verbreitung von Gesundheitsselbsthilfegruppen, in: Kickbusch, I./Trojan, A. (Hrsg.), Gemeinsam sind wir stärker. Selbsthilfegruppen und Gesundheit. Selbstdarstellungen, Analysen, Forschungsergebnisse, Frankfurt a. M., S. 133 ff.

WSI (Wirtschafts- und Sozialwissenschaftliches Institut) 1987: Bedarfsorientierte Grundsicherung. Ergebnisse der Arbeitstagung des WSI vom 29./ 30. 4. 1987, in: WSI-Arbeitsmaterialien Nr. 15

Yoder, J. A./in cooperation with J. M. L. Jonker und R. A. B. Leaper (Hrsg. 1985): Support Networks in a Caring Community, Dordrecht: Martinus Nijhoff

Zapf, W. u. a. 1987: Individualisierung und Sicherheit. Untersuchungen zur Lebensqualität in der Bundesrepublik Deutschland, München

Zinner, G. 1985: Die Berliner Selbsthilfe-Kontakt- und Informationsstelle (SEKIS), in: Reis, C./Dorenburg, H. (Hrsg.): Selbsthilfe: Ausdruck sozialen Wandels. Sozialpolitisches Programm. Herausforderung für die soziale Arbeit? Frankfurt a. M., S. 182 ff.

ZWE (Zentrale Wissenschaftliche Einrichtung ‚Arbeit und Betrieb') (Hrsg.) 1987: Mitteilungen Nr. 18, Schwerpunktheft ABM und Arbeitsmarkt, Bremen (Kooperation Universität – Arbeiterkammer Bremen).

Autoren

Rolf G. Heinze: geboren 1951; Prof.., Dr. soz. wiss., Dipl.-Soz.; Studium der Soziologie an der Universität Bielefeld; 1977/78 wissenschaftlicher Mitarbeiter an der Universität Hamburg, 1978 bis 1986 wissenschaftlicher Assistent an der Universität-Gesamthochschule Paderborn; Habilitation 1985; seit 1986 Professor für Soziologie an der Universität-Gesamthochschule Paderborn.

Thomas Olk: geboren 1951; Priv.Doz., Dr. phil., Dipl.-Päd., Studium der Pädagogik und Soziologie in Bonn und Bielefeld; 1981 bis 1983 wissenschaftlicher Mitarbeiter an der Universität Oldenburg, ab 1983 wissenschaftlicher Mitarbeiter an der Universität Bielefeld, Fakultät für Pädagogik; Habilitation 1987; seit 1987 mit der Vertretung einer Professur an der Gesamthochschule Kassel, FB Sozialwesen, betraut.

Josef Hilbert: geboren 1954, Dr. rer.soc., Dipl.-Soz.; von 1975 bis 1981 Studium der Soziologie an der Universität Bielefeld; seit 1981 wissenschaftlicher Mitarbeiter in verschiedenen wirtschaftssoziologischen und sozialpolitikwissenschaftlichen Forschungsprojekten an den Universitäten Bielefeld und Paderborn sowie am Wissenschaftszentrum Berlin.